经济管理虚拟仿真实验系列教材

创业综合虚拟仿真实训

Chuangye Zonghe Xuni Fangzhen Shixun

主　编　张永智　罗勇　詹铁柱
副主编　黄先德

西南财经大学出版社
Southwestern University of Finance & Economics Press

图书在版编目(CIP)数据

创业综合虚拟仿真实训/张永智,罗勇,詹铁柱主编.—成都:西南财经大学出版社,2015.11

ISBN 978-7-5504-2223-0

Ⅰ.①创… Ⅱ.①张…②罗…③詹… Ⅲ.①企业经营管理—仿真系统 Ⅳ.①F270

中国版本图书馆 CIP 数据核字(2015)第 262301 号

创业综合虚拟仿真实训

主　编:张永智　罗　勇　詹铁柱

副主编:黄先德

责任编辑:高小田

封面设计:杨红鹰　张姗姗

责任印制:封俊川

出版发行	西南财经大学出版社(四川省成都市光华村街 55 号)
网　　址	http://www.bookcj.com
电子邮件	bookcj@foxmail.com
邮政编码	610074
电　　话	028-87353785　87352368
照　　排	四川胜翔数码印务设计有限公司
印　　刷	四川五洲彩印有限责任公司
成品尺寸	185mm×260mm
印　　张	19
字　　数	445 千字
版　　次	2016 年 1 月第 1 版
印　　次	2016 年 1 月第 1 次印刷
印　　数	1—2000 册
书　　号	ISBN 978-7-5504-2223-0
定　　价	39.80 元

总序

高等教育的任务是培养具有实践能力和创新创业精神的高素质人才。实践出真知。实践是检验真理的唯一标准。大学生的知识、能力、素养不仅来源于书本理论与老师的言传身教，更来源于实践感悟与经历体验。

我国高等教育从精英教育向大众化教育转变，客观上要求高校更加重视培育学生的实践能力和创新创业精神。以往，各高校主要通过让学生到企事业单位和政府机关实习的方式来训练学生的实践能力。但随着高校的不断扩招，传统的实践教学模式受到学生人数多、岗位少、成本高等多重因素的影响，越来越无法满足实践教学的需要，学生的实践能力的培育越来越得不到保障。鉴于此，各高校开始探索通过实验教学和校内实训的方式来缓解上述矛盾，而实验教学也逐步成为人才培养中不可替代的途径和手段。目前，大多数高校已经认识到实验教学的重要性，认为理论教学和实验教学是培养学生能力和素质的两种同等重要的手段，二者相辅相成、相得益彰。

相对于理工类实验教学而言，经济管理类实验教学起步较晚，发展相对滞后。在实验课程体系、教学内容、实验项目、教学方法、教学手段、实验教材等诸多方面，经济管理实验教学都尚在探索之中。要充分发挥实验教学在经济管理类专业人才培养中的作用，需要进一步深化实验教学的改革、创新、研究与实践。

重庆工商大学作为具有鲜明财经特色的高水平多科性大学，高度重视并积极探索经济管理实验教学建设与改革的路径。学校经济管理实验教学中心于2006年被评为“重庆市市级实验教学示范中心”，2007年被确定为“国家级实验教学示范中心建设单位”，2012年11月顺利通过验收成为“国家级实验教学示范中心”。经过多年的努力，我校经济管理实验教学改革取得了一系列成果，按照能力导向原则构建了包括学科基础实验课程、专业基础实验课程、专业综合实验课程、学科综合实验（实训）课程和创新创业类课程五大层次的实验课程体系，真正体现了“实验教学与理论教学并重、实验教学相对独立”的实验教学理念，并且建立了形式多样的，以过程为重心、以学生为中心、以能力为本位的实验教学方法体系和考核评价体系。

2013年以来，学校积极落实教育部及重庆市教委建设国家级虚拟仿真实验教学中心的相关文件精神，按照“虚实结合、相互补充、能实不虚”的原则，坚持以能力为导向的人才培养方案制定思路，以“培养学生分析力、创造力和领导力等创新创业能力”为目标，以“推动信息化条件下自主学习、探究学习、协作学习、创新学习、创业学习等实验教学方法改革”为方向，创造性地构建了“‘123456’经济管理虚拟仿真实验教学资源体系”，即“一个目标”（培养具有分析力、创造力和领导力，适应经济社会发展需要的经济管理实践与创新创业人才）、“两个课堂”（实体实验课堂和虚拟仿真实验课堂）、“三种类型”（基础型、综合型、创新创业型实验项目）、“四大载体”（学科专业开放实验平台、跨学科综合实训及竞赛平台、创业实战综合经营平台和实验教学研发平台）、“五类资源”（课程、项目、软件、案例、数据）、“六个结合”（虚拟资源与实体资源结合、资源与平台结合、专业资源与创业资源结合、实验教学与科学研究结合、模拟与实战结合、自主研发与合作共建结合）。

为进一步加强实验教学建设，在原有基础上继续展示我校实验教学改革成果，学校经济管理虚拟仿真实验教学指导委员会统筹部署和安排，计划推进“经济管理虚拟仿真实验教学教材系列丛书”的撰写和出版工作。本系列教材将在继续体现系统性、综合性、实用性等特点的基础上，积极展示虚拟仿真实验教学的新探索，其所包含的实验项目设计将综合采用虚拟现实、软件模拟、流程仿真、角色扮演、O2O操练等多种手段，为培养具有分析力、创造力和领导力，适应经济社会发展需要的经济管理实践与创新创业人才提供更加“接地气”的丰富资源和“生于斯、长于斯”的充足养料。

本系列教材的编写团队具有丰富的实验教学经验和专业实践经历，其中一些作者还是相关行业和企业的实务专家。他们勤勉耕耘的治学精神和扎实深厚的执业功底必将为读者带来智慧的火花和思想的启迪。希望读者能够从中受益。在此对编者付出的辛勤劳动表示衷心感谢。

毋庸讳言，编写经济管理类虚拟仿真实验教材是一项具有挑战性的开拓与尝试，加之虚拟仿真实验教学和实践本身还在不断地丰富与发展，因此，本系列实验教材必然存在一些不足甚至错误，恳请同行和读者批评指正。我们希望本系列教材能够推动我国经济管理虚拟仿真实验教学的创新发展，能对培养实践能力和创新创业精神的高素质人才尽绵薄之力！

重庆工商大学校长、教授

孙芳城

2015年7月30日

前言

创业教育最早起源于美国，在欧美等西方国家得到了发展。我国创业教育起步较晚，1990年，国家教育委员会基础教育司牵头，成立了“提高青少年创业能力的教育联合革新项目”国家协调组，开始进行创业教育的实验和研究。

《教育部关于大力推进高等学校创新创业教育和大学生自主创业工作的意见》（教办〔2010〕3号）指出：在高等学校开展创新创业教育，积极鼓励高校学生自主创业，是教育系统深入学习、实践科学发展观，服务于创新型国家建设的重大战略举措；是深化高等教育教学改革，培养学生创新精神和实践能力的重要途径；是落实以创业带动就业，促进高校毕业生充分就业的重要措施。2015年5月4日，国务院办公厅以国办发〔2015〕36号印发《关于深化高等学校创新创业教育改革的实施意见》，要求各高校要根据人才培养定位和创新创业教育目标要求，促进专业教育与创新创业教育有机融合，调整专业课程设置，挖掘和充实各类专业课程的创新创业教育资源，在传授专业知识过程中加强创新创业教育。面向全体学生开发开设研究方法、学科前沿、创业基础、就业创业指导等方面的必修课和选修课，纳入学分管理，建设依次递进、有机衔接、科学合理的创新创业教育专门课程群。各地区、各高校要加快创新创业教育优质课程信息化建设，推出一批资源共享的慕课、视频公开课等在线开放课程。建立在线开放课程学习认证和学分认定制度。组织学科带头人、行业企业优秀人才，联合编写具有科学性、先进性、适用性的创新创业教育重点教材。根据国家发展创业教育意见，结合创业综合虚拟仿真的客观需要，我们编写了此教材。

本书体现了以下特点：第一，虚拟现实创业全过程，自主实训的创业教育思想，以解决问题为系统的总驱动力，互动的教学模式，提供方便学生、教师交流的环境，锻炼学生的团队合作能力和组织能力，同时，方便导师对学生进行分析、指导、评价。第二，创业的知识和能力的集中培训营，从创业能力要求的全过程的知识去培训学生，通过学习，能获得创业中全面的知识，还可以从案例中分析、感悟前辈创业的得与失。第三，创业思维和商业模式的塑造基地，以创业实践为载体，以任务实训为手段，以学生为中心，角色式扮演推演创业全过程；案例学习、创业计划书的团队仿真训练模式，帮助学生根据自己的特点挖掘创业的念头、点子，为创业奠定基础。第四，着重培养学生的创业思维能力、综合的计划统筹能力、决策能力、团队协作能力，了解创业理论知识，通过创业虚拟仿真活动，提升学生的各方面的能力。第五，通过创业者的企业经营管理竞技，在虚拟环境中，仿真市场环境进行竞技比赛，提升他们的分析问题、解决问题的能力，让学生的创业实践活动综合能力提升。

通过创业虚拟仿真实训，学生创业综合能力将在以下几个方面得到培养和提升：第一，知识层面。通过实训，学生对社会和市场环境有了全面了解，拓展了企业经营管理知识面。第二，思维方法。实训培养了学生运用知识的能力、综合分析问题的能力。第三，虚拟仿真技术能力。经济管理类实验的主要实验设备是电脑、软件、网络等，通过训练，能够提高学生互联网运用能力，为以互联网为主体创业打下基础。第四，创业能力的提升。创业就是一种创新，通过虚拟仿真实训能提升学生的行为能力、决策能力和承担风险能力。

本书第一部分“基础篇”主要讲述了：第一，通过认识创业，了解创业相关的基础知识，为创业做好各方面的准备。第二，创业论坛交流。为学生提供一个学习的平台，共同交流的平台，创业故事和感悟的分享平台。第三，创业思维训练。几千个创业经典案例，经典的案例分析以及前辈同学的经典分析，将打开你思想的源泉，拓展自己的思路，为解决创业潜在问题和困难做好充分的思想、心理准备。第四，创业项目调研与选择。通过对创业项目信息收集分析、项目的选择、项目盈利模式等方面进行论述，创业者通过实训项目的实践，能够真实地分析项目优劣，正确选择项目。

第二部分“创建企业篇”主要讲述了：第一，商业模式案例与画布训练；熟悉商业模式基本内容，为自己创业打下好基础。第二，创业计划书的格式、撰写要求。第三，创业融资。了解融资基本流程和渠道，为创业寻找必要的资金。第四，创业企业注册。在虚拟的环境中体验公司怎样选择注册地、企业命名原则和技巧，开办公司的程序，注册公司需要知道的法律问题。

第三部分“虚拟仿真企业经营管理篇”主要讲述了：第一，在虚拟市场环境中，仿真企业经营管理，了解市场环境（竞技规则）和决策内容，为即将模拟的企业经营管理决策打下良好基础。第二，经营管理创业虚拟仿真，从未来企业家的角度，虚拟市场环境，仿真创业中运营、管理的问题，在竞争的环境中去与同行业公司博弈，在博弈中使能力得到升华。

第四部分“创业实战篇”主要讲述了：第一，互联网时代，大学生怎样创业，创业行业有哪些。第二，网上开店模拟。通过在网上注册网店，实现创业者的自主经营。

通过自负盈亏的经营模拟，使学生对创业有真实的感受，基本熟悉创业所有的过程和相关知识技能。第三，学生熟悉了解创业类全国大赛基本流程，为参加竞赛活动打下基础。

本书是重庆工商大学虚拟仿真实训课程教材之一，本教材按照创业实践历程的先后顺序编写，结构合理，层次清晰，内容丰富，易于阅读。参与编写工作的人员有：第一章，黄先德；第四章，詹铁柱；第八章，张永智、李虹。其余章节由张永智、罗勇编写。

本书得以顺利出版，需特别感谢重庆工商大学经济管理实验教学指导委员会，感谢重庆工商大学虚拟仿真实验教学中心全体同仁提出的宝贵意见，感谢北京溢润伟业软件科技有限公司和杭州贝腾科技有限公司提供的软件支持。

由于编写时间仓促，书中难免有疏漏之处，请读者不吝指正。

编　者

2015 年 12 月于重庆

目 录

第一篇 基础篇

第二篇 创建企业篇

第三篇　虚拟仿真创业企业经营管理篇

第四篇　创业实战篇

第一篇　基础篇

大学生创业综合素质是集意识、知识、能力和心理品质为一体的创业能力，包含了多方面的内容，各内容要素之间相互联系又彼此独立。了解创业和学习创业是我们创业成功的基础。第一，强烈的社会责任感。社会责任感和探索精神是企业家精神的实质。第二，坚定的创业意识。创业意识是创业的前提，对于大学生而言，浓厚的创业兴趣、远大的创业理想是必备的创业意识。第三，卓越的创业能力。创业能力是在创业活动中所需具备的能力和本领，主要包括创新能力、沟通能力、管理能力、决策能力以及领导能力等。第四，健康的创业心理。创业心理品质主要有：坚定的创业信念、不屈不挠的创业意志、能够经受住挫折的勇气、乐观平和的心态和稳定的情绪等。第五，突出的创新能力。创新能力是个体运用一切已知信息，包括已有的知识和经验等，产生某种独特新颖的有社会或个人价值的产品的能力。只有具备了创新能力，才能在创业过程中开拓进取，取得成功。第六，充实的创业知识。创业知识主要包括创业方向的行业知识、经营管理知识和创业有关的政策、法律等方面的知识，也包括国内外经济发展形势、新技术革命的内容、企业管理知识、市场营销知识以及企业家成功的经验等，这些知识都是创业成功的知识保证。

第一章 创业基础

小王是一位在校大学生，受到国家“大众创业，万众创新”大趋势的感召，很想实现自己创业的梦想。一想到创业，他发现自己很茫然：自己既没有项目也没有资金，应该怎么办？于是他找到了创业导师，导师叫他从阅读本书开始。

第一节 创业基础知识

一、创业

创业：“君子创业垂统，为可继也。”——《孟子·梁惠王下》；

“先帝创业未半，而中道崩殂。”——诸葛亮《出师表》；

“开创基业。”——《辞海》1989 年版；

“开创事业。”——《新华字典》。

（一）创业的定义

1. 创业可分为广义和狭义两种

（1）广义的创业：人类一切带有开拓意义的社会变革活动。它涉及的领域非常广阔，无论政治、经济、军事和文化艺术事业，只要人们从事的是前无古人的事业，皆可称之为创业。比如新中国成立、改革开放等。

（2）狭义的创业：个人或群体开展的以创造财富为目标的社会活动。也可以这样说：创业者通过发现和开发利用创业机会，组织并配置各种资源提供特定的产品和服务，以创造价值的过程。

本书主要指狭义的创业，对创业的定义大致可以归纳为三种不同的类型，即价值说、功利说和实体说，三者的差异表现在对创业实质的理解上，即分别认为创业是“创造价值”“创造财富或利润”和“创建企业”。

2. 创业各类表述

（1）价值说——创造价值

创业活动的创造性体现在价值的创造上。比如宋克勤认为，创业是创业者通过发现和识别商业机会，组织各种资源提供产品或服务，以创造价值的过程。创业包括创业者、商业机会、组织和资源等要素。

该定义重点在于强调“实现潜在价值”，强调了作为企业家或创业者的四个基本方面：创业包括一个创造过程、创业需要付出时间和努力、承担风险和回报。

（2）功利说——创造财富或利润

创业就是一个创造和积累财富的过程。此观点认为创业是一个开创事业和积累财富的过程，认为创业活动具有开拓性、自主性和功利性等基本特征。

（3）实体说——创建企业

创业需要一个承担创业的实体，而通常这个实体就是企业。创业者依据所在国家或地区的相关法律法规进行注册登记是创业过程的一个重要标志。强调了创业与创新的区别，指出创业与创新并不是两个可以互相等同的概念，尽管创业活动必然涉及创新，但创新并不必然是创业活动。

总之，创业是指发现和捕捉机会并由此而创办企业，提供新的产品和服务从而创造财富的过程，或者说创业是发现、创造和利用商业机会，组合生产要素以谋求获得商业成功的过程或活动。

（二）创业的类型

创业类型按照不同的方法有不同的分法，一般主要有如下几种：

1. 生存型创业和机会型创业

生存型创业（就业型创业）指创业行为出于没有其他更好的选择，即不得不参与创业活动来解决其所面临的困难。生存型创业大多属于复制型和模仿型创业，创业项目多集中在餐饮、美容美发、商业零售、房地产经纪等比较容易进入的生活服务业，一般规模较小，竞争比较剧烈。对生存型创业者来说，要想做大做强，必须克服小富即安的惰性思想，善抓机遇，走机会型创业的道路。

机会型创业是创业者基于实现自我价值的强烈愿望，在发现或创造新的市场机会下进行的创业活动。例如，政府工作人员辞职下海，现有企业的员工辞职，他们创建新的企业通常都属于机会型创业。从事机会型创业的人通常不会选择自我雇佣的形式，而是通常具有明确的创业梦想，进行了创业机会的识别和把握，有备而来。

2. 个人创业和团体创业

个人创业是指创业者独立创办自己的企业。其优点是产权清晰、独立，利润归创业者所独有，创业者按自己的思路来经营和发展自己的企业，无须考虑其他持股者的利益要求，避免他人对企业经营的干扰。缺点是创业者独自承担风险、创业资金筹备比较困难、财务压力大、受个人才能限制。

团体创业是指创业者与他人共同创办企业。优点是共担风险，融资难得到缓解，有利于优势互补，形成一定的团队优势。不足则是易产生利益冲突，易出现中途退场者，企业内部管理费用较高，对企业发展目标可能有分歧。

3. 独立创业、企业内创业和公司附属创业

独立创业指创业者个人或创业团队白手起家完全独立地创建企业的创业活动。

企业内创业、公司创业或组织内创业指在大型企业里，建立起内部市场和规模相对较小的自主或者半自主经营部门，以一种独特的方式利用企业资源来生产产品，提供服务或技术的创业。通常情况下，企业内创业是由有创意的员工发起，在企业支持下承担企业内部从事新项目的创业，并与企业分享创业成果。

公司附属创业指由一家相对成熟的企业通过创建新的附属企业进行的创业。

4. 复制型创业和冒险型创业

复制型创业指在现有经营模式的基础上，简单复制原有公司的经营模式所进行的创业。

冒险型创业是指创业难度大，有较高的失败率，但一旦创业成功，投资回报也很高的创业类型。所有的创业活动都会有风险，只不过是风险程度不同而已。

（三）创业的意义

我国人口众多，每年要解决 1 300 万人的就业问题。2015 年，全国高校毕业生达到 749 万人。目前，我国登记失业率大概为 4%，实际失业率要超过这个数字。据统计，平均一个创业者可以带动 5 个人就业，创业无论对社会及个人均意义重大。

（1）使创业者获得财富，实现个人理想。

（2）促进经济增长。创业活动与经济增长呈正相关关系，创业活动越活跃的国家和地区，经济增长速度就越快。

（3）增加就业。自 1980 年以来，美国新增 3 400 多万个就业岗位中，80%是新企业创造的。

（4）推动创新。创业是新理论、新技术、新知识、新制度的孵化器，也是新理论、新技术、新知识、新制度转化成现实生产力的转化器。

（5）促进社会文明进步。

二、创业应该具备的能力

创业是一个不断被筛选淘汰的过程，那些经历了市场考验幸存下来的创业者或多或少都有一些共同的特质。

1. 务实与坦诚

创业者应该更好地对待周围的人，诚实面对所有人，把“止于至善”当作创业的终极目标。时刻保持简单，实事求是。有足够的胸怀和气度，知道自己坚持些什么，可以放弃些什么，懂得放弃和分享。了解自己的擅长之处和弱点，努力提升自己，对未知的事物保持虚心和敬畏。

2. 强烈的欲望

“欲”，实际就是一种生活目标，一种人生理想。创业者的欲望与普通人欲望的不同之处在于，他们的欲望往往超出他们的现实，往往需要他们打破现在的立足点，打破眼前的樊笼，才能够实现。所以，创业者的欲望往往伴随着行动力和牺牲精神。这不是普通人能够做得到的。因为想得到，而凭自己现在的身份、地位、财富得不到，所以要去创业，要靠创业改变身份，提高地位，积累财富，这构成了许多创业者的人生“三部曲”。因为有欲望，而不甘心，继而去创业，去行动，最后得到成功，这是大多数白手起家的创业者走过的共同道路。或许我们可以套用一句伟人的话：“欲望是创业的最大推动力。”

3. 忍耐力

在创业的路上，付出了怎样的代价和努力，忍受了多少别人不能够忍受的憋闷、痛苦甚至是屈辱。对一般人来说，忍耐是一种美德，对创业者来说，忍耐却是必须具备的品格。俗话说："吃得菜根，百事可做。"对创业者来说，肉体上的折磨算不得什么，精神上的折磨才是致命的，如果有心自己创业，一定要先在心里问一问自己，面对从肉体到精神上的全面折磨，你有没有那样一种宠辱不惊的"定力"与"精神力"。如果没有，那么一定要小心。对有些人来说，一辈子给别人打工，做一个打工仔，是一个更合适的选择。

4. 商业嗅觉

创业者的敏感，是对外界变化的敏感，尤其是对商业机会的快速反应。企业家能赚到钱不是出自偶然，而是源于他们的商业敏感。有些人的商业感觉是天生的，如胡雪岩，更多人的商业感觉则依靠后天培养。如果你有心做一个商人，你就应该像训练猎犬一样训练自己的商业感觉。良好的商业感觉，是创业者成功的最好保证。

5. 善于分享

作为创业者，一定要懂得与他人分享。一个不懂得与他人分享的创业者，不可能将事业做大。只有老板舍得付出，舍得与员工分享，员工的生存需要、安全需要、尊重需要才能从老板这里得到满足。员工出于感激，同时也因为害怕失去眼前所获得的一切，就会产生"自我实现的需要"，通过自我实现，为老板做更多的事，赚更多的钱，做更大的贡献，回报老板。这样就构成了一个企业的正向循环、良性循环。这应该是马斯洛理论在企业层面的恰当解释。分享不仅仅限于企业或团队内部，对创业者来说，对外部的分享有时候同样重要。

6. 自我反省

反省其实是一种学习能力。作为一个创业者，遭遇挫折、碰上低潮都是常有的事，在这种时候，反省能力和自我反省精神能够很好地帮助你渡过难关。曾子说："吾日三省吾身。"对创业者来说，问题不是一日三省四省吾身，而是应该时时刻刻警醒、反省自己，唯有如此，才能时刻保持清醒。创业者需要的是综合素质，每一项素质都很重要，不可偏废。缺少哪一项素质，将来都必然影响事业的发展。有些素质是天生的，但大多数素质可以通过后天的努力改善。如果你能够从现在做起，培养自己的素质，创业成功一定指日可待。

三、创业虚拟仿真实训平台介绍

创业虚拟仿真主要就是培养创业和经营公司的能力。在培养经营公司能力方面，让学生通过身临其境的操作，获得真实的工作环境中所需要的各种技能；在培养学生的创业能力方面，注重对学生进行独立生存能力、自学与掌握信息的能力、动手操作能力、独立思维和判断能力以及其他相关的能力的培养。在进行真正创业之前，模拟实训为学生运用所学知识提供了很好的锻炼机会，大大提高创业的成功率。目前国内主要用于创业实训教学或竞赛的软件平台主要有如下几种：

1. 创业之星

创业之星是一款在电脑上运行的模拟创业软件，运用先进的计算机软件与网络技术，结合严密和精心设计的商业模拟管理模型及企业决策博弈理论，全面模拟真实企业的创业运营管理过程。学生在虚拟商业社会中完成企业从注册、创建、运营、管理等所有决策。通过这种实训课程，可以有效地将所学知识转化为实际动手的能力，提升学生的综合素质，增强学生的就业与创业能力。

创业之星软件是为所有学生而不仅仅是部分学生提供一个创业实践的训练平台。使创业教育真正落地。透过创业之星领先的商业模拟引擎，让学生在虚拟创业空间里，全面体验创业的全过程，尽情释放才智，挥洒创业激情，放飞创业梦想。

创业之星涵盖了从计划、准备到实施的创业全过程。创业之星主要包括三大部分功能模块：创业测试、创业计划、创业准备、创业实践。

通过对真实企业的仿真模拟，所有参加训练的学生分成若干小组，组建成若干虚拟公司，在同一市场环境下相互竞争与发展。每个小组的成员分别担任虚拟公司的总经理、财务总监、营销总监、生产总监、研发总监、人力资源总监等岗位，并承担相关的管理工作，通过对市场环境与背景资料的分析讨论，完成企业运营过程中的各项决策，包括战略规划、品牌设计、营销策略、市场开发、产品计划、生产规划、融资策略、成本分析等。通过团队成员的努力，使公司实现既定的战略目标，并在所有公司中脱颖而出。

2. 创业之旅——大学生创业实战模拟平台系统（以下简称创业之旅）

创业之旅是由北京溢润伟业软件科技有限公司推出的一款大学生创业模拟实战平台，模拟现实创业的全过程。系统应用了计算机虚拟市场仿真技术（虚拟市场模拟器 virtual market generator）、模拟抽样调查技术（simulation survey）、仿真市场博弈技术（simulation marketing game），仿真模拟了虚拟市场、市场调查和创业实战的市场竞争。系统应用成熟的经济学模型来计算模拟市场的变化，如市场需求反应模型、价格模型、广告促销市场反应模型、离散事件博弈模型等，使得利用此平台能够真正仿真模拟真实的创业过程。

学生在创业之旅实训中模拟真实企业的创立过程，完成创业计划书、办理工商税务登记注册、模拟企业运营管理等管理决策。通过对真实创业环境的逼真模拟，帮助学生掌握在真实企业创业过程中可能遇到的各种情况与经营决策，并对出现的问题和运营结果进行分析与评估。

3. 大学生创业实训系统

大学生创业实训系统分为四大板块：创业前期准备、创业能力塑造、创立我的企业、经营我的企业。大学生创业实训系统从了解创业、培养创业能力、体验创业，到企业经营管理实训，循序渐进地培养大学生创业所需要的各种知识和能力，并通过大量实训让大学生体验创业的过程，训练创业过程中及创业后的经营管理能力，培养大学生具备成功创业者的素质。

大学生创业实训系统中体现的“自主学习”和“体验式”教学设计理念获得了教师和大学生的热烈欢迎，为学生提供一个可以根据自己的创业需要而针对性学习和训练的平台，使学生可以把原有所学的各种创业相关知识渗透到创业实训环节，成为继传统教学和案例教学之后的一种全新的培训教学模式。

创业网作为网络中创业的基地，提供的是千千万万创业者所渴望的创业信息，同时提供了千千万万自主创业、自主就业的机会，诸如全国大学生创业服务网（http://cy.ncss.org.cn/），中国大学生创业网（http://www.chinadxscy.com）等网络平台等。

第二节　创业精神——案例分析与讨论

人们常说：读万卷书不如行万里路，行万里路不如阅人无数，阅人无数不如沿着成功者的脚步。学习成功经验是我们创业成功的重要内容。

案例一：阿里巴巴——马云

“阿里巴巴”网站服务的商人达到500万，即使马云在睡梦中，“阿里巴巴”每天也为他创造100万元的收入。

发现宝库

作为国内最早b2b（商家对商家）网站的创始人，马云的名气在国内远没有在国外响，虽然他没有任何海外留学和工作的经历。

2000年7月17日，他甚至成为了中国大陆第一位登上国际权威财经杂志《福布斯》封面的企业家，《福布斯》杂志的封面故事是这样描写他的：高高的颧骨，扭曲的头发，淘气的露齿笑，一个5英尺（1英尺=0.3048米）高、100磅（1磅≈0.45千克）重的顽童模样。

马云说，看了这期《福布斯》后，才知道“自己其实有多丑”。而且据马云自己讲他还很笨。读书时，他的成绩从没进过前三名。他的理想是上北大，但最后他只上了杭州师院，还是个专科，而且考了3年。第一年高考他数学考了1分，第二年19分。

马云后来常说自己的创业经历至少可以证明：“如果我马云能够创业成功，那么我相信中国80%的年轻人都能创业成功。”

大学毕业后，马云当了6年半的英语老师。期间，他成立了杭州首家外文翻译社，用业余时间接了一些外贸单位的翻译活。钱没挣到多少，倒是闯出了一点名气。1995年，“杭州英语最棒”的马云受浙江省交通厅委托到美国催讨一笔债务。

结果是钱没要到一分，倒让马云发现了一个“宝库”——在西雅图，对计算机一窍不通的马云第一次上了互联网。刚刚学会上网，他竟然就想到了为他的翻译社做网上广告，上午10点他把广告发送上网，中午12点前他就收到了6封邮件，分别来自美国、德国和日本，说这是他们看到的有关中国的第一个网页。“这里有大大的生意可做！”马云当时就意识到互联网是一座金矿。

噩梦般的讨债之旅结束了，马云灰溜溜地回到了杭州，身上只剩下1美元和一个疯狂的念头。马云的想法是，把中国企业的资料集中起来，快递到美国，由设计者做好网页向全世界发布，利润则来自向企业收取的费用。

马云相信“时不我待，舍我其谁”！他找了个学自动化的“拍档”，加上妻子，一共三人，两万元启动资金，租了间房，就开始创业了。这就是马云的第一家互联网公司——海博网络，产品叫做“中国黄页”。在早期的海外留学生当中，很多人都知道，互联网上最早出现的以中国为主题的商业信息网站，正是“中国黄页”。所以国外媒体称马云为中国的“互联网先生”（Mr.Internet）。

马云的口才很好。在以后的很长时间里，杭州街头的某个大排档里经常有一群人围着一个叫马云的人，听他口沫乱飞地推销自己的“伟大”计划。

那时候，很多人还不知互联网为何物，他们称马云为骗子。1995 年他第一次上中央台，有个编导跟记者说：这个人不像好人！其实在很多没有互联网的城市，马云一律被称为“骗子”。但马云仍然像疯子一样不屈不挠，他天天都先这样提醒自己：“互联网是影响人类未来生活 30 年的 3 000 米长跑，你必须跑得像兔子一样快，又要像乌龟一样耐跑。”然后出门跟人侃互联网，说服客户。业务就这样艰难地开展了起来。

1996 年，马云的营业额不可思议地做到了 700 万元！也就是这一年，互联网渐渐普及了。这时马云受到了对外经济贸易合作部的注意。1997 年，马云被邀请到北京，加盟对外经济贸易合作部的一个由联合国发起的项目——edi 中心，并参与开发对外经济贸易合作部的官方站点以及后来的网上中国商品交易市场。在这个过程中，马云的商家对商家思路渐渐成熟：用电子商务为中小企业服务。他研究认为，互联网上商业机构之间的业务量，比商业机构与消费者之间的业务量大得多。为什么放弃大企业而选择中小企业，马云打了个比方：“听说过捕龙虾致富的，没听说过捕鲸致富的。”

连网站的域名他都想好了——互联网像一个无穷的宝藏，等待人们前去发掘，就像阿里巴巴用咒语打开的那个山洞。

1999 年，马云回杭州创办“阿里巴巴”网站。临行前，他对他的伙伴们说：“我要回杭州创办一家自己的公司，从零开始。愿意同去的，只有 500 元工资；愿留在北京的，可以介绍去收入很高的雅虎和新浪。”他说用 3 天时间给他们考虑，但不到 5 分钟，伙伴们一致决定：“我们回杭州去，一起去！”

一传十，十传百，阿里巴巴网站在商业圈中声名鹊起。然后，马云继续挥舞着他那双干柴般的大手，到世界各地演讲：“b2b 模式最终将改变全球几千万商人的生意方式，从而改变全球几十亿人的生活！”

他在吸引到大量客户的同时也吸引了人才和风险投资。

台湾人蔡崇信是全球著名的风险投资公司 investab 的亚洲代表，他听说“阿里巴巴”之后立即飞赴杭州要求洽谈投资。一番推心置腹之后，蔡崇信竟然出人意料地说：“马云，那边我不干了，我要加入‘阿里巴巴’！”马云吓了一跳：“不可能吧，我这儿只有 500 元人民币的月薪啊！”但两个月后，蔡崇信就任“阿里巴巴”的首席财务官（CFO）。后来蔡崇信的妻子告诉马云：“如果我不同意他加入，他一辈子都不会原谅我。”

这一事件引起华尔街一阵惊奇和震动。随后以华尔街高盛为首的多家公司，毫不犹豫地向阿里巴巴投入了 500 万美金。

高盛资金到位的第二天，马云马不停蹄飞赴北京见一位神秘人物。见面才知，是成功投资了雅虎网站的“全球互联网投资皇帝”、日本软银公司的董事长孙正义要求见面！面谈仅 6 分钟，孙正义就说：“马云，我一定要投资‘阿里巴巴’！而且用我自己的钱。”2000 年 1 月，双方正式签约，孙正义投入 2 000 万美金。

一时，阿里巴巴声名大震，造就了互联网第四模式。有首歌唱道：“阿里巴巴是个快乐的青年！”马云也是个快乐的青年，他讲述了一个中国版的天方夜谭。

现在“阿里巴巴”被业界公认为全球最优秀的商家对商家网站。来自国内外的点击率和会员呈暴增之势！一个想买 1 000 只羽毛球拍的美国人可以在“阿里巴巴”上找到十几家中国供应商；位于中国西藏和非洲加纳的用户，可以在“阿里巴巴”网站上走到一起，成交一笔只有在互联网时代才可想象的生意。

2003 年，“阿里巴巴”拓展了自己的业务，进入全球商务的高端领域。非典期间，“阿里巴巴”业务量增长了 5~6 倍。

“阿里巴巴”创造的奇迹引起了国际互联网界的关注，其发展模式与雅虎门户网站模式、亚马逊商对客（b2c）模式和易趣的客对客（c2c）模式并列，被称为“互联网的第四模式”。阿里巴巴打开宝库的咒语是“芝麻，开门吧！”马云的咒语是什么？只要看看“阿里巴巴”的团队就明白了。

“阿里巴巴”的管理层，绝对可以算得上超豪华阵容。孙正义和前世贸组织总干事萨瑟兰是它的顾问；这里聚集了来自 16 个国家和地区的网络精英，而且，越来越多的哈佛大学、斯坦福大学、耶鲁大学的优秀人才正涌向阿里巴巴。

而尤为令人惊讶的是，创业 5 年，“阿里巴巴”从来没有人提出来要走，公司最初的 18 个创业者，现在一个都不少。即使别的公司出 3 倍的工资，员工也不动心。马云还说风凉话：“同志们，3 倍我看算了，如果 5 倍还可以考虑一下。”

对其中的奥妙，马云说得很简单，“在‘阿里巴巴’工作 3 年就等于读了 3 年研究生，他将要带走的是脑袋而不是口袋。”

马云认为自己是个擅长创业但不擅长守业的人，“最多干到 40 岁，我会离开‘阿里巴巴’，去学校教 MBA。如果成功了，我就去哈佛；如果失败了，我就去北大。”

马云有个理想，到 60 岁的时候，和现在这帮做“阿里巴巴”的老家伙们站在路边上，听到喇叭里说“‘阿里巴巴’今年再度分红，股票继续往前冲，成为全球……”那时候的感觉才叫真正成功。

案例来源：淘宝论坛，https://bbs.taobao.com/catalog/thread/154528-261873866.htm.

案例讨论：

1. 马云的故事说明了创业者应该具备的素质是什么？
2. 你从这个故事中的启迪是什么？

案例二：征途——史玉柱

狂热的失误

假设我们把史玉柱的这段历史反过来审视，先检讨他的失败，即“巨人”公司何以像一座地基不稳的大厦说倒就倒。现在一种比较被认同的分析便是归咎于巨人的投资重大失误，其主因便是那座名噪一时的楼高 70 层、涉及资金 12 亿的巨人大厦。时至今日有人评论，巨人大厦是史玉柱有生以来第一个重大投资失误，他根本没有实力盖一座全国最高的大厦，这是个人狂热的一个典型之作。更让人瞠目结舌的是，大厦从 1994 年 2 月动工到 1996 年 7 月，史玉柱竟未申请过一分钱的银行贷款，全凭自有资金和卖楼花的钱支持，做房地产，竟将银行搁在一边。而这个自有资金，就是曾经令巨人风光一时的生物工程和电脑软件产业。但谁都知道，以巨人在保健品和电脑软件方面的产业实力根本不足以支撑住 70 层巨人大厦的建设。当史玉柱把保健品和电脑软件产业的生产和广告促销的资金全部投入到大厦时，巨人大厦便抽干了巨人产业的血。史玉柱在 1994 年接受记者采访时说过一段话：这一个阶段我看传记、党史比较多一些，最深的感受是，办一个企业与建立一个政党、一个国家非常相像，从党史中可以学到很多东西，越看越像。任何群体达到一定规模之后都必须建立严密的组织，组织对于团体的作用是非常大的，我认为现在的企业组织和新中国成立前四类军事武装相似。

二次创业

这是1995年记者采访史玉柱时的一段对话，当时的史玉柱是这样来介绍自己的想法的：

1994年是巨人集团富有转折意义的一年，1~8月间巨人集团经营状况处于徘徊状态，甚至有少许倒退，9月下定决心进行全面改造后，10月份开始企业增长速度加快，员工队伍以每月200~300人的速度增长。尤其是生物工程，脑黄金项目从零开始，9月份我们一个工厂都没有，现在已有七八个工厂了。

也就是说我们进入了二次扩张时期。我们把它叫做二次创业，一段时间我思考着这样一个问题，就是为什么许多民营企业发展到一定时候，创业时的激情就消失了，开始了窝里斗，像我们巨人效益好一点，结果吃大锅饭比国有企业还厉害，有人不再考虑为企业做贡献，这个在1994年上半年非常明显，开始我想从美国企业中找经验来解决这个问题，但失败了。美国管理模式不同，人家职业道德感非常强，比如说上班时间从不打私人电话，因为他们认为上班的时间是被企业所买下来的，我们做不到。后来我研究，这种问题在国内则有相当普遍性，一批民办企业都有这个过程，正如民营企业许多都进行了二次创业一样，“四通”“联想”都已经涉及这样的问题了，但真正做起来的很少。

所以我于1994年底提出了二次创业……也就是说，重新利用创业来激活企业人的创造性激情。

做好一个公司的第二次创业，关键还有一个人的因素，也就是那句名言：正确的路线确定之后，干部就是决定的因素。干部队伍是一个企业发展的核心问题。我总是在思考这样一个问题，就是为什么年轻人在战争时代成长得非常快，二十几岁就可以当师长军长，就可以领兵打仗，在和平时期就相对成长期长多了。就是因为战争时期对于一个年轻人来说，有非常大的压力，所以现在我们花了许多精力去研究如何训练这支年轻队伍，要给年轻人非常大的压力。1994年下半年我们做了一次试验，模拟战争气候，当然我们不能说给他以生与死的压力，但可以给他们一些在常规下不可能完成的压力，迫使他们创造奇迹才能完成，如果创造出了奇迹可以得到可观的奖金，如果不能创造奇迹将被免职，让他在一年内做普通员工，一年后可以再次获得机会。结果证明，三分之二的人创造了奇迹，这样我们就有了一支很强的干部队伍。三个月前你见到他说话经常还说不到点子上，现在谈起自己掌管的那个部门头头是道。

三大战役

史玉柱把自己的企业发展称之为打战役，比如在1994年确立自己的三大主导产业时史玉柱就称之为要打“三大战役”，即电脑、药品、保健品。的确，这三大战役在1995年年初为史玉柱创造了奇迹。比如1994年年底开始的脑黄金战役，在1995年1~3月，脑黄金的回款额居然做到了1.9个亿。即使在保健品做得最好的时候，史玉柱也没有忘记自己赖以起家的电脑软件：

我们最主要的仍是计算机产业，从1995年8月份开始，进入了产品结构调整，我们做了以下几项工作：今后产品以软件为主，硬件将逐渐被抛弃，这是需要下大决心的。中国目前的计算机产业处于低谷时期，这里主要有两大因素：

一是国外大公司介入中国市场，令中国较大的计算机企业无处容身。二是国内出现几十万个小型计算机企业，相互竞争，相互杀价，这使得大型公司无力与之竞争。

所以我认为中国计算机产业要从低谷中走出来，必须要在中文软件上突破。要按照我们的长处发展，至少要先占领国内的市场。中文软件开发对于组织管理的要求很高，中国管理跟不上，而外国企业却已开始踏足这一领域。中国目前圈套型的计算机企业都没有离开中文软件的开发，如四通公司的中文打字机其实就是一套汉字处理软件。巨人也是靠巨人汉卡起来的。中文软件的面很广，不仅是文字处理，还包括教育软件、商用软件等领域。从各个方面推出几个革命性的产品，创造出新的需求，就可将中国计算机产业从低谷中拯救出来。

案例来源：天极新闻，http://www.yesky.com/340/93840.shtml.

案例讨论：

1. 史玉柱的经历告诉了我们什么？

案例三：众里寻他千百度——李彦宏

古往今来之成大事业者，必经过三种境界。“昨夜西风凋碧树。独上高楼，望尽天涯路”乃第一境。“衣带渐宽终不悔，为伊消得人憔悴”此第二境也。“众里寻他千百度，蓦然回首，那人却在灯火阑珊处”为第三境界。千百劳作，终有所成，这是何等的令人喜出望外，但又恰恰属于情理之中！在位于北京大学附近的百度公司总部，李彦宏（英文名 Robin）追忆人生点滴——人们只看到百度上市成功后的李彦宏，却很少有人注意到，李彦宏在美国工作正得意之时，毅然放弃外国公司丰厚待遇和期权，回国创立了百度。他是一个一直都很成功，并且能不断否定自己的成功从而获得更大成功的人。

北大骄子

“我心理上比较稳定，越是大的场合发挥就越好。在高考的时候，通过正常发挥我应该是能考上北京大学，但不一定拿第一。”（他以山西阳泉市全市第一名的成绩考上北京大学）

1968年，李彦宏出生在山西阳泉一个普通的家庭。“小学的时候，考过戏剧学院，后来放弃了。现在觉得放弃也挺好，技术能带来更大的影响力。”李彦宏回忆，年少时着迷过戏曲，曾被山西阳泉晋剧团录取。但中学时代，李彦宏回归“主业”，全身心投入功课学习中。

1987年，勤奋、刻苦的李彦宏以阳泉市第一名的成绩考上了北京大学图书情报专业。“北大自由的学术氛围，为我形成独立思考能力提供了很大的帮助。”李彦宏说。不过，身处象牙塔，几多欢乐几多愁。他离开阳泉迈进中国最高学府的激动心情，渐渐被图书情报学的枯燥、乏味消融。规划未来人生道路变得迫切。“那时候，中国的氛围较为沉闷，大学毕业进入机关单位，已经是非常好的选择了。在我看来，选择出国是一条自然而然的道路。”“我是一个非常专注的人，一旦认定方向就不会改变，直到把它做好。”从大三开始，李彦宏心无旁骛，买来托福、美国研究生入学考试（GRE）

等书狂啃，过着“教室—图书馆—宿舍”三点一线的生活，目标是留学美国。

“我出国并不是一帆风顺的。因为换专业，刚到美国学计算机，很多功课一开始都跟不上。有时和教授面谈，由于较心急，谈一些自己不是很了解的领域，结果那些教授就觉得我不行。”

1991 年，李彦宏再一次挤过了独木桥，收到美国布法罗纽约州立大学计算机系的录取通知书。正值圣诞节，23 岁的李彦宏背着行囊，穿云破雾，踏上了人生的第二次征程。美国布法罗纽约州立大学一年有 6 个月飘着雪。在这里，他忍受过夜晚彻骨的冰冷。白天上课，晚上补习英语，编写程序，经常忙碌到凌晨两点。在这里，他经历过中国留学生初来乍到的所谓“世间总有公道，付出总有回报”。李彦宏骨子里有着勤奋、坚韧、执著的精神，这使得他的专业技能得到飞速进步。在学校待了一年后，李彦宏顺利进入日本松下公司实习。“这三个多月的实习，对我后来职业道路的选择起了至关重要的作用。”李彦宏说。

驰骋硅谷

“硅谷给予我最大的感触是，希望通过技术改变世界，改变生活。”

1994 年暑假前，李彦宏收到华尔街一家公司———道·琼斯子公司的聘书。“在实习结束后，研究成果得到这一领域最权威人物的赏识，相关论文发表在该行业最权威的刊物上，这对以后的博士论文也很有帮助。”李彦宏说，“但那时候，中国留学生中有一股风气，就是读博士的学生一旦找到工作就放弃学业。起先，我认为自己不会这样做。但这家公司老板也是个技术专家，他对我的研究非常赏识，两人大有相见恨晚的感觉。士为知己者死，于是我决心离开学校，接受这家公司高级顾问的职位。”在华尔街的三年半时间里，李彦宏每天都跟实时更新的金融新闻打交道，先后担任了道·琼斯子公司高级顾问、《华尔街日报》网络版实时金融信息系统设计人员。

1997 年，李彦宏离开了华尔街，前往硅谷著名搜索引擎公司搜信（Infoseek）公司。在硅谷，李彦宏亲见了搜信在股市上的无限风光以及后来的惨淡。

1998 年，李彦宏在自己撰写的《硅谷商战》中分析总结：“技术本身不是唯一的决定性因素，商战策略才是决胜千里的关键；要允许失败；让好主意有条件孵化；要容忍有创造性的混乱；要有福同享……”这些典型的硅谷商战经验，后来被他得心应手地运用到了百度的创业中。

“在人生选择道路上，我好像没有很不顺利的过程，只是面临着一些选择。”李彦宏说。从北大到布法罗到华尔街到硅谷，机遇来临时，李彦宏不失时机地把握住了。这些多年的积累给他日后创建百度打下了坚实的根基。

归国创业

“不要问现在加入商战是否太晚，按照现在信息经济的发展速度，谁又能够承担不参战的责任呢?”李彦宏在海外的 8 年时间里，中国互联网界正发生着翻天覆地的变化。从 1995 年起，李彦宏每年都要回国进行考察。1999 年，李彦宏认定环境成熟，到了该参战的时候了，于是启程回国。不知是巧合，还是机缘，又是一个圣诞节，李彦宏乘飞机从太平洋的东海岸重新回到了太平洋的西海岸，回到了人生的一个重要起点处———北京大学，悄无声息地开始了创业。李彦宏在北大资源宾馆租了两间房，连同 1 个财会人员 5 个技术人员，以及合作伙伴徐勇，一共八人，开始创建百度公司。

接着，李彦宏开始回美国找钱，本不爱开车的他整天开着车在旧金山的风险投资商之间游说。最后他顺利融到第一笔风险投资金120万美元，比计划的100万美元还多。在百度成立的9个月之后，风险投资商德丰杰联合美国国际数据集团（IDG）又向百度投入了1 000万美元。

对于百度为何受风险资本青睐，李彦宏说："投资者有一种信念，相信百度会越来越好。"事实上，在决定创业时，李彦宏在搜索引擎技术方面，已可以排在全世界前三位。而李彦宏的执著、专注和专业又在业内有口皆碑。加之百度根植的中国市场潜力巨大。三点因素结合，百度自然对投资者充满了无限诱惑。李彦宏说："那个时候融资相对容易，但是绝大部分企业还是融不到资。我们选到的这些投资人应该说是非常优秀的，非常能够看到长远目标。"

如今，百度已走过多年的时光，其间不乏惊心动魄、风云变幻———激烈的董事会争辩，合作伙伴徐勇的退出，商场无情的竞争等重重挑战，都在不时地考验和冲击着李彦宏。但李彦宏一直保持淡定、从容，随着资本不断增加，技术的不断成熟，百度有了一日千里的快速发展。2002年百度搜索引擎技术真正成熟。2003年百度流量比上一年增加了7倍。2004年百度品牌得到网民的广泛认可。2005年百度成功上市。

"成功后的道路怎么走?"记者问。

"用技术改变生活，仍是我不变的信念。上市只是成功的开始，真正的挑战还在后面。"李彦宏回答。

案例来源：http://hb.qq.com/a/20150624/054477.htm.

案例讨论：

1. 成功之路来源于什么?

2. 选择一个优秀的商业模式是我们工商类学生创业成功的必然趋势吗?

第三节　创业能力测评实训

一、创业测评的理论基础

创业人才测评就是综合运用心理学、社会学、管理学和计算机科学等一系列先进科学方法，对创业者的基本素质进行测量和评价的活动。主要包括个性特征、知识能力、发展潜力和身体素质四个方面。在人力资源管理中，用人单位对招聘的员工利用相对客观手段对人的心理及能力素质进行测量和评价已经非常普遍了，在创业人才素质测评方面也是可行的，这是因为：

1. 个体的素质是稳定的

每个人有自己的个性和能力，其个性和能力是在独特的成长经历及社会生活中逐渐形成的。一旦形成，便具备相对稳定性。由于其稳定性，使得测评的结果有了一定的可置信度；否则，人才测评就没有意义了。

2. 个体的素质是有差异的

我们知道大千世界，没有两片完全相同的树叶。对于人的素质也是一样的，人与人之间的素质能力也是千差万别的。这不仅表现在外形等生理结构上，也表现在个体心理方面。我们要注意，素质之间没有优劣之分，只有是否合适的区别。我们可以测量哪种素质更适合（素质在一定范围内能够测量，而且能够区分识别），这样才能根据测评结果提供决策依据，测评才有现实价值。

3. 个体的素质是可以预测的

我们所说的素质，是看不见的，或者说是隐藏在个体身上具有一定抽象性的东西。但素质和其他被人们认识规律的事物一样。规律是通过现象表现出来的，素质也有一定的表现形式，而且有相关性。虽然我们不能直接测量素质能力，但可通过表现出来的行为特征来间接测量和评价。

4. 个体的素质是可以量化的

量化就是使测评结果表现为分数。有了分数，不仅使难以比较的素质转化为等级分数，表现出数量特征和质量特征，使个体素质差异可以比较和评定，而且便于进行统一的数学处理和统计分析，为以后的人才测评标准制定提供历史数据依据。

二、了解创业测评的方法

常用的测评方法主要有：履历分析、心理测验、笔试、面试、情景模拟和利用评价中心等。

1. 履历分析

履历分析又称资历评价技术，是通过对评价者的个人背景、工作与生活经历进行分析，来判断其对未来岗位适应性的一种人才评估方法，是相对独立于心理测试技术、评价中心技术的一种独立的人才评估技术。近年来这一方式越来越受到人力资源管理部门的重视，被广泛地用于人员选拔等人力资源管理活动中。使用个人履历资料，既可以用于初审个人简历，迅速排除明显不合格的人员，也可以根据与工作要求相关性的高低，事先确定履历中各项内容的权重，把申请人各项得分相加得总分，根据总分确定选择决策。

2. 心理测验

心理测验是根据一定的法则和心理学原理，使用一定的操作程序给人的认知、行为、情感的心理活动予以量化。心理测验是心理测量的工具，心理测量在心理咨询中能帮助当事人了解自己的情绪、行为模式和人格特点。

常见的心理测验按目的可以分为以下几种：

（1）能力测验：包括智力测验和特殊能力测验。前者主要测量人的智力水平，后者多用于升学、职业指导服务（如绘画、音乐、手工技巧、文书才能、空间知觉能力等）。

（2）人格测验：主要测量人的性格、气质、兴趣、态度等个性特征和各种病理个性特征。

（3）记忆测验：包括短时间记忆测验和长时间记忆测验，主要用于外伤引起的记忆损害和老年人记忆减退。

（4）适应行为评定：评估人们社会适应技能，包括智慧、情感、动机、社交、运动等因素。

（5）职业咨询测验：近年来发展迅速的心理测验，由于许多年轻人希望在未来竞争中既能发挥自己的潜能、气质，又能适应自己的兴趣、爱好，因此在择业前往往求助心理学家。

在创业人才测评中，主要有大学生创业心理测评、创业智商测评、创业九型人格测评、创业综合测评、创业成功指数测评等，从不同角度和方面形成对大学生创业者的综合素质评价，以作参考。

3. 笔试

笔试是一种与面试对应的测试，是考核应聘者学识水平的重要工具。这种方法可以有效地测量应聘人的基本知识、专业知识、管理知识、综合分析能力和文字表达能力等素质及能力的差异。

笔试在员工招聘测试中有相当大的作用，尤其是在大规模的员工招聘测试中，它可以一下子把员工的基本情况了解清楚，然后可以划分出一个基本符合需要的界限。适用面广，费用较少，可以大规模地运用。但是分析结果需要较多的人力，有时，被试者会投其所好，尤其是在个性测试中显得更加明显。

创业测评人才的笔试内容是：性格测试、智商测试和英语水平测试。笔试的优点表现在：一是经济性；二是广博性，笔试的试卷内容涵盖面广，容量大；三是客观性。这是它最显著的优点。考卷可以密封，主考人与被测者不必直接接触，评卷又有可记录的客观的尺度，考试材料可以保存备查，这较好地体现了客观、公平、公正原则。总之，采用笔试的方法，机会均等而且相对客观，这是其他方法难以替代的。

4. 面试

面试是在特定的时间、地点所进行的有着预先精心设计的明确目的和程序的谈话，是通过测试者与被测试者的面对面的观察、交谈，收集相关信息，从而了解被面试者的素质状况、能力特征以及动机的一种人事测量方法。面试是人才测评中常用的方法之一。这种测评技术与笔试、人事资料审核法等方法相比，显得更为直观和灵活，通过面试，可以判断出人的某些属性或者层面。它不仅可以评价出应聘者的学识水平和能力，还能评价出应聘者的才智以及个性心理特征。

面试技术可分为结构化面试和非结构化面试两种，结构化面试比非结构化面试具有更高的信度和效度。

5. 评价中心技术

评价中心是一种包含多种评价方法和形式的测评系统。它通过创设一种逼真的模拟管理系统或工作场景，将受测者纳入该环境中，使其完成该系统下对应的各种工作。在这个过程中，主试者采取多种测评技术和方法，观察和分析被试者在模拟的各种情景压力下的心理行为表现及工作绩效，以测量和评价被试者的各种管理能力和潜能素质。

评价中心技术具有如下特点：

（1）针对性：评价中心测评法模拟特定的工作条件和环境，并在特定的工作情景和压力下实施测评。根据不同层次人员的岗位要求和必备能力，设计不同的模拟情景，具有很强的针对性，避免“高分低能”倾向。

（2）全面性：评价中心突出的特点之一是多种测评技术与手段综合运用，不仅能很好地反映被试人的实际工作能力，还可以测评其他方面的各种能力和素质。

（3）可靠性：测评中心由多个主试小组成员分别对被试人给予评价，减少了因被试人水平发挥不正常或个别主试人评价偏差而导致的测评结果失真。每项测验后，请被试人说明测验时的想法以及处理问题的理由。在此基础上，主试人进一步评定被试人处理实际问题的能力和技巧，使评价结果的可靠性大大增加。

（4）动态性：将被试人置于动态的模拟工作情景中，模拟实际管理工作中瞬息万变的情况，不断对被试人发出各种随机变化的信息，要求被试人在一定时间和一定情景压力下作出决策，在动态环境中充分展示自己的能力和素质。

（5）预测性：评价中心具有识才于未显之时的功能，模拟的工作环境为尚未进入这一层次的人员提供了一个发挥其才能与潜力的机会，对于测评人员的素质和能力具有一定的预测作用。同时，测评中心集测评与培训功能于一体，为准确预测被试人的发展前途，并有重点地进行培养训练提供了较为有效的手段和途径。

三、创业虚拟仿真实训基础实训

（一）实验目的和任务

通过视频、案例、学堂、书籍等教学手段，让学生了解创业与创客内涵，通过“大众创业，万众创新”视频的学习了解，认识到大学生创业时代的趋势从而坚定创业的信念。通过对创业者应该具备的能力了解和创业能力培养与测评实训，让创业者认识到自身创业潜质，为创业成功作好心理上的准备，同时提升创业者的分析能力。

（二）实训内容和要求

1. 了解创业与创客；创业时代趋势视频观看，了解时代发展趋势。
2. 创业者应该具备的能力；创业与性格关系；创业动机。
3. 创业能力培养与测评方法；履历分析、心理测验、笔试、面试、情景模拟。
4. 创业能力培养与测评实训，大学生创业测评软件。

（三）实验软件、仪器设备及环境条件

1. 基础知识阅读，软件系统虚拟测评；
2. 需要一个能连接的软件，并能提供讨论的场地。

（四）创业虚拟仿真实训基础实训步骤

第一步，创业与创客。

1. 视频：中央电视台关于“大众创业，万众创新”和创客视频

（1）播放视频（15 分钟）；

（2）学生讨论创客在创业中的作用。

2. 认识国家提倡：“大众创业，万众创新”对大学生的推力

网络调查分析大学生创业政策

第一，通过互联网调查国家与重庆市政府出台的鼓励大学生创业各项政策；

第二，收集整理成册；

第三，分析和评估大学生创业政策优势。

第二步，创业基础提升。

1. 登录网络链接地：http://www.ctbu.edu.cn。

2. 实训管理者设置

在第一次使用测评软件系统时，要进行院系、班级、任课教师的设定，具体操作请参考软件提供者的说明。系统管理员是平台的总体管理者，一般由机房的管理员或者教研室主任担任。管理员主要负责学院和教师用户的管理。管理员功能分为学院管理、教师管理、学生管理、系统管理、我的个人专区。下图为管理员操作界面（图 1-1）：

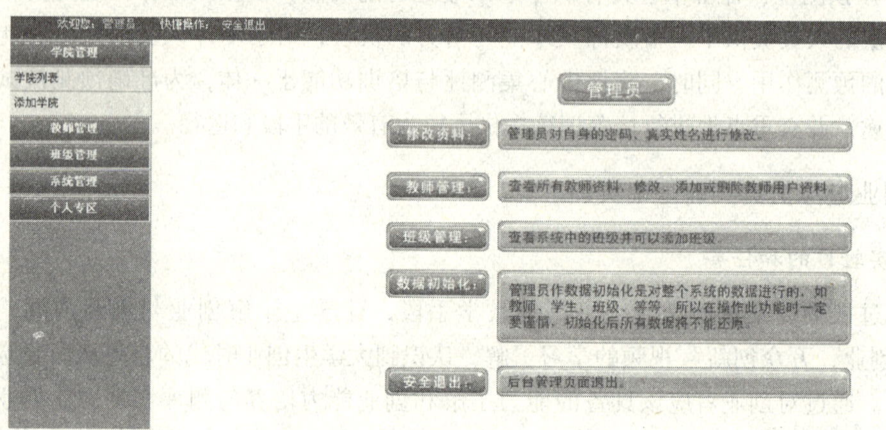

图 1-1

3. 学院管理

管理员可以对学院进行添加、修改、删除。删除后本学院的信息不能复原，请谨慎操作。

（1）添加学院

具体操作步骤：点击“添加学院”后，显示新建学院信息的窗口如下，管理员填写学院的名称和简介，点击提交保存，即学院建立完毕（图 1-2）。

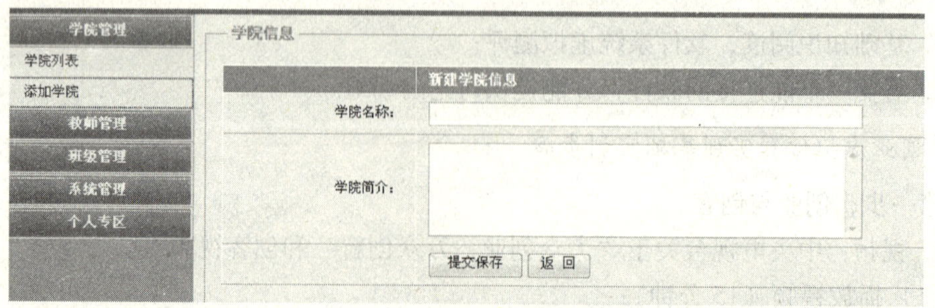

图 1-2

（2）修改学院

具体操作步骤：点击学院列表，显示列表下的所有学院，选中要修改的学院，点击修改按钮，显示修改学院信息，将正确的学院信息填写完毕后，点击“提交保存”按钮，即学院信息修改成功（图 1-3）。

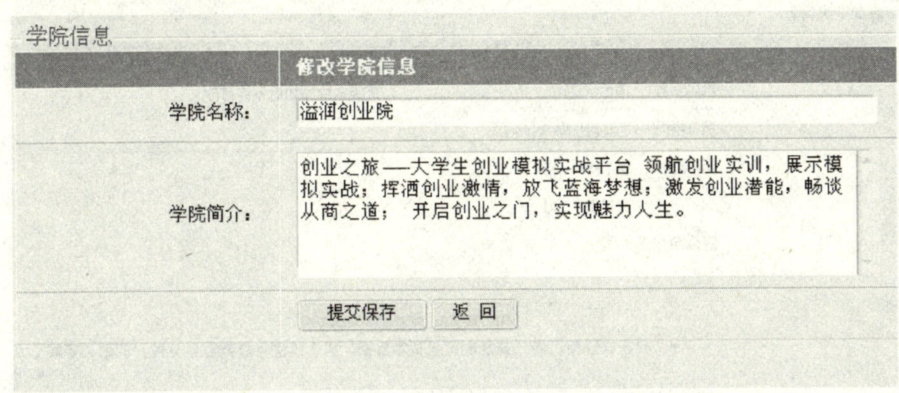

图 1-3

4. 教师管理

管理员可以对教师用户资料进行查看、修改，添加、删除。需注意：如果删除教师，则该教师所属的所有班级、学生及学生所做的模拟数据都将完全删除，请谨慎使用此功能，系统会弹出警告信息，引起管理员的注意。

（1）添加教师

输入登录名、密码、真实姓名等，点击提交按钮，教师添加成功（图 1-4）。

编辑用户资料

	添加（教师）用户
登录名:	teacher2
用户密码:	•••
确认密码:	•••
真实姓名:	李晶
性别:	女
电子邮件:	lijing@163.com　不知道?
	提 交　返 回

图 1-4

（2）修改和删除功能

在教师列表中即可进行。操作步骤同学院的修改和删除，在此不再做详解。

5. 班级管理

管理员可以在系统中对班级进行查看、修改、删除，班级名称添加后不能修改；操作步骤：点击“班级管理”模块下的“添加班级”，系统会显示以下界面，将信息填写完毕后点击“提交”按钮，班级信息添加成功（图 1–5）。

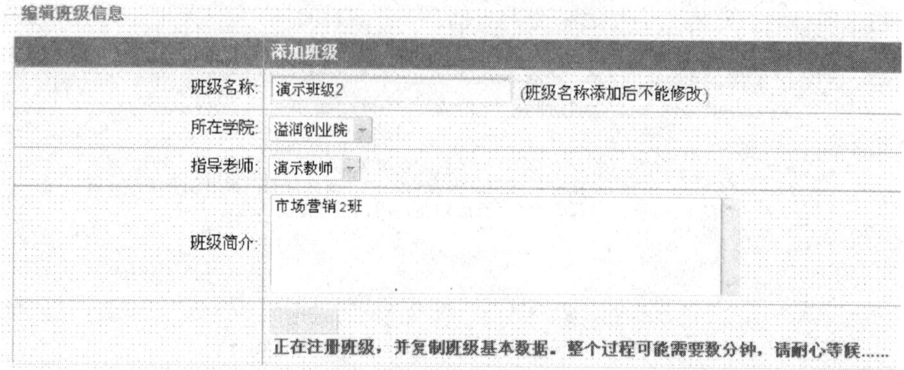

图 1–5

教师端使用

在第一次使用时，通过实验管理者分配的用户名和密码从教师入口登录。

在登录首页面，教师根据管理员提供的初始用户名和密码，进行登录，进入教师端页面（图 1–6）：

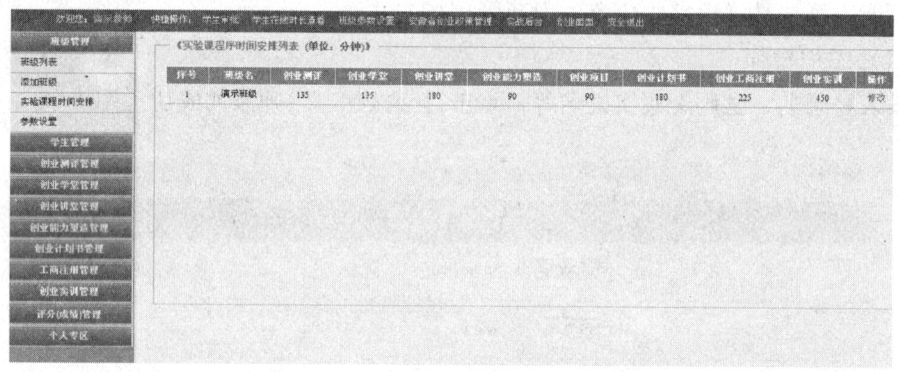

图 1–6

（1）班级管理

教师可以在班级管理中添加、修改、删除班级，班级名称添加后不可做修改，添加时应注意操作得当。

操作步骤：点击“班级管理”下的“班级列表”，即可显示所有班级的列表，点击修改按钮，即可显示以下界面，将修改的信息填写完毕后，点击“提交”按钮，则修改成功（图 1–7）。

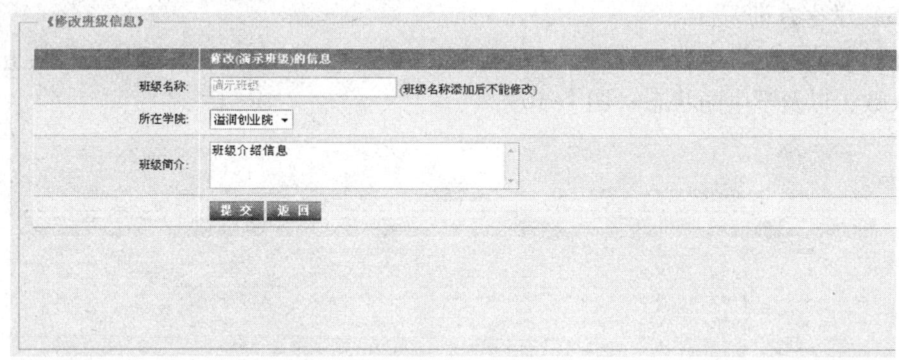

图 1-7

（2）添加班级

点击“班级管理”下的“添加班级”，显示以下界面，输入相应的班级信息，点击“提交”按钮，即可实现班级的添加。如下图 1-8 所示：

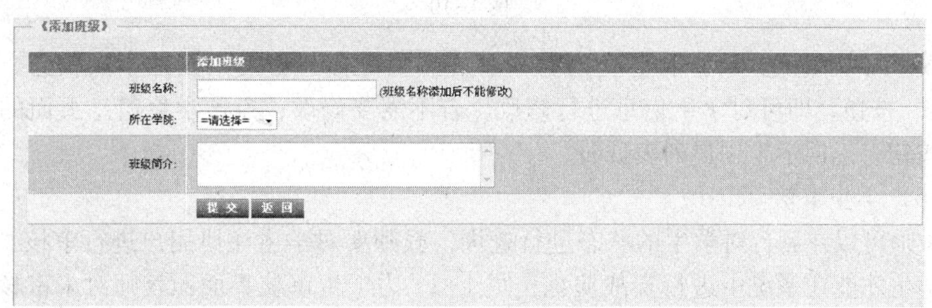

图 1-8

（3）实验课程时间安排

教师可以查看自己制定的课时安排，也可在此模块下对参数以及课时进行修改，方便教师根据实际教课需要进行调整（图 1-9）。

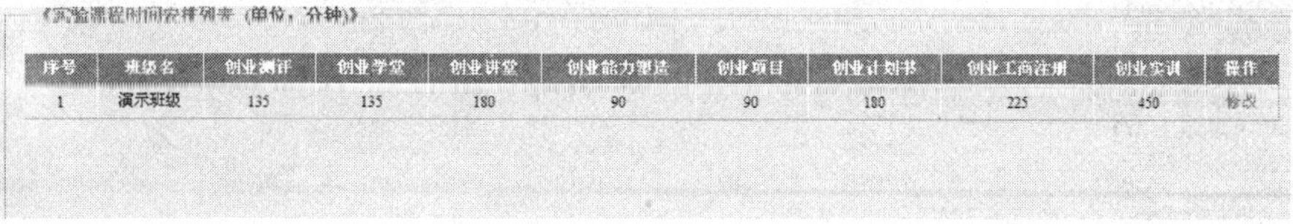

《实验课程时间安排列表（单位，分钟）》

序号	班级名	创业测评	创业学堂	创业讲堂	创业能力塑造	创业项目	创业计划书	创业工商注册	创业实训	操作
1	演示班级	135	135	180	90	90	180	225	450	修改

图 1-9

点击“修改”按钮，即可显示以下界面：教师点击“开启”，学生才可以在该班级下进行注册，教师可以根据教学的需要，在自己将在课堂上讲解的模块点“√”，学生便可根据教师的讲解进行实训，其他未打“√”的模块，学生不可使用。教师可以修改自己的课时安排的时间、修改评分的标准。

（4）班级参数设置

此功能模块便于控制学生依据教师课时安排进行操作。教师可以任意开启或关闭学生端操作模块，并可以进行课时和评分参数的设置。

(5) 学生查询

在教师端左侧学生管理模块下，教师可以对学生进行查询，并了解到所在班级的学生人数，以及学生的状态（图 1-10）：

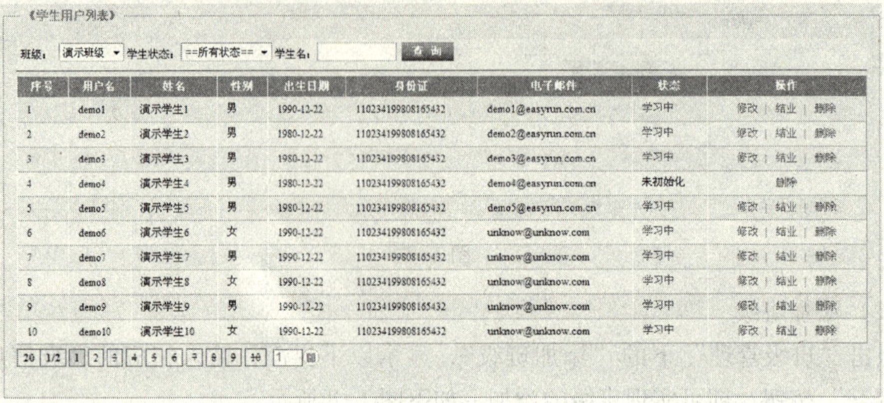

《学生用户列表》

班级：演示班级 学生状态：==所有状态== 学生名： 查询

序号	用户名	姓名	性别	出生日期	身份证	电子邮件	状态	操作
1	demo1	演示学生1	男	1990-12-22	110234199808165432	demo1@easyrun.com.cn	学习中	修改 | 结业 | 删除
2	demo2	演示学生2	男	1980-12-22	110234199808165432	demo2@easyrun.com.cn	学习中	修改 | 结业 | 删除
3	demo3	演示学生3	男	1980-12-22	110234199808165432	demo3@easyrun.com.cn	学习中	修改 | 结业 | 删除
4	demo4	演示学生4	男	1980-12-22	110234199808165432	demo4@easyrun.com.cn	未初始化	删除
5	demo5	演示学生5	男	1980-12-22	110234199808165432	demo5@easyrun.com.cn	学习中	修改 | 结业 | 删除
6	demo6	演示学生6	女	1990-12-22	110234199808165432	unknow@unknow.com	学习中	修改 | 结业 | 删除
7	demo7	演示学生7	男	1990-12-22	110234199808165432	unknow@unknow.com	学习中	修改 | 结业 | 删除
8	demo8	演示学生8	女	1990-12-22	110234199808165432	unknow@unknow.com	学习中	修改 | 结业 | 删除
9	demo9	演示学生9	男	1990-12-22	110234199808165432	unknow@unknow.com	学习中	修改 | 结业 | 删除
10	demo10	演示学生10	女	1990-12-22	110234199808165432	unknow@unknow.com	学习中	修改 | 结业 | 删除

图 1-10

教师可以在该页面查看学生的登录名、真实姓名、密码及其他个人信息，点击“修改”按钮，即可对学生信息进行修改。若不需要修改，点击学生信息页面的“返回”按钮，返回学生用户列表页面。

(6) 学生审核

教师可以在后台对学生的状态进行查询；教师要对学生注册用户进行审核，审核后的学生才能在系统中进行实战演练；图 1-11 为学生审核界面：教师对未审核的学生，直接点击“审核”按钮，即可完成对学生的审核。

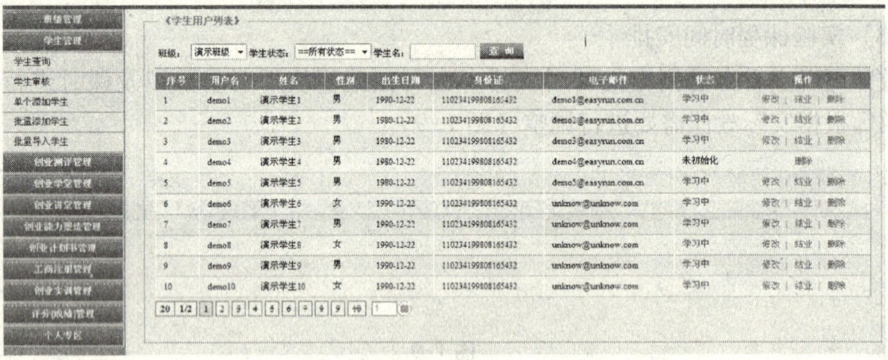

学生管理
学生查询
学生审核
单个添加学生
批量添加学生
批量导入学生
个人专区

《学生用户列表》

班级：演示班级 学生状态：==所有状态== 学生名： 查询

序号	用户名	姓名	性别	出生日期	身份证	电子邮件	状态	操作
1	demo1	演示学生1	男	1990-12-22	110234199808165432	demo1@easyrun.com.cn	学习中	修改 | 结业 | 删除
2	demo2	演示学生2	男	1980-12-22	110234199808165432	demo2@easyrun.com.cn	学习中	修改 | 结业 | 删除
3	demo3	演示学生3	男	1980-12-22	110234199808165432	demo3@easyrun.com.cn	学习中	修改 | 结业 | 删除
4	demo4	演示学生4	男	1980-12-22	110234199808165432	demo4@easyrun.com.cn	未初始化	删除
5	demo5	演示学生5	男	1980-12-22	110234199808165432	demo5@easyrun.com.cn	学习中	修改 | 结业 | 删除
6	demo6	演示学生6	女	1990-12-22	110234199808165432	unknow@unknow.com	学习中	修改 | 结业 | 删除
7	demo7	演示学生7	男	1990-12-22	110234199808165432	unknow@unknow.com	学习中	修改 | 结业 | 删除
8	demo8	演示学生8	女	1990-12-22	110234199808165432	unknow@unknow.com	学习中	修改 | 结业 | 删除
9	demo9	演示学生9	男	1990-12-22	110234199808165432	unknow@unknow.com	学习中	修改 | 结业 | 删除
10	demo10	演示学生10	女	1990-12-22	110234199808165432	unknow@unknow.com	学习中	修改 | 结业 | 删除

图 1-11

(7) 单个添加、批量添加、批量导入学生

教师可以对学生进行单个添加、也可批量添加，如果教师有自制的 Excel 表格，也可以批量导入。下图为三种添加方式的视图：

单个添加：将学生的信息填写完毕，点击“提交”按钮，即完成了学生用户的添加（图 1-12）。

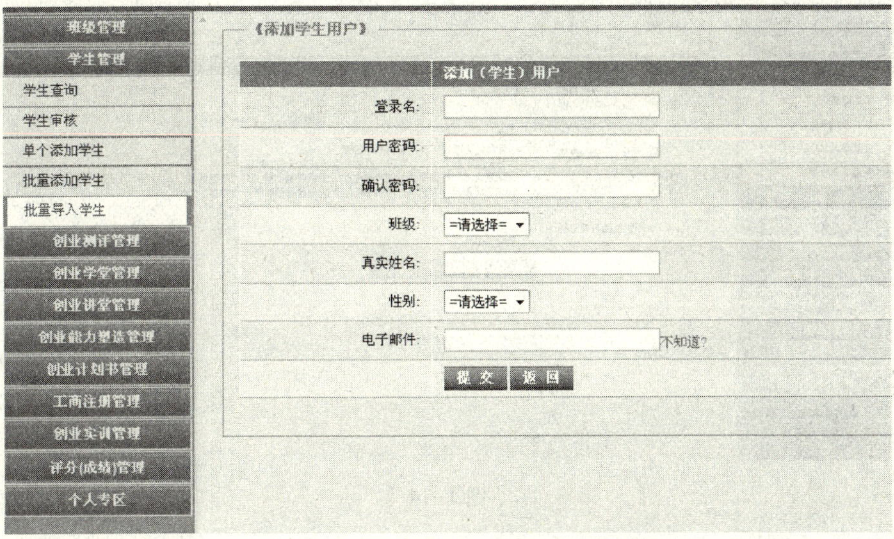

图 1-12

批量添加：选择要添加学生所在的班级，用户名前缀，可以采取“stu”（即学生的英文缩写），后缀长度根据教师要添加的人数来确定所填的数字，如此处填“1”，则生成的学生人数为“01-0XX”，若填写“2”，则生成的学生人数为“001-00XX”，生成学生人数即是本次要添加的学生总数（图 1-13）。

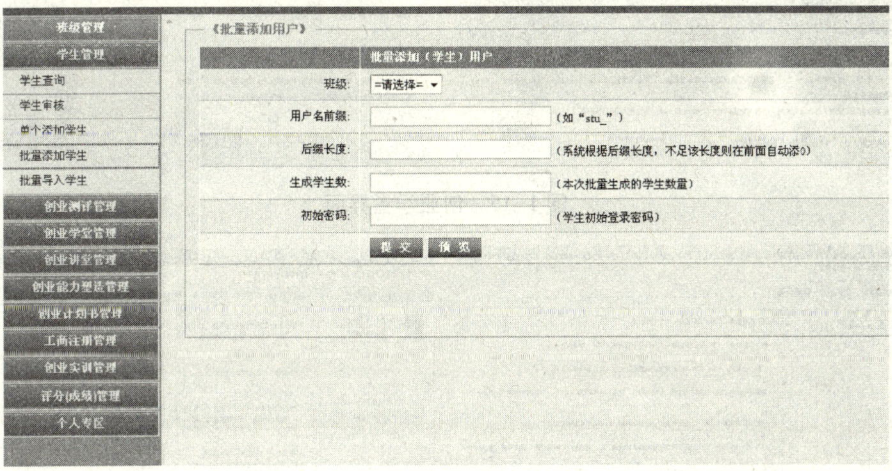

图 1-13

批量导入：选择要添加学生所在的班级，点击“预览”按钮，导入要添加的学生的 Excel 表格。下图为批量导入学生的界面（图 1-14）。

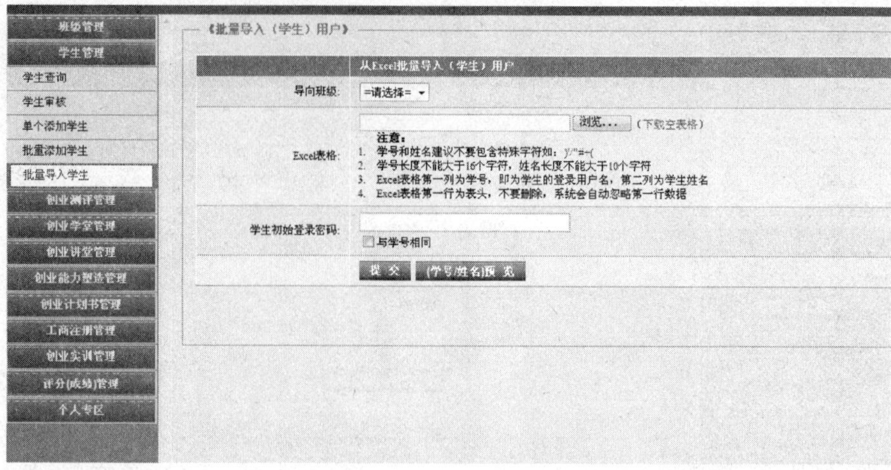

图 1-14

第三步，虚拟仿真验证性实训(学习、视频、文章阅读、书籍推荐、文章评论)。

1. 创业学堂（图 1-15、图 1-16）

图 1-15　创业学堂界面

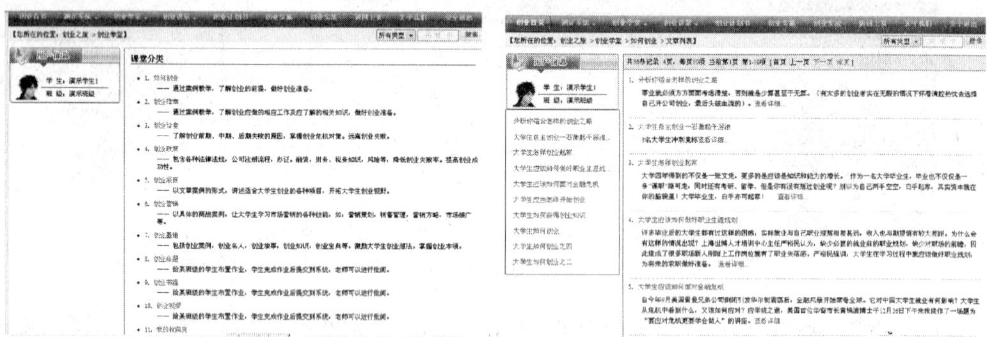

图 1-16　如何创业

2. 文章阅读（图 1-17）

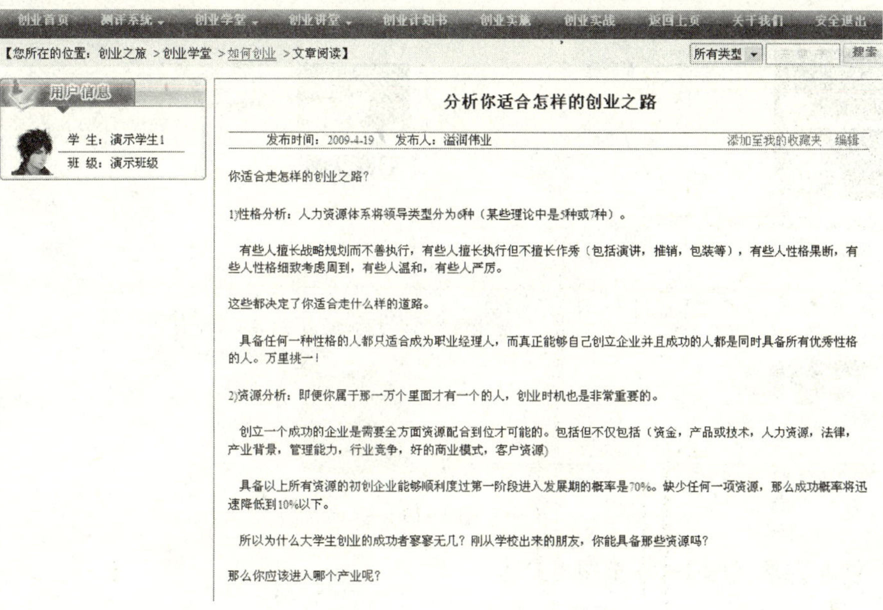
创业首页　测评系统　创业学堂　创业讲堂　创业计划书　创业实施　创业实战　返回上页　关于我们　安全退出

【您所在的位置：创业之旅 >创业学堂 >如何创业 >文章阅读】　所有类型　搜索

用户信息

学 生：演示学生1

班 级：演示班级

分析你适合怎样的创业之路

发布时间：2009-4-19　发布人：溢润伟业　添加至我的收藏夹　编辑

你适合走怎样的创业之路？

1)性格分析：人力资源体系将领导类型分为6种（某些理论中是5种或7种）。

有些人擅长战略规划而不善执行，有些人擅长执行但不擅长作秀（包括演讲，推销，包装等），有些人性格果断，有些人性格细致考虑周到，有些人温和，有些人严厉。

这些都决定了你适合走什么样的道路。

具备任何一种性格的人都只适合成为职业经理人，而真正能够自己创立企业并且成功的人都是同时具备所有优秀性格的人。万里挑一！

2)资源分析：即便你属于那一万个里面才有一个的人，创业时机也是非常重要的。

创立一个成功的企业是需要全方面资源配合到位才可能的。包括但不仅包括（资金，产品或技术，人力资源，法律，产业背景，管理能力，行业竞争，好的商业模式，客户资源）

具备以上所有资源的初创企业能够顺利度过第一阶段进入发展期的概率是70%。缺少任何一项资源，那么成功概率将迅速降低到10%以下。

所以为什么大学生创业的成功者寥寥无几？刚从学校出来的朋友，你能具备那些资源吗？

那么你应该进入哪个产业呢？

图 1-17　对文章的评论

3. 创业视频（图 1-18）

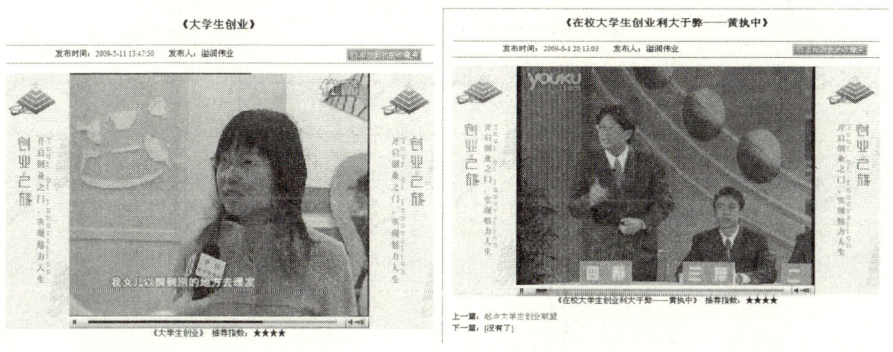

图 1-18

4. 创业书籍（图 1-19）

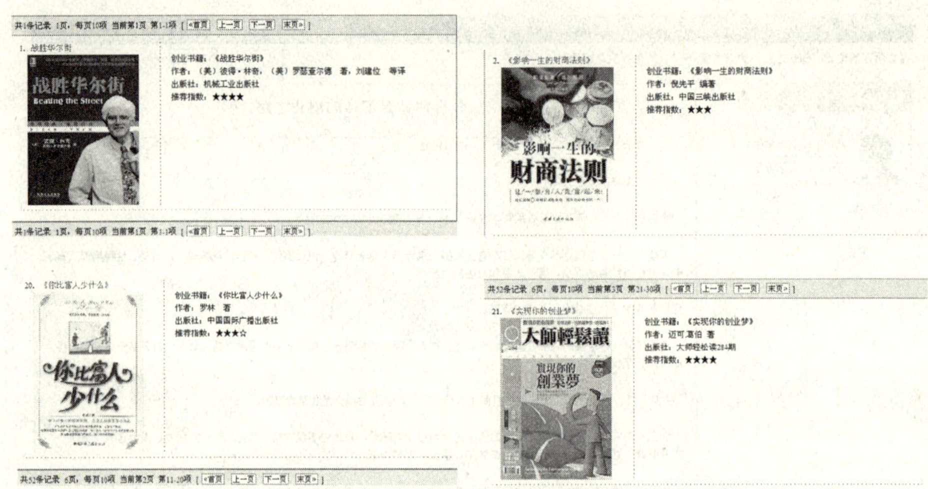

图 1-19

5. 创业讲堂（图 1-20 至图 1-22）

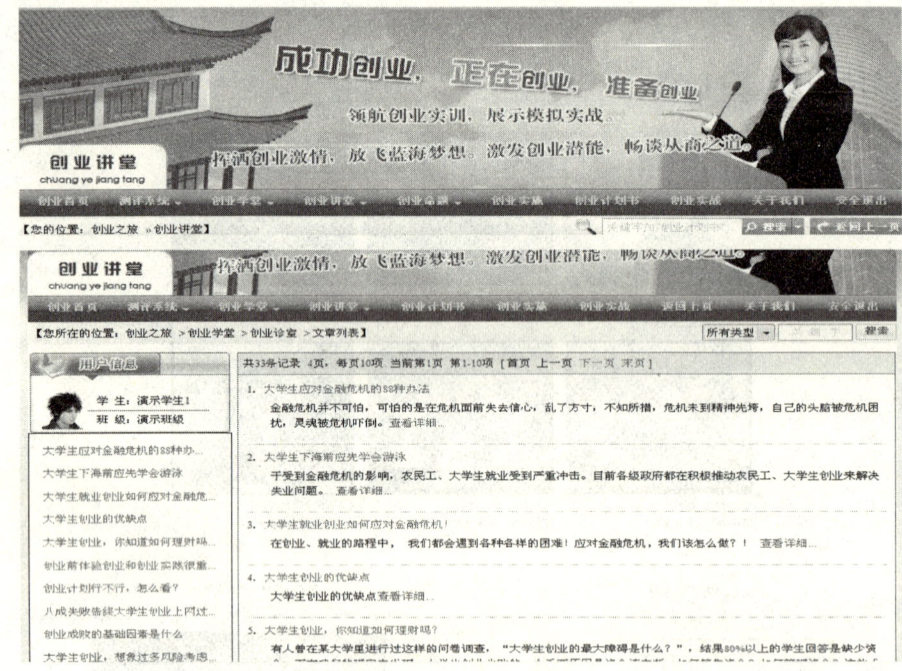

图 1-20 创业讲堂

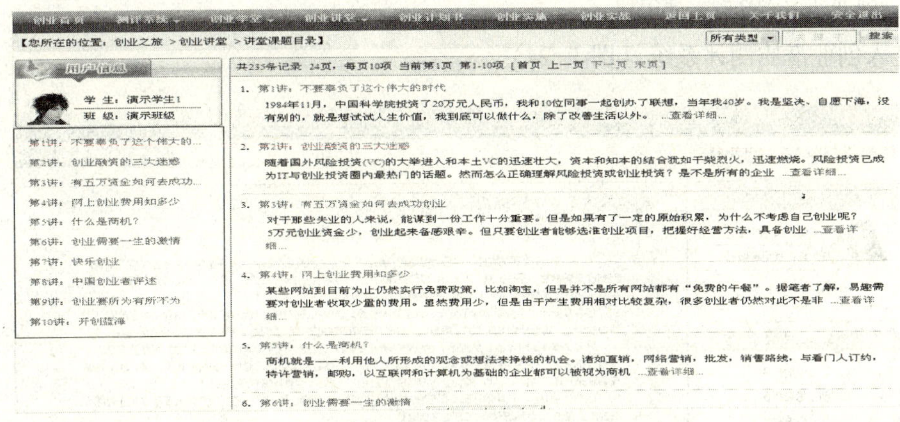

图 1-21　讲堂题库

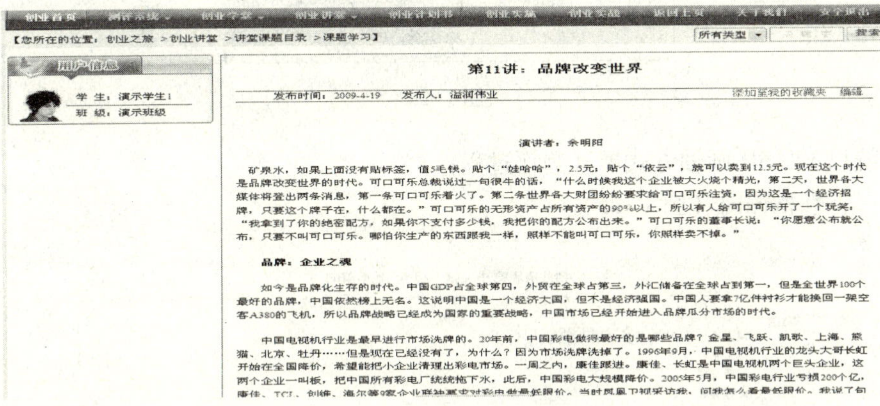

图 1-22　创业讲堂文章

第四步，创业力测评。

1. 创业之旅登录界面

登录创业模拟实训平台（图 1-23）。

图 1-23

2. 创业潜质测评

进入创业潜质测评系统（图 1-24）。

图 1-24

系统以 FLASH 画轴方式展开测评过程：

第一，性格偏向（图 1-25）。

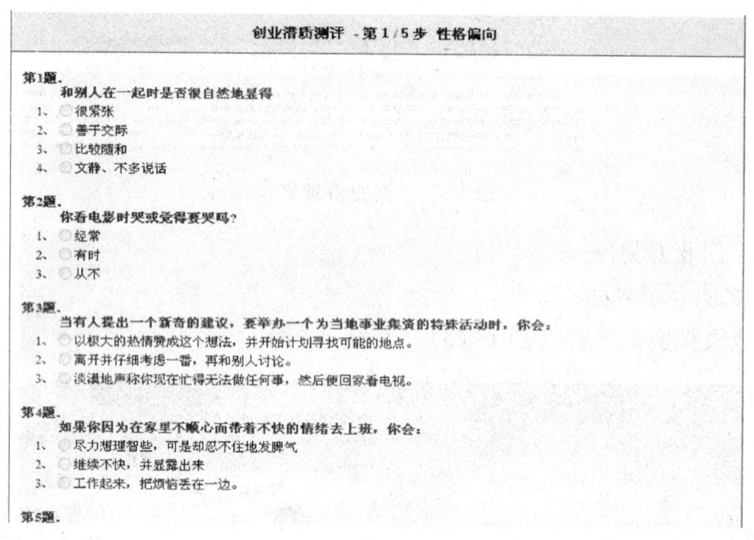

图 1-25

第二，知识水平测试（图 1-26）。

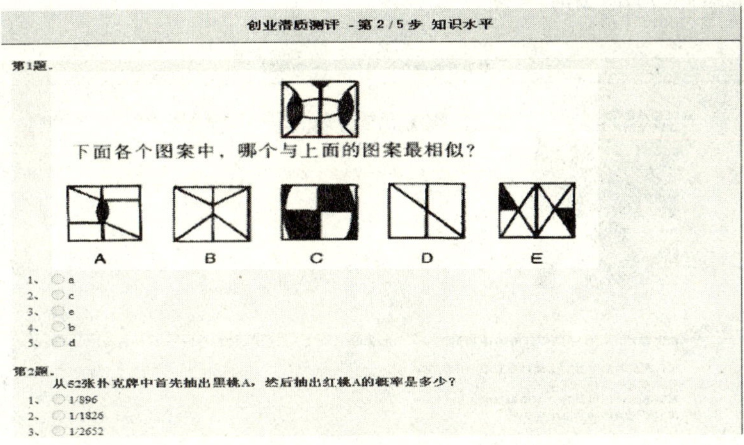
创业潜质测评 - 第 2 / 5 步 知识水平

第1题.

下面各个图案中，哪个与上面的图案最相似？

1、a
2、c
3、e
4、b
5、d

第2题.
从52张扑克牌中首先抽出黑桃A，然后抽出红桃A的概率是多少？

1、1/896
2、1/1826
3、1/2652

图 1-26

第三，学习能力测评（图 1-27）。

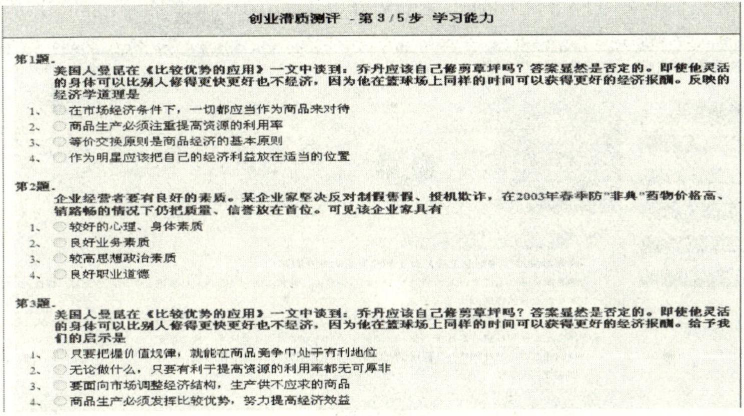
创业潜质测评 - 第 3 / 5 步 学习能力

第1题.
美国人曼昆在《比较优势的应用》一文中谈到：乔丹应该自己修剪草坪吗？答案显然是否定的。即使他灵活的身体可以比别人修得更快更好也不经济，因为他在篮球场上同样的时间可以获得更好的经济报酬。反映的经济学道理是

1、在市场经济条件下，一切都应当作为商品来对待
2、商品生产必须注重提高资源的利用率
3、等价交换原则是商品经济的基本原则
4、作为明星应该把自己的经济利益放在适当的位置

第2题.
企业经营者要有良好的素质。某企业家坚决反对制假售假、投机欺诈，在2003年春季防"非典"药物价格高、销路畅的情况下仍把质量、信誉放在首位。可见该企业家具有

1、较好的心理、身体素质
2、良好业务素质
3、较高思想政治素质
4、良好职业道德

第3题.
美国人曼昆在《比较优势的应用》一文中谈到：乔丹应该自己修剪草坪吗？答案显然是否定的。即使他灵活的身体可以比别人修得更快更好也不经济，因为他在篮球场上同样的时间可以获得更好的经济报酬。给予我们的启示是

1、只要把握价值规律，就能在商品竞争中处于有利地位
2、无论做什么，只要有利于提高资源的利用率都无可厚非
3、要面向市场调整经济结构，生产供不应求的商品
4、商品生产必须发挥比较优势，努力提高经济效益

图 1-27

第四，创业思维测评（图 1-28）。

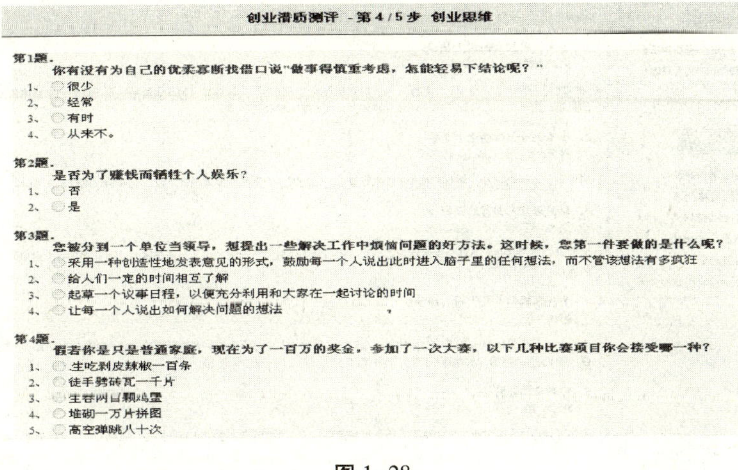
创业潜质测评 - 第 4 / 5 步 创业思维

第1题.
你有没有为自己的优柔寡断找借口说"做事得慎重考虑，怎能轻易下结论呢？"

1、很少
2、经常
3、有时
4、从来不。

第2题.
是否为了赚钱而牺牲个人娱乐？

1、否
2、是

第3题.
您被分到一个单位当领导，想提出一些解决工作中烦恼问题的好方法。这时候，您第一件要做的是什么呢？

1、采用一种创造性地发表意见的形式，鼓励每一个人说出此时进入脑子里的任何想法，而不管该想法有多疯狂
2、给人们一定的时间相互了解
3、起草一个议事日程，以便充分利用和大家在一起讨论的时间
4、让每一个人说出如何解决问题的想法

第4题.
假若你是只是普通家庭，现在为了一百万的奖金，参加了一次大赛，以下几种比赛项目你会接受哪一种？

1、生吃剥皮辣椒一百条
2、徒手劈砖瓦一千片
3、生吞两百颗鸡蛋
4、堆砌一万片拼图
5、高空弹跳八十次

图 1-28

第五，可塑性（图 1-29）。

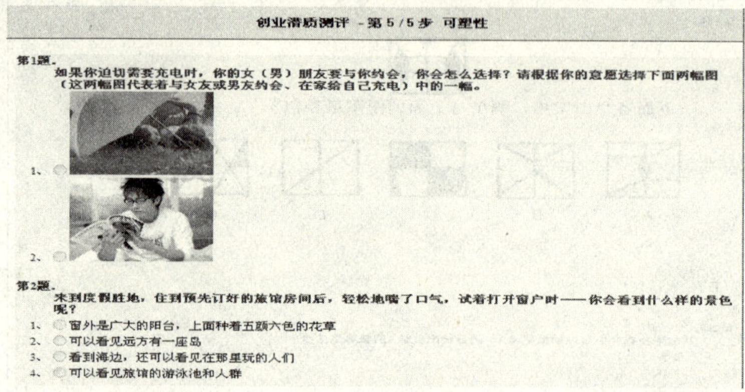

图 1-29

测评结果（图 1-30）：

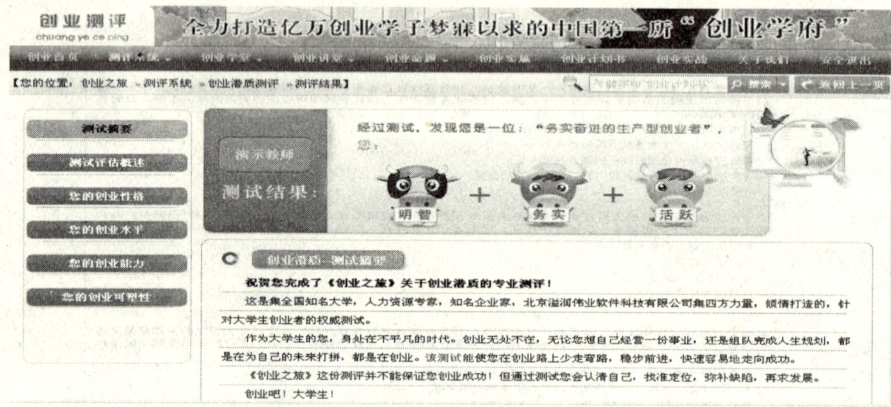

图 1-30

3. 创业思维测评（图 1-31）

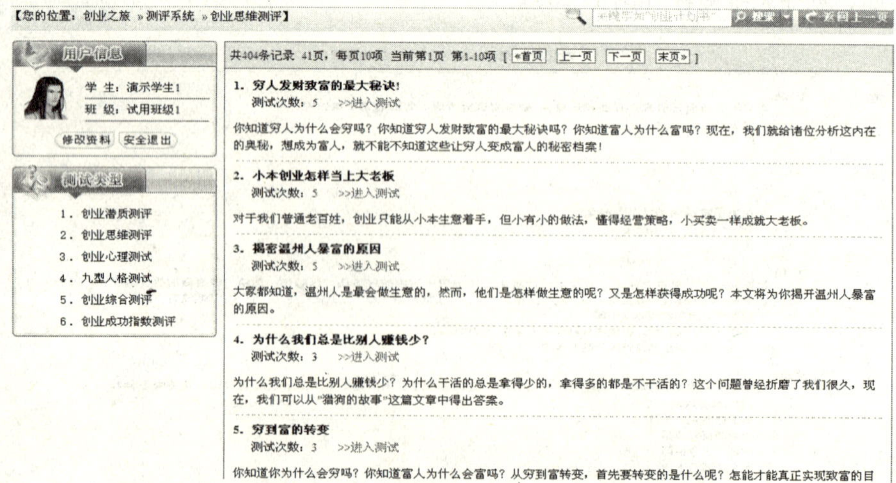

图 1-31

测评结果：（图 1-32）

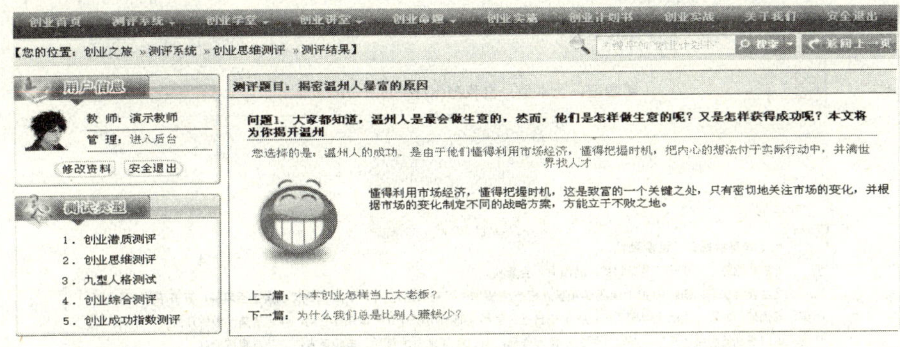

图 1-32

创业排行榜（图 1-33）：

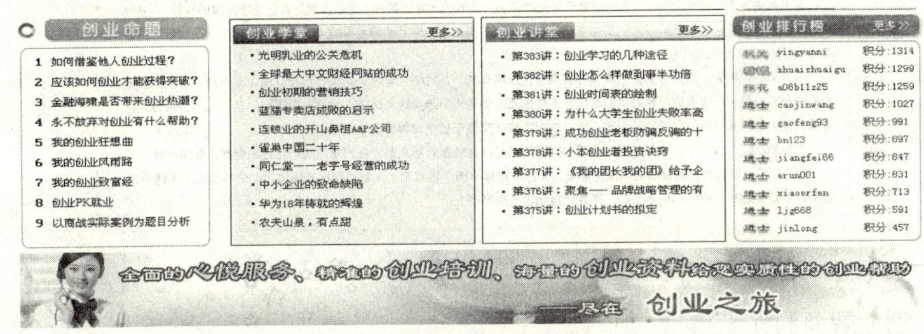

图 1-33

4. 创业九型人格测评（图 1-34）

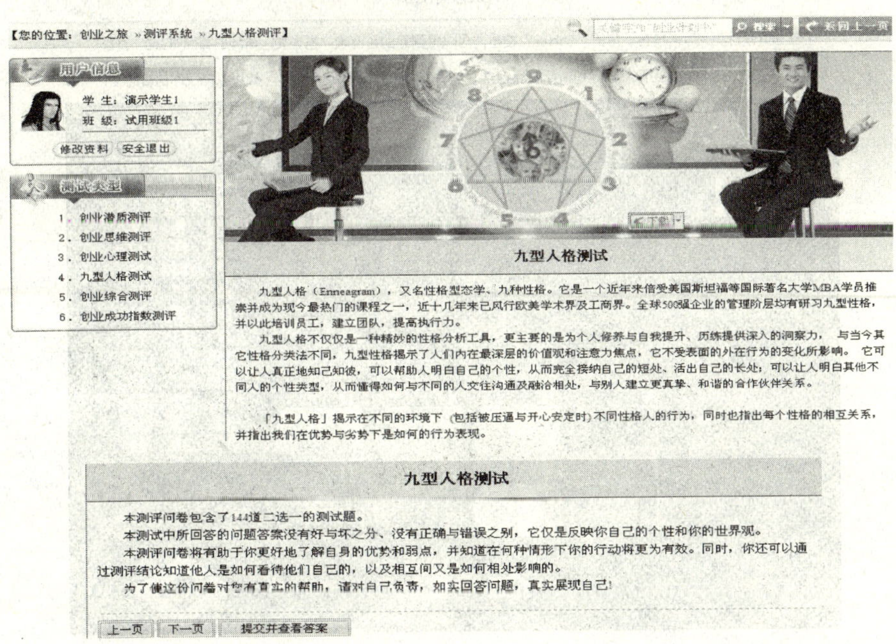

图 1-34

测试结果（图 1-35）：

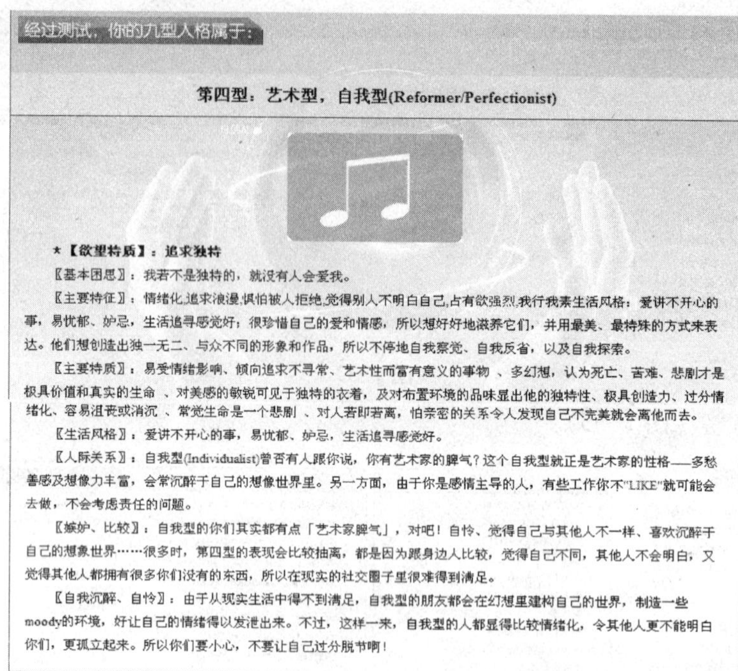

经过测试，你的九型人格属于：

第四型：艺术型，自我型(Reformer/Perfectionist)

★【欲望特质】：追求独特

〖基本困思〗：我若不是独特的，就没有人会爱我。

〖主要特征〗：情绪化,追求浪漫,惧怕被人拒绝,觉得别人不明白自己,占有欲强烈,我行我素生活风格：爱讲不开心的事，易忧郁、妒忌，生活追寻感觉好；很珍惜自己的爱和情感，所以想好好地滋养它们，并用最美、最特殊的方式来表达。他们想创造出独一无二、与众不同的形象和作品，所以不停地自我察觉、自我反省，以及自我探索。

〖主要特质〗：易受情绪影响、倾向追求不寻常、艺术性而富有意义的事物 、多幻想，认为死亡、苦难、悲剧才是极具价值和真实的生命 、对美感的敏锐可见于独特的衣着，及对布置环境的品味显出他的独特性、极具创造力、过分情绪化、容易沮丧或消沉 、常觉生命是一个悲剧 、对人若即若离，怕亲密的关系令人发现自己不完美就会离他而去。

〖生活风格〗：爱讲不开心的事，易忧郁、妒忌，生活追寻感觉好。

〖人际关系〗：自我型(Individualist)曾否有人跟你说，你有艺术家的脾气？这个自我型就正是艺术家的性格——多愁善感及想像力丰富，会常沉醉于自己的想像世界里。另一方面，由于你是感情主导的人，有些工作你不"LIKE"就可能会去做，不会考虑责任的问题。

〖嫉妒、比较〗：自我型的你们其实都有点「艺术家脾气」，对吧！自怜、觉得自己与其他人不一样、喜欢沉醉于自己的想象世界……很多时，第四型的表现会比较抽离，都是因为跟身边人比较，觉得自己不同，其他人不会明白，又觉得其他人都拥有很多你们没有的东西，所以在现实的社交圈子里很难得到满足。

〖自我沉醉、自怜〗：由于从现实生活中得不到满足，自我型的朋友都会在幻想里建构自己的世界，制造一些moody的环境，好让自己的情绪得以发泄出来。不过，这样一来，自我型的人都显得比较情绪化，令其他人更不能明白你们，更孤立起来。所以你们要小心，不要让自己过分脱节啊！

图 1-35

5. 创业智商测评

共 39 题，采取动画（FLASH）形式，系统自动出题，评分（图 1-36）。

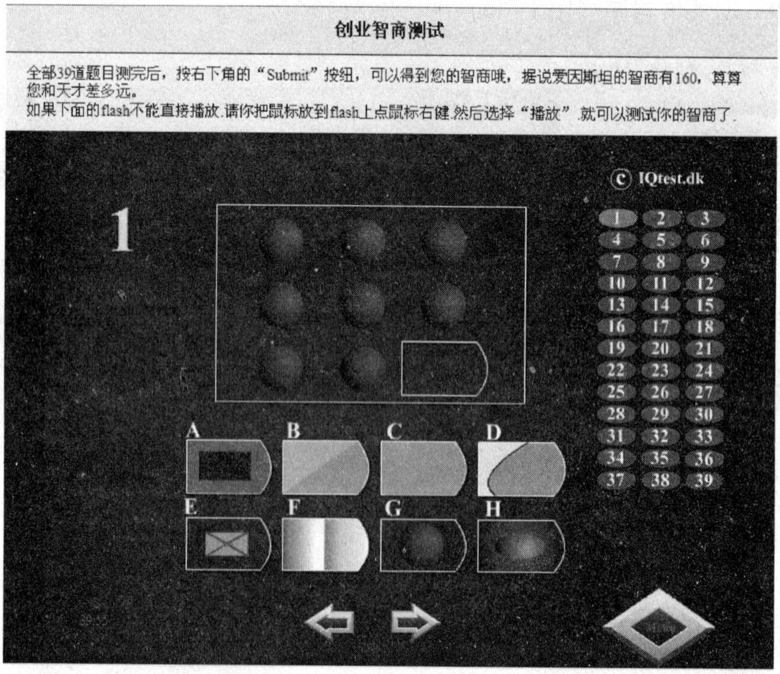

创业智商测试
全部39道题目测完后，按右下角的“Submit”按纽，可以得到您的智商哦，据说爱因斯坦的智商有160，算算您和天才差多远。
如果下面的flash不能直接播放,请你把鼠标放到flash上点鼠标右健,然后选择“播放”,就可以测试你的智商了.
© IQtest.dk
1
A B C D E F G H
1 2 3 4 5 6 7 8 9 10 11 12 13 14 15 16 17 18 19 20 21 22 23 24 25 26 27 28 29 30 31 32 33 34 35 36 37 38 39

图 1-36

测试结果（图 1-37）：

测试完毕，可选择里边的标准差 16(里边有 15，16，24)
然后将得到的智商指数对应下表，可以查出你比多少人聪明！（多少人比你笨）

例如你测得智力为 119
可在表中查到 116为 84%，120为89%
那就证明你比 84%—89%的人要聪明！

智力	68	72	76	80	84	88	92	96	100
聪明指数	2%	4%	7%	11%	16%	23%	31%	40%	50%
智力	104	108	112	116	120	124	128	132	140+
聪明指数	60%	69%	77%	84%	89%	93%	96%	98%	99.4%+

图 1-37

6. 创业心理测评之一（图 1-38）

这是一份来自英国的权威测评，受测者数以亿计，其准确率之高超出想象。

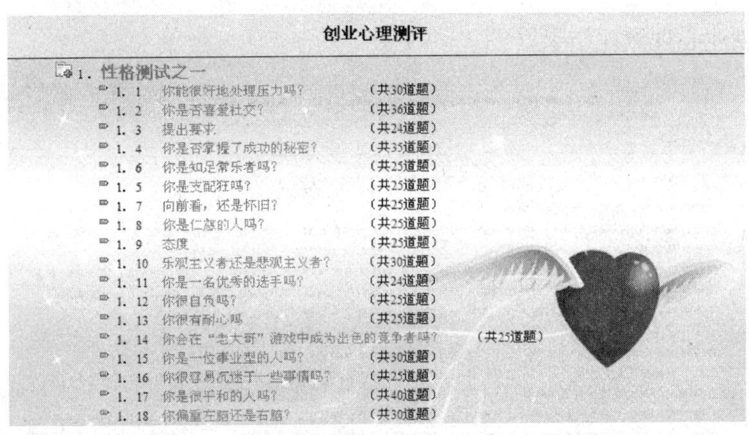
创业心理测评

1. 性格测试之一
1. 1 你能很好地处理压力吗？ （共30道题）
1. 2 你是否喜爱社交？ （共36道题）
1. 3 提出要求 （共24道题）
1. 4 你是否掌握了成功的秘密？ （共35道题）
1. 6 你是知足常乐者吗？ （共25道题）
1. 5 你是支配狂吗？ （共25道题）
1. 7 向前看，还是怀旧？ （共25道题）
1. 8 你是仁慈的人吗？ （共25道题）
1. 9 态度 （共25道题）
1. 10 乐观主义者还是悲观主义者？ （共30道题）
1. 11 你是一名优秀的选手吗？ （共24道题）
1. 12 你很自负吗？ （共25道题）
1. 13 你很有耐心吗 （共25道题）
1. 14 你会在“老大哥”游戏中成为出色的竞争者吗？ （共25道题）
1. 15 你是一位事业型的人吗？ （共30道题）
1. 16 你很容易沉迷于一些事情吗？ （共25道题）
1. 17 你是很平和的人吗？ （共40道题）
1. 18 你偏重左脑还是右脑？ （共30道题）

2. 性格测试之二
2. 1 友善 （共25道题）
2. 2 幽默 （共25道题）
2. 3 羡慕 / 嫉妒 （共25道题）
2. 4 无畏 （共25道题）
2. 5 心不在焉 （共25道题）
2. 6 公正 （共25道题）
2. 7 友谊 （共25道题）
2. 8 忧虑 （共25道题）
2. 9 艺术感 （共25道题）
2. 10 创造力 （共25道题）
2. 11 节俭 （共25道题）
2. 12 冲动 （共25道题）
2. 13 外向 （共25道题）
2. 14 成功 （共25道题）
2. 15 领导 （共25道题）
2. 16 自信 （共25道题）
2. 17 争强好胜 （共25道题）

图 1-38

第一，创业心理测评过程（图 1-39）。

创业心理测评——性格测试之一

1. 1　你能很好地处理压力吗？

题1.

成功对你有多重要？

A）相当重要

B）非常重要

C）关于这个问题，我没有过多考虑

题2.

由于工作太紧张，你中间需要休息几次？

A）两次或更少

B）两次以上

C）不休息

题3.

你是否认为自己是那种在危急时刻，别人会把你当做能够保持头脑冷静的人？

A）有时是，但经常是那种虽然能够保持头脑冷静，却不能把握局面的人

B）不会

C）是的，我认为别人就是这样看我的

题4.

当你在办公室忙碌了一整天之后，你认为下面哪一种方法对于缓解紧张和放松最有益？

A）在我特别喜爱的扶椅上睡上一两个小时

B）喝一杯威士忌或其他白酒

C）吃一大块巧克力

图 1-39

第二，创业心理测评结果（图 1-40）。

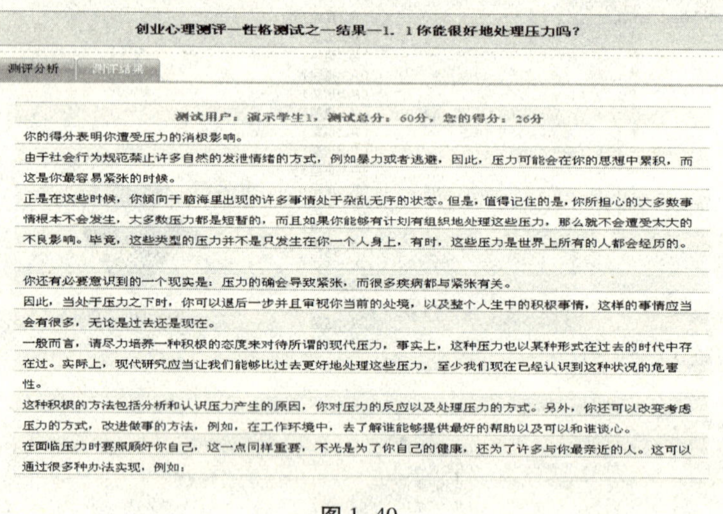

创业心理测评—性格测试之一结果—1. 1你能很好地处理压力吗？

测评分析　测评结果

测试用户：演示学生1，测试总分：60分，您的得分：26分

你的得分表明你遭受压力的消极影响。

由于社会行为规范禁止许多自然的发泄情绪的方式，例如暴力或者逃避，因此，压力可能会在你的思想中累积，而这是你最容易紧张的时候。

正是在这些时候，你倾向于脑海里出现的许多事情处于杂乱无序的状态。但是，值得记住的是，你所担心的大多数事情根本不会发生，大多数压力都是短暂的，而且如果你能够有计划有组织地处理这些压力，那么就不会遭受太大的不良影响。毕竟，这些类型的压力并不是只发生在你一个人身上，有时，这些压力是世界上所有的人都会经历的。

你还有必要意识到的一个现实是：压力的确会导致紧张，而很多疾病都与紧张有关。

因此，当处于压力之下时，你可以退后一步并且审视你当前的处境，以及整个人生中的积极事情，这样的事情应当会有很多，无论是过去还是现在。

一般而言，请尽力培养一种积极的态度来对待所谓的现代压力，事实上，这种压力也以某种形式在过去的时代中存在过。实际上，现代研究应当让我们能够比过去更好地处理这些压力，至少我们现在已经认识到这种状况的危害性。

这种积极的方法包括分析和认识压力产生的原因，你对压力的反应以及处理压力的方式。另外，你还可以改变考虑压力的方式，改进做事的方法，例如，在工作环境中，去了解谁能够提供最好的帮助以及可以和谁谈心。

在面临压力时要照顾好你自己，这一点同样重要，不光是为了你自己的健康，还为了许多与你最亲近的人。这可以通过很多种办法实现，例如：

图 1-40

第三，测评分析（图 1-41）。

创业心理测评—性格测试之一结果—1. 1你能很好地处理压力吗？

测评分析　测评结果

测试用户：演示学生1

我们所有人都曾经在人生的某些特定时期，经历过不同程度的压力和紧张，但我们处理的方式各不相同。

相对而言，有些压力可能更容易处理一些。例如，参加学校考试是产生紧张的一种最常见原因。但是，由于我们事先就已经知道考试时间，因此不但可以从心理上做好准备，而且能够通过模拟考试和复习来提高成绩。

然而，现实生活中的考验往往不是那么容易预测的。下表罗列了可能产生紧张的常见事件和经历。当这些意外事件同时发生时（祸不单行），人们最容易出现紧张情绪。

伴侣去世、离婚／离别／关系破裂、最亲密的亲人或朋友去世、个人疾病

挚爱的人生病、搬家、被裁员、大额抵押／负债、孩子离家、换工作—新工作、老板、同事关系

紧张的常见反应包括失眠、易怒、脾气急躁、担忧或与紧张相关的疾病。

处理紧张的反应可能会很困难，因为有些事情会使某人感到紧张或者压力，但是不会影响其他人，而且我们都以不同的方式对压力做出反应。

然而，一个好的开端可以增加我们对产生压力和紧张的主要原因的认识，因为这至少可以帮助我们发现可以做什么。

图 1-41

7. 创业心理测评之二（图 1-42）

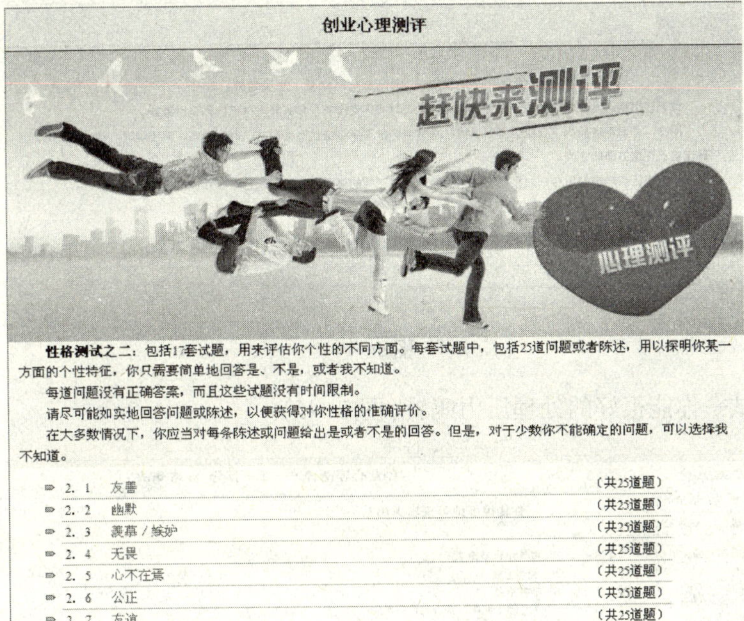

图 1-42

创业心理测评过程之二（图 1-43）：

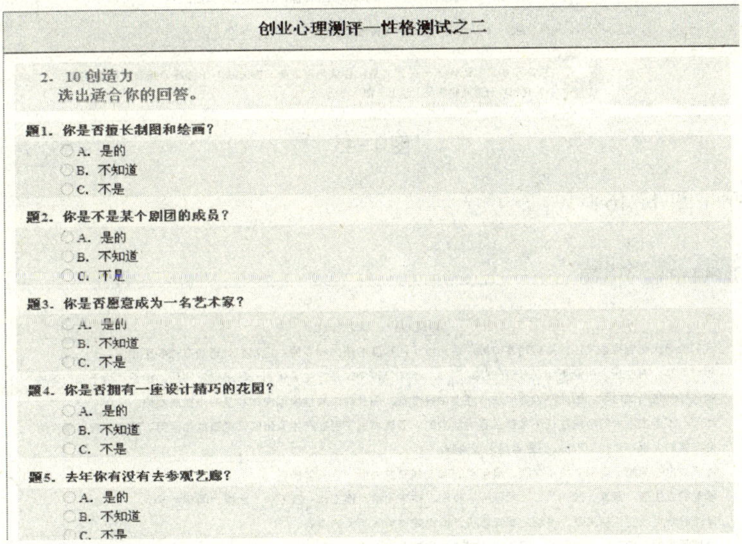

创业心理测评—性格测试之二

2. 10 创造力
选出适合你的回答。

题1. 你是否擅长制图和绘画？
A. 是的
B. 不知道
C. 不是

题2. 你是不是某个剧团的成员？
A. 是的
B. 不知道
C. 不是

题3. 你是否愿意成为一名艺术家？
A. 是的
B. 不知道
C. 不是

题4. 你是否拥有一座设计精巧的花园？
A. 是的
B. 不知道
C. 不是

题5. 去年你有没有去参观艺廊？
A. 是的
B. 不知道
C. 不是

图 1-43

创业心理测评之二测评结果（图 1-44）：

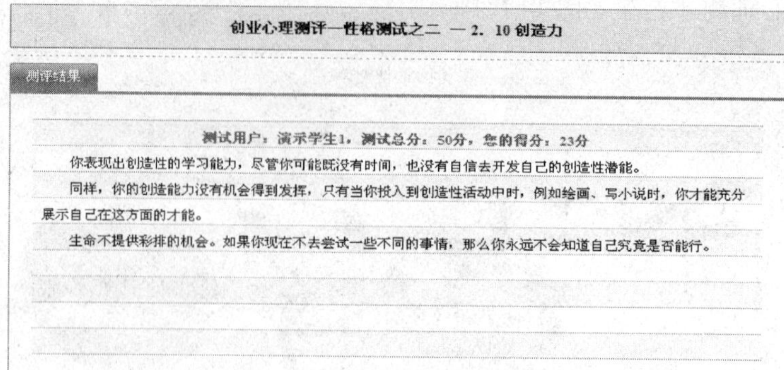
创业心理测评—性格测试之二 — 2. 10 创造力

测评结果

测试用户：演示学生1，测试总分：50分，您的得分：23分

你表现出创造性的学习能力，尽管你可能既没有时间，也没有自信去开发自己的创造性潜能。

同样，你的创造能力没有机会得到发挥，只有当你投入到创造性活动中时，例如绘画、写小说时，你才能充分展示自己在这方面的才能。

生命不提供彩排的机会。如果你现在不去尝试一些不同的事情，那么你永远不会知道自己究竟是否能行。

图 1-44

性格测试—你能很好的处理压力吗？（图 1-45）

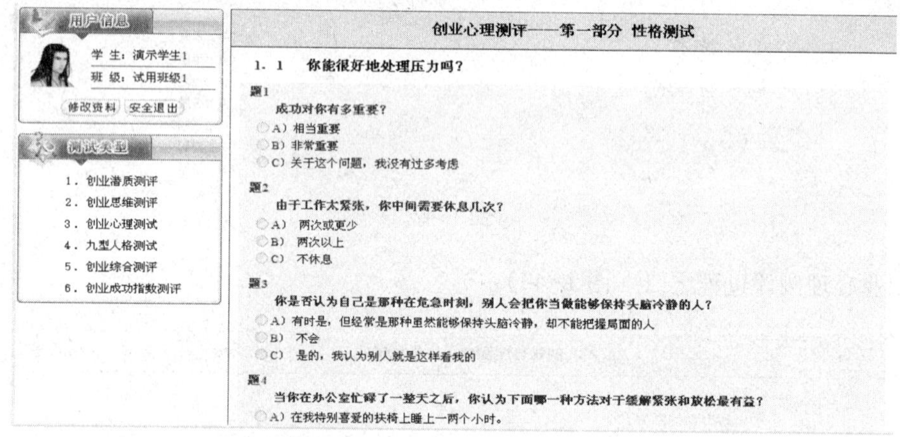

创业心理测评——第一部分 性格测试

1．1 你能很好地处理压力吗？

题1

成功对你有多重要？

A）相当重要

B）非常重要

C）关于这个问题，我没有过多考虑

题2

由于工作太紧张，你中间需要休息几次？

A） 两次或更少

B） 两次以上

C） 不休息

题3

你是否认为自己是那种在危急时刻，别人会把你当做能够保持头脑冷静的人？

A）有时是，但经常是那种虽然能够保持头脑冷静，却不能把握局面的人

B） 不会

C） 是的，我认为别人就是这样看我的

题4

当你在办公室忙碌了一整天之后，你认为下面哪一种方法对于缓解紧张和放松最有益？

A）在我特别喜爱的扶椅上睡上一两个小时。

图 1-45

测评分析（图 1-46）：

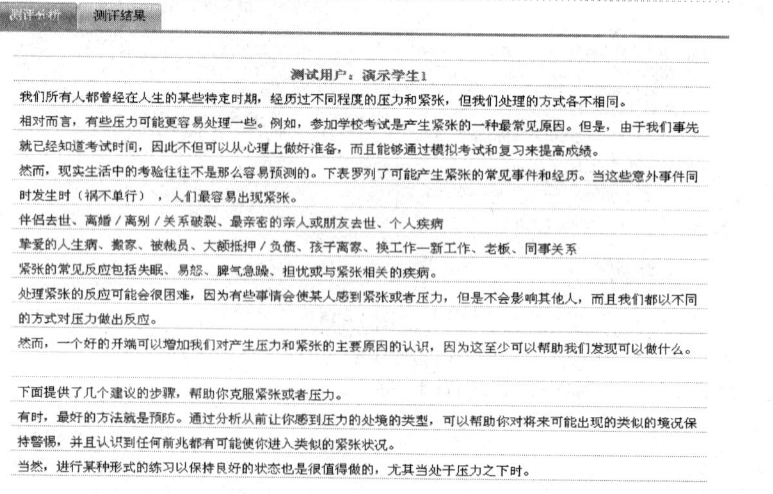
测评分析　测评结果

测试用户：演示学生1

我们所有人都曾经在人生的某些特定时期，经历过不同程度的压力和紧张，但我们处理的方式各不相同。

相对而言，有些压力可能更容易处理一些。例如，参加学校考试是产生紧张的一种最常见原因。但是，由于我们事先就已经知道考试时间，因此不但可以从心理上做好准备，而且能够通过模拟考试和复习来提高成绩。

然而，现实生活中的考验往往不是那么容易预测的。下表罗列了可能产生紧张的常见事件和经历。当这些意外事件同时发生时（祸不单行），人们最容易出现紧张。

伴侣去世、离婚／离别／关系破裂、最亲密的亲人或朋友去世、个人疾病

挚爱的人生病、搬家、被裁员、大额抵押／负债、孩子离家、换工作一新工作、老板、同事关系

紧张的常见反应包括失眠、易怒、脾气急躁、担忧或与紧张相关的疾病。

处理紧张的反应可能会很困难，因为有些事情会使某人感到紧张或者压力，但是不会影响其他人，而且我们都以不同的方式对压力做出反应。

然而，一个好的开端可以增加我们对产生压力和紧张的主要原因的认识，因为这至少可以帮助我们发现可以做什么。

下面提供了几个建议的步骤，帮助你克服紧张或者压力。

有时，最好的方法就是预防。通过分析从前让你感到压力的处境的类型，可以帮助你对将来可能出现的类似的境况保持警惕，并且认识到任何前兆都有可能使你进入类似的紧张状况。

当然，进行某种形式的练习以保持良好的状态也是很值得做的，尤其当处于压力之下时。

图 1-46

测评结果（图 1-47）：

测评分析 测评结果

测试用户：演示学生1，测试总分：60分，您的得分：30分

尽管你有时会发现自己处于压力之下或者感到紧张，这通常是偶然现象而不是惯例，而且，更重要的是，这种情况通常不会持久。

结果，你或多或少能够从中解脱，并且不会让自己受到太大影响。

你是那种在面临压力时能够照顾好自己的人，而且在必要的时候

能够对他人提出的无理要求说不。

图 1-47

你是否喜欢社交？（图 1-48）

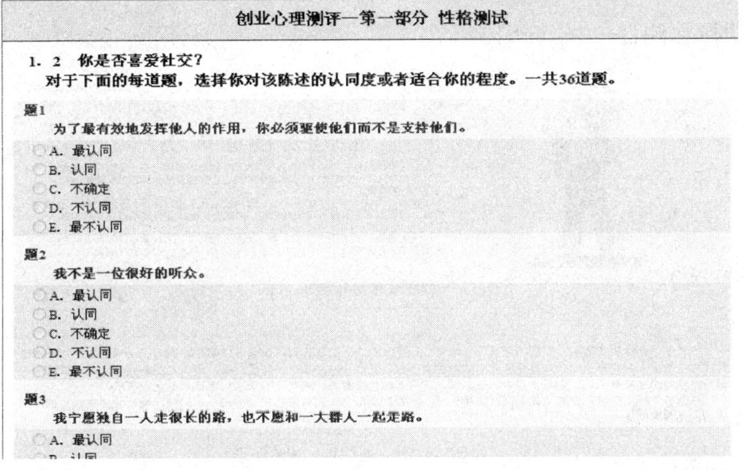

创业心理测评—第一部分 性格测试

1. 2 你是否喜爱社交？

对于下面的每道题，选择你对该陈述的认同度或者适合你的程度。一共36道题。

题1

为了最有效地发挥他人的作用，你必须驱使他们而不是支持他们。

A. 最认同
B. 认同
C. 不确定
D. 不认同
E. 最不认同

题2

我不是一位很好的听众。

A. 最认同
B. 认同
C. 不确定
D. 不认同
E. 最不认同

题3

我宁愿独自一人走很长的路，也不愿和一大群人一起走路。

A. 最认同

图 1-48

测评结果（图 1-49）：

创业心理测评—第一部分 性格测试结果—1. 2你是否喜爱社交？

测评结果

测试用户：演示学生1，测试总分：180分，您的得分：110分

对你而言，沉溺于和其他人交往并不是你生活中最优先的事情。事实上，你倾向于公平地对待所有人，并且以一种平等的方式与他人交往，而且，你认识到基本上所有的人都是正派的，因此没有理由不去进一步了解别人，并且以一种彬彬有礼和快乐的态度对待他们。

正因为如此，周围的人都很喜欢你并且敬重你的为人。

如果你希望别人以什么样的方式对待你，你就会以这种方式对待别人。例如，有一位邻居是你很乐意与他开玩笑的人，在关键的时候他会出来帮你一把。尽管如此，你不会刻意地去了解他的人生经历。

关键词：游刃有余的，宽容的，平常的，没有偏见的

图 1-49

8. 创业综合测评（图 1-50）

图 1-50

创业成功指数测评（图 1-51）

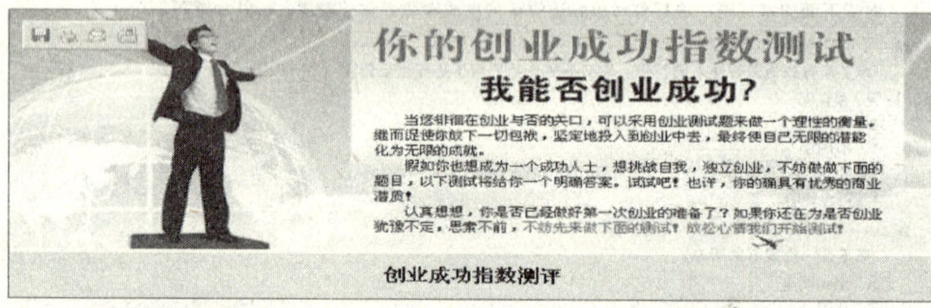

这是个“创业决定命运，财富缔造身价”的年代，事业成功不仅意味着你拥有各种超群的能力，还代表着财富、地位和权力，很多人都将事业成就看作是人生成功的重要标志。但创业并不是一件容易的事，多少人在创业路上前仆后继，但最后成功者总是寥寥无几。你是否适合创业？你是否具备成功的潜质？面对这个难题，很多人都迷茫不已。

在回答下列问题时，你要尽量做到准确和真实，不要欺骗自己。只有真实地回答每一个问题，测试才会有效。请在问题后的是与否两者中选择其一。

创业潜质测评 -第 1/7 步 领导力

第1题.
你拥有领导三人以上团队的经历吗？
1、是的
2、不是

第2题.
我喜欢遇事自己拿主意，当然也不排斥听取别人的建议。
1、是的
2、不是

第3题.
当你与朋友们在一起时，他们是否会经常寻求你的建议？
1、是的
2、不是

保存并进入第2步

创业潜质测评 -第 2/7 步 沟通力

第1题.
通常情况下，自己是主动与别人沟通，而不是被动地与人沟通？
1、是的
2、不是

第2题.
与他人观点不一致时，你能冷静地和对方交流意见吗？
1、是的
2、不是

第3题.
在与他人交流时，你能清楚而充分地表述，让对方明白你的观点吗 ？
1、是的
2、不是

保存并进入第3步

第1题.
你平时喜欢阅读报刊杂志了解信息吗?
1、 是的
2、 不是

第2题.
你是否认为他人的成功会激励我更加努力，并成为我学习的榜样?
1、 是的
2、 不是

第3题.
你是否有种习惯，对你所不熟悉的问题发表“意见”?
1、 是的
2、 不是

保存并进入第4步

创业潜质测评 - 第 4 / 7 步 亲和力

第1题.
你是否能保持平和的心态，每天经常微笑?
1、 是的
2、 不是

第2题.
朋友们认为你是一个容易相处的人吗?
1、 是的
2、 不是

第3题.
当身边的人遇到困难时，你会主动提供帮助吗?
1、 是的
2、 不是

保存并进入第5步

创业潜质测评 - 第 5 / 7 步 执行力

第1题.
你是否对工作投入、热爱并充满激情，而不是把工作当成是一种负担，简单应付?
1、 是的
2、 不是

第2题.
你是否按照事情的轻重缓急来实行?
1、 是的
2、 不是

第3题.
做一项重要工作之前，你总是能对工作有个整体的把握和认识,并且制定工作计划吗?
1、 是的
2、 不是

保存并进入第6步

创业潜质测评 - 第 6 / 7 步 合作力

第1题.
你能和决大多数同事融洽相处吗 ?
1、 是的
2、 不是

第2题.
工作中遇到自己难以解决的的困难，你会积极寻求其他团队成员的帮助吗?
1、 是的
2、 不是

第3题.
在推行一项重要事情之前，你会先征求大多数人的意见吗 ?
1、 是的
2、 不是

保存并进入第7步

第1题.
朋友们觉得你是一个诚实可靠的人，并且很信任你吗?
1、 是的
2、 不是

第2题.
你在大多数时候总是能够遵守自己的承诺吗?
1、 是的
2、 不是

第3题.
你从不欺骗合作者，并且把与合作者的共同赢利当作是成功的最高境界吗?
1、 是的
2、 不是

完成测试并查看测试结果

图 1-51

创业成功指数测评结果（图 1–52）：

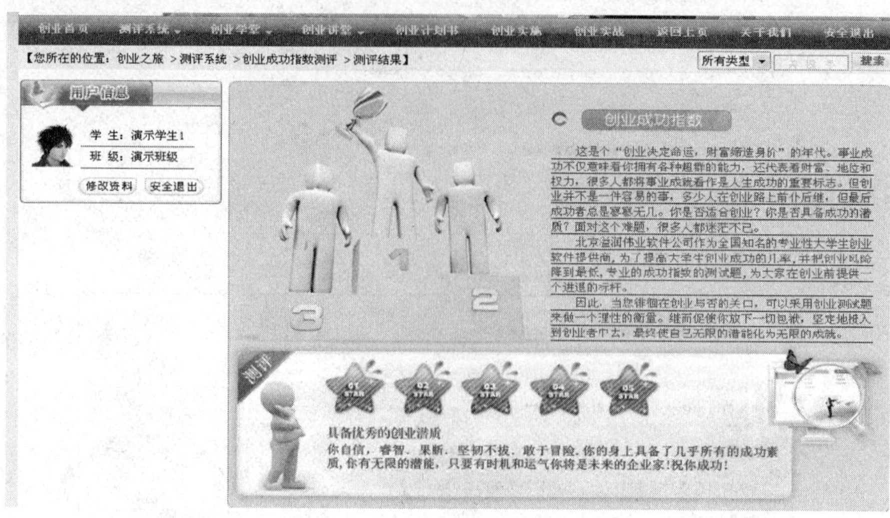

图 1–52

四、实训记录与数据处理要求

数据记录表格：

表 1–1

<table>
<tr><td colspan="6">≪创业测评实训≫</td></tr>
<tr><td>实验项目名称</td><td></td><td>实验时间</td><td></td><td>实验地点</td><td></td></tr>
<tr><td>实验类型</td><td></td><td>实验设备</td><td></td><td></td><td></td></tr>
<tr><td>实验要求</td><td colspan="5">1
2</td></tr>
<tr><td>实验步骤</td><td colspan="3">实验内容</td><td colspan="2">完成情况</td></tr>
<tr><td>1
2
3</td><td colspan="3"></td><td colspan="2"></td></tr>
<tr><td>数据处理情况</td><td colspan="5"></td></tr>
</table>

五、实训中注意事项

1. 注意实训视频中关键词和经典案例的收集、分析整理；

2. 注意实训中案例分析一般规律，从现象入手了解事物本质，从而得出一些规律性内容，进而提升自己分析问题和解决问题的能力。

六、创业精神总结实训报告（自己课余完成）

以小组或个人为单位，提交 2 000 字左右的报告书。

讨论与思考

1. 我们为什么要创业？创业目的是什么？

2. 在“大众创业，万众创新”大背景下，我们大学生应该怎样抓住这次机会来实现自己的创业梦想？

3. 你打算提升自己的创业意识吗？你能长时间地保持创业激情吗？你能承受创业初期的风险吗？

4. 你最崇拜的创业者是谁？你能从他的经历中说出他的三个创业精神吗？你最欣赏他创业精神中的哪一点？你有信心超越他吗？

5. 你将如何培育自己的创业精神？

6. 讨论：开始创业，是否需要改变一个人的心态、生活和工作方式？在弥补一个人创业条件不足方面，应该怎么做。

7. 讨论分析，列举你熟悉的创业成功和失败的人和事，结合本章节内容，你觉得从他们的案例中学到了什么？还有哪些需要改进？你如果创业应该怎么做？

第二章 创业项目选择与市场分析

小王通过创业基础学习和自身创业能力测评，激发了自己的创业激情；他找到导师，准备创业。导师看着他问：你的创业项目是什么？从什么地方来？能比较分析项目优劣吗？带着此问题，他开始第二阶段旅行。

第一节 创业项目基础知识

一、创业项目

（一）项目

项目是指一系列独特的、复杂的并相互关联的活动，这些活动有着一个明确的目标或目的，必须在特定的时间、预算、资源限定内，依据规范完成。项目通常有以下一些基本特征：项目开发是为了实现一个或一组特定目标；项目受到预算、时间和资源的限制；项目的复杂性和一次性；项目是以客户为中心的。

项目参数包括项目范围、质量、成本、时间、资源。以下活动都可以称为一个项目：

开发一项新产品计划

举行一项大型活动（如策划组织婚礼、大型国际会议等）

策划一次自驾游旅游

企业资源计划（ERP）的咨询、开发、实施与培训

（二）创业项目

创业项目是指创业时选择的一个，能实现自我价值、具有一定市场前景和经济效益的活动，是创业的切入点，创业项目的选择正确与否直接关系到创业的兴衰成败。

创业是发现市场机会，寻找市场项目的过程，通过项目投资来满足市场需求。对于一个成功的创业者，就是要善于寻找项目，发现商机。创业项目分类如下：

（1）从观念上来看，创业项目分为传统创业、新兴创业以及最新兴起的微创业。

（2）从方法上来看，创业项目分为实业创业和网络创业。

（3）从投资上来看，创业项目分为无本创业、小本创业、微创业等。

（4）从方式上来看，创业项目分为自主创业、加盟创业、体验式培训创业和创业方案指导创业。

自主创业需要资金链、人员、场地、产品等多项内容的系统化规划，创业起步较高，风险较大；加盟方式的创业比较普遍，而且比较正统、专业、规模化。但同时创业者也需要从资金和经验问题，客观地考虑选择加盟项目。

二、创业项目信息获取

创业信息获取，是创业成功的关键，信息来源是多渠道的，我们对信息的取舍最为重要。对信息取舍应该是前瞻性的，俗话说："生意人要有三只眼，看天看地看久远。"我们的信息来源主要有以下几个方面：

（一）从日常生活中调研创业信息

有句话叫：处处留心皆学问。学问就是信息，处处留心，处处有信息，处处就有发财的机会。在日常创业中，多数是对信息处理感觉到束手无策，原因是他们不知道哪里去找信息，哪些信息是有用的。另一种情况就是面对众多的信息，不知去伪存真，去粗取精，正确地使用信息是我们把握机遇，创业成功的关键因素。

创业小故事 2.1

蒋瑞丽一碗汤让他创业成功。蒋瑞丽是一位普通的南京市民，下岗后一直没有工作，创业无门。由于她的家住在南京市妇幼保健医院附近，产妇是一个最大的消费群体。绝大多数家属为了产妇和宝宝的健康，也为了产妇生产时能够顺利，生产后恢复更快，在营养品上通常是不计价钱，只认好的，有营养的，安全的，蒋瑞丽抓住了产妇和家属的这一心理，实现了她的创业的梦想。成为南京有名的汤嫂。

1996 年，上海保温瓶厂花费了 10 年时间，消耗了大量的人力和物力，终于试验成功了以镁代银的镀膜技术，生产出来后本想市场前景一片光明。结果在广交会上才发现早在 1929 年就由英国的一家公司试验成功。

被称为香港"假发之父"的华裔富商刘文汉，则是在餐桌上凭一句话的信息而发家的。1955 的一天，刘文汉在美国克利兰市的一家餐馆里和两个美国商人共进午餐。席间，他们谈到如何开创一门新副业，使之在美国得到畅销，其中一个美国商人开玩笑似的说了两个字"假发"。刘文汉反问一句："假发?"那人点点头说："假发。"言者无意，听者有心。当时连假发是什么都不知道的刘文汉凭着他敏锐的感觉和聪明的头脑，认为假发会给他带来财富。于是他千方百计地找到当时在香港、九龙独一无二的造型师，经过假发师的帮助，刘文汉生产出品质优良的假发。刘文汉的假发制造业为他开创了史无前例的黄金时代，香港也差不多在一夜之间成为假发制造业之都！

每一个人都是一个信息源，人们在日常生活中吸引着信息，也在传播着信息。尤其是与你选择项目有关的消费者，同行业从业人员，及相关企业的营销人员，往往能够提供大量的、直接的宝贵信息。你的熟人、亲戚、朋友、老同学、老部下、老战友、老同事、童年的伙伴、现在的邻居、从前的客户、一个俱乐部的成员等都是你的信息源。

（二）从现代传媒获取信息

计算机网络等媒体，携带的信息量大、面广、新。现代传媒和信息工具十分发达，让人应接不暇，广播、电视、报纸、杂志、统计报表，很多有价值的信息，可能是在你不经意的时候发现的，做个有心人，你会从现代传媒和信息工具中发现许多有价值的信息。真所谓"踏破铁鞋无觅处，得来全不费工夫"。武汉市卫生局一职工，在浏览卫生与健康小报时，无意中读到一则消息：湖北荆门一老中医，潜心研究数十年，终于研制成一种中草药配方，对一直没有特效药的幽门杆菌有奇效。他读到这一消息后，立即联想到，患胃病的人那么多，为什么不将这种药生产出来投放市场呢？他拉了三个志同道合的人立即奔赴荆门，将老中医的药方买下，又凑了几千元钱，辞职南下到珠海办厂。几年后他们的产品"丽珠得乐"家喻户晓，畅销全国。"世上无难事，只怕有心人"，只要你做个有心人，就会从现有传媒中获取大量有价值的信息。

如果可能的话，你可以订几份与你开展的业务有关的报刊、杂志，建立几条固定的信息渠道。比如搞营销的，可以订《市场报》《经济信息报》；搞外贸的可以定《国际商报》《外经贸信息》等；搞裁剪的可以订《服装与裁剪》杂志；搞股票的要订有关证券的报刊；搞装修的不妨订《家具与生活》《现代装修》等杂志；搞食品的可以订《食品卫生》杂志，等等，有针对性地获取传媒信息，不仅能为你提供商务信息，而且会为你不断提供各类专业知识，行业发展动态，使你开阔眼界。

（三）从官方或官方服务机构获取信息

地方政府或政府服务机构是信息的重要来源。如工商、税务、统计、物价、经济计划部门、消费者协会、新闻机构等部门，这些部门处于社会经济生活的关键地位，信息来源更具权威性。获得这些政府机关的信息一般有三种方式：一是从它定期或不定期的公告或公开发布的消息获得；二是从它的信息服务中心以及有关定期或不定期编印的信息资源查询获得；三是通过有针对性的走访和咨询获得。政府的一项政策出台或一些政府行为的实施将会对你的业务产生很大影响。政府支持或鼓励要办的事情，你仔细研究评估后，应尽快去办。

比如，在北方有一个城市，市民普遍反映吃早饭难，市政府号召国家、集体、个人一起想办法，解决市民吃早点难的问题，动作快的生意人立即行动，有一个个体饭店老板马上添置了几辆食品车，办起了流动早点车，方便了市民，又取得了良好的经济效益，并被新闻媒体宣传报道。他借势发挥，为一些单位职工早午用餐和外来旅游人员提供快餐，一年下来，流动快餐车的收入，远远高于他办饭店的收入。现在，每天都可以看到他印有特色标志的快餐车穿梭于大街小巷。

同时，还要特别注意政府的一些管理政策和措施的出台，以使你早有准备，规范经营行为。如物价大检查、食品卫生大检查、文化音像市场大检查、技术监督和工商部门的打假行为等，虽然这些都是一些政府经常性的行为，但每次采取行动前，政府都会通过不同渠道发布信息，如某个领导人讲话，某次会议报道，某次新闻专访等，如果你不注意这方面的信息，没有准备，面对突如其来的检查会很被动，或者会有不应有的损失。因此，不能只埋头做生意，还应关心国家大事，至少是关心你所在城市与社区的政府行为，重视这方面的信息来源，会使你的生意平安顺利。

（四）从图书馆、书店、专利情报所、档案馆、邮电局获取信息

从图书馆和书店你可以借到和买到有关信息资料，如行业法规、政策、专业知识和经营策略、企业名录、行业分类、概况、发展趋势、前景预测及各类统计资料。

从专利局、情报所、档案馆可以查到你所需求的技术资料、企业资料、国内外各类机构、科研单位资料、最新科技成果等有用信息。

从邮电局你可以买到完整的电话号码簿。几万甚至几十万个电话号码的用户都是你的潜在顾客。如果你有办法，你还可以获得手机号码资料，这些手机持有者是你从事高档消费业务和发展消费会员的潜在顾客。

创业小故事 2.2

气味图书馆初探嗅觉产业

王志和林雨喜结连理缘于一瓶“老式图书馆”味道的香水。这瓶香水来自北京三里屯一家名叫“Demeter”气味图书馆的香水店，据说是把平装书、灰尘与霉味三种气味混合在一起，制作成了老式图书馆的气味。王志就是用这股味道，让林雨回想起了高中时代一起泡在学校那座旧图书馆的青涩时光，备受感动。气味图书馆位于三里屯，布置非常简洁，纯白色的木质展示柜和墙壁，300 个贴着奇怪名字的试闻盒，上面写着雨后花园、灰尘、洗衣间、海、大麻花等气味名。每瓶 30 毫升，售价 285 元。

“好多次经过这家店，看名字还以为是书店，偶然间发现它竟然是香水店，来过一次之后就爱上这家店了。”顾客刘欣说话间正在试闻各种香水，“爽身粉，味道闻起来暖暖的。”店员介绍，混搭不同的味道，还能模仿各种生活场景，比如爆米花、灰尘、泡泡糖、胶皮和铁锈味混合起来，据说就会产生老式电影院的气味；香草冰激凌、蜡笔、培乐多彩泥混合起来，会产生童年的味道。

1985 年出生的娄楠石是气味图书馆的创始人。她 16 岁便远赴新西兰，毕业于奥克兰大学当代艺术系。毕业后她曾经卖过古董表、服装，入股过传媒公司，做过报纸编辑。她也想过开室内设计公司，但由于竞争激烈并且市场空间有限，娄楠石觉得“不如另辟蹊径，研究一下视觉以外的感官”。

一个偶然的机会，楠石接触到了“Demeter Fragrance Library”这个拥有将近 300 种味道的香水品牌。经过一番研究，2008 年，娄楠石从新西兰回国后跟朋友合伙在香港成立了气味图书馆公司。“我们希望能够打造嗅觉产业，希望能够搜集国外的各种与气味有关的产品，并把它们带到中国。”回想起当初的构想，娄楠石觉得自己很幸运地“瞄准”了一个潜力行业。

2008 年圣诞节前，娄楠石在新西兰成立了团队，从开始寻找最适合的产品，到选定 Demeter 作为公司经营的第一种产品，他们花了 8 个月时间来做调研和前期准备。2009 年 4 月，娄楠石拿到了 Demeter 大中华区的代理权，“当时对方的要求有一本书那么厚，甚至具体到怎么摆放香水”。几经波折，Demeter 最后非常满意娄楠石团队的策划方案。2009 年 11 月 17 日，气味图书馆第一家店在三里屯 Village 开张，紧接着，上海第一家气味体验店也在世博会开幕之前开业。截至今年 10 月在沈阳、长春、上海、

杭州、成都、重庆、贵阳、深圳、台中等多地开设了14家店铺。开店之后生意一直火爆，“三里屯店平均每天销售30瓶以上，每平方米产生的效益是周边店的两三倍”。独特的味道吸引了不少“80后”“90后”，时尚明星周迅、何灵、钟丽缇、小S也成了店里的常客。“上海田子坊店的生意更好”。

今年，Demeter的首席执行官在看了上海田子坊店之后说，他这一辈子最开心的事情之一，就是看到Demeter产品以一种全新的方式被陈列在上海。那一刻，娄楠石觉得创业所付出的所有努力都值了。某种程度上，依托一个拥有深厚根基的知名品牌仅仅是娄楠石成功的第一步，在此基础上的不断创新也许才是让Demeter在中国焕发活力的根本所在。

娄楠石把他们的创业团队定位为：“研究嗅觉，运用五感”。他们是传达和挖掘气味的人。在招聘过程中，他们既不看学历，也不会在意来者是否有过相关的工作经验。他们的团队里既有曾经的建筑师、经纪人、工业设计师、电影人、摄影师、音乐人、媒体人，也有淘宝业主、自由职业者等。她的公司也没有朝九晚五，没有按部就班，大家走到一起只因为“气味相投”。据介绍，Demeter在美国只是面向小众市场，因为当地对香水的需求主要还是遮盖体味，而这并非Demeter所长。但在香水以“玩”为主的中国，它模拟气味的本事有可能会更受欢迎，而且它足够有趣，能引起国内顾客对气味的好奇心，用来培养“嗅觉消费习惯”再好不过。气味图书馆体验店的装修方案都由北京总部提出，基本上都照着图书馆和实验室两种风格来设计，陈列用的家具也都是统一的白色。齐刷刷的五六排药剂师柜子，每一格里都陈列着一种不同的气味。为了呼应图书馆的气氛，香水包装也被设计成精装书的形式。新颖、创意的细节体现得淋漓尽致。

（摘自《中国青年报》2010年12月30日）

（五）从各类商会、行业协会、技术专业委员会等民间商业和群众团体获得信息

无论你是否参加各类商会、协会和群众团体，这些机构都会有偿或无偿地为你提供商业信息，比如香港贸发局及其驻各地办事处，公告欢迎客户查询它的信息，这些信息包括香港企业名录和世界各国企业名录，世界各地举办的各类展览会，交易会的资料。各类商会也会向你提供所属行业名录和一些活动资料。当然，你最好加入一些商会或协会，或某种有用的信息网络，你将获得稳定的、固定的信息来源。

（六）从各类交易会、展览会、商场及批发零售交易市场、集贸市场直接获得信息

每一个地区和城市，或者行业都会定期不定期地举办各种商品展览会、交易会、洽谈会。会议期间，参展单位众多，商贾云集，置身其中你会发现无数商机。很多特约经销、专营、代购、代销业务都是在交易会期间，接触并达成共识的。因为参展单位参展时间有限，会期过后，要长期开拓市场，必须与当地经营企业合作，利用当地企业优势和渠道拓展其商品市场。通过交易会，你会获得大量有用的产品信息、技术信息、价格信息和客户资料。这是非常难得的获取信息的渠道和机会。

你还可以到各类商场、批发零售市场和集贸市场观察了解、询问，直接获得有关

商品种类、质量、开关、产地、价格等情况，了解到哪些商品热销，哪些商品滞销，顾客的购买动机和购买行为。比如有一个精明的生意人，他在逛商场时发现外地的某种热水器和浴缸畅销，便立即打出了某种热水器和浴缸的专业维修服务招牌，并主动与生产厂家联系，以其良好的服务和诚意，赢得生产厂家的信任，不仅同意特约维修，而且也同意其经销厂家的产品和配件。

你也可以以一个打工者或顾客身份经常光顾你竞争对手的店铺，了解他经销或服务的特色、商品价格质量。从而获得一手信息。

三、认识企业

项目的实现载体是企业，我们就应该了解它。

（一）认识企业

什么是企业？

企业在现代汉语中的基本用法，主要指独立的盈利性组织，它是以盈利为目的而进行商品生产和交换活动的经济组织。在20世纪后期中国大陆改革开放与现代化建设，以及信息技术领域新概念大量涌入的背景下，“企业”一词的用法有所变化，并不限于商业性或盈利组织（本书下文仅指以盈利为目的的企业）。

企业是从动态的角度看，企业是一个个人或一个群体，以盈利为目的而进行的商品生产和交换活动。一个企业既要从市场上采购商品（产品或服务），又要在市场上向顾客出售其生产加工的商品（产品或服务）。

这些经营活动形成了实物商品流和货币资金流：

（1）商品流——指从市场购买商品（设备、原料等），并向市场销售商品（产品、服务等）的商品活动流。

（2）资金流——指资金支付（原材料费用、修理费用、租金等）和资金流入（销售收入回款等）的资金活动流。

由于企业的目的是盈利，因此，流入企业的资金应多于流出的资金。一个经营成功的企业，可以连续多年通过有效的经营循环，不间断地进行采购、生产、销售活动。

（二）从企业创办者的角度分析自己

企业的成败取决于你自己。在你决定创业之前，应该分析评价一下自己，看看你自己是否具有创业的素质、技能和物质条件。成功的创业者之所以成功，不是因为他们走运，而是因为他们工作努力，并具有经营企业的素质和能力。思考以下问题并判断你成功的可能性有多大。

承诺：要想成功，你得对你的企业要有所承诺，也就是说你得把你的企业看得非常重要，要全身心投入。你愿意加班加点地工作吗？

动机：如果你是真心想创办企业，成功的可能性就大得多。你要问问自己，你为什么想创办自己的企业？如果你仅仅想有些事情可做，你创业成功的可能性就不大。

诚实：如果你做事不重信誉，名声会不太好，这对你创办企业是不利的，会对你的生意产生负面影响。

健康：你必须健康。没有健康的身体，你将无法兑现自己对企业的承诺。要知道，为企业操劳会影响你的健康，你要衡量一下你的身体条件，是否适应办企业的需要。

风险：世上没有绝对保险的生意，失败的风险随时可能发生。你必须具有冒险精神，甘愿承担风险，但又不能盲目地去冒险。先看看你可以冒什么样的风险。

决策：在你办企业的过程中，你必须做出许多决定。当要做出对企业有重大影响的决定而又难以抉择时，你必须果断。也许你不得不辞退勤劳而忠诚的员工，只要有必要，就得这么做，不要都发不出工资了，还碍于情面保留雇员。

家庭状况：办企业将占用你很多时间，因此，得到家庭的支持尤其重要。你要征求家庭成员的意见，如果他们同意你的创业想法，支持你的创业计划，你就会有强有力的后盾。

技术能力：这是你生产产品或提供服务所需要的实用技能。技能的类型将取决于你计划创办的企业的类型。

企业管理技能：这是指经营你的企业所需要的技能。市场营销技能固然重要，但把握其他经营企业的技能也很必要，如成本核算和做账方面的技能等。

相关行业知识：对生意特点的认识和了解是最重要的，懂行就更容易成功。

创业小故事 2.3

大四学生艰苦创业两年赚三百万

他曾报考7所艺术类学校，专业成绩全部进前10名，因为英语成绩而未被录取，如今却能和世界各地的名模交谈自如；他是一个从泰顺山沟里走出来的学生，大四还未毕业，就已经拥有两家公司，月收入近30万，身价过300万；他的目标是全国各地都有自己的品牌专卖店，大街小巷里都可以看到自己设计的服装。他是如何成为百万富翁的？成功背后有多少曲折、艰辛的故事？

浙江工程学院服装设计与营销商务专业大四学生拥有华泰服装品牌策划公司、法国豪雯服饰有限公司两家公司，以及上海一个摄影基地（合伙）、杭派服饰城一个展示厅品牌专卖店已经遍及兰州、西安、成都、重庆、哈尔滨、郑州、南京等地共900多平方米，80多台缝纫机，150多号工人。在临近西湖的一座半新的楼房里，好不容易才找到“豪雯服饰”四个红字。办公室不大，里面挂满了各式衣服，办公桌上放了一本《由小做大——李嘉诚》。记者对吴立杰的采访就在这简陋的办公室进行。吴立杰给记者的印象是：蓝色的牛仔，黑色的T恤，平头，淡蓝色眼镜，干净利落，看上去还是一副学生模样，但是谈起话来却有几分老练，内向、稳重，话语不多。

勤能补拙

刚进入大学开机关机都不知道 。“我家住在泰顺的一个山村，虽然父母做一点瓷器生意，但是自己不出去闯一闯，真的很难有出头之日。”一直以来，吴立杰就有出去闯一番事业的决心。“记得刚进大学的时候，上电脑课，好多同学对电脑操作已经很熟练，而自己连开机关机都不清楚，都要请教同学。那个时候，流行泡网吧，我也不会弄，更不知道QQ是什么东西，有一次在同学的QQ上和不认识的人聊天，她问我叫什么名字，我竟然把真名告诉了她，因此被同学嘲笑。现在想想真的不可思议。”之后，吴立杰痛下决心：要学好计算机。向老哥借了几千块钱买了电脑之后，又从新华书店买来了 Coreldraw、3Dmax、Photoshop 等设计类的书籍自学。“那个时候，不懂就问，问同学，问老师，虚心很重要。”三个月后，吴立杰已经能熟练运用这些软件。之后就到两家服装公司兼职。

“上大学的费用都是自己赚的。给两家公司做兼职，不但给他们做服装设计，还学面料、进货等知识，少的时候一个月拿 400 元，多的时候可以拿 3 400 多元。”吴立杰将自己兼职的收入再投入到学习、比赛当中。在这期间，吴立杰又拼命参加国内、国际比赛，并且在第二届中央电视台脑白金杯、中华杯、国际服装设计大赛上获奖。学校的橱窗里，经常可以看到吴立杰获奖的作品。

苦不堪言

在沙发上睡了一年多。大二暑假，吴立杰就在工商部门登记注册了华泰服装品牌策划公司，立志为自己的理想奋斗，这也为他日后成功创办服装公司埋下伏笔。“那个时候，学校在杭州的下沙，公司在朝晖的中山花园，每天早上六七点钟从沙发上爬起来，然后走到杭州大厦附近坐 328 路公交车到学校上课，上完课马上赶到公司。”吴说，“上课时，我非常专心，一般老师要求 5 月 1 日之前交作业，4 月 1 日我就把作业交上去了。有一次老师要求交 5 张作业，我交了 27 张。完成任务后，就可以回公司做自己的东西。”从此吴立杰也告别了寝室生活。“晚上一般做设计做得很晚，没有 12 点前睡觉的。为了省钱，就睡在公司的一张沙发上，一睡就是一年多，沙发都睡得凹进去了。一开始家里人问我，我生怕家人担心，都不敢说。”吴立杰笑了，“现在想想，值!”三个月入不敷出备受煎熬。公司开张后，并没有想象中的那么顺利，三个月时间，只有出没有进。“做兼职和自己管理公司不一样，兼职不用担心业务，而自己做企业，最大的困难就是没有业务。”吴立杰经历了三个月的煎熬。“中山花园的租金每个月都要 5 000 多元，加上人头费、电脑等设备费，投入大约有 30 多万元，这些钱都是父母做小生意的本钱，而每月开支非常大。一开始信心满怀，但三个月后，连一个生意都没有接到，心里真的很慌，从来都没那么慌过。”吴立杰开始担心自己的公司。幸好家里人的全力支持，给了他勇气。

步履维艰

第一个方案跑了 28 趟。为了减少开支，吴立杰每次出去谈业务都是挤公交车。“但又不能表现出自己是坐公交车去的，否则人家会看不起你，每次快到人家公司的时候，先尽可能擦去身上的臭汗。”公司开张后，吴立杰就利用大一时在外面做兼职的经验，主动出击，寻求业务。只要大品牌能够拿下，小品牌肯定会跟着上来，所以，一开始的目标就是先搞定一家大品牌公司，于是他锁定了“三彩服饰”。“‘三彩服饰’在杭州是一家非常有名的企业。”吴立杰说。“你有什么经验？老总不在！下次再说吧!”对于像吴立杰这样学生模样的人，一个小兵就把他挡在了门外，见到老总都要经过好几关。“‘三彩服饰’在石桥路那边，当时正好是 8 月份，天气非常热，从公司过去要转三趟公交车，到了那边还见不到老总，就连一个企划经理也见不到。”说起那时谈业务的情景，吴立杰记忆犹新。那时往往一去就要花上几个小时。虚心，软磨硬泡，沟通，吴立杰的思想、策划方案总算进入了企划经理的视线。“为了第一个生意，接连跑了28趟，而且每次都是自己过去。他们说模特不行，赶紧换模特资料；外景不行，就换外景。反正随叫随到，最多的一次，一天跑了3趟。”吴立杰认为，让企业觉得自己很认真非常重要。

有心计

在大型品牌公司偷学精华。在“华泰”做的事情，就是和企业的老总、企划人员沟通，还会接触一些模特经纪公司。“一个大品牌搞定后，有了成功范例，做事就方便许多。后来他的公司还成功地给鳄鱼、歌瑞诗芬等品牌公司做了策划。其实，那个时候学了很多东西，包括大公司的运作、进货、销售、管理等。”吴立杰的笑中带有一丝诡异，“做企划其实更多的是偷学大公司的精华。”“高考的时候，报了7所艺术类学校，专业排名都在前10名，就是让英语拖了后腿。”

四、有一个好的创业构想

如果你确实认为你适合创办企业，也真正想办企业，那么，这一步你将考虑你打算办什么样的企业，也就是你要为自己选择并设立一个好的企业构思。

一个成功的企业需要正确的理念和好的构思。合理而又周密的企业构思可以避免日后的失望和损失。如果你的构思不合理，无论你投入多少时间和金钱，企业注定是会失败的。

（一）了解企业类型

当你决定要创办企业时，你会发现，要选择一个合适的项目或一个行当来做，十分困难。因为可以做的行当太多，让你无从入手。其实，企业有很多种类型，但是，主要可以分为以下四种类型：

1. 贸易企业

贸易企业从事商品的买卖活动，它们从制造商或批发商处购买商品，再把商品卖给顾客和其他企业。其中，零售商从批发商或制造商处购买商品，卖给顾客。所有把商品卖给最终消费者的商店都是零售商，而批发商则是从制造企业购买商品，然后再卖给零售商。如蔬菜、水产、瓜果、文具、日用品批发中心等都是批发商。

2. 制造企业

制造企业生产实物产品。如果你打算开一家企业生产并销售砖瓦、家具、化妆品或野菜罐头，那么你拥有的就是一家制造企业。

3. 服务企业

服务企业不出售任何产品，也不制造产品。服务企业提供服务，或提供劳务。如房屋装修、邮件快递、搬家公司、家庭服务、法律咨询、技术培训等行当都是服务企业。

4. 农、林、牧、渔业企业

这类企业利用土地或水域进行生产。种植或饲养的产品多种多样，可能是种果树，也可能是养珍珠。

也许你觉得有些企业其实不完全符合上述分类。如果你准备开办一个汽车修理厂，你开办的就是服务企业，因为你所提供的是维修劳务服务。汽车修理厂也可能同时出售汽油、机油、轮胎和零配件，这就是说你也兼做零售业。所以，要以主要经营内容来决定一个企业的经营类型。

当把企业进行了上述分类后，你可能会觉得你适合于开办某一类企业，你的思路会更加集中起来。当然，各类企业有不同的特点，你要认真分析，以便你掌握成功经营这些企业的要素。

（二）分析企业成功的要素

要想使企业成功，你必须对企业的每个方面进行分析，以求在每一方面你所提供的产品或服务都是最好的。不同的企业类型有不同的特点，你要考虑以下重要因素：

贸易企业：地段和外观好、销售方法好、商品选择面宽、商品价格合理、库存可靠、尊重顾客。

服务企业：服务及时、服务质量好、地点合适、顾客满意、对顾客诚实、服务收费合理、售后服务可靠。

制造企业：生产组织有效、工厂布局合理、原料供应有效、生产效率高、产品质量好、浪费现象少。

农、林、牧、渔业企业：有效利用土地和水源、不过度使用地力和水源、出售新鲜产品、降低种植养殖成本、恢复草场森林植被、向市场运输产品、保护土地和水资源。

无论是什么类型的企业都应该做到：真诚服务顾客，真诚爱员工。

企业创办原则：志向要大，计算要精，规模要小。

立志计划开办一个新企业时，计算要精，规模要小。别忘了在第一步里提到的问题：你可以用多少钱来创办你的企业。银行一般不会给新企业贷款，除非你有存款，或有银行愿意接受的担保品或抵押品。

如果你没有多少钱，却打算开两家商店、雇 10 名员工、买一辆汽车，这显然是不实际，也是不明智的。创业初期，从小做起、实事求是、量力而行，会有以下好处：

· 你可以不放弃原来的工作，用业余时间办自己的企业，直到企业运转稳定为止。
· 你的配偶可以继续从事原有的工作，以后再加入你的企业。
· 租赁设备比购置设备稳妥、合算。
· 需要人手时，先雇非全时员工，再雇全时员工。
· 先购买二手设备，以后再更新。
· 逐步拓展新的业务领域，避免因财务困难而陷入困境。
· 根据利润的增长情况，制定业务扩展计划。

（三）如何挖掘出好的企业构思

你应当沿着两条途径同时开发你的企业构思。一个好的企业构思必须包含两个方面：①必须有市场机会。②你必须具有利用这个机会的技能和资源。

1. 你周围有哪些市场机会

企业以提供产品或服务来满足他人的需要，并以解决人们的问题来求得自己的生存与发展。在思考怎样创办企业时，有一个很有用的方法，就是去体会人们为满足自己的需要，或解决各自的问题时所遇到的难处。你可以从以下这些方面展开你的思路：

· 你自己遇到过的问题——想一想你在当地买东西和需要服务时，曾碰到过什么问题。

· 工作中的问题——在你为一家机构工作时，你也许注意到，由于某种服务跟不上或材料不足而影响你完成工作任务。

· 其他人遇到过的问题——通过倾听其他人的抱怨，了解他们的需求和问题。

· 你所在的社区缺少什么——在你生活的地区进行调研，看看人们缺少哪些服务。

人们遇到的问题和未满足的需要为新的商机提供了线索。优秀的创业者善于从他人的问题中发现商机：

· 如果人们无法获得所需要的产品或服务，这对创业者来说显然是一个填补空白的商业机会。

· 如果现有的企业提供的服务很差，对于新企业来说这是一个提供更佳服务的竞争机会。

· 如果价格上涨很快，以至于人们连日常用品的价格都难以承受，那么就存在机遇。可以去寻找更便宜的货源，或不那么贵的替代品，或成本更低、效率更高的分销系统。

2. 你能够抓住这些机会吗

当你建立了一个创办企业的构思时，首先要判断一下它在当地是否存在发展的机会。然后你要确定自己是否有能力利用这些机会。了解自己的能力和兴趣有助于你决定开办什么类型的企业。你要是不会烤面包，就不大可能想开面包房。在第一步里，你已经审视了你自己的技术能力。

创业小故事 2.4

24 岁大学生在校期间创办三家公司赚上千万

第一桶金：高中时办培训班

穿着衬衫、打着领带、戴着眼镜的他看起来睿智、稳重。昨日，记者见到龚世威时，就感觉到他超乎年龄的成熟，很难想象这位管理着三家公司的老总还是个不满 24 岁的在校大学生。

龚世威是湖北黄冈黄梅人，小学五年级时跟随父母来武汉定居。

“高中时，别的同学都爱看武侠小说，我却天天看创业书籍，想着要创业。”龚世威说，2003 年，他参加完高考后，就和两个同学找到武汉的一家知名培训学校，成功说服了学校领导答应他们以这所培训学校的名义创办暑期补习班。之后，他又找到另一家培训学校，商议由他负责师资和招生，学校提供宿舍。短短两个月，龚世威就挣得了几千元。

分期付款卖 MP3 赚了 10 多万

2003 年夏天，龚世威考入华中科技大学武昌分校工程管理专业。

“当年圣诞节的时候，大伙想赚点钱出去玩，就想到在学校卖烟花。”怀揣着向一位广东同学借来的700块钱，龚世威的烟花生意只进行了3天，就赚了3 000多元。

“这次尝试成功后，我对自己充满了信心。”龚世威说，2004年他成立了红顶科技公司。这时，校园里流行起了MP3，但多数大学生的购买力弱，看的人远远比买的人多。龚世威利用部分厂商年底急着清货回款的心理，找到商家协商，采取分期付款的方式进到MP3，然后在学校推出分期付款购机业务。

只要是本校的同学，出示相关学生证和身份证，付40%的首期，就可以带一个MP3回家。后来，他还在其他学校增开了销售点，经营范围也扩展到手机、电脑等，最后，还推出了“零首付”业务。这一次，他赚了10多万。

为毕业生办托运获利30万

由于工作太忙，龚世威在大二的时候选择了休学一年。这个时候，他也迎来了创业的第一次大转折——成立自己的物流公司。

龚世威说，2006年夏天，他发现学校的毕业生离校时，都在贱卖自己的生活、学习用品。一打听才知道是因为托运不便。“当时只有邮政和中铁开通了托运业务，收费比较高，但生意非常好。”

经过市场调查，他发现物流公司利润非常高，市场前景也很好。龚世威高薪从其他物流公司挖来专业人员，了解全部运作流程后，买来一辆货车，注册成立了物流公司。“经过一年运作，公司已经盈利30多万元，有全职员工50多人。”龚世威骄傲地说。

银通卡：一年销售额突破3 000万元

2006年年底，他偶然得知央行一直封闭的预付费卡业务即将逐步放开，3于是开始积极争取。2006年，龚世威成立了自己的第三家公司——武汉银商通科技有限公司，获得与银通卡的合作机会。

在银通卡里存入现金，可以在指定的商场、超市、酒店里刷卡消费，还可以享受一定的折扣。在他的努力下，银通卡迅速在武汉市铺开。目前，银通卡可以在航空、百货、休闲等二十多个行业、三百多个场所刷卡消费。

龚世威说：“去年，我们的销售额就突破了三千万大关。今年预计销售会超过1亿元。到明年将突破3个亿。”

谈到今后的奋斗目标，龚世威说，进大学时，他给自己定下的创业目标是进入中国企业500强。“从现在的资产和经营来看，达到这个目标应该没有问题。”龚世威很自信。

“大学生创业最难的就是融资和管理。在和别人谈生意的时候，首先要想到别人的利益。只有这样人家才会很愿意跟你谈，给你提供帮助。”

“创业要敢想敢做敢闯，有冲劲；要能够放得下面子，从小事做起；不能盲从，得认真考虑；最后，还要注重对心态的调整。”

“选择正确的创业行业非常重要，我所经营的无一例外都是高利润行业。利润点高的行业，虽然竞争大，但机遇也很多。”

“大学生创业一定会和课业有所冲突，要协调好它们之间的关系。大学生应该有选择性地多读一些书，如果为了创业把学习放弃了，很不应该。”

（四）验证你的企业构思

在你已经有了你创办企业的构思，并落实到文字上之后，你还需要对它进行检验。你需要知道它是否可行，经得起推敲；是否能够使你的企业具有竞争力和盈利能力。

测试企业构思的一种方式是进行 SWOT 分析——即优势、劣势、机会、威胁分析法。

1. SWOT 分析

SWOT 由优势（Strength）、劣势（Weakness）、机会（Opportunity）、威胁（Threat）四个英文单词的第一个字母组合而成。

进行 SWOT 分析时，要考虑你自己的企业，并写下自己企业的所有优势、劣势、机会和威胁。

优势和劣势是分析存在于企业内部的你可以改变的因素：

· 优势是指你企业的长处。例如，你的产品比竞争对手的好；你的商店的位置非常有利；你的员工技术水平很高等。

· 劣势是指你企业的弱点。例如，你的产品比竞争对手的贵；没有足够的资金按自己的愿望做广告；你无法像竞争对手那样提供综合性的系列服务等。

机会和威胁是你需要了解存在于企业外部的你无法施加影响的因素：

· 机会是指周边地区存在的对企业有利的事情。例如，你想制作的产品越来越流行；附近没有和你类似的商店；因为许多新的住宅小区正在这个地区建设，潜在顾客的数量将会上升等。

· 威胁是指周边地区存在的对你企业不利的事情。例如，在这个地区有生产同样产品的其他企业；原材料价格上涨将导致你出售的商品价格上升；你不知道你的产品还能流行多久等。

2. SWOT 分析的结果

当你做完 SWOT 分析后，你应该能评估你的企业构思，并做出决定：

· 坚持自己的企业构思并进行全面的可行性研究

· 修改原来的企业构思

· 完全放弃这个企业构思

切记：你必须运用 SWOT 分析法对自己的企业构思进行独立分析，并独立做出判断。不要依赖老师或专家，老师和专家只是告诉你如何进行分析，最终的判断（决策）必须由你自己做出。

小结

你应该花更多的时间斟酌创办企业的构思，而不是把时间花在盘算开办企业的任何具体活动上。一个不好的企业构思会导致企业失败，而一个出色的企业构思意味着企业的成功。

企业有多种类型，大致可以归为贸易（零售、批发）、制造、服务以及农、林、牧、渔业企业。为了使你的企业创办成功，你一定要肯定你已经考虑到了所要创办的企业的各个方面。

当你计划开办企业时，不要想太多，这点很重要。不要好高骛远，背上不必要的沉重债务。否则，一旦由于某种原因使企业不景气，债务会把你的企业拖垮。在企业有了发展的基础上，再计划扩大业务也不晚。如果你心气太高，银行多半不会给你贷款。

在将你的想法转变为实际企业之前，要收集信息并制订计划，评估一下你的企业是否会成功。创业计划是一份详细描述企业方案各个方面的书面文件。它将帮助你认真思考并找出你创办企业想法中的劣势。

第二节 创业项目选择与分析

一份创业调查报告显示：80%的创业者在创业前期都感到确定创业项目“十分头疼”“很难抉择”；在创业失败的案例中，有60%的人觉得是因为“创业项目不对”或“创业项目选择失误”；而在成功创业人群中，70%的人都认为是“良好的创业项目成就了自己的事业”。选择项目既然如此重要，那么究竟该如何选择项目呢？创业项目选择的正确与否直接关系到创业的成败。如何选择创业项目，是所有创业者面临的一个难题。

一、如何选择创业项目

在我看来没有最好的创业项目，只有最适合的创业项目。对于创业者而言，不仅要寻找创业项目，还要判定创业项目的好坏和是否适合自己，我认为选择创业项目要做到五个原则。

（一）要选择国家政策鼓励和支持，并有发展前景的行业

想开创自己的事业，就要知道哪些行业是国家政策鼓励和支持的，哪些是允许的，哪些是限制的等。我们要选择国家政策鼓励和支持，并有发展前景的行业。根据社会学家和经济学家的预测，随着中国市场经济的发展和经济结构的调整，各行业在社会发展中的地位和发展潜力也在发生变化。某些行业社会需求的加大促进了这些行业的蓬勃发展，并成为未来社会发展的主导产业。据有关专家指出，21世纪有巨大发展潜力的行业主要有：网络信息咨询与服务业、生物制药和保健、房地产开发业、社会保险业、家用汽车制造业、邮政与电讯业、老年医疗保健品业、妇女儿童用品业、旅游休闲及相关产业、建筑与装潢业、餐饮业、娱乐与服务业。

（二）要认真进行市场调研，适应社会需求

有的创业者认为，办企业是为了赚钱，什么行当赚钱，热门，就搞什么行当，这种想法是不正确的。创业者必须树立这样一个观点，即“企业是为解决顾客的问题而存在的”。没有满意的顾客就没有公司的存在。项目的选择必须以市场为导向。就是说搞什么项目不能凭自己的想象和愿望，而要从社会需要出发。要知道社会需求，就要

作调查，特别是第一次创业，创业者更是要作详细的了解，要了解市场需要什么？需要多少？你的顾客是谁？谁会来购买你的产品或服务？竞争对手有哪些等。市场调研是正确决策的重要前提。我有个亲戚在一小区附近购买了一个店面，想开一个餐饮店。他一到小区深入考察后发现该小区规模还不大，而且已有一家餐饮店，经营状况比较稳定。按照现有人口，一家餐饮店已经足够。这里的居民不少是外地来的大学生，连一间小商店也没有，居民抱怨购物难。于是，我的这位亲戚改为开小百货店，结果开业后生意红火，很受居民欢迎。“制造满足顾客需要的产品和服务，是永远成功的秘诀”。

顾客的需求有现实需求和潜在需求之分。作为一个成功创业者，不仅要了解、满足顾客的现实需求，适应市场，更要创造需求，创造市场。

为了创办能盈利的新企业，识别机会的最好办法就是倾听你周围人们的不满、抱怨和困难。人们所抱有的每一个问题都可能意味着一个潜在的生意机会，越是难以解决的问题，可能带来的机会就越大。我们创办的企业如果能解决一般人抱怨的问题，关注社会特殊群体的困难，或者着力为其他企业解决问题，那么成功的可能性就越大。

（三）要充分利用优势和长处，干自己有兴趣的、熟悉的事

市场是一个海洋，有人管创业叫下海。我们每个人都是沧海一粟，是独具自己特点的一粟。每一个人都有自己的长处、优势。比如：有的人对某一行业、某一领域、某种产品比较熟悉；有的人在技术上有专长；有的人有某种兴趣爱好；有的人善于公关和沟通等。这就是自己的长处，能充分自己的长处和优势，选择自己有兴趣、熟悉的事，创业就成功了一半。

1. 分析自己

创业项目是不是你自己喜欢做的？如果不是自己喜欢做的事情，那么在该创业项目中是否具有别人难以企及的技术高度、资源优势、进入壁垒或其他人难以模仿的竞争力？是否具有在跌到后重来的勇气？

你可以根据自己的创业基础和条件，认识自己的优势、强项、兴趣、知识积累与结构、性格与心理特征等，并找出自己适合创业的个人素质和能力以及外部条件。

分析自己的创业动机和目的，对自己适合做的项目以及应当做的创业模式，应当分析：促使你创业的主要原因是什么？你通过创业想实现的创收目标是多少？你愿意付出多少时间、精力和努力来从事创业？这些分析能对自己创业有一个基本的了解。

创业小故事 2.5

脱下“套装”换“农装”种田种出新名堂

萌生“农业创想”

眼前的她，脚穿黑靴，身着呢绒大衣，打扮挺时髦。刚过而立之年的她从小在松江新洪镇长大，但早就和“春播秋收”脱了干系。从上海师范大学电子信息工程专业毕业后，顾慧华进了一家日资企业从事农业机械引进，每天朝九晚五，去日本培训，过着典型的白领生活。脱下套装换农装，有点偶然，却并不偶然。2005 年，公司把一批日本农业机械引进到崇明，她负责机械使用的技术指导。可她发现，那里种田的都

是五六十岁的人，不愿学习操作“新式武器”，固执于自己的“老法”种田，顾慧华很受触动，“我在日本时看到很多年轻人在种地，有个种植并经营‘久留米黄瓜’的社长，就是刚从剑桥大学毕业的男青年。不像国内，大学毕业了都争着去做白领；自己创业，也总扎堆在IT、电子商务。”

不断接触国外农业，顾慧华渐渐看清了“商机”：“食品安全越来越受重视，而农产品种植是食品安全的第一步，如何选土、如何栽培，如何减少甚至不用化肥、农药，都需要年轻人带着新观念、新技术来做。”2007年7月，她辞职回到松江新洪镇，成立了上海森鲜蔬菜专业合作社、上海赢久农业科技发展有限公司，承租了标准化蔬菜基地内的20亩大棚，开始了自己的“农业创想”。

拿酸奶喂黄瓜

顾慧华创业，走的是“精品农业”的全新路子——给黄瓜喝酸奶，给草莓听交响乐……“五彩奥运南瓜”“迷你冬瓜”“巧克力番茄”，她的田里有十几种绿色无公害蔬果。在乡亲们投来的惊异目光下，她承租的土地从200亩（1亩≈666.67平方米）扩大到800亩；今年下半年将建立“配送中心”，第一家“蔬果实体店”打算开在“新天地”。

在新浜，她每天穿套运动装，看似刚从健身房出来，不过看她鞋子、裤子和指甲上的泥土，就知道是在田里忙。走进草莓棚，顾慧华一指脑袋耷拉着的草莓说：“别以为它们僵掉了，这是在睡觉。一般3月10日到4月10日是草莓的‘休眠期’，之后就睡醒了、长开了，变得娇艳欲滴。”顾慧华的黄瓜更享福——“一到夏天，我就给黄瓜喝酸奶，全面补充营养。”那些封口不严、不能出厂的酸奶，她批发来喂黄瓜。

顾慧华乐呵呵地说，这些奇招都是从世界各地的新式农民那里搜罗来的。“今年我准备在草莓、黄瓜、生菜棚里装音响，放莫扎特、贝多芬的交响乐。音乐，蔬果听了开心，种田人也开心，从城里来玩农家乐的人边采摘边听更开心。”

定下“新鲜”规矩

创业种田，最难的是“市场营销”。“让国外的种苗在国内结出好果，这花了我一年时间。不过这不是最难的，种得好卖不掉最伤心。”顾慧华的田里，土是从丹麦进口的，种子是从荷兰、美国、日本进口的，有价格补贴的化肥她不用，专买对人体无害的生物制剂，这都增加了种植成本。

“刚开始，我开着小车到上海市区，挨家挨户地把一箱箱蔬果送给人家吃。”第一年亏了20万，但市场逐渐打开；第二年，顾慧华就建立起了营销网络。

顾慧华定下了“3小时内从田里到客户”的“新鲜”规矩，所以她的蔬果不进超市卖场，没有中间环节。“我的客户主要是酒店、公司，他们提前预订，我随摘随送。”虽然“时令蔬果礼盒”一盒100元，不过客户要的正是“新鲜、安全”，每天至少能卖出50盒；节假日，会接到上百份订单。

对顾慧华这一套，乡亲们原本一点不买账——“一个女大学生，田都没下过，懂啥叫种菜？”可不出半年，又鲜又甜的黄瓜、又大又粉的南瓜引得大家纷纷跑来求教。顾慧华有选择地把芦笋、甘蓝等几种蔬菜分包给数十家农户种，她负责提供种苗、技术指导、质量控制和产品销售，既扩大了种植规模，也帮其他农户增加了收益。

寻找年轻伙伴

今年，已经拿到“园艺师”证书的顾慧华又报名就读复旦大学工商管理硕士（EMBA）班，想把现代企业管理、营销理论与自己的技术和经验“嫁接”。

新式农业，要年轻人一起干。去年，顾慧华从四川农业大学招聘来两名大学生当技术员，还让他们去山东西瓜种植基地培训。今年将在大棚内搞的“电子管理系统”，也由大学生负责。可要在上海招大学生种田，难。“今年我已经招了4个上海的大学毕业生，却不知道他们会不会来报到。我知道农村的条件不如城市，恐怕他们不愿意来。”其实顾慧华当初回乡，乡里人也很不理解，说她“没出息，肯定是在城里找不到工作了”。

尽管如此，顾慧华仍将“年轻人”定为公司主力。“我今年准备和几家日本产品的供应商一起，在上海市区开20家直营点；下半年，要去祖国台湾和日本一些地方考察引进新的优良种子和农业技术；将来，我还要把我们的种子和技术引出去。”顾慧华说，她的“农业创想”需要更多年轻朋友一同来实现。大学生具有专业技术知识和国际视野，能够拓宽创业领域，当然更重要的是识别机会的能力。农业要升级，而年轻人远离农村了，眼下种田的多是五六十岁的人，这正是拥有新知识、新技能和新想法的年轻人的机会，顾慧华正是看准了这样的市场需求，在广阔的农业领域大展宏图。

（摘自文汇报．2009年03月17日）

经济学家保罗·罗默（Paul Romer）在谈到“创意”时有这样的观点，我们不习惯把创意称为“经济商品”，但它确实是我们生产的，而且是最重要的产品……只要人们利用资源，并以更有价值的方式进行资源重组，经济就会取得发展……要想获得“更有价值的方式”，靠的不仅是“东西多”，还要有更好的“配方”。与设计师或专家相比，一个拥有多种技能和掌握各方面知识的人往往能够提出更好的创意并加以实施。

2. 研究自己的项目

要找到一个适合自己的项目，就要全面了解，确立自己的项目是否符合自己的情况。主要从以下方面选择：如果是自己熟悉的行业；可以利用自己的优势资源；发挥自己的特长；在自己可以筹措的资金投资范围内，选择在自己适合的区域经营；选择的项目一定要有创新，用四句话概括为：“别人没有的；先于人发现的；与人不同的；强人之处的。”

3. 选择创业商业模式

确定一种特色的创业模式，是成功的重要条件。建立一种创业模式取决于自己的以下几方面：

你的个人条件和资源；

你的创业目标。

可以探讨自己选择的创业模式，根据模式提出的问题有：

（1）你是否有能力自行开发或掌握自己未来企业的产品和经营的各个方面？

（2）你创业经商，是要把企业做大做强，还是只满足于能够养活自己，比打工仔多赚点钱？能否通过调研，识别招商（加盟、代理、出售）项目的真伪？

这些问题如果你回答是“是”可以选择任何创业模式。如果答案是否定的，可以选择产品的代理或特许加盟。

创业小故事2.6

研究生开网店做成中国“最牛内衣王”

研究生开网店两年做到销售额过亿元，对于一个创业才半年、需要与众多网店竞争的大学生创业团队来说，这个目标听起来像是“不可能完成的任务”，但解砾显得比这还要野心勃勃：“凡客诚品每个月的销售额是1.2亿元，Mr. ing的一件单品可以在4个小时内卖掉7 800件。两年时间还有点长，如果我们做得好应该可以提前实现。”

解砾是武汉科技大学文法学院二年级硕士生，也是纯派生活（武汉）科技有限公司董事长。他和创业团队从卖保暖内衣起步，在淘宝网上的半年销售额达590多万元，公司员工增加至29人，被称为“最牛内衣王”。

大学学的是计算机，硕士学的行政管理，解砾从一开始就把创业方向锁定在两者的最佳结合——电子商务。创业之前他做过研究，大学生创业的失败率高达90%。除了资金问题外，没有创业团队也是其中重要的原因。积极参与大学里的社团活动不仅使解砾锻炼了能力，也让他认识了一批志同道合的朋友，最终组成了8人的创业团队。

2009年7月17日，公司完成注册之后研究生开网店并没有马上开业，而是开始了市场调研，研究淘宝的不同店铺。调研发现网上购物，卖得最好的就是服装，而其中做得最薄弱的是保暖内衣。当时在淘宝网上卖保暖内衣的商家都是一边开实体店、一边开网店，没有专业化的团队。他认为机会就在这里。

通过在纺织业工作的父亲介绍，解砾和俞兆林公司达成合作协议。2009年9月9日，他们的网店正式在淘宝商城营业。公司的10万元启动资金主要来源于解砾以前在淘宝网上卖书的积蓄。买电脑、租房子，公司的架子一搭起来，10万元就用得所剩无几了。前几个月，大家都没有拿工资。为了节约租金，仓库不得不租在三楼和四楼，货品来了，所有人都下楼当搬运工。

网上购物，首先是要能让人来。为了吸引人气，内衣王他们在网上大量做广告；其次人来了要留得住，那就要提高客户的回头率。通过专业的产品描述、简约的店铺装修风格、积极的客户反馈、细致的客户关怀系统、快速有效的售后系统，他们的业务量快速增长。

刚开始与他们合作的公司只是抱着试试看的心态，并没有寄予很大希望，没想到他们10月份的销售成绩就让合作者刮目相看了，最多一天的销售额超过当时武汉所有商场的销售总和。他们的网店两个月达到皇冠等级，月销售额过百万元，创造了淘宝网上商城的纪录。

就在大家为每天增长的销售业绩兴奋不已时，危机悄然而至。

公司一直使用的都是淘宝网提供的平台，后台没有技术支持。进入11月份，由于天气开始转冷，保暖内衣的订单量不断增大，最后达到每天10万元的销售额。员工每天从早晨8点一直忙到夜里2点仍忙不过来。库存不够造成发货延迟，客户的抱怨越来越多，公司的400电话被打爆，原本就薄弱的资金链也几度断裂。

"内衣王"解砾打了一个形象的比喻，顾客太多，超市的收银员忙不过来了，一开始可以通过增加收银员来解决，但增加收银员能应付增加的100个顾客，却应付不了一起进店购物的1万个顾客。为此，他们不得不停业。

停业3天，公司特别给客户发致歉函，受影响的每笔订单都优惠15元，基本不赚钱。3天损失了几十万元。那三天三夜，解砾没有睡觉，现在回想起来依然觉得"欲哭无泪"。

这件事给了解砾很大的触动，不能光靠淘宝网提供的服务，必须开发自己的后台系统。他认为电子商务最后拼的不是管理，也不是营销，出奇制胜的是技术。从观察麦当劳得到启示，解砾将公司的运营方式进行了改进，改变过去员工单独接单、单独销售的旧方式，将产品订单、验单、审单、包装等各环节全部流水化作业，每一道工序的员工都各司其职。他和创业伙伴的专业特长再次发挥出来，从行政中心、运营中心，到仓储中心，再到财务管理，他们开发出了一整套系统管理软件，运行效率大大提高。

虽然公司刚刚起步，但解砾在方方面面力求规范，不仅制定了一份厚达38页的员工手册，还从一开始就为员工购买社会保险，规定了带薪休假、定期培训等待遇。

为什么这么做？解砾说，按照社会学家马克思·韦伯的观点，权威可以分为三种类型：传统世袭型、个人魅力型以及法理型。他希望自己能成为法理型的"权威"，建立的是对规则的服从，而不是对个人的服从。他认为公司要发展，避免"创业易，守业难"的问题，必须留住核心团队。他考虑将来设立事业部制，让核心团队的每个成员都能有发展的平台。

从最初的临时代理俞兆林内衣品牌，过渡到主要代理纯派系列服装，公司还是受制于供货商，将来则要整合包括生产在内的产业链，开创自己的"普艾尚品"男士正装品牌。据悉，他们已经到浙江、广东、江苏等地考察合作厂家。

电子商务由于其涉入门槛较低，成本较小，愈来愈多地成为大学生创业起步的首选，选择合适的项目取决于创业者对市场的判断，通过电子商务活动，初涉创业的大学生同样能够学会创业管理经验，积累创业财富，为创业者掘取第一桶金提供机会。无论是文化创意产业，还是网上开店，只要认准机会，看准项目，资金投入少、需求量大，能够满足现代人多彩生活的需要，这样小项目往往适合大学生实现创业。

（摘自《中国青年报》2010年07月26日）

（四）要量力而行，从干小事，求小利做起

创业是一种有风险的投资，必须遵循量力而行的原则，对于下岗失业人员来说，是拿自己的血汗钱去创业，应该尽量避免风险大的事情，而应该将为数不多的资金投到风险较小，规模也较小的事业中去，先赚小钱，再赚大钱，聚沙成塔，滚动发展。

古今中外，许许多多企业家开始搞的都是不起眼的小本买卖，然后不断扩大发展的。微软的比尔·盖茨起步时只有3个人，一种产品，年收入16 000美元。在我们身边，改革开放这30多年来，从不起眼的小事做起，逐渐滚动，逐步积累而富甲一方的人也有得是。"拖鞋大王"胡志勇创业成功的经历对想创业的人是很好的启示。1994

年原在一家船舶公司任防疫工作的胡志勇下岗了。他选择了摆摊头，做点小生意，从城隍庙福佑街批来袜子，玩具等日用品到集市设摊买卖。几个月下来他发现每年 4~7 月，拖鞋特别好销，3、4 元一双批发来，7、8 元一双卖出。他想拖鞋属于小商品又是易耗品，一个夏天一过，第二年又有市场需求，风险较少。于是他集中全部资金，去做拖鞋生意。当年到福建直接批货，这是 1996 年。下海后，他的公司成为福建一家规模很大的拖鞋生产厂家，在 4、5 两个月就卖掉 16 万双拖鞋。自此他的拖鞋生意越做越大，目前他的通盈鞋业公司从过去的一个小摊子发展到在 10 多家百货公司有自己的专柜，并拥有 300 多家较稳定的二级代理商，还注册了自己的“千里马”商标，在大超市销售。6 年他共卖掉 1 000 多万双拖鞋，现在供应上海拖鞋市场 30%~40% 的货源。俗话说“不以善小而不为”，创业也要从干小事，求小利做起。

（五）要坚持创新，做到“人无我有，人有我优，人优我特”

创新是企业的生命，管理大师汤姆·彼得斯认为“商业世界变化无常，持续创新才是唯一的生存策略”。创新也是创业成功的关键。创新的概念是著名经济学家熊彼特提出的，他将其定义为“企业家对生产要素的重新组合”，它包括以下五种情况：①开发新产品或改造老产品；②新辟一个新的市场；③采用一种新的生产方法；④获得原料或半成品的新的供给来源；⑤实行一种新的企业组织形式。对创业者来说，创新更具紧迫性、重要性。这是因为：第一，目前市场上不是缺一般的商品，一般的劳务，而缺的是特殊的商品，特殊的服务。创业者只有加强市场调研，刺激和创造需求，生产适合需求的新的具有特色的产品和服务，才能使企业得以生存发展。第二，一般下岗失业创业的行当，投资较小，容易进入但是竞争十分激烈。只有创新，才能在产品和服务上形成竞争优势。

有人说：“现在市场竞争如此激烈，就业形势如此严峻，创业谈何容易。”这说法不能说没有一点道理。但如仔细推敲也并非完全在理。事实上，只要存在尚未被满足的需要，就会有创业的机会，而人们未被满足的需要可以说是无限的，因此，商机也是无限的。比如，据悉，目前世界市场上的产品有一百万余种，而国内仅十八万种。目前我国供求平衡，或供大于求的是实物产品，而在服务领域存在许多“供不应求”的现象，人们在生活中也有诸多的抱怨和不便。这说明只要善于观察，善于创新，机会就在创业者的身边，路就在你的脚下。

以上简单地向介绍了选择创业项目要注意的五个原则，创业项目的选择最终是要由创业者自己决定的。创业者可以广泛听取专家、成功企业家的建议，结合自己的调查研究使自己的决策更切实可行。

二、项目的考察与甄别

在市场经济环境中，一个项目必须经过市场的检验方能证明其具有价值。项目实施前可以从以下几个方面进行考察与甄别。

（一）正当性

对项目方正当性的考察主要包括：

（1）项目方是否有工商登记，项目方的工商登记是否在有效期内；

（2）有的项目方可能会拿着别人的执照蒙骗，所以投资者还需要辨别项目方所持执照是否为项目方本人所有，如果项目方提供了资料，要注意资料中的企业名称与其提供的营业执照上的企业名称、经营范围是否一致，如果不一致，需要项目方做出合理解释。签约时，要与营业执照上的法人签约，加盖营业执照上的法人公章。为安全起见，可进一步向发照当地工商机关查询。

（3）按国家对加盟连锁的有关规定，项目方必须满足“2+1”的条件（2个直营店，经营1年以上），才可以进行对外招商，这是国家为保护投资者利益出台的专门政策。

（二）可信性

鉴于加盟连锁中骗局连连发生，部分投资者损失惨重，在考虑加盟之前，有必要对项目方进行可信性考察。考察的内容主要包括：

（1）项目方提供的办公地址是否真实，是否与营业执照上的地址一致。不久前，几个湖北人在北京大学附近的一个写字楼里租了一个房间，办了营业执照，然后打出旗号，进行项目招商，几个月后便卷款而逃。这样的事经常发生，屡见不鲜，所以，投资者还需要考察项目方企业的存续期，已经经营了多长时间。一般来说，一个企业经营存续期越长，从业历史越久，就越可靠。必要的时候，可以向所在物业查询项目方的租赁期限，交了多长时间的租金，到什么时候为止，还可以查询项目方是否按期缴纳房屋租金；从对项目方注册资金的大小，也可以看出其实力和承担违约责任的能力，这都是很细致的工作。

（2）项目方是否经营过别的企业，进行过别的项目招商，结果如何。一些骗子习惯于打一枪换一个地方，已经形成一种经营“模式”，一定会留下蛛丝马迹，只要投资者够细心，就不难看出破绽。

（3）一些项目方很乐意在口头和广告、资料上宣传已加盟者的数字，这个数字往往很大，以增加对投资者的吸引力，要注意考察其真实性。

（4）一些项目方常常宣传自己获奖的情况，什么“十佳”“最优”“白金”“白银”“最具吸引力”“投资者最满意”等，这些奖项往往由某些行业机构、招商组委会和媒体颁发。其中很多是只要你给钱，就给你发奖状，钱给得越多，奖状的名称就越唬人。这种颁奖授匾完全是买卖，不值得信任。

（三）风险性

为了让项目做到“保赚不赔”，投资者一定要对项目的风险性进行充分的考察。考察的内容包括：

（1）对项目可行性的考察；

（2）对项目先行者的考察。当你看中一个连锁加盟项目，可以考察该项目已加盟者的经营状况，考察对象可由项目方提供，但最好由投资者自己选择，在不告知对方的前提下，先以消费者的身份进行观察。考察内容包括店址、每小时客户流量、全天客户流量、产品受欢迎程度、经营者的经营方式、雇员多少、业务熟练程度，估算其成本和投入产出。

(3) 了解项目方在知识产权方面（技术、商标等）和品牌方面是否存在纠纷，是否拥有完全的所有权；

(4) 了解项目方的禁忌，在什么情况下可能被解除加盟连锁资格，了解项目方所设禁忌是否合情合理，在合同中要明确这些细节，如果合同中没有这些内容，可以补充合同进行说明；必要时还要明确已交费用的退还问题，如在什么情况下投资者退出加盟，项目方必须退还保证金，这些要在合同中写清楚。对于要求加盟者一次交清若干期限费用，比如一次交齐2~3年管理费、服务费的项目方，投资者须保持警惕，防止对方在收钱后卷款走人，或在事情不顺利时溜之大吉。为提高投资的安全性，投资者可与项目方商量分期付款的办法，比如学会技术时交多少费用，拿到设备时交多少费用，生产出合格产品时交多少费用等。

(四) 持续性

对于投资者来说，好不容易选对了一个项目，当然希望能够比较长时间地经营，给自己带来效益，为此，投资者还需要对项目方的运作进行可持续性方面的考察，内容包括：

(1) 项目方运作是否规范，包括行为规范和章程规范。行为规范：是否有统一的内外标志；操作流程是否规范；工艺流程是否规范，服务流程是否规范等，是否对加盟者提供统一规范的培训，培训的项目、时间，培训是否收费，收费的标准。章程规范：项目方是否提供统一的操作手册、服务手册、管理手册、培训手册，手册的编制是否规范，是否切实可行，是否便于执行，是否不让人产生歧义。

(2) 如需配送，配送设备是否完整、是否先进，是否有统一的配送中心，配送人员的素质如何、管理如何，配送中心是否能及时响应加盟者的要求，配送原材料是否经常短缺，配送价格是否合理、是否变化无常。一些项目方收很少的加盟费，将利润点全部放在后期的原材料配送上，这很正常，但随着投资者的投入越来越多，已经不能轻易脱身，项目方在配送原辅材料的时候随意要价，价码越来越高，条件越来越苛刻，以致令加盟者产生被勒索的感觉，这就很不正常。还有一种是项目方不给你配送，你所需要的原材料很容易自己找到，那么，对于这样的项目一定要提高警惕。这说明这个项目的门槛很低，被模仿的可能性很大，可能要面对竞争泛滥的局面。一般这样的项目，都缺乏可持续发展的潜力。

(五) 扩张性

谁都希望生意越做越大，如果一个项目做上三五年，仍旧只能是七八平方米的店面，每个月几千元的收入，就说明这样的项目缺乏扩张性。扩张性来自两个方面，一是项目方是否拥有将事业做大的决心，是否拥有长期的战略规划，这是从高层次说。从低层次说，项目方在市场扩张上是否能够为投资者提供强有力的支持。加盟连锁项目大多集中于快速消费品、餐饮、小食品、时尚饰品、保健品、新潮家居用品、新潮电子、小家电、社区服务性产品如洗衣、美容美发等，普遍对广告的依赖性都非常强，项目方在广告投放上是否能持续，是否能使广告覆盖一定范围，必要的时候，项目方能否提供强有力的促销支持，如物质方面的支持和政策方面的支持。这些都对投资者的扩大经营起着直接的影响。一是项目方能否持续提高自己品牌的价值，则对投资者能否进行有效的扩张起着间接的影响；二是项目方产品创新的能力也决定着投资者跟随成长的结果，有些项目方在一个项目推出后，数年不见推出新的项目，旧的项目也不见改进创新，市场只能逐渐萎缩。

（六）延伸性

在对项目方进行考察的时候，除了要考察项目主导人的人品、性格、经历、知识结构、拥有的企业资源和社会资源外，还要着重考察项目方的团队。在各种招商会上，我们可以看到，不少招商团队是由草台班子临时拼凑成的，用系红领巾的手法打领带，一双皮鞋 3 年不擦，一件西服油渍麻花，这样的一个团队，能为你未来的投资项目提供什么样的保证，不难想象。对项目方团队的考察，一是考察团队成员的素质、从业经历、从业经验、既往业绩、圈内口碑；二是考察团队在性格和专业上的互补性；三是团队的稳定性。对于一些比较有经验的投资者，通过对项目方团队的察言观色和对项目方的突袭式访谈，可以得出可靠的结论。

总的来说，对项目包括项目方的考察是一件非常细致的事情，需要投资者有很好的耐心和足够的敏感。为了投资安全，付出一些这样的心力还是值得的。

三、创业项目的效益预测分析

企业经营管理就是创造更多的效益，创业项目的成功与否就在于效益。我们在确定创业项目时，就应该充分分析自己项目的效益，效益应该包括企业的收入（销售）和开支（经营成本）。通过对收入和开支的分析来综合全面分析企业是否盈利，从而得出科学的结论。

（一）创业项目的成本和收入

1. 直接成本

直接成本：就是指与销售直接挂钩的成本，比如商品进货成本或产品的原料成本。可以称为可变成本，因为它与销售额成正比，销售额越高，直接成本就越多。

企业开始经营，就会产生直接成本，它包括：

（1）进货成本：就是指产品生产所需要的原材料（或商品）进货时的货款；采购员所涉及的招待费、差旅费、货物运输的物流成本费（运输、仓储、分销、配送等）。

（2）生产成本：产品生产所需要的原料和半成品货款；生产所涉及的人员的劳动工资、水电气费用、外加工成本或服务费用，产品外包中的服务费用。

（3）销售成本：在销售中的广告宣传、推广发布会、差旅费、通讯费和人员工资收入，以及其他的奖励措施（对销售人员提成、招待费、攻关费）。

（4）税费：与生产销售有关的税，如增值税、营业税、企业所得税、城市维护建设税、教育附加税。

2. 间接成本

间接成本：就是与销售不直接挂钩的成本，如人员的工资、场地租金等。这也称为固定成本，是企业不管销售多少都必须支付的费用成本，它不会因为销售变化而变化。它包括的内容有：

（1）经营场地租金：生产车间、店铺、摊位、专柜、写字楼办公室等项目的月租金。

（2）员工的薪酬：员工的工资、奖金、加班费、按照国家劳动保障制度规定的员工“三金”——住房公积金、养老保险金、失业金；“五险”——养老险、失业险、医疗险、生育险、工伤险成本。员工餐费、带薪假期费用的支出。

（3）日常营销费用：与销售额无法直接挂钩的营销费用，包括广告及制作费；宣传资料制作费、推广宣传涉及的人员或外包费用；销售人员固定的差旅费、通讯费、交通费等费用补贴。

（4）其他维护费用：日常水电费、通讯、交通、办公设备和用品及消耗品支出。

（5）开办投入的摊支的设备折旧：前期开办费、设备和家具投资、场地装修、户外广告费用的折旧。

3. 其他的成本费用

在经营中会产生一些其他的费用：

（1）非按月支付的费用：设备、场地、户外广告费用、可以按月支付的大项间接费用，按照古往今来的期限和有效期，计算出月平均折旧费用，列入月经营成本中。

（2）个人财产的公用成本：你的房产、场地、设备、家具投入，应该按照市场价计算入的经营成本，并分摊到每个月的经营成本中。

（二）创业项目成本计算与评估

1. 收入与利润计算

企业经营管理中，能够正确地预先计算自己的成本，是有效创业和创业成功的重要因素。

（1）毛利计算

月经营效益是指你的月收益或利润。计算方法是：

毛利是商品实现的不含税收入剔除其不含税成本的差额，因为增值税是价税分开的，所以特别强调的是不含税，在现有进销存系统中叫税后毛利。

毛利计算的基本公式是：

毛利率=（不含税售价-不含税进价）÷不含税售价×100%

不含税售价=含税售价÷（1+税率）

不含税进价=含税进价÷（1+税率）

从一般纳税人购入非农产品，收购时取得增值税专用发票，取得17%进项税额，销售按17%缴纳销项税额。

从小规模纳税人购进非农产品，其从税务局开出增值税专用发票，取得4%进税额，销售按17%缴纳销项税额。

从小规模纳税人购进非农产品，没有取得增值税专用发票，销售时按17%缴纳销项税额。

总的来说，增值税是一种价外税，它本身并不影响毛利率，影响毛利率的是不含税的进价和售价。要正确计算毛利率，只要根据其商品的属性，按公式换算成不含税进价和售价就可以了。

（2）净利

净利是指毛利减掉所有的费用及税额所剩下的利润。

（3）营业利润是企业利润的主要来源

它是指企业在销售商品、提供劳务等日常活动中所产生的利润。其内容为主营业务利润和其他业务利润扣除期间费用之后的余额。其中主营业务利润等于主营业务收入减去主营业务成本和主营业务应负担的流转税，通常也称为毛利。其他业务利润是其他业务收入减去其他业务支出后的差额。

营业利润=主营业务利润+其他业务利润-营业费用-管理费用-财务费用

（4）利润分配

利润分配是将企业实现的净利润，按照国家财务制度规定的分配形式和分配顺序，在国家、企业和投资者之间进行的分配。利润分配的过程与结果，是关系到所有者的合法权益能否得到保护，企业能否长期、稳定发展的重要问题，为此，企业必须加强利润分配的管理和核算。利润分配的顺序：利润分配的顺序根据《中华人民共和国公司法》等有关法规的规定，企业当年实现的净利润一般应按照下列内容、顺序和金额进行分配。

2. 盈亏平衡点（保本）计算

企业的盈亏平衡就是收支平衡，我们能够从以下方面计算：

（1）根据固定费用、产品单价与变动成本计算保本产量的盈亏平衡点，如表2-1所示：

表2-1

项　目	单位	金额
固定成本/固定费用	元	20 000
产品单价	元	10
材料成本/变动成本	元	5
需要多少产量才能保本呢？		4 000
盈亏平衡点=固定费用÷（产品单价-变动成本）		

（2）计算保本产量，根据产量与目标利润计算最低售价为盈亏平衡点，如表2-2所示：

表2-2

生产多少台产品保本？		
固定费用	万元	2 700
产品单价/台	元	800
单位变动成本/台	元	600

表2-2(续)

盈亏平衡点/年需销售	万台	13.5
计算最低售价为盈亏平衡点		
年产量	万台	12
目标利润	万元	40
产品最低售价	元	828.3333
[(固定费用+维持企业运转的利润)+(产量×单位变动成本)]÷产量		

（3）分析找出固定成本与变动成本，计算盈亏平衡点：收入-成本=利润

收入-（固定成本+变动成本）=利润

计算盈亏平衡点就是利润为零的时候。

所以：收入-（固定成本+变动成本）=0

即是：收入-固定成本=变动成本

可在Excel中制表测算，如表2-3所示：

表2-3　　单位：元

收入	1 100	
固定成本	500	
变动成本	600	
利润	0	收入-（固定成本+变动成本）=0
变动成本	600	收入-固定成本=变动成本

例如：每个产品销售单价是10元，材料成本是5元，固定成本（租金、管理费等）是20 000元，那么需要多少产量才能保本呢？

$10Y-20\ 000=5Y$，$Y=4\ 000$，只有产量高于这个数量才盈利，低于这个数量就亏损，所以这个产品的盈亏平衡点就是4 000元。

这是理想化了的，现实中，固定成本，如机器的折旧，场地的租金，管理人员的工资，变动成本，如产品的材料成本、计件工资、税金，现实中还有半变动成本，如水电费、维修费。

在Excel中制表测算，如表2-4所示：

表2-4

固定成本	元	20 000
产品单价	元	10
材料成本	元	5
需要多少产量才能保本呢?		4 000
盈亏平衡点=固定费用÷（产品单价-变动成本）		

（4）根据企业固定费用、产品单价、单位变动成本计算其盈亏平衡点：

某企业固定费用为 2 700 万元，产品单价为 800 元/台，单位变动成本 600 元/台。计算其盈亏平衡点。

当年产量在 12 万台时，为实现目标利润 40 万元，最低销售单价应定在多少？

盈亏平衡点 2 700 万÷（800−600）= 13.5（万台）

最低售价为 X

(2 700+40)÷(X−600)= 12

解得 X=828.33（元）

因此最低售价为 828.33 元。

(2 700+40)÷(X−600)= 12

该公式换为：[(2700+40)+(12×600)]÷12

固定费用÷(产品单价−变动成本)= 盈亏平衡点

2 700 万÷(800−600)= 13.5（万台）

表 2-5

生产多少台产品保本？		
固定费用	万元	2 700
产品单价/台	元	800
单位变动成本/台	元	600
盈亏平衡点/年需销售	万台	13.5

(2 700+40)÷(X−600)= 12

求 x=？算式的计算过程

(2 700+40)÷(X−600)= 12

2 700+40=（X−600）×12

2 740=12X−7 200

2 740+7 200=12X

X=9 940÷12

X=828.33

表 2-6

计算最低售价为盈亏平衡点			
年产量	万台	12	条件之一：企业产能/即只能达到此产量
目标利润	万元	40	条件之二：需要这么多利润才能维持企业运转
产品最低售价	元	828.333 333	盈亏平衡点：确定产品最低售价 828.33 元
[(固定费用+维持企业运转的利润)+(产量×单位变动成本)]÷产量			

（5）成本变动时如何求盈亏平衡点

假设初期投入 600 元，每年成本 500 元，成本逐年递增 5%；利润为 20%，销售额为动态变化，首年为 1 200 元，其后逐年增长为 30%，40%，20%，20%，20%……

请问有否求出盈亏平衡点时累计销售额的公式?（不要分步计算，一条用 Y 代表累计营业额的等式）

计算盈亏平衡点时把初期的投入要加上去，即要求完全收回成本时的累计销售额。

Y = BX + A

Y = BX + A

Y：表示销售利润 301.5 元

B：表示单件利润 3 元

X：表示销售数量 100 台

A：表示成本 1.5 元

表 2-7　　单位：元

		1	2	3	4	5	6	7	8	合计
期初投入/年利润+期初投入		600	840	1 152	1 536	1 992	2 520	3 120	3 792	
成本递增率/每年成本	0.05	500	525	550	575	600	625	650	675	
销售增长率/年销售额	0.3	1 200	1 560	1 920	2 280	2 640	3 000	3 360	3 720	
利润率/利润	0.2	240	312	384	456	528	600	672	744	0

（三）创业项目选择注意事项

1. 如何让自己进行项目创业

如果是第一次创业，那么你要放好 100%的心态，做好失败的准备。失败是你的亲人，你要懂得拥抱失败，才能有机会成功。所以，第一次创业的话一定要选择自己非常有兴趣的事情来做，而且自己一定要亲力亲为地全身心投入。如果成功了那最好，是你自己的努力成果，好好享受这份人生喜悦吧。如果失败了，那也没关系，至少你学会了创业的经验和懂得了更好的做好事情的方式。

2. 合伙创业如何选择项目

合伙创业讲究的是诚信和付出。这个就跟谈一段感情一样，付出不一定有回报，但是不付出肯定没什么好回报！而且，合伙创业至少要选择个人非常感兴趣，而且有技术的项目。如果是两个人对这个项目都非常有兴趣，而且也非常看好的话那是最好的。假设两个人都觉得在自己所在的城市或者小区开一家电影院有前景。如果你是方案提出者，那么你要首先做好这块地区的市场调查，了解周边的商业模式，调查周边居民的消费水平，然后了解开电影院的流程和资金方面的问题。你可以一个人来做这些事情，如果工作量太大，可以做到一半再把方案给你的合伙人看。决定要开的话可以咨询国内电影院加盟管理第一品牌的公司大影易咨询。只要你提供你的想法和要求，剩下的事情都交给大影易就可以了。然后一起来完成后半部分。只有先付出了才能对得起自己的这份真诚，而且我相信你的合伙人也会看得到。

3. 如何选择资金注入方式

如果你只是注入资金到一家公司，然后分得相应的股份，而且不参与公司的管理和操作的话，那么你应该要选择一家有发展前景的公司（项目）。资金注入分为两种情况：

（1）这个项目还没启动，只是有人把项目策划书给你分享，希望你能入股。那么你要了解这个项目是否有市场发展前景，可行性有多高。而且，还要预估项目多久时间可以开始走向正规盈利，更要注重的是后期还需不需要投资。然后，投资后预计多久可以盈利分红，投资的本金多久可以返还。这些都是你需要了解的。

（2）这个项目已经开启一段时间，这个项目遇到市场瓶颈需要注入资金来推动发展。这种项目你需要考察这个公司的管理问题，项目发展趋势，合伙人的诚信度有多高，后期是否还需要追加资金等。

四、适合大学生创业的项目

在国家提出的“大众创业、万众创新”的时代强音下，李克强总理提出“互联网+”的具有时代特征的创业新方向，适合大学生创业的项目有：

（一）电商类创业——网上创业

由于网络的便捷、高效、方便管理，部分创业者把选择的方向定在了网上创业。网上创业的形式主要有两种：

一是网上开店，如在淘宝、易趣上开家自己的网店，或者建立一个专门的电子商务网站。

二是善用信息搜集进行获利，例如：有人在某家知名商务网上注册，专门为供求双方提供有偿信息，而这些信息则全部来自免费的网络。

（二）做代理商

做某个商品的代理，不需要占用全职的时间，而且正职的工作还能积累较多的人脉，方便代理商品的销售。

加盟代理对象的基本要求：

总部（特许人）应当拥有至少两家经营时间超过一年的直营店（即“两店一年”的原则）；特许人拥有合法的注册商标、企业标志、专利、专有技术等相关经营资质；特许人应当拥有成熟的经营模式，并具备为受许人持续提供经营指导、技术支持和业务培训等服务的能力；“四化”，满足连锁经营管理的基本原则——标准化、简单化、专业化、独特化；有标准的建店规范手册、视觉识别手册（VI）、经营管理手册；可复制性，连锁的最大特征之一就是具备可复制性；市场：有广阔的市场前景。

（三）咨询业

这是最常见的一种在职创业类型。通常是利用自己的聪明智慧、丰富的从业经验或专业技能进行创业。

（四）委托投资

适合那些拥有一定资金，但个人缺少精力或时间的创业者。对于委托投资来说，一是要选择好项目，这个项目应该满足市场需求、市场优势、市场差异、诚信度这四个方面；二是选择好合伙人，合伙人的品性是第一位的，一个诚信的合伙人是保证合作成功的关键，当然合伙人是否具有管理素质等也是非常重要的。

第三节　创业项目虚拟仿真实训

一、实训目的

通过实训，使学生认识到项目选择对创业企业具有的重要作用。创业项目，易于发现未被满足的消费需求，寻找到市场的空白，正确地选择目标市场。通过项目的选择，创业者可以了解各类顾客的不同消费需求和变化趋势，面对自己的创业目标，选择相应的创业目标，有针对性地开展各类创业活动。

二、实训要求

1. 教师要求

授课教师须精心准备，善于引导，充分调动学生的积极性；教师对学生观察运用理论知识发现问题、分析问题、解决问题的能力进行全方位的考核；在实训过程中，教师须进行必要指导，对讨论内容讲解重点突出，指导认真负责，回答问题耐心细致，注重培养学生的创新能力。

2. 学生要求

精心进行创业项目和相关资料的准备；讨论踊跃，神态自然，口齿清楚，语言流利；运用所学知识深入分析，展开讨论，要求言之有理。

三、实训设备

要求一个互联网连接的多媒体实训室。

四、实训步骤

（一）*虚拟仿真项目推演*

创业如同婚姻：没有最好的项目，只有最合适的项目。那么，当我们拥有着爱情一般的创业冲动的时候，究竟该怎么样去选择适合自己的项目呢？

据中国创业招商网统计，90%的人曾经有过创业冲动，其中60%的会付诸实施，但是其中仅有10%的人会成功。那么，为什么会有这么多人失败呢？中国创业招商网最近展开了一次调查，结果发现：98%的失败者是因为没有选准合适的项目。俗话说得好“万事开头难”，选择了一个好的项目，就成功了一半。

选择创业项目有需要把握住以下几个关键：第一是风险；第二是创业项目的真实可靠性；第三是实力；第四是信息渠道的畅通。

第一步，展开一大片创业项目。

根据你所熟悉的行业，或者你的亲友熟悉的行业，结合社会热点，尽可能多地展开创业思路、点子、项目。头脑风暴，加法原则，越多越细越好（表 2-8）。

表 2-8

创业项目展开因子	展开的创业项目
汽车进家庭是时代大趋势，做汽车生意	汽车销售、配件销售
	汽车维修、改装
	汽车美容、洗车
	开办停车场
	生产汽车装饰品、护杠
	办汽车驾校、陪练部、汽车俱乐部
	汽车自驾游公司

1. 由热点机会展开创业项目（表 2-9）

表 2-9

社会热点	市场具体化阶段发展的创业思路	市场再结合阶段发展的创业项目
网络时代到来	利用网络进行销售及服务	网店、网络征婚、网络学校
3G、4G 产品普及		
高档住宅产业		
轿车走进家庭		
视觉产品增多		
计算机的家庭化		
教育的国际化		
儿童校外教育		
旅游业		
健身业		
收入水平提高		
社会老龄化		
独生子女		
环境污染		
食品安全		
大学生就业		
单亲家庭		
农民工进城		
个体创业现象		
城市扩大化		
宗教兴起		
文明病增多		
全民投资热		

针对每一个热点开发出 3 个以上创业点子（可自创热点）。

2. 从不满意中找创业思路

生活中有着诸多“不满意”，而“不满意”的背后意味着诸多“诉求”，这些诉求对创业者来说就意味着有诸多商机（表 2-10）。

表 2-10

类别	人们对什么不满意?	为什么会产生不满意?	发现的创业思路或点子
衣	衣服干洗	小区干洗店价格贵	开平价洗衣店
食			
住			
行			
玩			
其他			

需要一定难度或一定专业技术才能解决的不满意，最具专业价值。

3. 按优势资源展开创业项目（表 2-11）

表 2-11

我的优势资源	按优势资源展开的创业项目
强烈的创业愿望 娴熟的英语技能	开办实用性英语学校（补充我国英语应试教育的不足）
	开办英语家教公司
	开办英语导游服务公司
	为出国人员办理中介服务
	开办双语幼儿园
	开英语书店
	开英语歌曲发烧友影像店
	开办企业英语服务设计公司（企业介绍、产品介绍、广告）

第二步，开展市场调查，排除一大片，划出一个圈。

创业者应该知道哪些事情是不能长期做的，哪些事情是能长期做的。把社会恒久需要的、已初露端倪的大趋势划进来。例如，由环境保护引发治理江河，导致关闭中小造纸厂，产生纸制品的供求不平衡，腾出了一片市场。如果用再生纸做资源去添补，会怎么样呢?

市场调查方法：观察法、体验法、询问法、换位法、还有跟踪调查、抽样调查、蹲点调查、问卷调查、网络调查、电话调查等。无论采取哪种调查，都要深入细致，真实可靠。

创业困境调查。创业者初选项目后，要寻找附近同类企业进行调查，特别要对经营困难的同类企业进行调查（表2-12）。

表2-12

企业名称		创业时间	
主营业务			
企业主要困境			
造成困境的原因			

规避创业陷阱。未经商机识别的创业思路和创业项目中十有八九是玫瑰色的创业陷阱，这一陷阱的可怕和可悲之处是：陷阱是由创业者自己满怀激情挖掘的，然后创业者满怀期望地跳下去，他们面带微笑地下沉、下沉，直到坠入井底，摔得粉身碎骨才发现，这是一个陷阱。

森林法则

[狐狸进食原则] 该项目所在的行业中是否有实力雄厚的霸主存在？他们为什么不做该项目？

A. 没发现；　B. 不屑做；　C. 太麻烦不好做；　D. 有陷阱。

[螳螂扑食原则] 该项目能否给消费者带来立竿见影的利益点？项目教育期有多长？

A. 有立竿见影的利益点；B. 需要较长期的启蒙教育才能够显现利益点。

[蛇吞象原则] 你的资源能否养得起该创业项目？

A. 力所能及；　B. 很勉强；　C. 力所不及。

对该项目的评价：

A. 是好创业项目；B. 是一般创业项目；C. 说不清；D. 是陷阱

____

____

对该项目的处理

经过以上三原则的判断和比较，对该项目的最终处理是：

A. 作为备选方案保留　　B. 是创业陷阱去掉

生存法则

[夹缝生存空间] 从夹缝生存空间的观点看，该项目是：（请在以下各项中选择）

A. 市场规模小的产品，大企业不愿意做；B. 是多品种、小批量生产方式的产品，大企业嫌麻烦不愿意做；C. 是小批量特殊专用产品，大企业不愿意做；D. 是大企业认为信誉风险大的产品而不做。

该项目是否构成了“狭缝小生位”：　　是　　否

[空白生存空间] 从空白生存空间的观点看，该项目：（请填写）

A. 创新点是：

____

B. 能够填补的空白是：

C. 创新和填补空白带给消费者的主要利益点是：

D. 预计该利益是否显著而被消费者接受：

该项目是否构成了“空白小生位”： 是 否

［协作生存空间］从协作生存空间的观点看，该项目：（请在以下各项中选择）

A. 是大企业供应链上的一个链条； B. 是连锁经营方式； C. 是品牌专卖方式。

该项目是否构成了“协作小生位”： 是 否

［专知生存空间］从专知生存空间的观点看，该项目：（请在以下各项中选择）

A. 具有独特技术；B. 具有独特工艺；C. 具有品牌专有；D. 具有别人做不来的标准化体系与行为规范。

该项目是否构成了“专知小生位”： 是 否

综合评价从生存性角度看，该项目的生存性： A. 强； B. 中； C. 弱。

从生存性角度对该项目的最终评价是：A. 作为备选方案保留；B. 是创业陷阱去掉。

第三步：列出一个顺序。

把可能做的事情排列起来。回头看看过去的20年中，做强、做长的企业是生存在哪些行业，很大程度上能够证实行业与发展的联系。比如房地产、医药、保健品、证券、建材、装修、交通、教育、通信等。那么，就把大的范围圈定在这里，选出若干项。

第四步：项目商机评价指标体系表（表2-13）。

表2-13 第 个创业项目

类别	指标	最有利标准（给5分）	最不利标准（给1分）	评价值				
				1	2	3	4	5
市场可行性	市场需求	产品有夹缝市场需求	顾客群已忠于其他品牌					
		能够形成特定的顾客群	无特定的顾客群					
		产品的顾客利益点凸显	产品顾客利益点不显著					
	市场结构	销售者数目少	销售者数目多					
		销售者规模小	销售者规模大					
		分销、进入和退出成本低	分销、进入和退出成本高					
		买卖双方信息不对等	买卖双方信息对等					
		不依赖于规模经济	依赖于规模经济					
	市场规模	占市场份额很小就能获得高收益	占市场较大份额收益也很低					
		新兴、不稳定、多变	稳定、成熟、机会少					
		需求持续成长率在30%~50%	需求持续增长低于10%					

表2-13（续）

类别	指标	最有利标准（给5分）	最不利标准（给1分）	评价值				
				1	2	3	4	5
经济可行性	税后利润	20%以上	低于5%					
	盈亏平衡	1年开始盈利	3年开始盈利					
	资本要求	中低水平资本	大资本量					
	承担风险	项目财务风险小于创业者个人资产净值	项目财务风险大于创业者个人资产净值					
	机会成本	项目成本大于其他工作	项目成本小于或等于其他工作					
竞争优势	成本	变动成本最低	变动成本较高					
		固定成本最低	固定成本较高					
		产品成本最低	产品成本较高					
		营销成本最低	营销成本较高					
	控制程度	市场分散，项目可对价格、成本、分销渠道有中等或较强的控制力	已存在市场领导者，项目对价格、成本、分销渠道等缺乏控制力					
		市场领导者能力已经饱和或革新速度很慢或怠慢顾客	市场的大玩家没有疲倦和迟缓，始终保持旺盛的竞争力					
	进入壁垒	具有所有权壁垒优势	无法把其他竞争者阻挡在行业外					
		具有法规壁垒优势						
		具有技术壁垒优势						
团队适应性	人员	囊括业内明星的团队	缺乏业内专家					
	个人履历	在管理、技术、营销和利润等方面的履历可满足投资人的期望	缺乏经验					
	互补技能	成员具备项目所需的人际关系技能、专业技能和解决问题的技能	不具备这些技能					
	压力承受	创业者能够接受高成长、高收益项目的压力	对高成长、高收益的项目压力感到恐慌					
战略差异性	缺陷	没有致命缺陷	有一个或两个致命缺陷					
	服务	全新的服务标准	传统服务标准					
	时机	恰当时机	半夜鸡叫（早了）/ 熄灯号（晚了）					
	技术	具有突破性的所有权	没有独创技术					
	柔性	具有快速上马、快速退出性	项目进入慢、退出难					
	渠道	低成本高效率的网络渠道	没有很好的渠道					
	容错空间	在计划、收入、成本、时机等方面准许有较大误差	项目容不得犯错误					

综合评价

从商标评价指标体系角度，对该创业项目的最终评价是：

A. 具有商机保留　　B. 是创业陷阱去掉

第五步：切入一个点

成就事业的公认法则是集中和持续在已经缩小的范围内，可做的事仍然很多，这时，比较优势的道理是有用的——认真地审视自己的强项、优势、兴趣何在，可能同时有几个，与他人比较哪个优势是最有利的。这时，机会成本的概念也是有用的——同样多的时间，同样的付出，哪个能力所对应的事业会有更大的前景收益，比较中优势会凸显出来。

表 2-14　　**生意半径内竞争强度调查**

调查指标	含　义	调查结果	分　析	
			优势	劣势
市场增长性	生意半径内市场需求预计是增加还是减少	预计增加多少__________ 预计减少多少__________		
同业者数量	生意半径内做相同或相近的生意的企业数	小规模____个，大规模____个，是否形成产业集群优势		
产品差异性	生意半径内同业者的产品或服务的差异大小	产品差异大的有____个， 产品差异小的有____个		
品牌专有性	生意半径内同业者的产品或服务是否形成品牌专有效果	形成品牌专有性的有____个， 未形成品牌专有性的有____个		
竞争多样性	生意半径内同业者的产品或服务的经营模式与竞争手段状况	花样翻新　　一成不变		
边际利润	生意半径内新进入者引起同业者利润增加的变化情况	增加　减少　不变		
其他				

对生意半径内同业者竞争强度的基本判断和进入决策是：①市场供需属于均衡前期，竞争较少，处于有利的进入期；②市场供需属于均衡期，竞争正常，处于可以的进入期；③市场供需属于均衡后期，竞争激烈，不宜进入。

（二）项目选择之软件虚拟仿真实训

1. 登录项目选择（见下图 2-1）

图 2-1

步骤一：选择搜索的行业和投资金额，点击查询，即可显示出要查询的行业的相关项目（图 2-2）：

图 2-2

步骤二：学生可以选中自己看好的项目，点击左侧的“项目对比”进行比较（图2-3）。

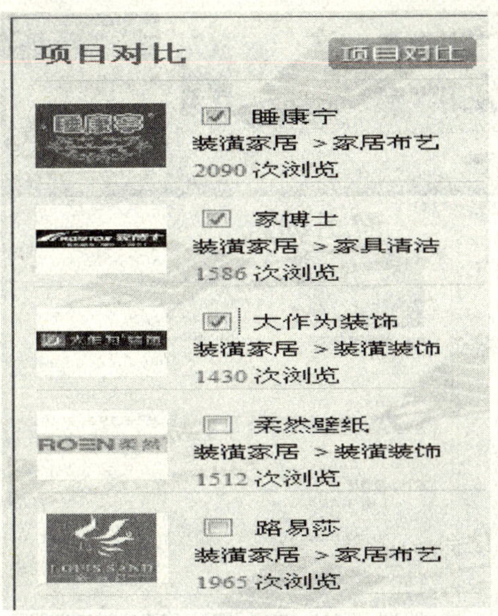

图 2-3

点击后显示以下界面，供学生进行了解（图 2-4）。

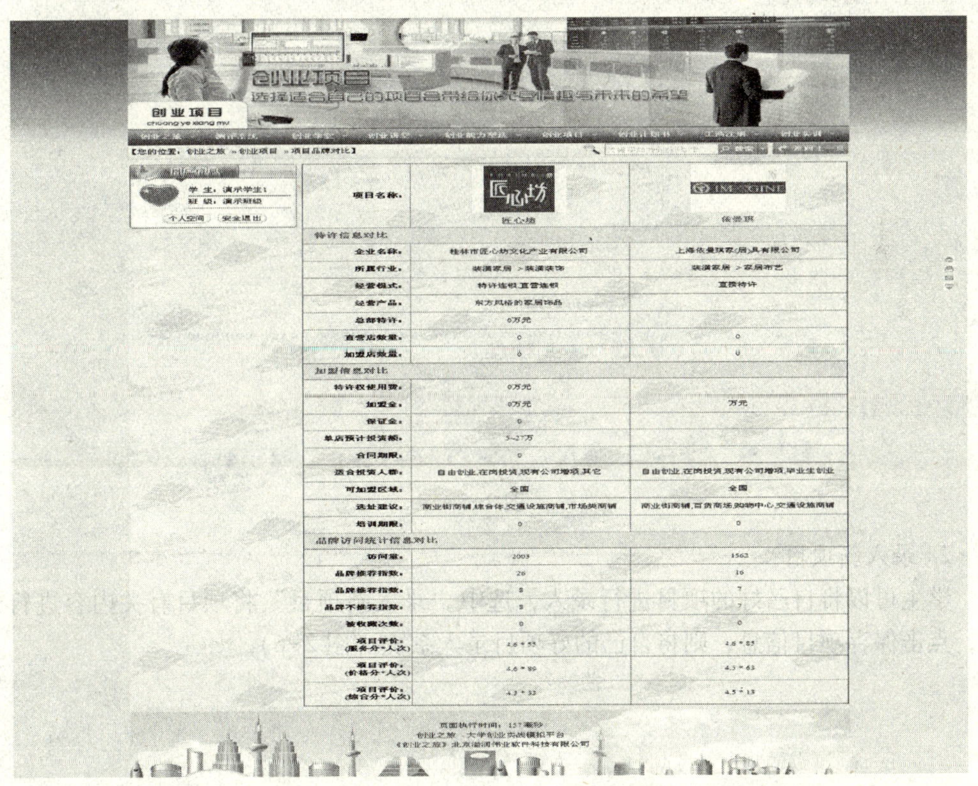

项目名称：	匠心坊	依曼琪
特许信息对比		
企业名称：	桂林市匠心坊文化产业有限公司	上海依曼琪家(居)具有限公司
所属行业：	装潢家居 >装潢装饰	装潢家居 >家居布艺
经营模式：	特许连锁,直营连锁	直接特许
经营产品：	东方风格的家居饰品	
总部特许：	0万元	
直营店数量：	0	0
加盟店数量：	0	0
加盟信息对比		
特许权使用费：	0万元	
加盟金：	0万元	万元
保证金：	0	
单店预计投资额：	5~27万	
合同期限：	0	
适合投资人群：	自由创业,在岗投资,现有公司增项,其它	自由创业,在岗投资,现有公司增项,毕业生创业
可加盟区域：	全国	全国
选址建议：	商业街商铺,综合体,交通设施商铺,市场类商铺	商业街商铺,百货商场,购物中心,交通设施商铺
培训期限：	0	0
品牌访问统计信息对比		
访问量：	2003	1562
品牌推荐指数：	26	16
品牌推荐指数：	8	7
品牌不推荐指数：	8	7
被收藏次数：	0	0
项目评价：(服务分*人次)	4.6 * 55	4.6 * 85
项目评价：(价格分*人次)	4.6 * 89	4.3 * 63
项目评价：(综合分*人次)	4.3 * 32	4.5 * 13

页面执行时间：127毫秒
创业之旅 - 大学创业实战模拟平台
《创业之旅》北京瀚润伟业软件科技有限公司

图 2-4

学生也可对具体项目进行详细了解，并可以发表评论。点击项目评价下的收藏按钮，即可将此项目收藏到自己的收藏夹中（图 2-5）。

图 2-5

2. 录入新项目

学生可以将自己好的项目进行录入，选中“录入新项目”将项目有关内容进行录入，点击保存项目信息，则将自己的好项目录入系统（图 2-6）。

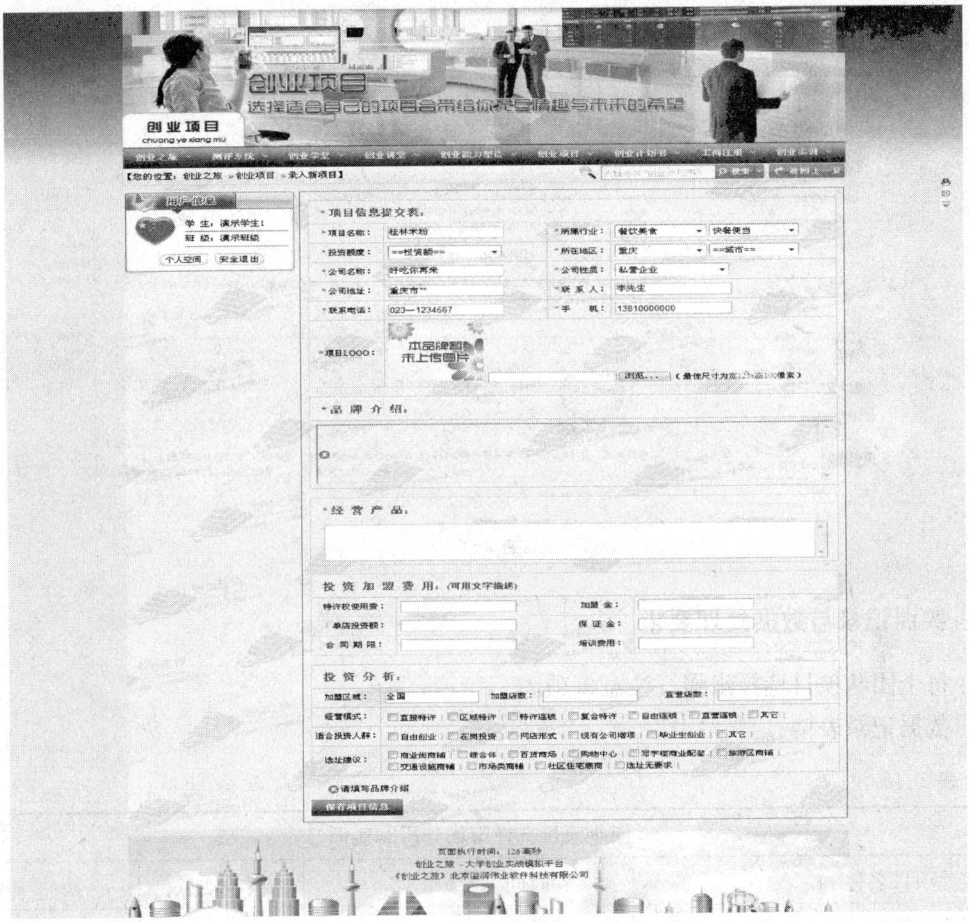

图 2-6

3. 我的项目列表

用于查看自己录入的项目，点击“修改信息”即可修改自己录入的项目，也可点击“删除信息”，将自己认为录入不成功的项目进行删除（图 2-7）。

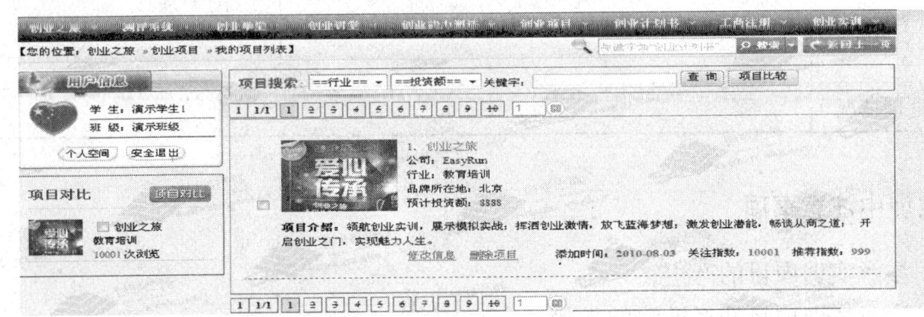

图 2-7

4. 我的收藏夹

将自己感兴趣的项目进行收藏，以备随时查看（图 2-8）。

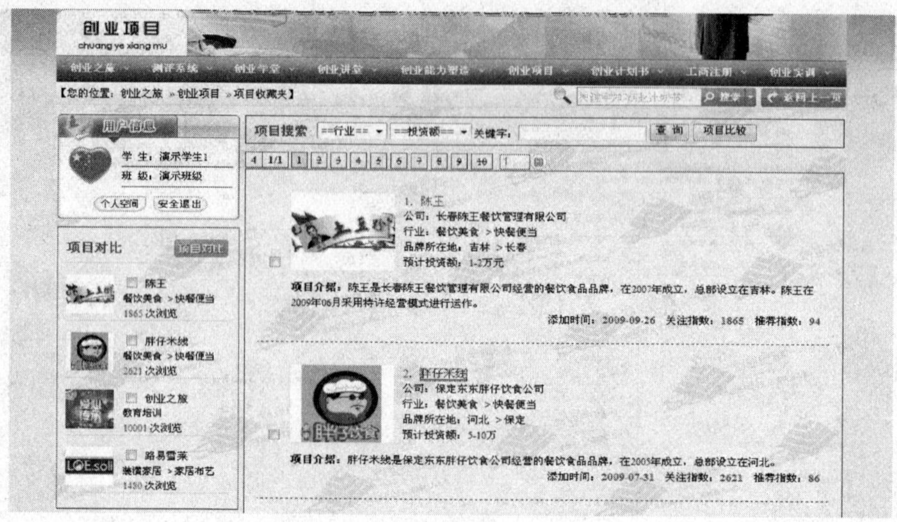

图 2-8

五、实训记录与数据处理要求

每个团队项目选择步骤、注意事项。

数据记录表格：

表 2-15

≪创业项目选择市场分析≫实训					
实验项目名称		实验时间		实验地点	
实验类型		实验设备			
实验要求	1 2				
实验步骤	实验内容			完成情况	
1 2 3					
数据处理情况					

六、实训中注意事项

1. 注意实训项目的产生；
2. 注意实训项目选择推演的步骤。

七、实训报告（自己课余完成一份 1 500 字的项目选择报告）

思考与讨论

1. 谈谈你对创业机会内涵的理解。

2. 根据市场机会的特点以及你的理解，谈下如何寻找创业项目。

3. 目前哪些领域适合大学生创业?

4. 创业项目选择的原则、基本程序和注意事项是什么?

5. 案例题

提交一份 800~1 000 字的项目选择实验报告。

(1) 项目：开一个 150 平方米餐馆创业的盈亏平衡点计算训练。

(2) 目的：掌握计算创业项目盈亏平衡点的产量方法，估算达到盈亏平衡点所需要的时间。

(3) 要求：分成若干个小组进行。

(4) 步骤：第一，调查开餐馆的各种费用、毛利润率；

第二，小组每个成员分别计算；

第三，分组讨论和总结；

第四，老师点评；

第五，写出报告书（以团队为单位，写出 2 000 字左右的项目调查分析报告书）。

第三章　角色扮演式创业团队组建

小王选择创业项目，总感觉自己有忙不完的事，他找到创业导师。导师告诉他：创业时需要一个创业团队。他应该怎样寻找创业团队？哪些人适合与小王一起创业？团队角色该怎么分工？小王进入第三站的“旅行”。

第一节　创业团队及其组建

我更喜欢拥有二流创意的一流创业者和团队，而不是拥有一流创意的二流创业团队！

——风险投资管理之父多里特

一、创业团队的内涵

（一）创业团队

团队就是由少数具有技能互补的人组成，认同于一个共同目标和一个能使他们彼此担负责任的程序，并相处愉快，乐于一起工作，共同为达成高品质的结果而努力。团队是利用每一个成员的知识和技能，协同工作，解决问题，达到共同目标的共同体。创业团队就是在创业初期，有一群才能互补。责任公担、愿为共同创业目标奋斗的人组成的特殊群体。创业团队不仅包括一群创建新企业的人，还包括与创业过程中有关的各种利益相关者，如风险投资家、专家顾问等团队。在创业过程当中，我们也应该充分利用这些团队的优势。

《西游记》是我们所熟悉的古典名著，其中由唐僧率领的取经团队被公认为是一支“黄金组合”的创业团队。四个人的性格各不相同，却又同时有着不可替代的优势。比如说，唐僧慈悲为怀，使命感很强，有组织设计能力，注重行为规范和工作标准，所以他担任团队的主管，是团队的核心；孙悟空武功高强，是取经路上的先行者，能迅速理解、完成任务，是团队业务骨干和铁腕人物；猪八戒看似实力不强，又好吃懒做，但是他善于活跃工作气氛，使取经之旅不至于太沉闷；沙僧勤恳、踏实，平时默默无闻，关键时刻他能稳如泰山、稳定局面。

创业路上，并没有那么巧的机缘和条件，能幸运地集聚到这样四个不同性格的人，这就需要创业者能用人、懂用人。别人认为是废铁，到他手里就变成黄金。也许我们从汉高祖刘邦创立大汉王朝的事业当中能获得启示吧。从个人能力来说，西楚霸王项羽几乎各方面都比汉高祖刘邦强很多，但刘邦更会用人。他统筹不行，于是找来萧何做“大管家”；他智谋不行，于是找来张良当军师；他诡计不行，于是找来陈平代劳；他指挥战争简直是小学生水平，于是找来了博士后级别的韩信。值得一提的是，韩信、陈平等名将谋士，都是刘邦从项羽那边挖过来的。而项羽这边呢？一味靠自己的武勇，开始确实威风得很，但是对人才不重视令他付出了惨重的代价。陈平擅长诡计，但项羽却只看到陈平“品德不足”的方面（传闻陈平盗嫂）。韩信打仗在行，但项羽却因为他出身低微而不重视。手下的人走的走，降的降，连忠心耿耿的亚父范曾都被他气死了。此消彼长，英雄项羽输给刘邦也是合情合理的。

（二）创业团队五个要素

1. 目标

创业团队应该有一个既定的共同目标，为团队成员导航，知道要向何处去。没有目标，这个团队就没有存在的价值。目标在创业企业的管理中以创业企业的愿景、战略的形式体现，缺乏共同的目标使得团队首先没有凝聚力和持续发展力。

2. 定位

定位指的是创业团队中的具体成员在创业活动中扮演什么角色，也就是创业团队的角色分工问题。定位问题关系到每一个成员是否对自身的优劣势有清醒的认识。创业活动的成功推进，不仅需要整个企业能够寻找到合适的商机，同时也需要整个创业团队能够各司其职，并且形成一种良好的合力。

3. 职权

为了实现创业团队成员的良好合作，赋予每个成员一定的权力是必要的。赋予团队成员适当权力，主要是基于：①团队成员对于控制力的追求往往是他们参与创业的一个重要动因；②创业活动的动态复杂性，必须依赖团队成员拥有较多的权力来实现目标。

4. 计划

计划是创业团队未来的发展规划，也是目标和定位的具体体现。在计划的帮助之下，能够有效制定创业团队短期目标和长期目标，能够提出目标的有效实施方案，以及加强实施过程的控制和调整。这里所讨论的计划可能尚未达到商业计划书那种复杂程度，但是，从团队组建和发展过程来看，计划的指导作用自始至终都是存在的。

5. 人员

创业团队的构成是人，在新创企业中，人力资源是所有创业资源中最活跃、最重要的资源。创业的共同目标是通过人员来实现的，不同的人通过分工来共同完成创业团队的目标，所以人员的选择是创业团队建设中非常重要的一个部分，创业者应该充分考虑团队成员的能力、性格等方面的因素。

一个高效的创业团队，创业伙伴能够聚同化异，各个成员按照“适才适所”的原则定好位，有效授权，做到“人尽其才、才尽其用”，这样才能实现创业的共同目标。共同目标是团队区别于群体的重要特征。

二、创业团队的作用及类型

（一）创业团队的作用

团队创业是大势所趋。现在社会，一个不争的事实就是：这不再是个人英雄主义的时代，取而代之的是团队，团队是英雄的最小单位。从目前中国市场来看，团队创业的企业比个人创业的企业要多。特别是高科技行业，它所要求的能力远超过个人所拥有的。因此创业要想成功，有一个优秀的创业团队是非常关键的。

“人”的结构就是相互支撑，“众”人的事业需要每个人的参与。一台机器通常是做不出产品的，单独的一个零部件更发挥不了作用，只有组合才能使各个组成部分的作用得到充分的发挥。共同创业有利于分散创业的失败风险；通过团队成员中的技能互补可提高驾驭环境不确定性的能力，从而降低新创企业的经营失败风险。

风险投资公司普遍相信，纵然团队创业成功的几率不一定高，但团队创业成功后所产生的回报价值一定相对较高。所以他们在投资新创企业的时候，都会将团队因素列为重要的评估指标。所以，优秀的创业团队是创业者走向成功必不可少的组成部分。

创业团队的作用，也可以说是优势主要体现在如下几个方面：

1. 较高的机会识别能力

创业机会是由于知识、技术、经济、政治、社会和人口等条件不断变化，从而带来新产品或服务、新市场、新生产过程、新原材料、新事物过程出现的潜在商业机会。如果仅仅依靠一个人的力量，不可能接触到所有领域，眼界有限，对创业机会的识别也非常有限。如果组成团队，利用创业团队成员各自的特长和知识背景，就能够及时捕捉创业机会，并在众多的机会中选择适合自己的创业机会进行创业。

你认识的每个人都是一个潜在的商业形成机会，你的朋友或家庭成员都有不同技能、设备或社会关系，这使他们能成为你宝贵的商业伙伴。比如说你想开创 T 恤衫制作业务，而你不是一个艺术家，但你有一个朋友是艺术家，你们俩就可以共同创业。当人们组成创业团队时，往往可以产生单个人不会出现的创造力。而且，通过团队成员集体交换意见所产生的问题解决方案和其他方式相比，或者更好，或者相当。据统计，约 47 %的创意来源于工作团队的活动。我们常说“多一个朋友多一条路”，就是这个意思。在创业当中，我们每个人的知识、经验、思维以及对市场的了解不可能做到面面俱到。团队之间的信息交流能使我们广泛获取信息，及时从别人的知识、经验、想法中汲取有益的东西，从而增强发现机会的可能性和概率。

2. 较高的机会开发能力

20 世纪 80 年代末期，罗素・西蒙斯（Russell Simmons）在纽约城市大学推广歌唱音乐会，但大多数唱片公司经理都认为这种音乐只会持续一至两年，西蒙斯确实喜欢它并认为它未来潜力巨大，于是西蒙斯花了 5 000 美元与同学里克・罗宾共同成立了戴夫・杰姆（Def. Jam）唱片公司。他们制作了由 Run DMC 和 LL Cool J 录制的上榜歌曲。西蒙斯最终买下了罗宾的股权，创立了资产雄厚的戴夫・杰姆音乐王国。他制作了戴夫・杰姆喜剧电视片、自有品牌的唱片和服装。由于西蒙斯和罗宾组成了一个优秀的团队，他们迅速使戴夫·杰姆获得巨大成功。如果他们单独干，就没有足够的资金来发行自有品牌的唱片，而合作，就能够实现，而且，他们每个人都认识许多不同的艺术家，在唱片业也有不同的关系网络。或许你想从事唱片业务，但你只有一台唱片机，如你和朋友能共同创业，你就能集中设备进行唱片录制。

3. 较高的机会利用能力

有商业机会并不等于创业成功的机会，还要看能否利用好。组建创业团队，可以有如下优势：能够获得自己缺少但他人控制的资源；遇到竞争时，自己有团队与之抗衡，避免单枪匹马苦于应付；可以创业团队大家一起来承受利用该机会的各种风险。

2000年年初，网易北京公司从最初的2个人发展到160人，这时候的丁磊一方面感觉自己在管理方面越发吃力，他清楚地知道，技术是自己的特长，而管理自己并不擅长，为了不让自己的管理短板阻碍公司的快速发展，他有了效仿比尔·盖茨让出的想法。另一方面，一家土生土长没有任何国际化经理人的中国网络公司去美国融资，势必效果不佳，所以，一番努力之后，在丁磊的让位之下，一批留学英美、在外资公司有过多年工作经验的新人进入了网易的管理层。

我们从新东方和李阳疯狂英语的创办发展对比中来看团队创业的优势。2000年左右的时候，疯狂英语的影响力在全国来说绝对在新东方之上，可是现在的新东方已是英语培训界的霸主。提起疯狂英语，除了李阳不会再想起第二个人，新东方则是集体智慧的结晶，很多顶尖人才不断加盟，新东方集团董事长俞敏洪说过："新东方的成功靠的是一个团队，而李阳疯狂英语是个人英雄主义。"李阳自己也曾反思过，他说："新东方有数千名全亚洲最顶尖的英语老师，而我只是一个老师，差得太远了！"

现在社会分工越来越细，最专业的事就要交给最专业的人去做，胜算才会更大。创业者之所以多遭破产厄运，最主要的原因在于他们缺少一支优秀的创业团队。创业需要的是一个系统，而非某一两个单点，作为单独的一个人，不可能具备创业所需要的所有技能和资源，大量创业事例告诉我们，单个创业者通常只能达到维持生计。要想单枪匹马地发展一家高潜力的企业是极其困难的。如果创业者不顾实际情况，一门心思单打独斗，就很有可能延误企业的发展。创业者如果成为孤独的"狼"，无法与他人相处共事，那只能算是地摊式的小业主而无法成为统领千军万马的企业家。

（二）创业团队类型

1. 星状创业团队

创业团队中一般有一个核心主导人物，充当领军的角色。这种团队在形成之前，一般是核心主导人物有了创业的想法，然后根据自己的设想进行创业团队的组织。因此，在团队形成之前，核心主导人物已经就团队组成进行过仔细思考，根据自己的想法选择相应人物加入团队，这些加入创业团队的成员也许是核心主导人物以前熟悉的人，也有可能是不熟悉的人，但其他的团队成员在企业中更多时候是支持者角色。

这种创业团队有几个明显的特点：

（1）组织结构紧密，向心力强，主导人物在组织中的行为对其他个体影响巨大。

（2）决策程序相对简单，组织效率较高。

(3) 容易形成权力过分集中的局面，从而使决策失误的风险加大。

(4) 当其他团队成员和主导人物发生冲突时，因为核心主导人物的特殊权威，使其他团队成员在冲突发生时往往处于被动地位，在冲突严重时，一般都会选择离开团队，因而对组织的影响较大。

这种组织的典型例子比如：太阳微系统公司（Sun Microsystem）创业当初就是由维诺德·科尔斯勒（Vinod ·Kamila）确立了多用途开放工作站的概念，接着他找了乔伊（Joy）和贝希托尔斯海姆（Bechtolsheim）两位分别在软件和硬件方面的专家，和一位具有实际制造经验和人际技巧的麦克尼里（McNeary），于是，组成了太阳微系统公司的创业团队。

2. 网状创业团队

创业团队的成员一般在创业之前都有密切的关系，比如同学、亲友、同事、朋友等。一般都是在交往过程中，共同认可某一创业想法，并就创业达成了共识以后，开始共同进行创业。在创业团队组成时，没有明确的核心人物，大家根据各自的特点进行自发的组织角色定位。因此，在企业初创时期，各位成员基本上扮演着协作者或者伙伴角色。

这种创业团队有几个明显的特点：

(1) 团队没有明显的核心，整体结构较为松散。

(2) 组织决策时，一般采取集体决策的方式，通过大量的沟通和讨论达成一致意见。因此组织的决策效率相对较低。

(3) 由于团队成员在团队中的地位相似，因此容易在组织中形成多头领导的局面。

(4) 当团队成员之间发生冲突时，一般都采取平等协商、积极解决的态度消除冲突。团队成员不会轻易离开。但是一旦团队成员间的冲突升级，使某些团队成员撤出团队，就容易导致整个团队的涣散。

这种创业团队的典型例子：微软的比尔·盖茨和童年玩伴保罗·艾伦，惠普的戴维·帕卡德和他在斯坦福大学的同学比尔·休利特等多家知名企业的创建多是先由于关系和结识，基于一些互动激发出创业点子，然后合伙创业。

3. 虚拟星状创业团队

创业团队是由网状创业团队演化而来。基本上是前两种的中间形态。在团队中，有一个核心成员，但是该核心成员地位的确立是团队成员协商的结果，因此核心人物某种意义上说是整个团队的代言人，而不是主导型人物，其在团队中的行为必须充分考虑其他团队成员的意见，不像星状创业团队中的核心主导人物那样有权威。

三、组建创业团队前的准备

(一) 创业者的自我评估

作为一名创业团队的主导者，需要具备哪些能力与特性才能吸引创业合作者与之一起创业呢？主要有如下几个方面需要自我评估：

1. 知识基础

创业者的知识素质对创业起着举足轻重的作用。创业者要进行创造性思维，要作出正确决策，必须掌握广博知识，具有一专多能的知识结构。具体来说，创业者应该具有以下几方面的知识，做到用足、用活政策，依法行事，用法律维护自己的合法权益；了解科学的经营管理知识和方法，提高管理水平；掌握与本行业、本企业相关的科学技术知识，依靠科技进步增强竞争能力；具备市场经济方面的知识，如财务会计、市场营销、国际贸易、国际金融等。

2. 专门技能

在创业的时候，如果有一定专业技术或自己比较熟的行业，创业项目就易于上手，比较容易成功。

黄×等7人，均为长沙理工大学自动化专业本科生，合伙经营一家名为“久创科技”的电脑服务公司，主要业务包括组装电脑的导购、电脑及配件的代售、电脑故障维修。经营的7名同学根据自身特点和专业特长，分块负责公司的各项业务；店面的营业人员由7名同学轮流充当。由于关系良好，平常的工作量和业绩并不直接与利益挂钩，而采取平均分配利润的方式。公司营业一年多来，业绩尚可，已收回投资，一年后开始盈利。当然，这没有计算7名同学的人力投资。

专门技能中蕴藏着无限商机，在校大学生相对社会创业者而言，缺乏足够的资金和人力支持，不得不尽量发挥创业者自身的专长。黄×等7人的“久创科技”的技术服务部分就完全依赖他们自身的计算机专业。利用自己的专长进行创业大大降低了创业成本，在创业的同时对自身技能又是一种很大的提高。这不但是在校学生创业的特点，在社会上创业行为中也较为多见。

3. 动机

创业者的个人动机会对创业模式的选择产生很大影响。不同学历的创业者创业动机存在显著差异。学历高的创业者更多是机会型创业，趋向于为了开创事业的追求，把创业当作一项具有挑战性的工作对待；学历低的创业者以生存型创业为主导，更趋向于希望致富或为了生存的需要。大学生创业动机有很多，主要是以下几种：

（1）经济需求：经济原因也是大学生选择自主创业的一个重要原因。在以经济建设为中心的大环境中，工作待遇是不得不考虑的一个重要因素，自主创业可能带来的就是良好的经济效益。

（2）自我实现：一些自我意识很强的学生，选择自主创业是为了通过这一途径来证明自己的能力，在一些单位由于制度的约束，无法按照自己的想法来做事，创业可以有一个空间来发挥，来实现自我价值，得到社会的认可。

（3）偶像崇拜：比尔·盖茨、李开复、马云、张朝阳等人的名字在大学生心中并不陌生，他们的创业故事也为同学们所津津乐道。作为偶像，这些人的经历给大学生提供了自主创业的经典，希望自己有那么一天也能向他们一样成就一番事业，出人头地。

（4）“创业”本身就是一种职业：很多大学生认为创业本身就是一种职业，在就业高峰，给自己一片更广阔的天空，并且很多人都认为在今后的社会中，自主创业的人会越来越多，甚至成为就业的主流，成为大学生毕业后就业的首选。

（5）时间自由：对很多人来说，时间上的自由可以说是最大的动力。朝九晚五的工作时间不是每个人都能适应，如果自己创业，时间的掌握上就比较自由一点，这也是为什么现在出现自由职业者的原因。因为这个原因选择创业的学生认为自我空间很重要，没有必要没有事还要守在单位里浪费时间，可以做更多自己想做的事情。

4. 个人特性

优秀创业者的举手投足与言谈行为都自然得体，毫不费力便能获得他人的注意和喜爱。而获得他人认可和善意的主要途径和方法便是个人特性的发展，也就是人格方面的事情。如果你是一名创业团队的核心人物、手下眼中的“老大”，现在请客观自问：我是否具备这样的人格魅力？

具有人格魅力的性格特征也往往表现在如下的几个方面：

（1）在对待现实的态度或处理各种社会关系上，表现为对他人和对集体的真诚热情、友善、富于同情心，乐于助人和交往，关心和积极参加集体活动；严格要求自己，有进取精神，自信而不自大，自谦而不自卑；对待学习、工作和事业，表现得勤奋认真。

（2）在理智上，表现为感知敏锐，具有丰富的想象能力，在思维上有较强的逻辑性，尤其是富有创新意识和创造能力。

（3）在情绪上，表现为善于控制和支配自己的情绪，保持乐观开朗、振奋豁达的心境，情绪稳定而平衡，与人相处时能给人带来欢乐的笑声，令人精神舒畅。

（4）在意志上，表现出目标明确、行为自觉、善于自制、勇敢果断、坚忍不拔、积极主动等一系列积极品质。

拥有这四种良好的个性特征的人，在团队中最受欢迎和最受倾慕，颇有人缘，很容易煽动和召集他人跟随。

（二）选择创业合作者

创业者在创业过程中，既要讲独立，也要讲合作。适当的合作（包括合资）可以弥补双方的缺陷，使初创的弱小企业在市场中迅速站稳脚跟。创业者更需要从创业整体规划出发，明确哪些方面的技能和资源是自己所欠缺的，再以此来寻找相关具备此类技能和资源的合作人，大家的资源和技能实现整合，共同发展。

一个好的合伙人，可以帮助企业腾飞；同样，一个不合格的合伙人，给企业带来的只能是灾难。所以对于创业者而言，选择合作伙伴，意味着将企业未来几年的命脉与人共享。那么在共享权力之前，就必须认真地考察合作伙伴。

在选择合作伙伴时，主要是选择在知识、技能和经验方面主要关注互补性，还是在个人特性和动机方面主要考虑相似性。找彼此之间有互补性的人。此时创业者就需要对自己加以了解，自己擅长的是什么方面？要寻找互补的人，从共同点、相似性上就可以筛掉一批人，比如有的人对钱太斤斤计较，根本就不用去考虑。戴尔 19 岁就开始创业，他知道自己对经营管理专业的无知，虚心向许多管理专家请教，并在企业规模逐渐扩大时，将首席执行官的职务委托给职业经理人。也因为他的虚心求教，所以戴尔电脑的发展不会因为他的无知而受限，同时戴尔本身的经营管理专业水准也随着企业成长而成长。

四、组建创业团队

对创业者来说，应该邀请哪些人加入团队？对创业合作者来讲，这支团队是否值得加入？对合作者有什么吸引力？这是在创建过程中双方必须面对的问题。总体上说，团队建立是为了发挥每个人的长处、取长补短。

（一）组建创业团队

创业者在有了创业点子后，可以采用以下步骤组建创业团队。

1. 撰写出创业计划书

通过撰写出创业计划书，进一步使自己的思路清晰，也为后来的合作伙伴的寻找奠定基础。

2. 优劣势分析

认真分析自我，发掘自己的特长，确定自己的不足。创业者首先要对自己正在或即将从事的创业活动有足够清醒的认识。并使用SWOT（优劣势）法分析自己的优点、缺点，自己的性格特征，能力特征，拥有的知识、人际关系以及资金等方面的情况。

3. 确定合作形式

通过第二步的分析，创业者可以根据自己的情况，选择有利于实现创业计划的合作方式，通常是寻找那些能与自己形成优势互补的创业合作者。

4. 寻求创业合作伙伴

创业者可以通过媒体广告、亲戚朋友介绍、各种招商洽谈会、互联网等形式寻找自己的创业合作伙伴。

5. 沟通交流，达成创业协议

通过第四步，找到有创业意愿的创业者后，双方还需要就创业计划、股权分配等具体合作事宜进行深层次、多方位的全面沟通。只有前期的充分沟通和交流，才不会导致正式创业后，迅速出现创业团队因沟通不够引起的解体。

6. 落实谈判，确定责权利

在双方充分交流达成一致意见后，创业团队还需对合伙条款进行谈判。在组建创业团队过程中，关键是要树立正确的团队理念、确定明确的团队发展目标和建立责权利相统一的团队管理机制。只有这样，创业企业才能稳健发展，按照创业者规划好的航程前进。

（二）创业公司组建

创业团队按照组织形式主要有公司制和合伙制两种。

1. 公司制

创业投资采用公司制形式，即设立有限责任公司或股份有限公司，运用公司的运作机制及形式进行创业投资。采用公司制的优势主要体现在以下几个方面：一是能有效集中资金进行投资活动；二是公司以自有资本进行投资有利于控制风险；三是对于投资收益公司可以根据自身发展，作必要扣除和提留后再进行分配；四是随着公司的快速发展，可以申请对公司进行改制上市，使投资者的股份可以公开转让而套现资金用于循环投资。

有限责任公司是由两个以上的创业投资者共同出资，每个投资者以其认缴的出资额对公司承担有限责任，公司以其全部资产对其债务承担责任的企业法人。股份有限公司是指全部资本由等额股份构成并通过发行股票筹集资本，股东以其认购的股份对公司承担责任，公司以其全部资产对公司债务承担责任的企业法人。一般非家族成员的创业者采用公司制比较多。

2. 合伙制

合伙制是指依法在中国境内设立的由各合伙人订立合伙协议，共同出资、合伙经营、共享收益、共担风险，并对合伙企业债务承担无限连带责任的盈利性的经营组织。创业团队投资采取合伙制，有利于将创业投资中的激励机制与约束机制有机结合起来。

合伙人执行合伙企业事务，有全体合伙人共同执行合伙企业事务、委托一名或数名合伙人执行合伙企业事务两种形式。全体合伙人共同执行合伙企业事务是指按照合伙协议的约定，各个合伙人都直接参与经营，处理合伙企业的事务，对外代表合伙企业。委托一名或数名合伙人执行合伙企业事务是指由合伙协议约定或全体合伙人决定一名或数名合伙人执行合伙企业事务，对外代表合伙企业。在我国现阶段，主要有四种合伙形式：亲戚内合伙、家族内合伙、朋友间合伙、同事间合伙。咨询类、律师事务所和会计师事务所多数采用合伙制形式。在我国农村，农民们办的很多企业都采用了合伙制形式。在全世界，90%以上的小企业中有80%的是家族企业，甚至在《财富》杂志排名前500家的大企业中，就有1/3由某个家族控制。不同类型的合伙形式都有自身的优势和不足。就家族合伙制来说，创业时期，凭借创业者血缘关系、类似血缘关系，能够以较低的成本迅速网络人才，团结奋斗，甚至不计较报酬，从而使企业能在短时间内获得竞争优势；而且内部信息沟通顺畅，对外部市场信息反馈及时，总代理成本比其他类型的企业低。但这种类型的企业的缺点是难以得到优秀的人才，在某种程度上制约其迅速发展。

（三）创业团队经营公司初创期

无论哪种形式的创业团队，其发展一般划分为组建期、磨合期和稳定期三个阶段。下面就这三个阶段的特征及其主要管理工作作一个简要说明。

1. 组建期

一般是指创业团队组建开始后1~3个月期内，由于刚组建，对团队目标和个人目标不了解，团队成员彼此陌生，甚至相互猜疑。团队成员对团队规则不熟悉，对组织没有信心，导致人员流动大，但这一时期的团队绩效增长较快。

组建期的主要管理工作有：

组建队伍：按照市场需要进行定编和人员招聘 。

定目标：宣布你对团队的期望，与成员一起建立团队愿景。

指方向：提供团队明确的工作方向和策略。

讲文化：培训团队成员了解团队文化并提供团队所需的信息，让大家信任你。

定核心和分工：明确团队的核心和根据个人特点进行工作分工。

树信心：对团队成员多鼓励少批评，建立团队信心。

2. 磨合期

磨合期是指创业团队组建6~12个月的时期。此阶段团队绩效快速增长，伴随而来的是成员冲突、彼此敌对，信息不通、更糟糕的是出现混乱，创业核心人员权威没有建立起来，导致成员对领导不满的情绪。

磨合期的主要管理工作有：

带队伍：在团队里面充当教练角色，对团队成员进行传帮带，帮助其成长，以德服人。

及时处理冲突：最重要的是快速处理冲突安抚人心，以事带人。

信息流动：建立工作规范和工作流程，使团队内的信息流动起来。

透明决策：调整领导角色，鼓励团队成员参与决策，使团队成员对决策承担责任。

活动组织：多组织一些活动，让团队成员互相了解、互相信任。

3. 稳定期

稳定期是指创业团队组建经过组建期和磨合期之后的时期。稳定期团队的绩效趋于比较稳定的成长，人际关系由敌对走向合作，团队的工作文化和工作方式已经得到团队成员的认可，工作效率逐步提高，团队成员工作技能得到提升。

管理者在稳定期的主要工作是：

鼓励竞争：通过挑战性的任务培养团队成员成长，鼓励团队成员良性竞争。

放权：通过放权，鼓励团队成员承担更多的责任并不断进行创新。

提效率：通过优化规范和流程不断提高团队的效率。

最后看一个团队是否成功，只要具备以下三个条件：自主性、思考性和协作性。只要使团队成员充分具备了这三大要素，一个合格的团队就建立了。

第二节　角色扮演式创业团队组建实训

一、实训目的

角色扮演式创业团队组建，通过创业者之间认识，记住团队成员姓名、性格和专长，形成一个恒定目标，集合成一支战无不胜坚强团队；通过角色扮演，让创业者协调与沟通、合作与坚守；通过实训使创业者的领导能力得到提升。

二、实训内容和要求

1. 通过游戏，让创业实训者完成组建团队第一步；

2. 首席执行官（CEO）竞聘搭建完成角色扮演中团队核心成员框架；

3. 按创业公司规则，完成其他角色竞聘，组成3~5人团队；

4. 以互联网公司为例，完成公司命名、标识（LOGO）设计、公司章程制定、各个角色职责制定，团队文化建设。

三、实训设备

需要一个互联网相连接的多媒体实训室。

四、实训步骤

第一步，认识人游戏。

（1）游戏介绍；

学生相互自我介绍

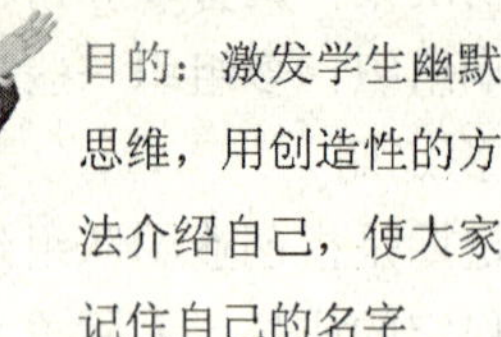

目的：激发学生幽默思维，用创造性的方法介绍自己，使大家记住自己的名字

（一）团队歌的教唱
（二）测试
（三）工具：传递物
（四）方式：站起来围成一个圈，同公司的人分开站。
（五）规则：
1. 自我介绍：在最短时间内用最简洁的、别人易记住的、印象最深刻的方式介绍自己和公司。
2. 可用小名、别名、谐音、绰号或者取一个自己喜欢，也让别人易记住的名字。

3. 当别人介绍时，请认真听，每人的名字都与你有关，活动中若叫不出的要表演节目。
4. 不可传给左右的人，要传给对面的人。
5. 不可掉地上。
6. 传给对方时，传的人要说：×××，您好！接的人要说：谢谢！×××！
7. 先准备做接的动作，接过的人把手背在背后。

8. 每人只可接一次，要记得你接谁的、丢给谁。
9. 每次传的方向要一致，不可随意变化。
10. 活动开始，做接的动作。
11. 检讨。
12. 重新开始。
13. 结束。
14. 测试。
15. 表演。

图 3-1

（2）按规则开始游戏；

（3）检讨游戏中问题。

第二步，竞聘首席执行官。

步骤：

（1）由老师提出首席执行官竞聘条件（参与者有创业激情、目标明确、有作领导意愿的所有成员都可以竞聘）；

（2）有愿意竞聘的学员上台演讲5分钟（核心是能打动其他人，愿意与你一起组成一个创业团队）；

（3）团队组建，由其他没有参与竞选人员根据创业志向，选择好心仪的首席执行官，然后根据自己专业向他提出自己能够胜任的职位；

（4）由首席执行官负责对提交应聘者进行考核，组成3~5人创业团队；

（5）其他没有入选的人根据不同专业，由导师分配组成3~5人的创业团队。

第三步，角色扮演式创业团队组建。

成立的创业公司选择的创业项目就是一家互联网公司，将完成以下内容：确定各成员在团队中的角色。给大家十分钟时间讨论与准备，然后各小组说明队名和公司标识的含义，集体演唱队歌或团队座右铭。将刚才老师发下来的卡纸折三折，折成座位牌，写上自己的队名和画出公司标识。

步骤：

第一，明确目标，给公司命名。明确公司目标和经营范围，各小组起一个响亮的创业团队队名，设计团队标识，选一首歌曲作队歌或团队座右铭。

第二，物色筛选核心成员。有创业意愿和想法的创业团队发起人，要在自己班级中，物色与筛选志同道合、各方面互补的团队核心成员。

在这一步中可以列出该项目需要的岗位名称（如项目经理、营销经理、财务经理、产品经理等）、主要职责内容和每个岗位的主要胜任条件等。就以项目经理来说，其主要职责是安排项目团队各成员的工作，协调工作时间和成员间的关系，调动工作服务的热情和积极性，调查顾客的满意度以便及时完善，统筹规划资金，发放工资和奖金。项目经理的胜任条件是：一是工作高度认真负责，心胸开阔，行事果断，沟通能力强，具有较高的领导和协调能力；二是具备基本的管理知识和水平，了解基本的财务管理知识；三是熟练各种办公软件操作。

写出你准备选定的人（列出对应的岗位名称）：

项目经理：______________________

营销经理：______________________

财务经理：______________________

产品经理：______________________

其他岗位：______________________

第三，制定创业计划。围绕着如何实现创业目标，根据前期的学员市场调查情况和汇总的团队成员资源情况，首先制定创业的总体计划（确定企业战略、产品策略、市场策略等），其次制定分阶段、分步骤的详细实施计划，责任到人，奖惩到位，对照目标，动态管理，以落实创业总体计划。

第四，招募合适的人员。由于创业团队的资金往往偏紧，招人贵精不贵多；根据国外研究的成果，团队规模控制在3~6人较为合适。在招募人员时主要应考虑对方的人品、能力、性格、互补性等因素。

第五，职权划分。创业团体中各种成员应当各司其职、有职有权、权责相当，才能保持团队的高效运转。明确团队成员的职责定位、权力划分，有利于使创业团队形成合力，实现创业目标。团队成员的职权不明会引起许多不必要的冲突。为了避免出现这一问题，有效的做法就是对团队成员的职权进行清晰的界定和划分，并根据实际需要随时做动态的调整。

第六，构建创业团队制度体系。创业团队逐步形成后，怎么样有效管理创业团队是一个重要的问题。尽管创业团队的管理有其特殊性，但其重点在于团队人力资源的整合、激励和调整等方面。有效管理创业团队成员，应该构建起创业团队的制度体系，创业团队的制度都是服务于创业目标的，制定时要有灵活性，需要时可增可改。

第七，团队的调整融合。虽然创业团队是为了一个共同的目标而走在了一起，但是毕竟大家的性格、背景、利益诉求、做事方式都有不同，矛盾和冲突是必然的。团队领导要通过开诚布公、耐心细致的沟通与协调来弥合分歧、化解矛盾，并对团队的职权划分、人员安排等方面做出相应的合理调整，以利于团队成员的融合。随着创业的发展和团队的运作，原先组建时的考虑不周之处、不合理的安排也会暴露出来，因此团队的调整融合势在必行，而且需要一个过程。通过团队文化的建设，大力提倡团队意识、团队精神，造就和谐的团队氛围，能够大大促进团队调整融合的顺利进行并取得好效果。

第八，分析一下你所组建的这个团队成功的概率（说明原因，以及如何确保可行）。

五、实训结果测评

1. 你组建的是哪种团队？□星状团队 □网状团队 □其他

2. 团队组建工作是否容易？□很容易 □比较容易 □一般 □比较难 □很难 □选不到人

3. 团队组建过程中你最关注成员哪个方面的问题，原因是什么？□道德品质 □专业技能 □忠诚敬业 □学习能力 □沟通能力

六、实训记录与数据处理要求

1. 实训中对创业团队调研数据要做到清楚完整地收集整理；
2. 团队的成员活动要作好视频和图片的记录；
3. 团队规章制度化形成文字，以便于角色扮演中职责分明；
4. 团队文化建设中，提出自己团队核心价值，组成团队队歌，以便于团队凝聚力。

表 3-1

《创业团队组建》实训					
实验项目名称		实验时间		实验地点	
实验类型		实验设备			
实验要求	1 2				
实验步骤	实验内容			完成情况	
1 2 3					
数据处理情况					

七、实验中的注意事项

1. 实训中对创业团队调研数据的收集整理；
2. 团队的成员活动作好视频和图片的记录，为后期制作相关视频资料准备好材料；
3. 团队规章制度形成文字，以便于角色扮演中职责分明。

八、实验报告

1. 每个团队介绍自己的团队及企业；
2. 每个团队制作 5 分钟视频，对自己团队完整介绍。

思考与讨论

1. 简述创业团队的重要性。
2. 选择团队成员的原则是什么？成功创业团队的基本特征。
3. 创业团队的管理技巧和策略是什么？领导创业者的角色与行为策略是什么？
4. 讨论：创业团队角色应该怎样分配？股权分配是否与角色有关？
5. 讨论：你的创业团队的优势和劣势。
6. 讨论：团队在经济效益、个人发展、团队模式、社会效益方面都有哪些打算？

第二篇　创建企业篇

创业者确定自己的项目、组建好自己的团队，就应该创建自己的新企业。这个新企业采用什么样的商业模式运营？如何组建一个适合自己的新企业？如何完成创业计划书？如何筹措到企业资金？最后工商注册如何进行？这一切我们可以通过虚拟市场环境，仿真流程来实现你的创业梦想。

第四章 创业商业模式设计与画布实训

小王的项目和团队有了，他找到导师问，现在是否可以运作了。导师用现代管理学之父彼得·德鲁克的名言："当今企业间的竞争，不是产品之间的竞争，而是商业模式之间的竞争。"你的商业模式是什么？你知道商业模式创新受到那么多人的关注、那么重要。小王开始他的第四站。

第一节 商业模式概述

商业模式案例

2013年9月，微软宣布，将以72亿美元收购诺基亚手机业务。诺基亚的衰落与它自身的商业模式有密不可分的关联。不可否认，诺基亚曾拥有很大优势。但在当前手机互联网时代里，当苹果依靠卖软件卖出一个苹果王朝的时候，诺基亚却还依旧坚守自己的价值主张——靠卖硬件挣钱。后来，诺基亚幡然醒悟，发现软件的重要性，急忙行动，想转型为互联网服务企业，这个价值主张显得泛泛而谈。

苹果公司的获利途径是一个完整的商业模式，而不是通常意义上的单纯依靠某几款产品。而是通过iTunes和App store平台开创了一个全新的商业模式——"酷终端+用户体验+内容"。它很好地实现了客户体验、商业模式和技术三者之间的平衡，并能持久盈利，独特到别人几乎不能复制。事实证明，苹果模式对其他厂商形成了致命的、毁灭性的打击。

一、商业模式认知

在世界范围内，20世纪50年代，新的商业模式是由麦当劳和丰田汽车创造的；60年代的创新者则是沃尔玛和混合式超市（指超市和仓储式销售合二为一的超级商场）；到了70年代，新的商业模式则出现在FedEx快递和Toys R US玩具商店的经营里；80年代是Blockbuster，Home Depot，Intel和Dell；90年代则是西南航空，Netflix，eBay，Amazon和星巴克咖啡（Starbucks）。前时代华纳首席执行官迈克尔·邓恩说："在经营企业过程当中，商业模式比高技术更重要，因为前者是企业能够立足的先决条件。"

（一）商业模式理论

商业模式一词早在20世纪50年代就已经出现管理学中，只是到20世纪90年代才开始在国内传播和使用。商业模式在中国的兴起，应是源于世纪之交的互联网企业创立的高潮期。当时，一系列新兴的互联网公司需要得到风险投资者及其他投资者的认同，而风险投资者评价企业优劣的最重要指标就是其“商业模式”的优劣。

商业模式是一种包含了一系列要素及其关系的概念性工具，用以阐明某个特定实体的商业逻辑。它描述了公司所能为客户提供的价值以及公司的内部结构、合作伙伴网络和关系资本等用以实现（创造、推销和交付）这一价值并产生可持续盈利收入的要素。

清华大学雷家骕教授概括企业的商业模式应当是：一个企业如何利用自身资源，在一个特定的包含了物流、信息流和资金流的商业流程中，将最终的商品和服务提供给客户，并收回投资、获取利润的解决方案。

商业模式新解：它是一个企业满足消费者需求的系统，这个系统组织管理企业的各种资源（资金、原材料、人力资源、作业方式、销售方式、信息、品牌和知识产权、企业所处的环境、创新力，又称输入变量），形成能够提供消费者无法自力而必须购买的产品和服务（输出变量），因而具有自己能复制但不被别人复制的特性。

商业模式就是企业从为客户创造价值的角度进行战略定位，发现可满足客户需求的价值后，通过对自身内部和外部资源进行整合而建立的商业系统的结构。

商业模式是指为实现客户价值最大化，把能使企业运行的内外各要素整合起来，形成一个完整的、高效率的具有独特核心竞争力的运行系统，并通过最优实现形式满足客户需求、实现客户价值，同时使系统达成持续盈利目标的整体解决方案。商业模式是一个非常宽泛的概念，与商业模式有关的说法很多，包括运营模式、盈利模式、商对商（B2B）模式、商对客（B2C）模式、“鼠标加水泥”模式、广告收益模式等，不一而足。商业模式可看作是一种简化的商业逻辑或企业赚钱的方式。

（二）商业模式构成要素

瑞士的亚历山大·奥斯特瓦德（Alexander Osterwalder），比利时的伊夫·皮尼厄（YvesPigneur），总结出商业模式九个基本构造块：客户细分（CS），价值主张（VP），渠道通路（CH），客户关系（CR），收入来源（RS），核心资源（KR），关键业务（KA），重要合作（KP），成本结构（CS）。形成了商业模式画布。对商业模式的问题进一步结构化和可视化，给出一套商业模式的要素和围绕这些要素的分析方法。

1. 重要伙伴

找出谁是你创业的重要伙伴，可能是重要合作伙伴，可能是创业伙伴，但是无论是什么，请你一一列出来。当然，如果没有，您也是对其进行假设的。

2. 关键业务

关键业务是什么？如电影院的关键业务肯定就是卖票了，其他的电影周边或者爆米花之类的都不是他们的关键业务。

3. 核心资源

你有什么核心资源，你有什么别人没有的，或者别人没法超越你的，如果有这些你可能会更加独特并使你的创业更加容易成功。

4. 价值主张

客户为你的产品或者服务买单，凭的是什么。你的产品或服务所体现出的价值是什么？如：四海商舟的价值主张是专业的外贸营销解决方案提供商。

5. 客户关系

通过客户细分群体建立和保持某种意义上的关系来不断促进良好的销售，达成完好的用户购买体验。如90年代BP机大量使用的时候，在BP机饱和的情况下运营商免费送BP机促进消费。

6. 渠道通路

您的产品有哪些渠道可以销售出去？这个考虑到您渠道的布局。如：格力空调的渠道有专卖店和各大卖场。列举出可能的渠道通路来，如果目前没有您应该如何去搭建或改善？

7. 客户细分

如：地方门户网站可以对他们的网站客户细分为：房产，汽车，美食，婚纱等。

8. 成本结构

人力、物力，不过在此考虑一定要具体，尽量做到成本可控。也就是把你完成这个项目或完成这个项目的过程当中需要用到钱的地方罗列出来。

9. 收入来源

靠什么赚钱？你的项目什么是可以卖钱呢？在此值得考虑的是如何包装好你的产品让他卖个好价钱。

（三）商业模式的检验

任何商业模式的设计与完善，都必须经受逻辑检验和盈利性检验。

1. 逻辑检验

逻辑检验，即从直觉的角度考虑商业模式描述的逻辑性，隐含的各种假设是否符合实际或在道理上说得通。商业模式的逻辑检验要重点从以下几个方面进行：

谁是我们的顾客？

顾客重视的价值是什么？

商业参与各方的动机和目的是什么？

我们商业模式的与众不同之处是什么？

通过分析以上商业模式的基本逻辑是否符合常识，商业模式的潜在优势和限制因素，可以判断出商业模式的逻辑是否顺畅。

2. 盈利性检验

商业模式的盈利性检验，重点通过以下四个方面的分析来确定。

基于损益表的检验。

基于资产负债表的检验。

商业怎么实现良性循环。

瓶颈在什么地方。

对市场的规模和盈利率、消费者的消费行为和心理、竞争者的战略和行动进行分析和假设，从而估计出关于成本、收入、利润等量化的数据，评价经济可行性。当测算出的损益达不到要求时，则该商业模式不能通过盈利性检验。

（四）商业模式的完善方法

商业模式的完善，可通过以下 7 个问题，分析评估创业项目的商业模式存在的问题与风险。

问题一：客户的“转移成本”有多高？

转移成本是指，客户从一个产品（或服务）转移到另一个产品（或服务）所需的时间、精力或者金钱。“转移成本”越高，客户就越忠实于某项产品（或服务），不会轻易离开去选择竞争对手的服务。

问题二：商业模式的扩展性怎样？

扩展性是指在没有增加基本成本的情况下，能很容易地拓展商业模式，赢得利润。当然，基于软件和互联网的商业模式比基于砖头和水泥的商业模式有天然的扩展性，但是即使如此，数字领域的商业模式仍然有很大的区别。

问题三：能否产生可循环的经济价值？

通过一个例子可以很好地解释循环价值。报纸在报摊销售赚取销售费用，另外的价值可以通过订阅和广告进行循环。循环价值有两个主要的优势：第一，对于重复销售，成本只产生一次；第二，你可以有更多更好的想法来构想未来怎样赚钱。

还有另外一种循环价值形式：从之前的销售中获取增值收入。比如，买一个打印机，你需要持续购买墨盒；买一个苹果手机，它从硬件销售中赚得利润的同时，来自内容和 APP 产生的经济价值依然稳定增长。

问题四：是否可以在你投入之前就赚钱？

毫无疑问，每个创业者都希望在投入市场之前就获得收入。戴尔就把这种模式运用到电脑硬件设备制造的市场上。通过直销建立的装配订单，避免硬件市场可怕的库存积压成本。戴尔取得的商业业绩显示了其在投入之前就赚钱的力量。

问题五：怎么样让用户为你工作？

这可能是商业模式设计上最具有杀伤力的武器。在传统的市场上，宜家（IKEA）就让我们自己组装在它那里购买的家具，我们干活儿，他们赚钱。在互联网领域，脸书（Facebook）让我们上传照片，参加对话和“喜欢”某样东西。这正是脸书的真正价值，只提供平台，内容全部由用户创造，而公司却挣得天文数字般的利润。

问题六：是否具有高壁垒，以防止竞争对手模仿？

一个优秀的商业模式可以使你保持长时间的竞争优势，而不仅仅是提供一个优秀的产品。比如，苹果主要的竞争优势来自于其商业模式而不是单纯的产品创新。对三星来说，模仿苹果的产品比建一个像苹果那样的应用商店生态系统要容易得多。所以，三星无论产品做得多么炫，仍然很难撼动苹果的地位。

问题七：是否建立在改变成本结构的基础上？

降低成本是商业实践中的长期追求，有的商业模式不仅能降低成本，并且创造了一个与以往完全不同的成本结构。比如，巴帝电信——印度最大的移动运营商，一直在通过摆脱网络和 IT 的束缚来完善它的成本结构。该公司通过与网络装备制造商爱立信和 IBM 合作，购买宽带容量来降低成本，现在他们已经能够提供全球价格最低的移动电话服务。

当然没有一个商业模式设计能一一对应以上七个问题并且得到完美的10分，不过有的却可能会在市场上成功。用这七个问题提醒创业者，有助于让创业企业保持长久的竞争力。

二、商业模式创新

竞争是商业活动中永恒的话题：20年前比产品力，谁有好的产品，谁就能成功；10年前比渠道力和品牌力，谁的品牌影响大，谁的渠道终端广而有力，谁就能成功；那么今天的企业比拼什么？

（一）商业模式创新

商业活动是为了盈利。所以，“定位”问题解决之后，企业就应该要制定盈利模式——收入何时何地从谁那里来、成本何时何地由谁支付、企业的现金流结构如何设计。

具体而言，有以下几种盈利模式：

产品盈利模式；

服务盈利模式；

其他盈利模式，如第三方支付盈利模式、消费者自助盈利模式、主业不盈利+副业盈利模式等。

每个优秀的企业都有不同于其他企业的商业模式。如餐饮行业的“真功夫”“一茶一座”；美容美发行业的“文峰”“永琪”；汽车租赁行业的“神州”“一嗨”；酒店连锁行业的“如家”“汉庭”。它们在自己的领域中都取得了成功，成为了行业领袖，在它们的身上，我们看到了一个共同点，那就是商业模式的创新，商业模式才是它们快速做大做强的根本原因。我们知道，在欧美发达国家的社会消费品零售总额中，有70%以上是由连锁服务企业完成的；而相比较而言，即使在经济发展相对较快的我国浙江省，其连锁业的零售总额也仅占到社会消费品零售总额的21%。差距由此可见一斑，我国连锁企业的发展前景之广阔，也由此可见一斑！

（二）商业模式创新类型

1. 店铺模式

服务业的商业模式要比制造业和零售业的商业模式更复杂。最古老，也是最基本的商业模式就是“店铺模式”，具体点说，就是在具有潜在消费者群的地方开设店铺并展示其产品或服务。一个商业模式，是对一个组织如何行使其功能的描述，是对其主要活动的提纲挈领的概括。它定义了公司的客户、产品和服务，它还提供了有关公司如何组织以及创收和盈利的信息。商业模式与（公司）战略一起，主导了公司的主要决策。商业模式还描述了公司的产品、服务、客户市场以及业务流程。

例：屈臣氏个人用品店的目标市场是“18~45岁的都市时尚一族”，于是其货品配置就围绕着都市时尚一族的需求进行，包括化妆品和护肤品、时尚饰物、保健品和药品、休闲食品及礼品四大类40多个细分品种，均为一些独特的、具创意的、有趣的、高品质的产品，这些产品在其他超市和商场难以寻到；屈臣氏的货品陈列也以“发现式陈列”为主，营造出了一个有趣的、令人兴奋的时尚购物环境，迎合了其目标消费者的心理需求。目前，屈臣氏已在中国100多个城市拥有超过700家分店及10 000多名员工，成为中国最大规模的保健及美容产品零售连锁店。

2.“饵与钩”模式

随着时代的进步，商业模式也变得越来越精巧。“饵与钩”模式——也称为“剃刀与刀片”模式，或是“搭售”模式——出现在20世纪早期年代。在这种模式里，基本产品的出售价格极低，通常处于亏损状态；而与之相关的消耗品或是服务的价格则十分昂贵。例如，剃须刀（饵）和刀片（钩），手机（饵）和通话时间（钩），打印机（饵）和墨盒（钩），相机（饵）和照片（钩），等等。这个模式还有一个很有趣的变形：软件开发者们免费发放他们，定价却高达几百美金。

3. 电子商务

从网络经济中，获利最大的那些公司主要是：中国的阿里巴巴、AOL、雅虎、亚马逊以及易趣。然而实际上，网络经济带来的利益并不是只由这些网络公司独享的。恰恰相反，当网络公司在资本市场上接受欢呼的同时，像英特尔、思科和戴尔这样卖硬件的传统企业也通过电子商务捞到了令人震惊的实际利益。

英特尔公司1999财年网络销售收入105亿美元，占总销售收入的三分之一强。思科公司的网络销售收入95亿美元（已经超过Intel），占总销售收入的80%；Dell公司的网络销售收入61亿美元，占总销售收入的40%。通过电子商务带来的收入已经是三个硬件巨头的半壁江山。2015年11月11日，中国阿里巴巴电商平台日交易额912亿元人民币，实现了电商飞速发展期。

英特尔的网络战略开展比较晚，但是为了让网络成为该公司全新的销售通道，Intel对此进行了精心的准备，包括网络设施、商务流程、顾客服务等方面，而且一出手就是全方位的大手笔——第一个月的网络销售就达10亿美元。思科的网络销售战略实施最早，已经基本上将公司的所有业务集中到网络上，消除了大部分中间环节，将路由器和其他网络设备直达用户。思科网络战略最成功的一点是网上全面的技术支持——利用网络做到快速及时地把设备的各种参数告诉用户。电子商务带来的极高的销售额和极低的销售成本，使思科成为了IT业历史上获利最丰的公司。戴尔的网络销售和公司传统一脉相承，该公司的商业模式就是和顾客保持全面的联系，按订单制造。戴尔网页已达30 000页，为大客户专门建立了服务网页，为散户建立了个性化的服务。戴尔目前是PC制造商中成长最快，最有进取心的公司。

其实IT行业应该是电子商务最肥沃的土壤：客户们都有一定的网络知识，最先接受电子商务的理念，企业内部的计算机管理系统完善，可谓万事俱备。上面的三家公司开展电子商务的成功，就在于他们在一定的时机、一定的环境下率先做了必须做的事情。

4. 快递模式创新

网络经济如日中天，传统公司一定要遭淘汰么？不一定！有些传统公司不仅活得挺好，而且更加欣欣向荣，快递公司就是一类。经过脱胎换骨的改造，快递公司已经摆脱了“傻大黑粗”的印象，甚至成了网络经济中第一批赢家。大家都在网上卖东西，能将商品及时送到顾客家门的配送系统，当然就是网络新生活中的有机组成部分。

在 1998 年的圣诞节，美国网上购物人潮汹涌，美国联合货运公司（UPS）承运了其中的 55%商品，美国的邮政系统承运了 32%，联邦快运（FedEx）承担了 10%。美国联合货运公司宣称他们业务的 60%都是通过网络开展的，1999 年的网络收入达 53.4 亿美元。

但是，网络时代的快运公司已不是过去的模样。美国联合货运公司在美国全国范围内建立了仓储和包装系统，可以在顾客需要的时间内送货上门。配送单也是在网上流通，最难能可贵的是，顾客能在网上看到配送过程中自己的商品到达什么地方，把顾客的不安全感减到最低。美国联合货运公司又有绝招，为自己的客户提供免费接入，客户可以随时查看货物的流动状况。所以美国联合货运公司已经很难分清楚哪些是网上业务。

联邦快运公司过去就有自己的网络系统，只不过不在互联网上。联邦快运公司的网络收入高达 56 亿美元。所以联邦快运公司收购了一家软件公司，全面改造过去的系统以便与互联网接轨，为客户提供“一站式”服务：只要你发来一个电子邮件，剩下的就全部由我来做。

网络和电子商务，似乎一下子让这些“老兵”找到了新的、更刺激的岗位。

5. 在线离线（O2O）模式

模式定义：O2O（Online To Offline），也即将线下商务的机会与互联网结合在了一起，让互联网成为线下交易的前台。这样线下服务就可以用线上来揽客，消费者可以用线上来筛选服务，成交可以在线结算，很快达到规模。该模式最重要的特点是：推广效果可查，每笔交易可跟踪。国内首家社区电子商务开创者九社区是鼻祖。

线上线下对接：在线离线模式绕不开的，或者说首先要解决的是，线上订购的商品或者服务，如何到线下领取？专业的话语是线上和线下如何对接？这是在线离线模式实现的一个核心问题。用得比较多的方式是电子凭证，即线上订购后，购买者可以收到一条包含二维码的短彩信，购买者可以凭借这条彩信到服务网点经专业设备验证通过后，即可享受对应的服务。这一模式很好地解决了线上到线下的验证问题，安全可靠，且可以后台统计服务的使用情况，方便了消费者的同时，也方便了商家。

模式网站：采用在线离线模式经营的网站已经有很多，团购网就是其中一类，另外还有一种为消费者提供信息和服务的网站。值得一提的是，在业内受到争议，且已在全国建立 20 余家实体店铺的青岛某品牌所推行的互动交易模式（ITM）网购与在线离线模式有本质的不同，无论是经营理念、经营构架，还是经营方式都截然不同于在线离线模式。如，在线离线模式更注重线上交易，而互动交易模式则更偏重于线上预订，线下交易；在线离线模式的实际经营可适用于办公室等任何实体经营场所，而 ITM 模式则以店铺式经营为主。

如某网站是一种全新的在线离线模式社区化消费综合平台，与团购的线上订单支付，线下实休店体验消费的模式有所不同，该网站创造了全新的线上查看商家或活动，线下体验消费再买单的新型在线离线模式消费模式。有效规避了网购所存在的不确定性，线上订单与线下实际消费不对应的情况。并依托二维码识别技术应用于所有地面联盟商家，锁定消费终端，打通消费通路。最大化地实现信息和实物之间、线上和线下之间、实体店与实体店之间的无缝衔接，创建了一个全新的、共赢的商业模式。网站涵盖了休闲娱乐、美容美发、时尚购物、生活服务、餐饮美食等多种品类。旨在打造一个绿色、便捷、低价的在线离线模式购物平台，为用户提供诚信、安全、实惠的网购新体验。

市场分析：在线离线模式的核心很简单，就是把线上的消费者带到现实的商店中去——在线支付购买线下的商品和服务，再到线下去享受服务。

6. 商对客、客对客模式

商对客、客对客是在线支付，购买的商品会塞到箱子里通过物流公司送到你手中；在线离线模式是在线支付，购买线下的商品、服务，再到线下去享受服务。

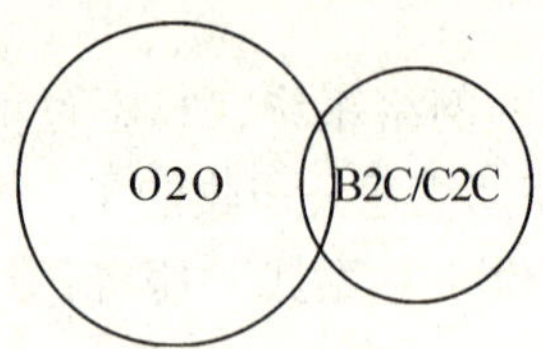

图 4-1　O2O 与团购的区别

在线离线模式是网上商城，团购是低折扣的临时性促销。

无论你是不是第一次听到在线离线模式，这个市场正在被激活。

7. 智能商城（BNC）模式

BNC 就是 Business Name Consumer。智能商城 BNC 具有商对客、客对客、在线离线等模式的优势，同时解决了以上模式解决不了的弊端，做到了快速免费地推广企业和产品，每个人拥有自己姓名的商城，从而最大限度地挖掘出每个人的资源和潜力。智能商城是一个集高端云技术和独特裂变技术为一体的网络平台。这是一个超越所有传统商业模式和电子商务模式的新型商务模式，这是一个真正使广大消费者零起步创业的舞台。它终将走遍中国，走向世界，引领世界经济潮流。

BNC 模式悄然兴起，它是以商家、消费者和个人姓名组成的独立消费平台，是让每个人都拥有自己姓名的产权式独立网站。它的特点是快速裂变，抑制同行模仿，项目启动一年竟无人模仿得了。这将是互联网及电子商务的最大创举，同时也让电子商务快速进入后电子商务时代，从而结束诸侯混战的时代。

第二节　商业模式创新案例

现代管理学之父彼得·德鲁克：“今天企业之间的竞争，已经不是产品和服务之间的竞争，而是商业模式之间的竞争！”从 20 世纪 80 年代以来，中国许多企业不断创新他们的商业模式，而且取得了巨大的成功，无疑是我们今天创业者学习的榜样。通过下面几个成功商业模式创新，我们可以借鉴和思考许多问题。

在新经济条件下，一个新兴企业走向成功并非仅仅是一个企业走向成熟，更代表着一种商业模式、一个细分行业或新兴产业走向成熟。而一个企业的脱颖而出绝非仅仅需要成熟的商业模式，其命运更由特定的市场结构与市场环境所主宰。对企业而言，意味着每一个旧思维打破、新思维产生的过程都是商机无限的。向大家推荐十大经典创业的商业模式，希望对创业者有所帮助。

一、超女模式

如果要评选出 2005 年最成功的商业策划，非上海天娱公司策划的《超级女声》节目莫属。超女播出之日，万人空巷，堪比春晚，但与春晚大把烧钱不同，天娱整个策划几乎没花一分钱，而且让所有的媒体都为其做免费的狂热宣传。

仅仅靠这一个策划，天娱公司迅速跨入财富之林，成长之快，令人瞠目结舌。以往人们大都认为，越好的节目、越精致的节目越容易引人注目，《超级女声》告诉我们，这些都没错，但是真正引人注目的是那些观众参与率高、互动性强的节目，从这个意义上说，《超级女声》堪称一场革命。

“超女”为何影响深远，还应该归功于创意化的学习。《超级女声》的创意是直接“拷贝”自美国的娱乐节目《美国偶像》，这是拿来主义。但是《超级女声》的成功，很大程度在于本土化，这包括：废除年龄门槛，提出想唱就唱；将短信投票和 PK 淘汰联系起来，加强与观众的互动性等。

从 2004 年的门庭冷落，到如今的热火，天娱公司与湖南卫视始终在根据市场反馈调整创意，这也就是鲁迅说的“运用脑髓，放出眼光，自己来拿”的过程。

《超级女声》是一个文化现象，但是对企业而言，意味着每一个旧思维打破、新思维产生的过程都是商机无限的。

二、合伙闯天下的 51Job 模式

企业的发展对外部环境越来越依赖，每一种人际关系都会构成成功的资本，以往英雄型的企业渐渐变少，社会型的企业也会渐渐增多。

51Job 实际上是一个网上中介，你也可以把它看成面向个人的电子商务。这种把中介业务搬到网上正是从 51Job 开始推广的，在其他领域也同样获得成功。2004 年 9 月 30 日，随着 51Job 成功登录纳斯达克，51Job 的 4 位创始人的身家都超过了 4 亿元人民币。

51Job 是由香港人甄荣辉带领其在贝恩公司的国际化班底在中国内地成功创业的典型。51Job 的创始人中，首席执行官兼总裁甄荣辉生于香港并在香港长大；高级副总裁兼首席财务官简思怀出生于中国台湾；高级副总裁凤雷则是地道的北京人，并且在北京完成了学业。

与中国第一代民营企业主要是由一位强势领导人带领企业（包括以血缘关系连接起来的家族成员）打天下不同的是，我们在以 51Job 等代表的新兴创业企业身上，发现了明显的合伙闯天下的情形。而且这些合伙人当中除了兄弟等家庭创业关系外，更多的是同学、同事、朋友等后天形成的关系。

超过 50%的富人来自合伙创业型企业。与此同时，具有海外留学工作背景的创业

者似乎更倾向于合伙创建企业；国内的创业者则仍然是单干的居多，和中国传统的创业故事具有一脉相承的特点。

合伙创业模式，意味着企业的发展对外部环境越来越依赖，每一种人际关系都会构成成功的资本，以往英雄型的企业渐渐变少，社会型的企业也会渐渐增多。

三、以快搏慢的顺驰模式

任何企业都有过顺驰式体验，就是在不同的市场背景下，采用不同的发展战略，但是，很少有像顺驰做得那样坚决、主动和强烈的。

在顺驰高速发展的时候，顺驰模式成为房地产业界和媒体口诛笔伐的对象，更为有趣的是，顺驰何时倒下，以何种方式倒下似乎更成为热点话题。

顺驰的发展，颠覆了传统房地产行业慢悠悠的气氛，他把手工作坊式的滚动开发推演倒了极致。其最大的特点是把从拿地到销售之间的时间压缩到了最短，操盘速度几乎达到了房地产项目的极限。这也就是以缩短资金占压期来解决资金缺口大、资金链条紧张的问题。

兵法有云：巧迟不如拙速。顺驰模式全部的精义在于速度，但是最难的也是速度。短跑运动员都知道，赛跑中即使仅仅要比对手快上几秒，都要调动全身的力量。顺驰的速度只是看点，而支持这种速度的力量则是顺驰模式的价值所在。

四、不畏强敌的百度模式

市场的空间其实比我们想象的要大得多，即使在强大的对手垄断下，也仍然可以找到发展的空间，百度的成功证明了这一点。

互联网时代，有一个现象叫做先入为主，对于某种软件，如果使用者已经习惯，那么，如果不是质量上有太大差异的话，使用者的变动成本就比较高。微软就是这种现象淋漓尽致的受益者，它用高质量和习惯的门槛垄断了几乎所有的操作系统软件。

有种观点认为，谷歌会是第二个微软，所有敢在搜索领域存在的公司都面临着被它斩杀的命运，但是百度的存在打破了这种神话。于是这种观点又变为，随着谷歌在中文搜索领域的发展，百度的空间会越来越小，最后只能再一次扛起民族产业的大旗。但是几年下来，百度一直专注于中文搜索，谷歌依然强大，而百度也在照样发展，纳斯达克一上市，一夜之间冒出的298位百万富豪宣布了百度的几年苦窑没有白蹲。

很多学商业的学生都听过这样的故事，一个瓶子里装下了大石头以后还可以装下小石头，装下小石头以后还可以装进沙子，装进沙子以后仍然可以倒入水。所以说，市场的空间其实比我们想象的要大得多，即使在强大的对手垄断下，也仍然可以找到发展的空间，百度的成功证明了这一点。

五、新鞋老路的携程模式

产业的缝隙处，很多时候就是空白地带，不仅仅是新老经济之间，在新经济与新经济之间，在两个传统产业之间，都有很多机会，只要你能找到确切的结合点。

大家可能有过这样的经验，在机场候机的时候，总会收到免费发放的携程网卡，这时候，你也许会注意到携程网上网下结合的紧密。

携程从根本上说又是一个纳斯达克故事。但是总体的设计比较清晰，所以发展也比较平稳，可以说是有预谋地使用了风险基金。

携程最初是学习新浪、搜狐做网站的，但在梁建章的手中，携程变得越来越不像网站了。几年来，携程先是收购了当时最大的酒店预定中心——现代运通；随后又切入机票预订领域，并购机票代理公司北京海岸；去年又将华程西南旅行社收入囊中，正式进军自助游市场。在梁建章的设想中，携程并不是家网站，而是高科技武装的旅行服务公司，是传统行业的整合者。

在这种情况下，梁建章对风险投资商说的故事，很快就成了现实。2000 年，携程的员工不足 100 人，后来涨到 1 500 多人，营业额的成倍增长更是让传统旅游公司难望其项背。

六、驾驭业态变革的如家模式

如家抓住了业态变革的先机，在市场起飞之前进入行业，最终成功地占据了一席之地。

远离了新经济，又立足于一个老得不能再老的行业（酒店业），如家的发展速度让人惊讶。

季琦进入酒店业的时候，如果计算当时全国的酒店数量，是远远供大于求的，特别是中低端酒店的市场份额占总量的 80%~90%，但是，季琦仍然一头扎了进去。促使他做出这个“毫不理智”行为的，是如下的判断：连锁业态将被引入到经济型酒店业中，经济型酒店将发生革命性的变化，以往的情况不能作为判断的标准。

事实证明，季琦是正确的，他所进入的领域不是竞争者众多，而是一片空白。季琦的价值就是，他认识到业态的变革将带来行业的洗牌，在这种环境中原有的市场占有基础将不复存在，他相信，尽管表面看起来从业者众多，只要找准自己的切入点，就会有机会。

七、争夺标准的大唐模式

知识产权争夺的最高形态就是标准的争夺，其实也是对未来产业主导权的争夺。

在现在的商业领域，人们对哪一种尚未产生的利益搏杀得最激烈？是 3G。不少手机业人士认为，3G 将是 IT 业可看见的最后一块沃土。而在这场争夺中，有一个重要的角色，就是大唐电信，他开发的 TD-SCDMA 标准直接支持了这次 3G 标准的争夺。

IT 行业是中国吃知识产权亏最大的行业，缺乏核心技术的知识产权，直接导致了整个 VCD 产业的瓦解。同样的是，他们对知识产权带来的利益认识也最深刻。在三大 3G 标准各自利益集团近乎肉搏战的游说活动中，大唐电信的 TD-SCDMA 阵营，凭借民族标准特色获得的政府垂青，正在弥补其在商用化缓慢上的不足。这为大唐电信的振兴创造了机遇。大唐电信是否能够抓住 3G 的机遇，在很大程度上取决于公司的市场战略，取决于是否能够成功推广 TD-SCDMA 标准。

知识产权争夺的最高形态就是标准的争夺，其实也是对未来产业主导权的争夺，而标准则是由技术、习惯、用户数量、友好界面等因素构成的，需要强调的是，对于企业而言，除了技术上重视以外，很多小细节同样决定了产品的市场化能力。

八、得势不饶人的盛大模式

企业的发展不应止步于增长和盈利，应该问一问自己有没有把优势发挥到最大化，是否可以取得更大的增长。

盛大活生生的就是一部“传奇”，它的发家有相当大的偶然性。

在取得《传奇》代理权的时候，并不存在陈天桥慧眼识宝这类的故事，他只是被动而且好运地被人挑上。但是《传奇》站住脚以后，陈天桥的商业才能有了发挥的舞台。

购买服务器改为租用服务器，是他利用游戏玩家的增长对运营商取得主动；拖欠韩国人分成费，成立恒康网络来做销售渠道总代理这些灰色的手段是他对上游资源的占用；《传奇世界》的开发是他对知识产权束缚的挣脱。陈天桥的精明在于，所有这些成果都被用于加大投资，每一步议价的成功都成为了下一步议价的筹码。

这种得势不饶人的扩张，取得了丰硕的成果，如今《传奇世界》的注册用户已有1.2亿，同时在线人数超过100万，运营它需要至少6 000台以上的服务器。掌握着巨大的用户群和极高的投资壁垒，成为《传奇世界》这个价值链中议价能力的最强者，最后，吃了亏的韩国人只能反过来求陈天桥继续做《传奇世界》。

九、概念为王的分众模式

分众传媒不是面向客户卖广告，而是面向资本市场卖网络，这里面需要的是传统的企业没有的资本经营的眼光。

与盛大不同，分众传媒在纳斯达克完完全全是一个中国“概念股”。盛大上市前，其主营业务——网络游戏已经为其持续地带来了巨大的利润与现金流，而2002年才开始冒头的分众传媒能在如此短的时间内名扬海外，是因为它一开始就是瞄准上市去的。

分众传媒的发展只能借道纳斯达克，风险投资完成了前期的作业以后，后期由资本市场来接力。因此，我们看到了软银、高盛等国际风险投资基金的一次精彩表演。

既然瞄准上市，分众传媒便极其注重概念的打造，而这个概念关键要回答一个问题，即盈利是否可能？分众传媒有关负责人表示，“作为传统媒体的一种补充形式，分众传媒重在对中高端消费者精确的覆盖。目前广东分众传媒的前期投入已经达到1 000多万元，尽管投入不小，但现在已经开始为投资者带来利润”。

从根本上说，分众传媒不是面向客户卖广告，而是面向资本市场卖网络，这里面需要的是传统的企业没有的资本经营的眼光。不仅分众传媒，应该说每一个企业面对的市场其实都是多层面的，关键是看领导者有没有资本经营的眼光。

十、送水赚钱的新东方模式

对于一个企业而言，在你的经营目标之外，看一看与你的目标伴生的价值链条，也许会有意外的惊喜。

美国淘金时代留下了一句谚语“淘金的不赚钱，送水的赚钱”。在美国淘金时代，一夜暴富的梦想支撑着淘金客向西部涌动，然而真正达成目标的人凤毛麟角，但是，为这些人的梦想提供支援服务的人——送水的人们却淘到了真金。

如果说现在中国人的出国梦也是“淘金梦”的话，那么服务于此的新东方英语学校就是一个“送水人”。隐在教育产业化、培训机构等面纱背后的新东方，实际上是一个留学服务机构，俞敏洪则是一个留学“摆渡人”。

俞敏洪创办新东方英语学校之前，自己也是一个“淘金客”，大学毕业时，他的同学纷纷出国，他却被数次拒签。成为北大教师以后，他仍然不放弃出国的努力，但是依旧失败。1992 年起，放弃了出国梦想的俞敏洪开始在社会上的培训学校里打工，随后自立门户。当时，教育培训已经发展到了相当的程度了，但是完全以“考 GRE”“考托福”为目的的培训机构很少，而俞敏洪的新东方从根本上说是完全围绕“考 GRE”“考托福”两个目的组织起来的企业，所以发展非常迅速。1995 年以后，新东方开始急速膨胀，成为“GRE”和“托福”培训的代名词，俞敏洪也完成了从“淘金客”到“送水人”的转变。

第三节　创业商业模式实训

一、实训项目

通过商业模式画布，熟悉和掌握商业模式内涵，实现商业模式的方式方法。

二、实训要求

分组进行，每个小组一个画布实训图。

三、实训内容

1. 确定一个项目；
2. 学习商业模式画布 9 个板块；
3. 在画布上根据创业项目黏贴上相应内容；
4. 小组总结报告。

四、实训步骤

第一步，熟悉商业模式画布关系图。

商业模式画布覆盖了商业运转的 4 个主要方面：客户、提供物（产品/服务）、基础设施和财务生存能力。商业模式涉及 9 个关键构造块整合在一个“商业模式画布”中，每个构造块对应画布上的一个空格，通过向这些空格里填充相应的内容，描绘商业模式或设计新的商业模式。9 大构造块及其联系，如图 4-2 所示。

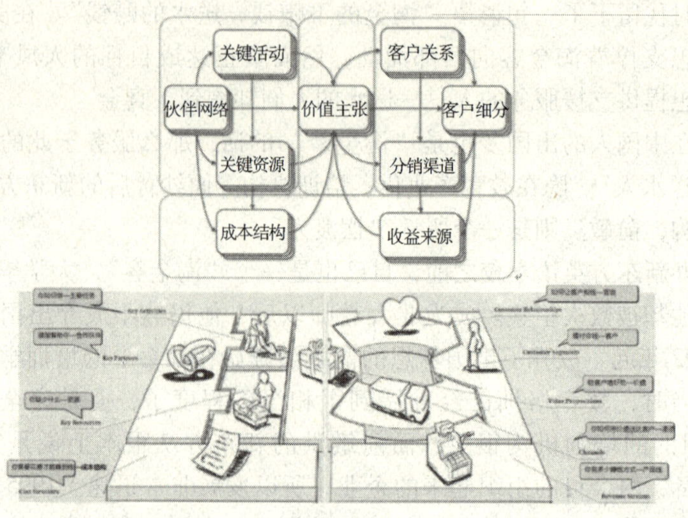

图 4-2

我们看到，这是一个营销的 4P（产品、价格、渠道、沟通）已经激烈竞争、高度同质化的时代，产品同质化、广告同质化、品牌同质化、促销同质化、渠道同质化、执行同质化，企业已经很难在这 4P 中的某一项脱颖而出，企业的竞争已经超越了营销这一层级，蔓延至更高层面——商业活动的全系统。

第二步，商业模式设计的基本步骤与方法。

（1）界定和把握利润源——顾客。

顾客群分为主要顾客群、辅助顾客群和潜在顾客群。好的目标顾客群，一是要有清晰的界定；二是要有足够的规模；三是要对顾客群的需求和偏好有比较深的认识和了解。设计商业模式的时候，首先需要分析顾客需求，目的就是要为产品寻找能够比较容易呈现价值的顾客群。

（2）不断完善利润点——产品。

利润点是指可以获取利润的、目标顾客购买的产品或服务。利润点决定了为顾客创的价值是什么，以及企业的主要收入及其结构。好的利润点是顾客价值最大化与企业价值最大化的结合点，它要求一要针对目标顾客的清晰的需求偏好，二要为目标顾客创造价值，三要为企业创造价值。

（3）打造强有力的利润杠杆，构筑商业模式内部运作价值链。

打造利润杠杆，规划企业内部运作价值链，决定了产品或服务是否为企业带来价值和带来价值的多少。利润杠杆主要包括以下几种：组织与机制杠杆、技术与装备杠杆、生产运作杠杆、资本运作杠杆、供应与物流杠杆、信息杠杆、人力资源杠杆等。同样的项目和产品，由于利润杠杆不同，或者说由于创业企业内部运作价值链的差异，导致了产品的成本迥异，一个企业可能赚钱，另一个企业可能亏损。这足以说明，利润杠杆决定了利润的多寡。

（4）疏通拓宽利润渠，构筑商业模式外部运作价值链。

利润渠，即创业企业向顾客供应产品和传递产品信息的渠道，是外部价值链。产品或服务的价值传递是创业企业把产品和服务传递给目标客户的分销和传播活动，目的是便于目标客户方便地购买和了解公司的产品或服务。

（5）建立有效保护利润的利润屏障。

利润屏障是指为防止竞争者掠夺本企业的目标客户，保护利润不流失而采取的战略控制手段。利润杠杆是撬动“奶酪”为我所有，利润屏障是保护“奶酪”不为他人所动。比较有效的利润屏障主要有建立行业标准、控制价值链、领导地位、独特的企业文化、良好的客户关系、品牌、版权、专利等。

商业模式也是一种企业创造利润的思维方式，虽然有许多不同的创造利润方式，但每个企业最终只会从中选择一种方式。许多创业机会面对的是一种不确定性极高的未来环境，而市场信息也无法全盘取得，因此没有一个商业模式能确保未来利润一定会被实现，也没有所谓最佳的商业模式。创业者在设计与执行商业模式的时候，一定要保持未来需要弹性调整的心态。

第三步，商业模式画布操作流程。

商业模式画布主要用于创业团队做头脑风暴和项目可行性测试。具体操作步骤如下（图4-3）：

①先将各部分构造猜想和计划写在便签纸上，梳理信息，初步规划；

②仔细想想每一个构造块背后的问题和假设，理出哪一个是促成全局的最重要因素，哪一个能够带来盈利；

③规划未来的路线，从而确保各构造块内容能不断推进，并且方向正确；

④设计实验，验证猜想。为每一个构造块设置参数，比如客户细分构造块中设置目标用户数目，收益来源中所能承受的价格等。

⑤排序分析，得出结论。

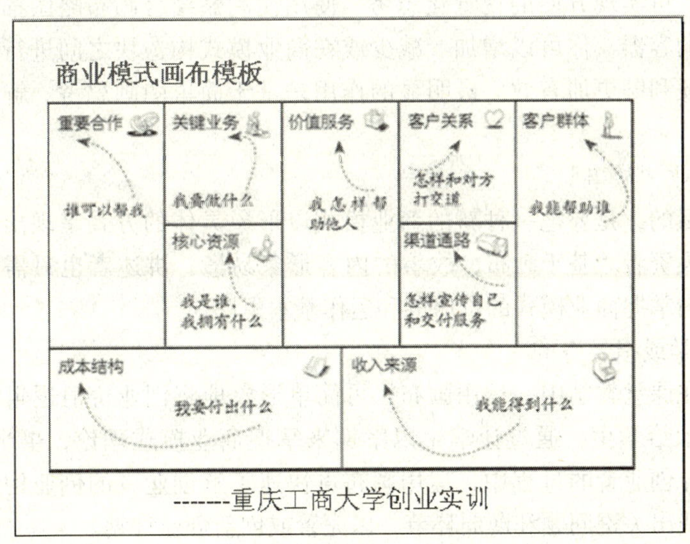

图4-3

五、实验数据处理

以下面实训数据表记录实训过程。

表 4-1

≪商业模式设计与画布≫实训					
实验项目名称		实验时间		实验地点	
实验类型		实验设备			
实验要求	1 2				
实验步骤	实验内容			完成情况	
1 2 3					
数据处理情况					

六、商业模式画布注意事项

1. 创意创业构思

创业者在创意构思、创业规划设计、完善与创新时，可结合头脑风暴活动，在画布上设计、产生大量创意信息，然后筛选出最好的创意、最关键的问题。

2. 可视化思考创业规划

基于画布，可实现方便的视觉化思考、使用便利贴结合画布略图描绘。便利贴的功能就像创意的容器，你可以增加、减少或在商业模式构造块之间进行调整移动。而绘图甚至能比便利贴更加有效。最明显的作用是基于简单图画思考、解释和研讨交流商业模式。

3. 讲述创业"故事"

讲故事的目的，是要把一种新的商业模式以形象具体的方式呈现出来，以沟通创业合作伙伴和投资者。基于画布，故事的内容形象易懂，讲述者也只需要一位，可让听者 3 分钟之内掌握商业模式的价值链和运作基本思路。

4. 课堂教学或指导咨询

创业导师在课堂教学中，运用画布，可简单形象地将创业价值逻辑和创业过程中的关键活动展示给学生，通过让学生以案例来掌握商业模式理论，事半功倍。同样，创业导师在指导创业者的过程中，运用画布可快速了解创业者的创业构想，帮助创业者梳理思路，找出关键问题和薄弱环节，以完善或创新创业计划。

七、实训报告

提交一份 800~1 000 字的商业画布整理实训项目报告。

思考与讨论

1. 商业模式的内涵是什么？
2. 商业模式的体系构成是什么？
3. 如何设计创业企业商业模式？
4. 商业模式分类的意义和方式是什么？
5. 讨论：小王准备开设一家互联网企业，有技术却苦于没有好的商业模式，请你根据目前的市场环境给他设计一个合理的商业模式，经营半年，如果能够盈利，小王愿意给你的商业模式百分之二十的股份，你愿意吗？愿意与不愿意请讨论其中理由。

第五章　创业计划书

小王的创业能力在提升，导师告诉他：创业计划是创业者叩响投资者大门的“敲门砖”，是创业者计划创立的业务的书面摘要，一份优秀的创业计划书往往会使创业者达到事半功倍的效果。创业计划书是一份全方位的商业计划，其主要用途是递交给投资商，以便于他们能对企业或项目做出评判，从而使企业获得融资。另一方面也展示合作伙伴，让他们明确目标和奋进方向。它是用以描述与模拟创办企业相关的内外部环境条件和要素特点，为业务的发展提供指示图和衡量业务进展情况的标准。通常创业计划是结合了产品或服务市场营销、财务、生产、人力资源、战略规划、风险评估等职能计划的综合。

创业对大多数人而言是一件极具诱惑力的事情，同时也是一件极具挑战的事。不是人人都能成功，也并非想象中那么困难。但任何一个梦想成功的人，倘若他知道创业需要策划、技术及创意的观念，那么成功已离他不远了。

第一节　创业计划书概述

创业计划书是用以描述与拟创办企业相关的内外部环境条件和要素特点，为业务的发展提供指示图和衡量业务进展情况的标准。通常创业计划是结合了市场营销、财务、生产、人力资源、战略规划、风险评估等职能计划的综合。

一、创业计划书的内涵

创业计划书是将有关创业的想法，借由白纸黑字最后落实的载体。创业计划书的质量，往往会直接影响创业发起人能否找到合作伙伴、获得资金及其他政策的支持。那么，如何写创业计划书呢？要依目标，即看计划书的对象而有所不同，譬如是要写给投资者看呢？还是要拿去银行贷款，以不同的目的来写，计划书的重点也会有所不同。

（一）创业市场评估

衡量你要创办的企业生产的产品或提供的服务有没有市场。市场营销计划指明企业的发展方向，是企业各部门工作的核心和龙头。市场营销工作告诉你谁是你的顾客？他们需要什么？想要什么？你怎样满足他们的需要并从中获取利润。你在制定市场营销计划时，要考虑以下几个方面：

·向你的顾客提供他们需要的产品或服务。

·为你的产品或服务制定顾客们愿意支付的价格。

·为你的顾客生产和出售产品或提供服务的场所。

·向你的顾客传递有关你的产品或服务的信息，吸引他们购买你的产品或服务。

可以利用这方面的信息准备你的市场营销计划，它将成为你的创业计划中的一个重要部分。为了制定出切合实际的市场营销计划，首先要了解你的顾客和竞争对手的情况，即市场需求和供给两个方面的情况，也就是通常所说的市场调查。

1. 了解你的顾客

(1) 了解顾客的意义

顾客是你企业的根本，如果你不能以合理的价格向他们提供他们需要和想要的产品，他们就会到别处去购买。对你感到满意的顾客会成为你的回头客，他们会向自己的朋友和其他人宣传你的企业。让顾客满意，就意味着会给你带来更多的销售额和更高的利润。

记住：没有顾客，你的企业就会倒闭。

顾客购买产品或服务是为了满足不同的需求，他们购买：

·自行车，是因为他们需要交通工具。

·漂亮衣服，是为了使自己的外表更大方得体。

·电视机，是为了获得信息和娱乐。

·防盗门，是为了居家安全。

记住：如果你解决了顾客的问题，满足了他们的需要，你的企业就有可能成功。

(2) 了解顾客的有关信息

收集顾客的信息，也就是做顾客方面的市场调查，这对任何创业计划来说都是很重要的。为了帮助你了解顾客的情况，你可以提出下面这些问题：

·你的企业准备满足哪些顾客的需要？把你准备提供的产品或服务列一张清单，并记录顾客需要的产品或服务的种类。你的顾客是男人还是妇女，是老人还是儿童？其他企业也可能成为你的潜在顾客。把所有可能影响你的企业构思的方面写下来。

·顾客想要什么产品或服务？每个产品或服务的哪个方面最重要？规格？颜色？质量？还是价格？

·顾客愿意为每个产品或每项服务付多少钱？

·顾客在哪儿？他们一般在什么地方和什么时间购物？

·他们多长时间购一次物，每年？每月？还是每天？

·他们购买的数量是多少？

·顾客数量在增加吗？能保持稳定吗？

·为什么顾客要购买某种特定的产品或服务？

·他们是否在寻找有特色的产品或服务？

通过做顾客调查，你可以得到上述这些问题的可靠答案，有助于你判断你的企业构思是否可行。

(3) 收集顾客信息的方法

市场调查的方法多种多样，做顾客需求调查的方式有以下几种：

· 情况推测——如果你对一种行业很了解，你可以凭自己的经验进行预测。

· 利用行业渠道获得信息——通常，你可以从业内人士那里了解本行业市场大小方面的有用信息。要了解某一产品的市场份额以及顾客的需求和意见并不难，你可以与该产品的主要销售商（批发商）聊聊，听听他们怎样说；也可以通过阅读行业指南、报纸、商业报刊来了解你需要的信息。

· 抽样访问你选定的那部分顾客——与尽可能多的潜在顾客交流，看一看到底有多少人想买你的产品。

市场调查就像一个侦探故事，你在寻找破案的线索。也许你会发现你的新企业没有多少顾客，那么就要再构思一个不同的创业想法。

2. 了解你的竞争对手

(1) 了解你的竞争对手的意义

对市场进行调查，只了解你的潜在顾客的情况还不够，还需要了解竞争对手的情况。因为你多半要与提供相同或类似产品或服务的企业竞争，这些企业将是你的竞争对手。

通过了解竞争对手的情况，你可以学到很多东西。通过了解他们做生意的方法，可以帮助你去琢磨怎样使你的企业构思变成现实。

(2) 了解竞争对手的有关信息

你可以通过回答下列问题的形式来了解竞争对手的情况：

· 他们的产品或服务的价格怎样？

· 他们提供的商品或服务的质量如何？

· 他们如何推销商品或服务？

· 他们提供什么样的额外服务？

· 他们的企业坐落在地价昂贵还是便宜的地方？

· 他们的设备先进吗？

· 他们的雇员受过培训吗？待遇好吗？

· 他们做广告吗？

· 他们怎样分销产品或服务？

· 他们的优势和劣势是什么？

把你通过调查收集到的信息做一番整理，然后回答下列问题：

· 成功的企业有相似的运作方式吗？

· 成功的企业有相同的价格政策、服务、销售或生产方法吗？

就像收集顾客信息那样，以同样的方法分析你的竞争对手。

3. 制定市场营销计划

制定市场营销计划的一种方法是从市场营销的四个方面，即产品、价格、地点和促销着手，通常称为“4P 方法”。产品（Product）、价格（Price）、地点（Place）、促销（Promotion）四个方面构成了市场营销的整个内容。因为这四个词的英文的第一个字母都是P，所以常把市场营销中的四个方面简称为“4P”。

（1）产品

产品是指你计划向顾客销售的东西。你要决定你想出售的产品的类型、质量、颜色和规格等。如果你的企业是服务型企业，那么所提供的服务就是你的产品。例如，文秘类企业可提供打字、记账和影印等服务项目。

对于零售商和批发商来说，产品是指那些性能、价格和消费需求相近的一类物品。比如一家商店会把所有水果罐头归为一类。

产品的概念还包含与产品或服务自身有关的其他属性，如：

· 产品的质量。

· 每个产品的包装。

· 附带的产品说明书。

· 售后服务。

· 维修和零配件供应。

请你描述还有哪些属性能使你的产品与众不同。

（2）价格

价格是你用产品要换回的钱数。但实际收入还会受其他因素的影响，如产品打折和赊销。在确定了产品之后，你要为其定价。在制定产品价格时，你必须知道：

· 你的产品的成本；

· 顾客愿意出多少钱购买你的产品；

· 竞争者同类产品的价格。

在本书的第七步，你还要学会如何核算产品或服务的成本。现在，你要收集顾客愿意出的价格；列出竞争者的价格；然后确定你认为合适的价格。

（3）地点

地点是指你把自己的企业设在什么地方。如果你计划开办一家零售店或一家服务企业，地点对你来说非常重要，你必须把它设在离顾客较近的地方，这样便于顾客光顾你的店铺。一般来说，如果你的竞争者离顾客近，顾客就不会跑很远的路来你的商店。

而对制造商来说，离顾客远近并不是最重要的，最重要的是能否容易地获得生产所需的原材料。这就是说，工厂或车间应该设在离原材料供应商较近的地方。能获得低租金的厂房对于制造商来说也很重要。

选址也要考虑产品的分销方式和运输问题。仅仅生产好的产品是不够的，你必须要让顾客方便地得到你的产品。

（4）促销

促销是指将你企业的产品信息传递给顾客，吸引他们来购买你的产品。促销通常有3种方法：

· 广告　　向你的顾客提供产品信息，让他们有兴趣购买你的产品。你可以通过报纸或广播做广告。招贴画、小册子、铭牌、价格表和名片也是给你的企业和产品做广告的方法。

·宣传——在地方报纸或杂志上刊登介绍你的新企业的文章，从而达到免费促销的目的。

·销售促销——当顾客来到你的企业或以其他方式与你接触时，你要想方设法让他们买你的产品。促销的手段很多，例如，你可以用醒目的陈列、展示、竞赛活动吸引顾客，也可以用买一赠一的方式，刺激顾客的购买欲。

促销很费钱。为了降低费用，要从美工设计人员、印刷商和其他专业人员那里询价。要先了解你的竞争对手使用的促销方法，然后再决定对你的企业奏效的促销方式。

（5）预测你的销售

销售预测是制定企业计划时最重要和最困难的部分。收入来自销售，没有好的销售就不可能有利润，大多数人往往过高估计自己的销售额。因此，你在预测销售时不要过分乐观，应保守一点，留有余地。

做销售预测绝不是一件容易的事，你必须通过市场调查来做出你的销售决定。预测销售有几种基本方法：

你的经验——你可能在同类的企业中工作过，甚至在你的竞争对手的企业中工作过。你应该对市场有所洞察和了解，并利用这方面的知识来预测你的销售。

记住：在研究一家现有的企业时，如果你要想达到与其相同的销售和利润水平，需要一段时间。

与同类企业进行对比——将你的企业资源、技术和市场营销计划与竞争对手的进行比较。基于他们的水平来预测你的企业销售，这可能是最常用的销售预测方法。

记住：如果在本地区没有竞争者，到其他地方看看那里的企业是怎样运作的。

实地测试——小量试销你的产品或服务，看看你能销出多少。这种方法对制造商和专业零售商很有效，但不适合有大量库存的企业。

记住：如果使用实地测试方法，创业的起步规模要小，甚至保持半开工状态，慢慢将企业做大。

预订单或购买意向书——你可以通过要求你提供产品或服务的近期来函来预测你的销售量。如果你的企业客户不多，可以采用这种方法。这种方法适用于出口商、批发商或制造商。你可以利用预订单来预测销售。

记住：这些必须是书面购买意向书，不能信赖口头协议。

进行调查——调查访问那些可能成为你客户的人，了解他们的购买习惯。做好调查不容易，你最初打算提的问题一般应先以亲戚、朋友为对象进行预测。分析一下结果，然后判断你提的问题是否提供了预测销售所需的信息。你不可能访问所有的潜在顾客，所以你需要做抽样调查。

记住：抽样调查的对象要能够代表你潜在的顾客群，这点很重要。

各家企业以不同方式来决定其销售量，然而，做出一个切合实际的销售预测极为重要，千万不要过高估计。

谁都希望自己成功，但必须提醒自己：最初，销售额会低一些，不过有希望逐步提高。

（二）企业的人员组织

你已经做出了你的企业的销售预测，并大体知道要生产多少产品。产品是靠人来生产的，现在，你需要为你的新企业做人员计划，组织你的企业人员去实现你的生存销售计划。为了使你的新企业顺利而成功地运行起来，你必须很好地安排人员。你必须知道你的企业有哪些工作要做，并且要雇用合适的人去做这些工作。一个有效率的企业，必须有一支具备知识和技能的员工队伍。

微小企业规模不大，一般由下列人员组成：

· 业主，即你本人。

· 企业合伙人。

· 员工。

· 企业顾问。

1. 业主本人

在大多数微小企业中，业主就是经理。只有业主（经理）可以行使以下职责：

· 开发创意，制定目标和行动计划。

· 组织和调动员工实施行动计划。

· 确保计划的执行，使企业达到预期的目标。

在计划开办新企业和制定企业计划时，你要考虑自己的经营能力，要明确哪些工作可以由你自己去做，哪些工作是你既没能力也没时间去做的。如果你需要一个经理，就要考虑他应具备的能力和经历。

向其他有经验的业主请教，看看他们是如何管理企业和员工的。

2. 企业合伙人

如果企业不止一个业主，这些业主将以合伙人的身份，共享收益，共担风险。他们将决定彼此如何分工合作。也许一个人负责销售，另一个管采购，还有一个抓管理。

要管理好一个合伙制企业，合伙人之间的交流一定要透明和诚恳。合伙人之间意见不一致往往导致企业的失败。因此有必要准备一份书面合作协议，明文规定各自的责任和义务。

3. 员工

如果你没有时间或能力把全部工作包下来，就要雇人。最小的企业可能只需要雇1~2个临时工就可以了。有的企业则需要雇用更多全时员工。

为了雇到合适的员工，要考虑以下几点：

参照你的企业构思，把该做的工作列出来。

明确哪些工作你自己做不了。

雇员工来做这些工作，要详细说明所需要的技能和其他要求。

决定完成每项工作需要的人数。

要向员工（包括业主本人）支付的工资。

当你知道你需要雇用员工后，要把岗位的工作职责写出来。岗位职责规定了某一特定领域里要做的工作。这样做有如下好处：

· 员工将确切知道企业需要他们做什么工作。

· 作为经理，你将用其衡量员工的工作绩效。

要根据岗位职责来聘用企业员工。能雇用到有适当技能、有工作积极性的员工对你来说是很重要的。在录用员工前，你要面试所有应聘的人选。提问很有技巧，通过向参加面试的人员提问下面这些问题，你可以掌握应聘人员的大量情况：

· 你原来在哪儿工作？具体做什么工作？

· 你为什么想来本企业工作？

· 你希望得到什么职位？

· 你认为你有哪些优点和弱点？

· 你怎样支配业余时间？有什么兴趣爱好？

· 你喜欢和别人一起工作吗？如果有人对你态度不友好，你会做出怎样的反应？

要多提些问题，以便了解应聘人员更多的情况。最后向所有参加面试的人员发通知，不管他们是否被录取。

4. 你的企业顾问

各种咨询意见对所有企业家都有意义。因为你不可能是所有企业事务方面的专家和万事通。

认准那些对你有过帮助而且将来还可能扶持你的行业专家，包括专业协会会员、会计师、银行信贷员、律师、咨询顾问和政府部门专家。你可以考虑从一些企业、贸易和教育机构那里获得帮助、信息、咨询意见和培训。

大多数微小企业雇员不多，组织结构很简单。大一些或复杂一些的企业也许要建立若干部门。

（三）选择一种企业法律形态

在前面，你已经预测了你的产品销售量，并确定了实现这些销售量的人员安排。

在这一步，你需要了解企业是一个组织，得有一种法律形态，即你得决定你应该办什么形式的企业。为此，你要了解中国企业的法律形态，研究比较每一种法律形态的特点，这将有助你为自己的新企业选择一种最恰当的法律形态。

1. 企业的不同法律形态

中国民营企业的主要法律形体如下：

股份有限公司、有限责任公司、外资企业、中外合资企业、中外合作企业、乡镇企业、股份合作制企业、合伙企业、个人独资企业、个体工商户、农村承包经营户等。

微小企业最常见的法律形态是：

个体工商户、个人独资企业、合伙企业和有限责任公司。

不同的企业法律形态有不同的要求，从而会对企业产生诸多影响，这些影响包括：

· 开办和注册企业的成本；

· 开办企业手续的难易程度；

· 业主的风险责任；

· 寻求贷款的难易程度；

· 寻找合伙人的可能性；

· 企业的决策程序；

· 企业利润所得。

2. 各类企业法律形态的特点

不同的企业法律形态都有各自的特点，了解它们，有助于你为自己的企业选择适当的法律形态。

3. 选择合适的企业法律形态

选择一种法律形态时要考虑的主要因素有：

· 企业的规模；

· 行业类型和发展前景；

· 业主或投资者的数量；

· 创业资金的多少；

· 创业者的观念（倾向个人决策还是协商合作）。

选择企业的法律形态并非易事，要考虑很多方面。你在选择企业的法律形态和注册企业时，应该寻求更多帮助。中国有专门为扶持小企业提供咨询的政府机构（如国家和各地区的工商管理局等）和非政府组织（工商联合会等），还有帮助下岗失业人员创业的劳动就业部门。

如果你要开办一家大型或结构复杂的企业，应当听取律师的意见。

记住：别人的意见只能供你参考，企业你得自己办，千万不要被别人的意见所左右。你要有主见，如果要采用他人建议的法律形态，一定要弄清楚原因。

不同的企业法律形态各有利弊，在选择自己企业的法律形态时，要考虑你的企业和对你企业将产生的影响：

· 如果你的企业不打算借债，是否限制业主个人对企业债务所承担的责任就无关紧要，可以采用简单、经济的形式开办企业，如个体工商户或合伙企业就比较合适。

· 如果你的企业需要借大笔钱，企业负债很高，那么限制业主个人对企业债务所承担的责任就很重要，选择有限责任公司的法律形态较为适合。

· 如果你有国外亲戚朋友愿意投资帮你创业，可以选择中外合资或中外合作的法律形态。

· 如果你的资金和技术不足，但有志同道合的朋友愿意一起干，不妨选合伙企业、有限责任公司的法律形态。

· 如果你不喜欢与他人合作，怕麻烦或得罪人，你就考虑个体工商户或个人独资企业。

（四）法律环境和你的责任

你已经选择了企业的法律形态，现在需要了解你的企业的法律环境和你要承担的法律责任。在开办和经营企业的过程中，要遵守国家的税法、企业法、劳动法、环境保护法等相关法律法规。

1. 法律和责任

国家为了使所有的公民和企业能在公平和谐的环境中竞争和发展，制定了各类法律法规。它们是规范公民和企业经济行为的准则，具有权威性、强制性、公平性。依法办事是公民和企业的责任。

作为一个想创办企业的小企业主来说，你也许觉得法律太多了，弄不明白。其实，和你的企业有直接关系的法律只是其中的一部分。你不必了解有关法律的所有内容，只要求你知道哪些法律和哪些关键内容与新办企业有关就够了。最重要的是你作为企业主，要知道法律不仅对企业有约束的一面，也给你的企业以法律保护。遵纪守法的企业将赢得客户的信任、供应商的合作、职工的信赖、政府的支持，甚至赢得竞争对手的尊重，为自己营造一个良好的生存发展空间。

与企业相关的其他法律有：会计法、税收征收管理法、产品质量法、消费者权益保护法、反不正当竞争法、保险法、环境保护法等。

2. 工商行政登记

办新企业，首先得给它一个明确的法律地位，如同办理“户口”。根据中国法律规定，新办企业必须经工商行政管理部门核准登记，发给营业执照并获得有关部门颁发的经营许可证（例如卫生、环保、特种行业许可证等）。营业执照是企业主依照法定程序申请的、规定企业经营范围等内容的书面凭证。企业只有领取了营业执照，才算有了“正式户口”般的合法身份，才可以开展各项法定的经营业务。

3. 依法纳税

根据中国税法的规定，所有企业都要依法报税纳税。与企业和企业有关的主要税种如下：

· 增值税、营业税；
· 企业所得税；
· 个人所得税；
· 消费税；
· 关税；
· 城市维护建设税；
· 教育费附加等。

社会经济活动是一个连续运动的生生不息的过程：生产—流通—分配—消费。国家对生产流通环节征收的税种统称流转税，对分配环节征收的税种统称所得税。这是最基本的两个税种。

注：个体工商户、个人独资企业和合伙企业不缴纳企业所得税。国家对个体工商户，个人独资企业和合伙企业的投资者，按5%~35%的超额累进税率征收个人所得税。

国家和地方还制定了一些税收优惠政策，例如：特殊商品（粮食、食用植物油、煤气、沼气、居民用煤制品、图书、报纸、杂志、饲料、农药、化肥、农机、农膜等）增值税率为13%。老、少、边、穷地区企业、高新技术企业可以根据情况减免税收。下岗失业人员从事个体经营、合伙经营和组织起来就业的，或者企业吸纳下岗失业人员和安置富余人员的，可以根据情况减免税收。具体政策可以向当地劳动部门咨询。

4. 尊重职工的权益

企业竞争力的一个关键因素是员工的素质和积极性。在劳动力流动加快和竞争加剧的形势下，优秀的劳动者越来越成为劳动力市场上争夺的重要资源。所以新开办的企业一开始就要特别重视以下四个方面的问题：

（1）订立劳动合同

劳动合同是劳动者与企业签订的确立劳动关系、明确双方权利和义务的协议。订立劳动合同对双方都产生约束，不仅保护劳动者的利益，也保护企业的利益，它是解决劳动争议的法律依据。所以绝对不能嫌麻烦，或者为了眼前的小利而设法逃避。

劳动合同的基本内容有：

· 工作职责、定额、违约责任。

· 工作时间。

· 报酬（工资种类、基本工资、奖金、加班、特种工作补贴）。

· 休息时间（周假、节假日、年假、病假、事假、产假、婚丧假等）。

· 社会保险、福利。

· 合同的生效、解除、离职、开除。

一般各地都有统一的劳动合同文本，有关信息可以从当地劳动部门获得。

（2）劳动保护和安全

尽管创业初期资金紧张，企业应尽量创造良好的工作条件，防止工伤事故和职业病的发生，搞好危险和有毒物品的使用和储存，改善音、光、气、温、行、居等条件，以保证职工人身安全并提高他们的工作效率和积极性。

（3）劳动报酬

企业定的工资不能低于本地区劳动部门规定的最低工资标准，而且必须按时以货币形式发放给劳动者本人。有关最低工资标准的信息可以从当地劳动部门获得。

（4）社会保险

国家的社会保险法规要求企业和职工都要参加社会保险，按时足额缴纳社会保险费，使员工在年老、生病、因工伤残、失业、生育的情况下得到补偿或基本的保障。为职工办理社会保险对企业来说是强制性的。

记住：一个企业如果不能为员工提供起码的社会保障，将很难吸引和留住管理和技术人才。企业主对此一定要高度重视。

目前我国的社会保险主要有：养老保险、医疗保险、失业保险、工伤保险和生育保险。办理社会保险的具体程序和要求可到当地劳动社会保障部门进行咨询。

5. 商业保险

经营一个企业总会有风险。各类企业的风险有差异，并非所有的企业风险都能投保。例如，产品需求下降这种企业最基本的风险，就只能由企业自己承担；而另一些风险则可以通过办保险来减少。

企业办了保险，一旦发生了问题，员工和企业的利益可以得到可靠的经济保障。有的企业主为了省钱而不上保险，其实是很失策的。如果一家企业（制造业、林业、商业等）没上保险，其贵重设备被盗窃，或发生火灾时，损失全由企业自己承担。

企业的保险险种通常包括：

资产保险——如机器、库存货物、车辆、厂房的防盗险、水险和火险；商品运输险，特别是进出口商品的这类险种。

人身保险——业主本人和员工的商业医疗保险、人身事故保险、人寿保险等。

你要根据自己企业的情况决定投保哪些险种。一般来讲，从专为小企业提供法律事务咨询的政府或非政府机构里都能得到有关保险的信息，你也可以从当地的保险公司那里得到报价。

记住：保险公司将设法出售他们的一揽子保险。最明智的办法是比较核实各种渠道的信息，为你的新企业购买最适当的保险。

（五）预测启动资金需求

你已经知道了你的产品或服务是有市场的，对此你应该有信心。你也知道了自己作为业主的职责，以及对员工的要求。你将学习如何确定开办企业必须购买的物资和必要的其他开支，并测算其总费用，这些费用叫做启动资金。

1. 启动资金的类型

启动资金用来支付场地（土地和建筑）、办公家具和设备、机器、原材料和商品库存、营业执照和许可证、开业前广告和促销、工资以及水电费和电话费等费用。

这些支出可归为两类：

· 投资（固定资产）——是指你为企业购买的价值较高、使用寿命长的东西。有的企业用很少的投资就能开办，而有的却需要大量的投资才能启动。明智的做法是把必要的投资降到最低限度，让企业少担些风险。然而，每个企业开办时总会有一些投资。

· 流动资金——指企业日常运转所需要支出的资金。

2. 投资（固定资产）预测

你投资需要资金。开办企业时，你必须有这笔钱，而且说不定要等好几年后企业才能挣足钱收回这笔投资。因此在开办企业之前，有必要预算一下你的企业投资到底需要多少资金。

你的投资一般可分为两类：企业用地和建筑，设备。

（1）企业用地和建筑

办企业或开公司，都需要有适用的场地和建筑。也许是用来开工厂的整个建筑，也许只是一个小工作间，也许只需要租一个铺面。如果你能在家开始工作，就能降低投资。

当你清楚了需要什么样的场地建筑时，要做出以下选择：

· 造新的建筑。

· 买现成的建筑。

· 租一栋楼或其中的一部分在家开业。

造房——如果你的企业对场地和建筑有特殊要求，最好造自己的房子，但这需要大量的资金和时间。

买房——如果你能在优越的地点找到合适的建筑，则买现成建筑既简便又快捷。但现成的房子往往需要经过改造才能适合企业的需要，而且需要花大量的资金。

租房——租房比造房和买房所需启动的资金要少，这样做也更灵活。如果是租房，当你需要改变企业地点时，就会容易得多。不过租房不像自己有房那么安稳，而且你也得花些钱进行装修才能适用。

在家开业——在家开业最便宜，但即使这样也少不了要做些调整。在你确定你的企业是否成功之前，在家开业是起步的好方法，待企业成功后再租房和买房也不晚。但在家工作，业务和生活难免互相干扰。

（2）设备

设备是指你的企业需要的所有机器、工具、工作设施、车辆、办公家具等。对于制造商和一些服务行业，最大的需要往往是设备。一些企业需要在设备上大量投资，因此了解清楚需要什么设备，以及选择正确的设备类型就显得非常重要。即便是只需少量设备的企业，也要慎重考虑你确实需要哪些设备，并把它们写入创业计划。

3. 流动资金预测

你的企业开张后要运转一段时间才能有销售收入。制造商在销售之前必须先把产品生产出来；服务企业在开始提供服务之前要买材料和用品；零售商和批发商在卖货之前必须先买货。所有企业在揽来顾客之前必须先花时间和费用进行促销。总之，你需要流动资金支付一下开销：

购买并储存原材料和成品。

· 促销。

· 工资。

· 租金。

· 保险和许多其他费用。

有的企业需要足够的流动资金来支付 6 个月的全部费用，也有的企业只需要支付 3 个月的费用。你必须预测，在获得销售收入之前，你的企业能够支撑多久。一般而言，刚开始的时候销售并不顺利，因此，你的流动资金要计划得富裕些。

（1）原材料和成品储存

制造商生产产品需要原材料；服务行业的经营者也需要些材料；零售商和批发商需要储存商品来出售。你预计的库存越多，需要用于采购的流动资金就越大。既然购买存货需要资金，你就应该将库存降到最低程度。

如果你是个制造商，你必须预测你的生产需要多少原材料库存，这样你可以计算出在获得销售收入之前你需要多少流动资金。如果你是一个服务商，你必须预测在顾客付款之前，你提供服务需要多少材料库存。零售商和批发商必须预测他们在开始营业之前，需要多少商品存货。

记住：如果你的企业允许赊账，资金回收的时间就更长，你需要动用流动资金再次充实库存。

（2）促销

新企业开张，需要促销自己的商品或服务，而促销活动需要流动资金。在第三步中你已做了促销计划并预算了促销费用。

(3) 工资

如果你雇用员工，在起步阶段你就得给他们付工资。你还要以工资方式支付自己家庭的生活费用。计算流动资金时，要计算用于发工资的钱，通过用每月工资总额乘以还没达到收支平衡的月数就可以计算出来。

在第四步中，你已经确定了所需的员工数量和他们的月工资。

(4) 租金

正常情况下，企业一开始运转就要支付企业用地用房的租金。计算流动资金里用于房租的金额，用月租金额乘以还没达到收支平衡的月数就可以得出来。而且，你还要考虑到租金可能一付就是 3 个月或 6 个月，会占用更多的流动资金。

(5) 保险

同样，企业一开始运转，就必须投保并付所有的保险费，这也需要流动资金。

(6) 其他费用

在企业起步阶段，还要支付一些其他费用，例如电费、文具用品费、交通费等。

(六) 制定利润计划

现在，你要关注你的企业怎样挣钱的问题，这对企业的成败至关重要。学完这一步，你将对下列主要问题做出决策：

· 制定销售价格——你卖出的东西，要顾客付多少钱。

· 预测销售收入——你能从前 12 个月的销售中挣到多少钱。

· 制订销售和成本计划——看看你是挣钱，还是赔钱。

· 制定现金流量计划——你是否有足够的资金保证企业正常运转。

1. 制定销售价格

在确定产品价格之前，要计算出你为顾客提供产品或服务所产生的成本。每个企业都会有成本。作为企业主，你必须详细了解经营企业的成本。

很多小企业和大企业因为没有能力控制好企业的经营成本而陷入财务困境。一旦成本大于收入，必致倒闭。

制定价格主要有两种方法：

· 成本加价法——将制作产品或提供服务的全部费用加起来，就是成本价格。在成本价格上加一个利润百分比得出的是销售价格。

· 竞争价格法——在定价时，除了考虑成本外，你还要了解一下当地同类商品或服务的价格，以保证你的定价具有竞争力。如果你定的价格比竞争者的高，你要保证你能更好地满足顾客的需要。

当你在第三步中制定你的市场营销计划时，你已经初步确定了你的产品或服务的价格水平。现在，你要更准确地制定你的产品或服务的销售价格。

(1) 成本加价法

将制作产品或提供服务的成本加起来，得出总成本，然后再加上一个利润百分比得出销售价格。这种方法尤其适用于制造商和服务商。

如果你的企业经营有效，成本不高，用这种方法制定的销售价格在当地应该是具有竞争力的。但是，如果你的企业经营不好，成本可能会比竞争者高，这意味着你用成本加价法制定的价格会太高，不具有竞争力。

怎样具体地计算成本价格呢？

· 首先，你要了解自己生产产品或提供服务的成本构成。

· 其次，你要了解固定资产折旧也是一种成本。

· 最后，计算出单位产品的成本价格。

了解自己的成本构成：

对于一个新企业来说，预测成本绝不是一件容易的事。最好的做法是参照一家同类企业，了解一下该企业算入了哪些成本。当你在第七步中预测你的企业启动资金时，你已经对这些成本有所了解。

所有企业都有两种成本。有些成本是不变的，比如：租金、保险费和营业执照费，这些成本叫做固定成本。另外一些成本会随着生产或销售的起伏而变化，如材料成本，这些成本是可变成本。

对于制造商或服务商来说，可变成本就是制造产品或提供服务的成本。例如，一个面包师要购买诸如面粉、酵母和牛奶等原料做面包；一个零售商要买进用于再出售的商品；一家食品店要买存货，如大米和饼干等。

预测成本时，你必须认真区分可变成本和固定成本。你的材料永远属于可变成本。如果还有其他可变成本，你必须知道这些成本是怎样随着销售的增长而变化的。

折旧是一种特殊成本：

折旧是由于固定资产不断贬值而产生的一种成本，例如设备、工具和车辆等。它虽然不是企业的现金支出，但仍然是一种成本。

由于折旧是针对固定资产而做的，因此，你只需要计算固定资产（有较高价值和有较长使用寿命的资产）的折旧价值。在大多数小企业里，能够折旧的物品为数不多。

计算单位产品或服务的成本价格：

算出一个月的总成本，再除以当月的产品数量，就能得出你的产品或服务的单价。

（2）竞争比较价格

这是确定价格的另外一种方法。参照竞争对手的价格，看看你定的价格与他们的相比是不是有竞争力。

实际上可以同时用成本加价和竞争比较这两种方法来制定价格。一方面，你要严格核算产品成本，保证定价高于成本。另一方面，你应随时观察竞争者的价格，并与之比较，以保持你的价格有竞争力。

记住：要比较同类价格。例如，不要拿制造商的销售价和商店的零售价进行比较。

在做定价时，有一件事对你来说可能是难以预料的，即你的竞争对手对你这家新生企业的反应。有时，当一家新企业进入市场时，竞争对手的反应是很激烈的。他们也许会压低价格，使新企业难以立足。所以即使你的企业计划做得很完备，也总会面临一些意外。

2. 预测销售收入

你在第三步中作市场调查时，已经对销售额做了预测。现在可能需要再核实一遍，看看你提出的数字是否切合实际。

在计划新企业时，知道一定量的销售能带来多少收入，叫做销售收入预测。为了预测销售收入，请采取以下步骤：

列出你的企业推出的所有产品或产品系列，或所有服务项目。

预测第一年里每个月你期望销售的每项产品数量，它来自于你所做的市场调查。

为你计划销售的每项产品制定价格。

用销售价格乘以月销售量来计算每项产品的月销售额。

预测销售和销售收入是准备创业计划中最重要和最困难的部分。大多数人都会过高估计自己的销售，因此，你在预测销售时不要太乐观，要切合实际。千万要记住，在开办企业的头几个月里，你的销售收入不会太高。

3. 制订销售和成本计划

仅仅知道自己的销售收入是不够的。为了掌握企业实际运转的情况，你一定要计算你的企业是不是有了利润。只有这样，你才能准确地知道你的企业是否在挣钱。利润来自销售收入减去企业经营成本。

销售和成本计划使你既看到销售也看到成本，并告诉你是否在盈利。当你计划开办一家新企业时，你应该预测第一年中每个月的利润。

4. 制定现金流量计划

现金就像是使企业这台发动机运转的燃料，有些企业主由于缺乏管理现金流量的能力，导致企业经营中途抛锚。现金流量计划显示每个月预计会有多少现金流入和流出企业。预测现金流量计划将帮助你的企业保持充足的动力，使你的企业在任何时候都不会出现现金短缺的威胁。

在大多数企业中，每天都要收取和支付现金，成功的企业主都要制定现金流量计划。当然，制定现金流量计划绝非易事，下列原因会为制定现金流量计划带来困难：

· 有些销售需要赊账，账通常在几个月后才能收回现金。当你在制定市场营销计划时，你已经决定了赊销政策，现在，你要考虑到这个因素。

· 有时候企业采购会赊账，以后再付现金，这也会使现金流量计划的制定变得更加复杂。但赊购对于一个新企业而言不太可能，因而也就不太常见。

· 企业的某些费用是“非现金”的，如设备折旧这样的项目将不包括在现金流量计划里。但是，当设备折旧期一过，就可能丧失功能，你必须用现金购买新设备。如果你没有考虑到这个因素，备足现金，将会给你的企业的正常运转带来麻烦。

通过制定现金流量计划，会使你时常确定自己的流动资金需求，现金流量计划有助于确保你的企业在任何时候都不会发生无现金经营的窘境。

5. 资金来源

你已经确定了你的企业所需要的启动资金额，现在，你要考虑从哪里筹措到这笔资金。对于大多数微小企业来说，启动资金来自业主自己的积蓄。不过你可以试试以下的渠道：

· 从朋友或亲戚处借钱；

· 从供货商处赊购；

· 从银行或其他金融机构贷款。

筹措启动资金并非易事，获得开办企业的启动资金需要恒心和决心。在开办企业时，你可能需要多试几个不同的渠道来筹措启动资金。有时，你可能要同时从几个渠道筹集足够的费用。

（1）从朋友或亲戚处借钱

从朋友或亲戚处借钱是开办企业最常见的做法。但是，一旦你的企业办失败了，亲戚朋友会因收不回自己的钱而伤了感情。因此，从一开始，你就要向他们说明借钱给你具有一定的风险。为了让他们了解你的企业，你要给他们一份你的创业计划副本，并定期向他们报告创业的进展情况。

（2）从供货商处赊购

在制造业中，可以从供货商那里赊一部分账。不过，这也不容易，因为大多数供货商只有在弄清楚你的企业确实能够运转良好之后，才会为你提供赊账。

（3）从银行或金融机构贷款

银行或其他金融机构是正规的金融部门，他们在向借款人贷款时有严格的条件和审查程序：

首先，他们通常要求你填写一份借款申请表，并在表后附上你的创业计划。

其次，银行一般需要贷款抵押品或质押品，如私人房产、银行存单、有价证券等。如以私人房产作抵押，还要办理房产价值评估以及公证等手续。而且，银行或金融机构为了降低风险，一般不会按抵押品的实际价值给你贷款。它们通常要确保抵押资产的价值高于你的贷款和未付利息额。如果你的企业失败了，你将失去这些个人资产。可见，向正规金融部门贷款是不易的。即使是你有抵押品，借贷机构还会提出不同的利率和贷款条件。

在寻找资金开办企业时，为了获得最好的贷款条件，要多了解几个渠道。目前，为了帮助小企业家创业，国家正在制定各种相关法规和政策，为小企业家创业创造宽松的环境。其中，建立小额贷款信用担保基金担保体系，就是为解决小企业融资难的有效措施。同时，为鼓励下岗失业人员创业，国家还专门建立了为下岗失业人员提供小额贷款的担保基金。你在寻找资金时，也可以寻求这些信用担保体系的帮助。

6. 申请企业贷款

在借钱开办企业时，有必要使贷款人相信你：

· 确实需要钱并清除你所要买的资产；

· 核实了其他成本和资产类型；

· 能够偿还贷款的本息，还款来自未来的利润。

为了提高自己获得贷款的机会，你在设法接近潜在的贷款者时，要考虑以下步骤：

· 提前约定见面时间，不要随意走访；

· 准备好回答有关你的企业的任何问题，因为贷款人多半想知道你对自己的企业了解得有多深；

·多准备几份你的创业计划副本；

·准备回答个人信用和企业资产方面的问题；

·询问何时能够对你的申请做出答复。如果没有及时得到答复，要问问是否还需要你提供什么信息。

大多数银行都有贷款申请表。你可以从你的创业计划中找到贷款申请表所需要的内容。你要认真准确地填完表格，并在表后附上你的创业计划。

如果申请被拒绝，问问为什么。最常见的原因是：

·你的创业构思被认为风险太大；

·你没有足够的抵押、质押或担保品。贷款人需要抵押品，以便在你无法还款时，也能收回贷款；

·你要求贷款的理由不清楚或贷款不能接受；

·你看上去不自信、不乐观、不投入，对于你的企业目标你了解得不够或不实际；

·你没有准备好完整的创业计划。

如果你的申请被拒绝，请修改你的创业计划。你要有恒心和决心，直到能够被贷款人接受为止。

7. 总结

计算你开办新企业所需要的启动资金，要按下列步骤去做：

·制定出你向顾客提供产品或服务的销售价格，其依据是你从市场营销分析中收集的价格信息。要先计算产品或服务的成本再定销售价格；

·预测前 12 个月的销售收入；

·制定销售和成本计划，看看你是在挣钱还是在亏本；

·制定现金流量计划，看看你是否有足够的现金来满足流动资金的需要。

通过修改销售和成本计划与现金流量计划，你能够更准确地确定开办企业所需要的资金。如果你需要贷款，请认真考虑贷这笔钱的渠道。对于大多数新开办的小企业而言，启动资金来源于企业主自己的积蓄。开办企业的资金渠道不多。因此，要获得开办企业的贷款，需要恒心和决心。重要的是修改好你的创业计划。

（七）判断你的企业能否生存

在创办一个企业之前，你需要收集和利用大量的信息。在顺利完成了前面所有步骤之后，你已经通过大量的练习，掌握了充足的信息来完成你的创业计划。

在这一步里，你要对所有信息进行综合分析，完成并充实你的创业计划，再度判断你的创业项目有多大的成功机会，从而决定你是否应该创办这个企业。

1. 完成你的创业计划

你的创业计划一定要写得很详尽，它应该包括以下几部分：

·概要——概要高度概括创业计划各部分内容的要点，勾画出企业的轮廓。概要的内容要全面，条理要清晰，它是你的新企业给人的第一印象。这部分尽管是在最后写成，却要放在创业计划的首页。

·企业构思——企业构思概括描述你的企业，重点说明你要推出的产品或提供的服务，以及你的顾客群体。

·市场评估——任何生意都是通过满足顾客需求而获取利润的。对市场的大小，未来的前景，以及顾客、竞争对手都要进行调查和了解。市场营销计划说明你针对什么特定顾客群的需求来确定产品的市场定位，详细介绍产品或服务的特点、价格、营业地点、销售渠道和促销方式。

·企业组织——这部分谈你将如何组建新企业，包括企业的法律形态、组织结构、员工和你的职责。

·企业财务——任何企业的目的都是盈利。创业计划的这个部分就是要你通过测算销售额、成本和利润来反映企业的效益和启动资金的需要量。

·附件——一般来讲，你提供的信息越详尽，获取帮助的机会就越大。所以诸如申请哪种营业执照、产品或服务目录、价格表、岗位责任和工作定额等均应附在创业计划后面。

不同类型的企业可以用适合自己情况的格式来写创业计划，上述格式是我们的培训所要求的。只要你能根据上述要求写出你的创业计划，再写其他形式的创业计划对你来说也就没有什么困难了。银行等金融贷款机构可能要了解的情况会更加详细，或要求你用另一种格式写创业计划，但上述内容均不可少。

2. 你可以开办企业吗

现在，你的创业计划已经完成，接下来就要考察你是否做好了开业的准备。下面的问题都是你要考虑的：

·你有没有足够的时间和精力来承担企业的管理工作？

·你的企业是否能赚钱？

·你是否有足够的资金来办企业？你有没有足够的责任心和能力？

（1）你有决心和能力创办你的企业吗

你已经汇集了大量有关新企业的信息。现在你要真实地面对自己，再次考虑你是否做好了开办和管理这个企业的准备。请返回去再把《创办你的企业——创业意识培训测试》中的练习四做一遍，你的一些想法可能会有所变化。

（2）你的企业是否盈利

你的销售和成本计划反映了企业开办头一年该产生的利润。前几个月可能没有盈利，但往后就应当有，如果生意仍然亏损或者利润很薄，请考虑以下提示：

·销量能不能提高？

·销售价格有没有提高的余地？

·哪些成本最高？有没有可能降低这些成本？

·能否靠减少库存或降低原材料的浪费来降低成本？

企业的收益起码要能够支付你的工资，给自己定的工资报酬应该和你投入企业的时间、你的能力和所担负的责任相称，它等于你雇别人来做你的工作时该付的工资。除了你的工资之外，你的投资还应带来利润回报。

(3) 你有没有足够的资金来办企业

你的现金流量表显示了企业现金收入和支出的动态。你要有足够的现金去支付到期的账单。即使企业有销售收入，但如果周转资金不足，企业也会倒闭。

如果你的现金流量表显示某个月份里现金短缺，你要采取如下措施：

· 减少赊销额，加快现金回笼；

· 采购便宜的替代品或原料，减少材料消耗来降低当月的成本；

· 要求供应商延长你的付款期限；

· 减少电话费、电费之类的开支；

· 要求银行延长贷款期，或降低每月偿还的本息；

· 推迟添置新设备；

· 租用或贷款购买设备。

(4) 请人帮你审核你的创业计划

有很多机构和专家可以帮你准备和审核创业计划，例如：

· 政府有关部门；

· 对你的业务领域和企业类型有经验的咨询顾问；

· 会计师、银行家、律师等专业人士；

· 一些协会的代表；

· 工商管理院校和培训机构的人士。

你的创业计划是一份很重要的文件，它为你提供一个在纸面上而不是在现实中测试你所构思的企业项目的机会。如果创业计划表明你的构思不好，你就要放弃它，这样就能避免时间、金钱和精力的浪费。所以，先做出一份创业计划很有必要，期间，应向尽可能多的人征求意见。

你要反复审阅创业计划的内容，直到满意为止。创业计划是要交给一些关键人物看的，例如潜在的投资者、合伙人或贷款机构，你得仔细斟酌，以便准确地向他们传递他们所需要的信息。

3. 制定开办企业的行动计划

现在你已经决定要开办企业了，但还停留在纸面上。在和顾客实际打交道之前还有很多工作要做。做这些事要有章法，按部就班。所以你要制定一份行动计划，规定清楚有哪些工作要做、由谁来做，以及什么时候完成。

把要做的事情列一份清单，例如：

· 选择合适的营业地点。

· 筹集落实启动资金。

· 办理企业登记注册手续。

· 接通水电、电话。

· 购买或租用机器设备。

· 购买存货。

· 招聘员工。

·办保险。

·宣传你的企业。

你要落实的事情很多，所以尽量不要浪费时间，行动计划是能帮助你安排任务的最简单有效的方法。计划要做得严谨，以免有遗漏事项。

第二节　创业计划书的撰写与实训

一、实训目的

1. 创业综合模拟计划书内涵；

2. 认识创业与计划之间的关系；

3. 参悟科学的创业计划是成功的基础，全面提升创业分析能力和创新能力。

二、实训内容

1. 了解创业综合模拟课程的主体内容；

2. 设定创业计划书样式（怎样写计划书、计划书格式、大学生创业计划、创业计划书范文、创业计划书案例、计划书模板、计划书封面）；

3. 撰写计划书（计划摘要—产品与服务—管理队伍—市场预测—营销策略—制造与服务计划—财务规划—风险分析）；

4. 评审计划书，推荐计划书，计划书大赛，计划书知识库。

三、实验软件、仪器设备及环境条件

需要一个能连接互联网和播放视频，并能提供设计的场地。

四、创业计划书实训步骤

第一步，创业计划书基础。

1. 创业计划书

创业计划书这一模块包含：撰写计划书（计划摘要—产品与服务—管理队伍—市场预测—营销策略—制造与服务计划—财务规划—风险分析）、评审计划书、推荐计划书、计划书大赛、计划书知识库（怎样写计划书、计划书格式、学生创业计划、创业计划书范文、创业计划书案例、计划书模板、计划书封面）。

系统附有详细计划书评分标准，《大学生创业实战模拟平台》为方便学校举办创业计划书大赛，配备详细的参照模板。（计划书知识库每个子模块内的题目均超过五十篇，共625篇）（图5-1）。

图 5-1

2. 计划书训练题

帮助学生明确计划书，例如，计划书应包含的内容、产品与服务重点针对的内容、风险分析必备的关键点、财务规划等各个方面（图 5-2）。

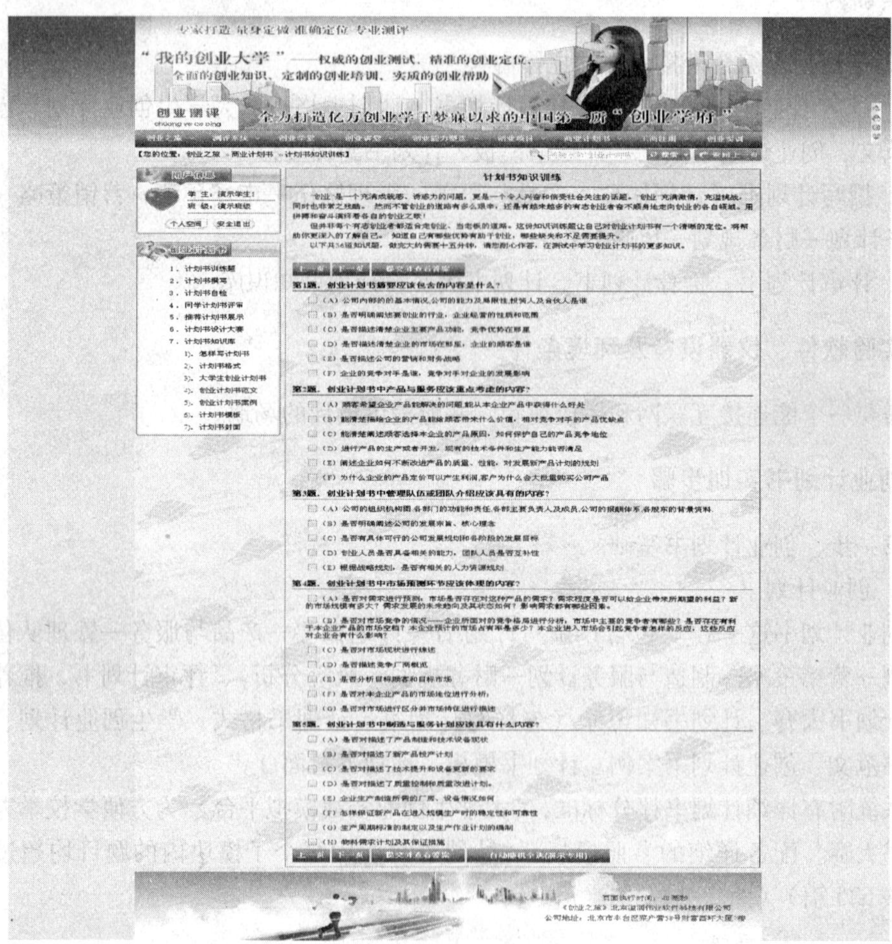

图 5-2

3. 计划书撰写

学生按照计划书撰写步骤：计划摘要、产品与服务、人员与组织结构、市场预测、营销策略、制造与服务计划、财务规划、风险分析八个步骤完成自己的创业计划书（图 5-3）。

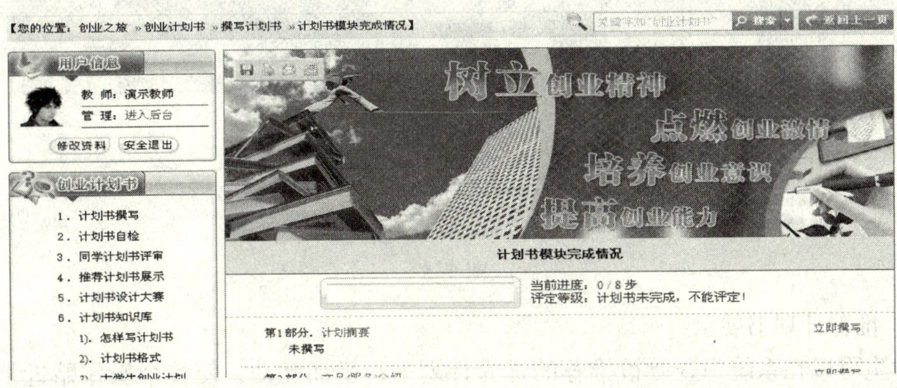

图 5-3

4. 计划书自检

系统列出了计划书八个部分必须具备的各项因素，学生可一一对应找出撰写的计划书是否存在欠缺，根据实际情况做针对性修改（图 5-4）。

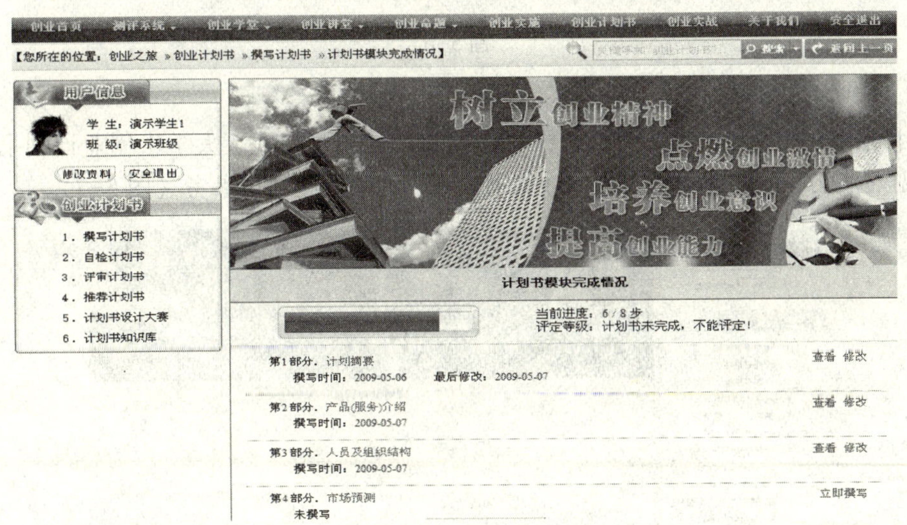

图 5-4

5. 同学计划书评审

计划书的撰写要做到具有清晰度、简洁性、完整性、可行性。学生可以互相发表评论，教师可以给予评分，优秀计划书可以推荐（图 5-5）。

图 5-5

6. 推荐计划书展示

学生可以在系统中查看被推荐的优秀计划书，增加互动，使整个操作贴近学生的学习方式，激发学生的学习激情（图 5-6）。

序号	作者	计划书名称	推荐	得分	查看
演示学生1	1	爱上创业	已推荐	77	查看
演示学生3	2	比亚迪F3	已推荐	70	查看
演示学生4	3	我要创业	已推荐	99	查看

图 5-6

7. 计划书知识库

计划书知识库为学生提供了怎样写计划书、计划书格式、大学生创业计划书、创业计划书范文、创业计划书案例、计划书模板、计划书封面供参考（图 5-7）。

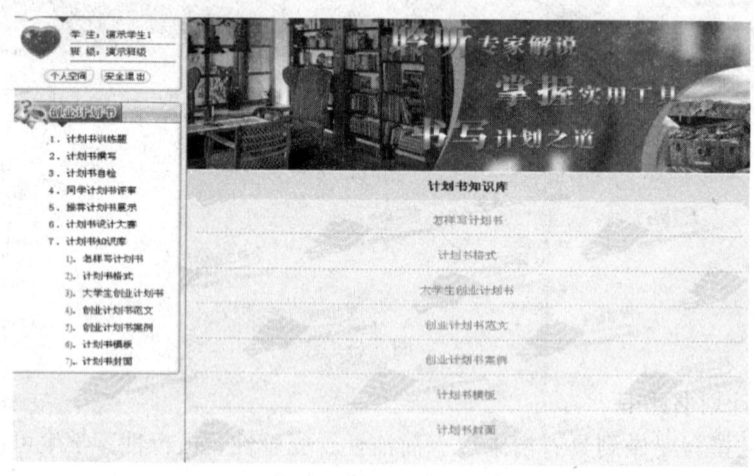

图 5-7

第二步，撰写计划书。

1. 怎样写创业计划书（图 5-8）。

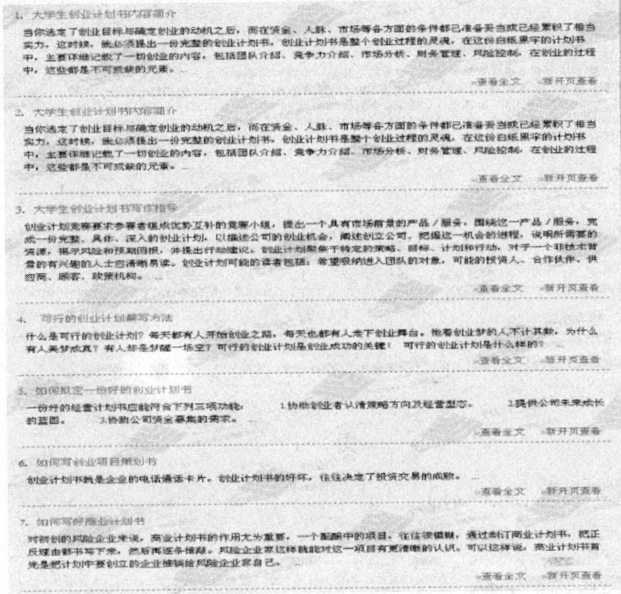

1. 大学生创业计划书内容简介

当你选定了创业目标与确定创业的动机之后，而在资金、人脉、市场等各方面的条件都已准备妥当或已经累积了相当实力，这时候，就必须提出一份完整的创业计划书。创业计划书是整个创业过程的灵魂，在这份白纸黑字的计划书中，主要详细记载了一切创业的内容，包括团队介绍、竞争力介绍、市场分析、财务管理、风险控制，在创业的过程中，这些都是不可或缺的元素。…

»查看全文　»新开页查看

2. 大学生创业计划书内容简介

当你选定了创业目标与确定创业的动机之后，而在资金、人脉、市场等各方面的条件都已准备妥当或已经累积了相当实力，这时候，就必须提出一份完整的创业计划书。创业计划书是整个创业过程的灵魂，在这份白纸黑字的计划书中，主要详细记载了一切创业的内容，包括团队介绍、竞争力介绍、市场分析、财务管理、风险控制，在创业的过程中，这些都是不可或缺的元素。…

»查看全文　»新开页查看

3. 大学生创业计划书写作指导

创业计划竞赛要求参赛者组成优势互补的竞赛小组，提出一个具有市场前景的产品／服务，围绕这一产品／服务，完成一份完整、具体、深入的创业计划，以描述公司的创业机会，阐述创立公司、把握这一机会的进程，说明所需要的资源，揭示风险和预期回报，并提出行动建议。创业计划聚焦于特定的策略、目标、计划和行动，对于一个非技术背景的有兴趣的人士应清晰易读。创业计划可能的读者包括：希望吸纳进入团队的对象，可能的投资人、合作伙伴、供应商、顾客、政策机构。…

»查看全文　»新开页查看

4. 可行的创业计划撰写方法

什么是可行的创业计划？每天都有人开始创业之路，每天也都有人走下创业舞台。抱着创业梦的人不计其数，为什么有人美梦成真？有人却是梦醒一场空？可行的创业计划是创业成功的关键！可行的创业计划是什么样的？…

»查看全文　»新开页查看

5. 如何拟定一份好的创业计划书

一份好的经营计划书应能符合下列三项功能：1.协助创业者认清策略方向及经营型态。2.提供公司未来成长的蓝图。3.协助公司资金募集的需求。…

»查看全文　»新开页查看

6. 如何写创业项目策划书

创业计划书就是企业的电话通话卡片。创业计划书的好坏，往往决定了投资交易的成败。…

»查看全文　»新开页查看

7. 如何写好商业计划书

对初创的风险企业来说，商业计划书的作用尤为重要，一个酝酿中的项目，往往很模糊，通过制订商业计划书，把正反理由都书写下来，然后再逐条推敲。风险企业家这样就能对这一项目有更清晰的认识。可以这样说，商业计划书首先是把计划中要创立的企业推销给风险企业家自己。…

»查看全文　»新开页查看

图 5-8

2. 计划书格式（图 5-9）。

创业计划书的规范格式

来源：互联网　添加时间：2009-5-10 0:00:00　添加人：admin

创业计划书一般的格式，创业计划书是将有关创业的想法，借由白纸黑字最后落实的载体。创业计划书的质量，往往会直接影响创业发起人能否找到合作伙伴、获得资金及其他政策的支持创业计划书必须如何写创业计划书呢？要依目标，即看计划书的对象而有所不同，譬如是要写给投资者看呢，还是要拿去银行贷款。从不同的目的来写，计划书的重点也会有所不同。不过，创业计划书也有一般的格式，需要涵盖以下必须的内容。

创业计划书 6C

撰写创业计划书，首先需要6C的规范。

首先是Concept（概念），就是让别人知道你要卖的是什么。

其次是Customers（顾客），顾客的范围要很明确，比如说认为所有的女人都是顾客，那五十岁以上、五岁以下的女性也是你的客户吗。

第三是Competitors（竞争者），需要问，你的东西有人卖过吗，是否有替代品，竞争者跟你的关系是直接还是间接等。

第四是Capabilities（能力），要卖的东西自己懂不懂？譬如说开餐馆，如果师傅不做了找不到人，自己会不会炒菜？如果没有这个能力，至少合伙人要会做，再不然也要有鉴赏的能力，不然最好是不要做。

第五是Capital（资本），资本可能是现金，也可以是有形或无形资产。要很清楚资本在哪里、有多少，自有的部分有多少，可以借贷的有多少。

最后是Continuation（持续经营），当事业做得不错时，将来的计划是什么。

简单地说，创业计划书有三个部分，第一部分是整个本体的部分，就是事业的主要内容。然后是财务数据，比如营业额、成本、利润如何，未来还需要多少的资金周转等等。第三是补充文件，比如有没有专利证明、专业的执照或证书，或者是意向书、推荐函。

创业计划书十章节

通常一本创业计划书在前面需要写一页左右的摘要，接下来是创业计划书的具体章节，一般分成十大章。

第一章，事业描述。必须描述所要进入的是什么行业，卖什么产品（或服务），谁是主要的客户，所属产业的生命周期是处于萌芽、成长、成熟还是衰退阶段。还有，企业要用独资还是合伙或公司的形态，打算何时开业，营业时间有多长等。

第二章，产品/服务。需要描述你的产品和服务到底是什么，有什么特色，你的产品跟竞争者有什么差异，如果并不特别为什么顾客要买。

第三章，市场首先需要界定目标市场在哪里，是既有的市场既有的客户，还是在新的市场开发新客户。不同的市场不同的客户都有不同的营销方式。在确定目标之后，决定怎样上市、促销、定价等，并且做好预算。

第四章，地点。一般公司对地点的选择可能影响不那么大，但是如果要开店，店面地点的选择就很重要。

第五章，竞争。下列三种时候尤其要做竞争分析：1.要创业或进入一个新市场时；2.当一个新竞争者进入自己在经营的市场时；3.随时随地做竞争分析，这样最省力。竞争分析可以从五个方向去做：谁是最接近的五大竞争者，他们的业务如何，他们与本业务相似的程度，从他们那里学到什么，如何做得比他们好。

第六章，管理。中小企业98%的失败来自于管理的缺失，其中45%是因为管理缺乏竞争力，目前还没有明确的解决之道。

第七章，人事。要考虑现在、半年内、未来三年的人事需求，并且具体考虑需要引进哪些专业技术人才、全职或兼职、薪水如何计算，所需人事成本等。

第八章，财务需求与运用。考虑融资款项的运用、营运资金周转等，并预测未来3年的损益表、资产负债表和现金流量表。

第九章，风险。不是说有人竞争就是风险，风险可能是进出口汇兑的风险、餐厅有火灾的风险等，并注意当风险来时如何应对。

第十章，成长与发展。下一步要怎么样，三年后如何，这也是创业计划书所要提及的。企业是要能持续经营的，所以在规划时要能够做到多元化和全球化。

图 5-9

3. 大学生创业计划书（图 5-10）。

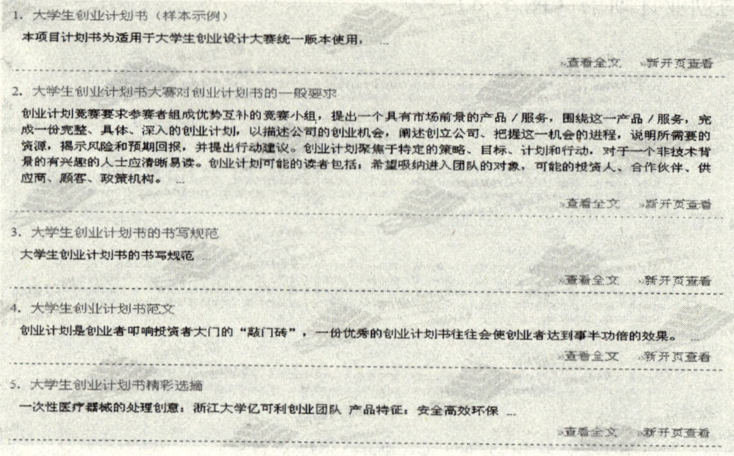
1. 大学生创业计划书（样本示例）
本项目计划书为适用于大学生创业设计大赛统一版本使用。...
»查看全文 »新开页查看
2. 大学生创业计划书大赛对创业计划书的一般要求
创业计划竞赛要求参赛者组成优势互补的竞赛小组，提出一个具有市场前景的产品／服务，围绕这一产品／服务，完成一份完整、具体、深入的创业计划，以描述公司的创业机会，阐述创立公司、把握这一机会的进程，说明所需要的资源，揭示风险和预期回报，并提出行动建议。创业计划聚焦于特定的策略、目标、计划和行动，对于一个非技术背景的有兴趣的人士应清晰易读。创业计划可能的读者包括：希望吸纳进入团队的对象，可能的投资人、合作伙伴、供应商、顾客、政策机构。...
»查看全文 »新开页查看
3. 大学生创业计划书的书写规范
大学生创业计划书的书写规范 ...
»查看全文 »新开页查看
4. 大学生创业计划书范文
创业计划是创业者叩响投资者大门的“敲门砖”，一份优秀的创业计划书往往会使创业者达到事半功倍的效果。...
»查看全文 »新开页查看
5. 大学生创业计划书精彩选摘
一次性医疗器械的处理创意：浙江大学亿可利创业团队 产品特征：安全高效环保 ...
»查看全文 »新开页查看

图 5-10

4. 创业计划书范文（图 5-11）。

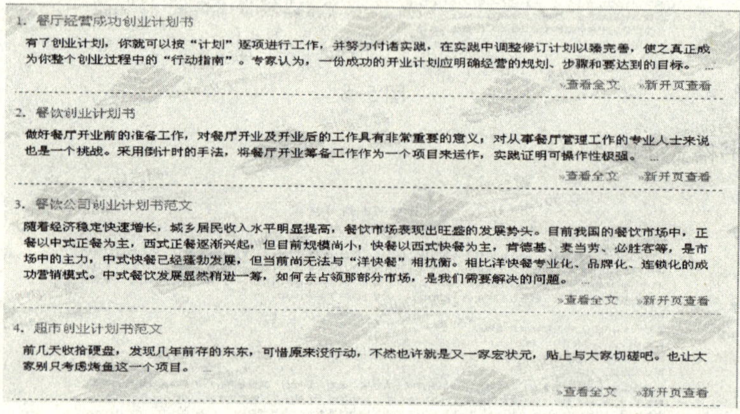
1. 餐厅经营成功创业计划书
有了创业计划，你就可以按“计划”逐项进行工作，并努力付诸实践，在实践中调整修订计划以臻完善，使之真正成为你整个创业过程中的“行动指南”。专家认为，一份成功的开业计划应明确经营的规划、步骤和要达到的目标。...
»查看全文 »新开页查看
2. 餐饮创业计划书
做好餐厅开业前的准备工作，对餐厅开业及开业后的工作具有非常重要的意义，对从事餐厅管理工作的专业人士来说也是一个挑战。采用倒计时的手法，将餐厅开业筹备工作作为一个项目来运作，实践证明可操作性极强。...
»查看全文 »新开页查看
3. 餐饮公司创业计划书范文
随着经济稳定快速增长，城乡居民收入水平明显提高，餐饮市场表现出旺盛的发展势头。目前我国的餐饮市场中，正餐以中式正餐为主，西式正餐逐渐兴起，但目前规模尚小；快餐以西式快餐为主，肯德基、麦当劳、必胜客等，是市场中的主力，中式快餐已经蓬勃发展，但当前尚无法与“洋快餐”相抗衡。相比洋快餐专业化、品牌化、连锁化的成功营销模式，中式餐饮发展显然稍逊一筹，如何去占领那部分市场，是我们需要解决的问题。...
»查看全文 »新开页查看
4. 超市创业计划书范文
前几天收拾硬盘，发现几年前存的东东，可惜原来没行动，不然也许就是又一家宏状元，贴上与大家切磋吧。也让大家别只考虑烤鱼这一个项目。...
»查看全文 »新开页查看

图 5-11

5. 创业计划书案例（图 5-12）。

1. 创业计划书参考案例
创名牌是一项耗费大量人力、物力和财力的长期工程。一个企业，尤其是实力较弱的中小企业如果不顾自身状况与条件，一味去争创名牌，很可能适得其反，得不偿失。...
»查看全文 »新开页查看
2. 快餐公司的创业计划书
发展符合中国特色的快餐行业，利用合理有效的管理和投资，建立大型快餐连锁公司。...
»查看全文 »新开页查看
3. 商业计划书
商业计划书是贵公司提交的全面介绍公司运作情况及阐述未来发展前景和融资要求的书面材料。为使双方更好地沟通和了解，请严格按照本公司的下列要求编制：...
»查看全文 »新开页查看
4. 创业投资策划以及商业计划书要素
什么是创业投资策划？创业投资策划就是投资策划人员通过对投资项目进行系统分析，对投资活动的整体战略和策略进行运筹规划，从而对提出投资决策、实施投资决策、检验投资决策的全过程作预先的考虑和设想。以便充分运用自有资本（无形资产），巧妙利用社会资本和国内外风险投资，在资本运动的时间、空间、结构三维关系中选择最佳结合点，以获得投资的满意与可靠的投资回报。...
»查看全文 »新开页查看

图 5-12

6. 计划书模板（图 5-13）。

创业计划书封面模板

来源：互联网　　添加时间：2009-5-10 0:00:00　　添加人：admin

创业计划书
企业名称
创业者姓名
日 期
通信地址
邮政编码
电 话
传 真
电子邮件
目录
企业概况……………………………………………………(1)
创业计划作者的个人情况…………………………………(1)
市场评估……………………………………………………(2)
市场营销计划………………………………………………(4)
企业组织结构………………………………………………(5)
固定资产……………………………………………………(7)
流动资金(月)………………………………………………(9)
销售收入预测(12个月)……………………………………(10)
销售和成本计划……………………………………………(11)
现金流量计划………………………………………………(12)
企业概况
主要经营范围:

图 5-13

附参考样式（一）

创 业 计 划 书

按国际惯例，通用的标准文本格式形成的项目计划书，是全面介绍公司和项目运作情况，阐述产品市场及竞争、风险等未来发展前景和融资要求的书面材料。

保密承诺：本项目计划书内容涉及商业秘密，仅对有投资意向的投资者公开。未经本人同意，不得向第三方公开本项目计划书涉及的商业秘密。

一、项目企业摘要

创业计划书摘要，是全部计划书的核心之所在。

＊投资安排

资金需求数额	（万元）	相应权益	

＊拟建企业基本情况

公司名称	
联系人	
电话	
传真	
电子邮件	
地址	
项目名称	
您在寻找第几轮资金	□种子资本　□第一轮　□第二轮　□第三轮
企业的主营产业	

＊其他需要着重说明的情况或数据（可以与下文重复，本概要将作为项目摘要由投资人浏览）

二、业务描述

＊企业的宗旨（200 字左右）

＊主要发展战略目标和阶段目标

＊项目技术独特性（请与同类技术比较说明）

介绍投入研究开发的人员和资金计划及所要实现的目标，主要包括：

1. 研究资金投入

2. 研发人员情况

3. 研发设备

4. 研发产品的技术先进性及发展趋势

三、产品与服务

＊创业者必须将自己的产品或服务创意作一介绍。主要有下列内容：

1. 产品的名称、特征及性能用途；介绍企业的产品或服务及对客户的价值

2. 产品的开发过程，同样的产品是否还没有在市场上出现？为什么？

3. 产品处于生命周期的哪一段

4. 产品的市场前景和竞争力如何

5. 产品的技术改进和更新换代计划及成本，利润的来源及持续盈利的商业模式

＊生产经营计划。主要包括以下内容：

1. 新产品的生产经营计划：生产产品的原料如何采购、供应商的有关情况，劳动力和雇员的情况，生产资金的安排以及厂房、土地等

2. 公司的生产技术能力

3. 品质控制和质量改进能力

4. 将要购置的生产设备

5. 生产工艺流程

6. 生产产品的经济分析及生产过程

四、市场营销

＊介绍企业所针对的市场、营销战略、竞争环境、竞争优势与不足、主要对产品的销售金额、增长率和产品或服务所拥有的核心技术、拟投资的核心产品的总需求等

＊目标市场，应解决以下问题：

1. 你的细分市场是什么？

2. 你的目标顾客群是什么？

3. 你的 5 年生产计划、收入和利润是多少？

4. 你拥有多大的市场？你的目标市场份额为多大？

5. 你的营销策略是什么？

＊行业分析，应该回答以下问题：

1. 该行业发展程度如何？

2. 现在发展动态如何？

3. 该行业的总销售额有多少？总收入是多少？发展趋势怎样？

4. 经济发展对该行业的影响程度如何？

5. 政府是如何影响该行业的？

6. 是什么因素决定它的发展？

7. 竞争的本质是什么？你采取什么样的战略？

8. 进入该行业的障碍是什么？你将如何克服？

＊竞争分析，要回答如下问题：

1. 你的主要竞争对手是谁？

2. 你的竞争对手所占的市场份额和市场策略是什么？

3. 可能出现什么样的新发展？

4. 你的核心技术（包括专利技术拥有情况，相关技术使用情况）、产品研发的进展情况和现实物质基础是什么？

5. 你的策略是什么？

6. 在竞争中你的发展、市场和地理位置的优势所在？

7. 你能否承受、竞争所带来的压力？

8. 产品的价格、性能、质量在市场竞争中所具备的优势是什么？

＊市场营销，你的市场影响策略应该说明以下问题：

1. 营销机构和营销队伍

2. 营销渠道的选择和营销网络的建设

3. 广告策略和促销策略

4. 价格策略

5. 市场渗透与开拓计划

6. 市场营销中意外情况的应急对策

五、管理团队

＊全面介绍公司管理团队情况，主要包括：

1. 公司的管理机构，主要股东、董事、关键的雇员、薪金、股票期权、劳工协议、奖惩制度及各部门的构成等情况都要以明晰的形式展示出来

2. 要展示你公司管理团队的战斗力和独特性及与众不同的凝聚力和团结战斗精神

＊列出企业的关键人物（含创建者、董事、经理和主要雇员等）

关键人物之一

表 5-1

<table>
<tr><td>姓　　名</td><td colspan="3"></td></tr>
<tr><td>角　　色</td><td colspan="3"></td></tr>
<tr><td>专业职称</td><td colspan="3"></td></tr>
<tr><td>任　　务</td><td colspan="3"></td></tr>
<tr><td>专　　长</td><td colspan="3"></td></tr>
<tr><td colspan="4">主要经历</td></tr>
<tr><td>时　间</td><td>单　　位</td><td>职　　务</td><td>业　　绩</td></tr>
<tr><td></td><td></td><td></td><td></td></tr>
<tr><td></td><td></td><td></td><td></td></tr>
<tr><td></td><td></td><td></td><td></td></tr>
<tr><td></td><td></td><td></td><td></td></tr>
</table>

表5-1(续)

所受教育			
时　间	学　校	专　业	学　历

＊企业共有多少全职员工（填数字）

＊企业共有多少兼职员工（填数字）

＊尚未有合适人选的关键职位？

＊管理团队的优势与不足之处在哪里？

＊人才战略与激励制度是什么？

＊外部支持：公司聘请的法律顾问、投资顾问、投发顾问、会计师事务所等中介机构的名称。

六、财务预测

＊财务分析包括以下三方面的内容：

1. 过去三年的历史数据，今后三年的发展预测，主要提供过去三年现金流量表、资产负债表、损益表以及年度的财务总结报告书

2. 投资计划

（1）预计的风险投资数额

（2）风险企业未来的筹资资本结构如何安排

（3）获取风险投资的抵押、担保条件

（4）投资收益和再投资的安排

（5）风险投资者投资后双方股权的比例安排

（6）投资资金的收支安排及财务报告编制

（7）投资者介入公司经营管理的程度

3. 融资需求

创业所需要的资金额、团队出资情况、资金需求计划，为实现公司发展计划所需要的资金额、资金需求的时间性，资金用途（详细说明资金用途，并列表说明）。

融资方案：公司所希望的投资人及所占股份的说明，资金，其他来源，如银行贷款等。

＊完成研发所需投入是多少？＊达到盈亏平衡所需投入是多少？＊达到盈亏平衡的时间是什么？

项目实施的计划进度及相应的资金配置、进度表。

＊投资与收益

表5-2

（单位万元）	第一年	第二年	第三年	第四年	第五年
年收入					
销售成本					
运营成本					
净收入					
实际投资					
资本支出					
年终现金余额					

＊简述本期风险投资的数额、退出策略、预计回报数额和时间表。

七、资本结构

表 5–3

迄今为止有多少资金投入贵企业？	
您目前正在筹集多少资金？	
假如筹集成功，企业可持续经营多久？	
下一轮投资打算筹集多少？	
企业可以向投资人提供的权益有	□股权 □可转换债 □普通债权 □不确定

＊目前资本结构表

表 5–4

股东成分	已投入资金	股权比例

＊本期资金到位后的资本结构表

表 5–5

股东成分	投入资金	股权比例

＊请说明你们希望寻求什么样的投资者？（包括投资者对行业的了解，资金上、管理上的支持程度等。）

八、投资者退出方式

＊股票上市：依照本创业计划的分析，对公司上市的可能性做出分析，对上市的前提条件做出说明。

＊股权转让：投资商可以通过股权转让的方式收回投资。

＊股权回购：依照本创业计划的分析，公司对实施股权回购计划应向投资者说明。

＊利润分红：投资商可以通过公司利润分红达到收回投资的目的，按照本创业计划的分析，公司对实施股权利润分红计划应向投资者说明。

九、风险分析

＊企业面临的风险及对策

详细说明项目实施过程中可能遇到的风险，提出有效的风险控制和防范手段，包括技术风险、市场风险、管理风险、财务风险及其他不可预见的风险。

十、其他说明

＊您认为企业成功的关键因素是什么？

＊请说明为什么投资人应该投资贵企业而不是别的企业？

＊关于项目承担团队的主要负责人或公司总经理详细的个人简历及证明人。

＊媒介关于产品的报道；公司产品的样品、图片及说明；有关公司及产品的其他资料。

＊创业计划书内容真实性承诺。

思考与讨论

1. 创业计划书的内涵是什么？
2. 为什么要撰写创业计划书？
3. 创业计划书包含哪些内容？
4. 创业计划书的评审标准是什么？

第六章 创业融资

小王的创业项目、团队和计划都已有了，但就是没有多少创业资金。导师告诉他：创业中，资金是产品研制、投资、产房、生产规模等一系列环节的基本保障，可谓是企业的血液。但初创企业中，大多为中小规模企业，还没有自己建立起来的信誉，也没有成熟的产品和市场，通常的融资渠道和方式受到一定局限。这种情况下，创业者能否快速、高效地筹集资金是创业企业发展的关键。它在某种程度上决定了企业的成败。

第一节 创业融资知识

如何融资？选择什么性质的资金？解决这些问题就要知道什么叫融资，它的程序是什么，融资的渠道和方式。

一、融资的定义

从广义上讲，融资也叫金融，就是货币资金的融通，是当事人通过各种方式到金融市场上筹措或贷放资金的行为。

从狭义上讲，融资即是一个企业的资金筹集的行为与过程，也就是公司根据自身的生产经营状况、资金拥有的状况，以及公司未来经营发展的需要，通过科学的预测和决策，采用一定的方式，从一定的渠道向公司的投资者和债权人去筹集资金，组织资金的供应，以保证公司正常生产需要，经营管理活动需要的理财行为。公司筹集资金的动机应该遵循 定的原则，通过一定的渠道和一定的方式去进行。我们通常讲，企业筹集资金无非有三大目的，企业要扩张、企业要还债以及混合动机（扩张与还债混合在一起的动机）。

二、创业融资的程序

大多数人对“融资”并不陌生，譬如房屋租赁、汽车租赁等，但这些通常不会发生所有权转移问题，可归为传统租赁。融资租赁则是现代租赁业的代表，本质上属于一种与银行信贷、保险并列的金融手段。它是在分期付款的基础上，引入出租服务中所有权和使用权分离的特性，租赁结束后将所有权转移给承租人的现代营销方式。融资租赁完成承租人不需立即支付所需机器设备的全部价款，并可利用租赁物所产生的利润支付租金。

（一）融资的前期准备

（1）了解投资者的产业偏好，考虑自己公司是什么情况，应该选取哪一类的投资者。

（2）合理评估并挖掘企业价值，如何把自己的企业更好地呈现给投资者。要考虑企业真正的价值在什么地方，也就是说有没有一些独创的地方，使得投资者会觉得这个企业有比较好的前景。

（3）编制商业计划书，拟定商业企划书，不需要太长，但是需要包含一些比较重要的因素：市场分析、商业模式介绍、人才团队构建、现金流预测、财务计划、现金流预测、财务计划。

（4）推销企业，与投资者接触；通过有影响的中介机构、人士推荐或直接上门等体现创业者的综合素质、与投资者建立信任。特别强调，引资可以借力于中介机构。中介机构，不管是投资顾问还是财务顾问，他们的业务就是在不断地产生投资项目。他们找到好的项目，把它做下来，才能收到佣金。中介机构跟国外的很多投资基金或者说其他的潜在投资者一向都保持着比较好的联系，所以在有好的项目的时候，中介机构能够以一种比较顺畅的方式，把这个项目相应的情况介绍给潜在的投资者，起到一种资源整合的作用。

（二）配合投资者进行尽职调查

作为一个投资者，或者作为一个买方，很大程度上要派自己的团队去对投资的公司进行相应的了解。这个了解一般会涉及财务和法律。财务他们会派会计师事务所去查看公司过去的财务报表，或者说其他的一些财务文件。从法律的角度，比如说公司成立的状况，有没有潜在的诉讼，或者说公司的产权上有没有抵押物权等这类情况。

尽职调查会根据公司成立的历史，也就是说有没有一些子公司、分公司，业务的情况是怎么样，有没有大量的文件和合同需要审阅，往往会不同。但是一般来讲，作为投资者也好，或者是公司的收购方也好，他们都会根据这个行业的具体情况提供一份比较完整的清单。

（三）谈判/投资意向书

投资意向书的签订，根据项目的不同，有的时候，投资者和公司的股东可能是在尽职调查之前就签订了意向书。这个意向书里往往会制定一个公式，或者确定一个原则，如何对公司进行估值，或有一些具体价款的支付问题。或者说具体的情况，再根据尽职调查的结果去调整。但是也有先做完尽职调查然后再签订意向书的。

（四）签订协议

签订意向书，从商业角度上来讲，很大程度上是涉及考虑公司价值多少，用一个什么样的标准衡量它，包括权利义务，原始股东与新股东的关系，以及退出机制等。因为作为私募投资者来讲，他很大的一个考虑就在于以这种私募的形式投资到公司里头，公司没有上市的情况下，这些投资将来是否能够退出，所以他会充分地考虑需要一种什么样的权利，来保护他的利益，使得他将来需要退出的时候有这种退出的机制。当然这实际上是涉及投资者和原来的股东之间如何达成一种共识去提出相应的一个机制。

意向书一般并没有一个严格意义上的法律效力，但是它都有一些具体条款具有法律效力，比如说保密、排他性条款等。排他性条款是指一旦签订这意向书之后，在一定的时间段之内，公司不得同其他的潜在投资者接触和洽谈投资意向。所以一般针对投资意向书来讲，也不能够单纯以为它没有法律效力就不注意它，因为很大程度上来讲，它里面一些条款会成为进一步谈判交易的基石，限制公司的一些其他投资的行为。

三、创业融资的渠道和方式

融资渠道是指取得资金的途径，即资金的供给者是谁。融资方式则是指如何取得资金，即采用什么融资工具来取得资金。

（一）创业融资渠道

1. 国家财政资金

为此许多地方政府和部门针对广大普通劳动者创业给予了必要的政策引导和扶持。2003 年 1 月 10 日，中国人民银行会同财政部、国家经贸委、劳动和社会保障部共同制定发布了《下岗失业人员小额担保贷款管理办法》，分别就下岗失业人员小额担保贷款的对象和条件、程序和用途、额度与期限、利率与贴息，以及有关贷款担保基金、担保机构等管理内容进行了详细规定。2007 年 6 月，为了支持科技型中小企业自主创新，财政部、科技部制定了《科技型中小企业创业投资引导基金管理暂行办法》，其支持对象为从事创业投资的创业投资企业、创业投资管理企业、具有投资功能的中小企业服务机构以及初创期科技型中小企业。为此许多地方政府和部门针对广大普通劳动者创业给予了必要的政策引导和扶持。2015 年国务院发布《关于进一步做好新形势下就业创业工作的意见》。有创业要求、具备一定创业条件，但缺乏创业资金的就业重点群体和困难人员，贷款最高额度由针对不同群体的 5 万元、8 万元、10 万元不等统一调整为 10 万元。对个人发放的创业担保贷款，在贷款基础利率基础上上浮 3 个百分点以内的，由财政给予贴息。

2. 企业自留资金（资本公积金、盈余公积金和未分配利润）

一般而言，企业实际自留资金高于账面资金；当然对于大多数处于初创阶段的企业而言，其自留资金也是有限的。

3. 国内外金融机构资金

国内外金融机构资金是指各种银行和非银行金融机构向企业提供的资金，是企业经营资金的主要来源，是世界银行及外国银行在中国境内的分支机构提供的外汇贷款，各级政府和其他组织主办的非银行金融机构提供的融资。

时下中国工商银行、中国银行、中国农业银行、浦发银行、中信实业银行、交通银行等都已推出了个人创业贷款业务。再如农业银行在四川省还成立了第一家个人创业贷款中心，该中心专门为初始创业和继续创业的人士提供融资需求，可以通过商铺、住房、有价证券等抵押、质押以及有实力的人士提供担保解决贷款，贷款额度最高可达 200 万元。农业银行浙江省分行营业部投放的“个人创业贷款”，推出了房改房抵押、车辆质押、出租车经营权证质押、个体业主摊位权证质押等新的担保抵押方式，贷款“门槛”进一步降低。而深圳发展银行在上海推出的创业贷款，服务于各类投资

的个人，最高贷款金额为105万元，

4. 其他企业和单位的资金

其他企业和单位的资金指各类企事业单位、非营利社团组织等，在经营和业务活动中暂时或长期闲置、可供企业调剂使用的资金。

5. 职工和社会个人资金

创业社会化是一种趋势，由于一个人势单力薄，所以几个人凑在一起有利于创业投资，合伙创业不但可以有效筹集到资金，还可以充分发挥人才的作用，并且有利于对各种资源的利用与整合，合伙投资可以解决资金不足，但也应当注意一些问题：一是要明晰投资份额，个人在确定投资合伙经营时应确定好每个人的投资份额，也并不一定平分股权就好，平分投资份额往往为以后的矛盾埋下祸根。因为没有合适的股份额度，将导致权利和义务的相等，结果使所有的事情大家都有同样多的权利，都有同样多的义务，经营意图难以实现。二是要加强信息沟通。很多人合作总是因为感情好，你办事我放心，所以就相互信任。长此以往，容易产生误解和分歧，不利于合伙基础的稳定。三是要事先确立章程。合伙企业不能因为大家感情好，或者有血缘关系，就没有企业的章程，没有章程是合作的大忌，应注意规避政策和法律风险。

6. 境外资金

境外资金指国外的企业、政府和其他投资者以及我国港澳台地区的投资者向企业提供的资金。

（二）创业融资的方式

创业融资的方法多种多样，只要愿意想办法，创业者有多种途径可以解决融资问题。我们重点介绍的创业融资是创业筹备阶段和企业草创阶段的融资，这个时期对于创业者来说，最难解决的便是资金问题。其实只要愿意想办法，创业者有众多途径可以解决融资问题。

创业融资从大的方面来说，主要有直接融资与间接融资两种形式。所谓间接融资，主要是指银行贷款。银行的钱不好拿，这谁都知道，对创业者更是如此。但在某种情况下也有例外，就是在你拿得出抵押物或者能够获得贷款担保的情况下，银行还是很乐意将钱借给你的。较适合创业者的银行贷款形式主要有抵押贷款和担保贷款两种。信用贷款是指以借款人的信誉发放的贷款，一般情况下，缺乏经营历史从而也缺乏信用积累的创业者，比较难以获得银行的信用贷款。

1. 金融机构贷款

（1）抵押贷款

抵押贷款指借款人以其所拥有的财产作抵押，作为获得银行贷款的担保。在抵押期间，借款人可以继续使用其用于抵押的财产。当借款人不按合同约定按时还款时，贷款人有权依照有关法规将该财产折价或者拍卖、变卖后，用所得钱款优先得到偿还。适合于创业者的有不动产抵押贷款、动产抵押贷款、无形资产抵押贷款等。

不动产抵押贷款：创业者可以土地、房屋等不动产作抵押，向银行获取贷款。

动产抵押贷款：创业者可以股票、国债、企业债券等获银行承认的有价证券，以及金银珠宝首饰等动产作抵押，向银行获取贷款。

无形资产抵押贷款：无形资产抵押贷款是一种创新的抵押贷款形式，适用于拥有专利技术、专利产品的创业者，创业者可以专利权、著作权等无形资产向银行作抵押或质押，获取银行贷款。

（2）担保贷款

担保贷款是指借款方向银行提供符合法定条件的第三方保证人作为还款保证，借款方不能履约还款时，银行有权按约定要求保证人履行或承担清偿贷款连带责任的借款方式。其中较适合创业者的担保贷款形式有自然人担保贷款。自然人担保可采取抵押、权利质押、抵押加保证三种方式。如果借款人未能按期偿还全部贷款本息或发生其他违约事项，银行将要求担保人履行担保义务。从2002年起，除工商银行外，其他一些国有银行和城市商业银行，也可视情况提供自然人担保贷款。

专业担保公司担保贷款：目前各地有许多由政府或民间组织的专业担保公司，可以为包括初创企业在内的中小企业提供融资担保。北京中关村担保公司、首创担保公司等属于政府性质担保公司，目前在全国31个省、市中，已有100多个城市建立了此类性质的担保机构，为中小企业提供融资服务。这些担保机构大多实行会员制管理的形式，属于公共服务性、行业自律性、自身非营利性组织。创业者可以积极申请，成为这些机构的会员，以后向银行借款时，可以由这些机构提供担保。与银行相比，担保公司对抵押品的要求则显得更为灵活。担保公司为了保障自己的利益，往往会要求企业提供反担保措施，有时会派人员到企业监控资金流动情况。

托管担保贷款：一种创新的担保贷款形式。对于一些草创阶段企业，虽然土地、厂房皆为租赁而来，现在也可以通过将租来的厂房、土地，经社会资产评估，约请托管公司托管的办法获取银行贷款。如上海百业兴资产管理公司就可以接受企业委托，对企业的季节性库存原料、成品库存进行评估、托管，然后以这些物资的价值为基础，为企业获取银行贷款提供相应价值的担保。通过这种方法，企业既可以将暂时用不着的“死”资产盘活，又可以获得一定量银行资金的支持，缓解资金压力，是一件一举两得的好事。

除此之外，可供创业者选择的银行贷款方式还有买方贷款，如果你的企业产品销路很好，而企业自身资金不足，那么，你可以要求银行按照销售合同，对你产品的购买方提供贷款支持。你可以向你产品的购买方收取一定比例的预付款，以解决生产过程中的资金困难。或者由买方签发银行承兑汇票，卖方持汇票到银行贴现，这就是买方贷款。

（3）项目开发贷款

如果你的企业拥有具重大价值的科技成果转化项目，初始投入资金数额比较大，企业自有资本难以承受，你可以向银行申请项目开发贷款，银行还可以视情况，为你提供一部分流动资金贷款。此类贷款较适合高科技创业企业。

（4）出口创汇贷款

对于出口导向性企业，如果你一开始就拥有订单，那么，你可以要求银行根据你的出口合同或进口方提供的信用签证，为你的企业提供打包贷款。对有现汇账户的企业，银行还可以提供外汇抵押贷款。对有外汇收入来源的企业，可以凭结汇凭证取得人民币贷款。

（5）票据贴现贷款

票据贴现贷款是指票据持有人将商业票据转让给银行，取得扣除贴现利息后的资金。在我国，商业票据主要是指银行承兑汇票和商业承兑汇票。这种融资方式的好处之一是，银行不按照企业的资产规模来放款，而是依据市场情况（销售合同）来贷款。企业收到票据至票据到期兑现之日，往往是少则几十天，多则300天，资金在这段时间处于闲置状态。企业如果能充分利用票据贴现融资，远比申请贷款手续简便，而且融资成本很低。票据贴现只需带上相应的票据到银行办理有关手续即可，一般在3个营业日内就能办妥，对于企业来说，这等于是“用明天的钱赚后天的钱”。

2. 直接融资

除向银行贷款间接融资外，创业者还有许多获取直接融资的渠道，如股权融资、债权融资、企业内部集资、融资租赁、风险投资等。

（1）股权融资

股权融资指资金不通过金融中介机构，融资方通过出让企业股权获取融资的一种方式，大家所熟悉的通过发售企业股票获取融资只是股权融资中的一种。对于缺乏经验的创业者来说，选择股权融资这种方式，需要注意的是股权出让比例。股权出让比例过大，则可能失去对企业的控制权；股权出让比例不够，则又可能让资金提供方不满，导致融资失败，这个问题需要统筹考虑，平衡处理。

（2）债权融资

债权融资指企业通过举债筹措资金，资金供给者作为债权人享有到期收回本息的融资方式。民间借贷应该算是债权融资中的一种，且是为人们所最常见的一种。自从孙大午事件后，很多企业就对民间借贷产生了一种畏惧心理，怕担上“非法集资”的帽子。对于非法集资，有特别重要的界定值得注意，就是：向社会不特定对象即社会公众筹集资金。根据这一点，如果不是向社会不特定对象即社会公众筹集资金，就不能叫非法集资，而应算是正常的民间借贷。另一点是非法集资通常数额巨大。把握住这两点，在进行民间借贷筹集创业资金时，就不容易触犯禁忌。

（3）企业内部集资

企业内部集资指企业为了自身的经营资金需要，在本单位内部职工中以债券、内部股等形式筹集资金的借贷行为，是企业较为直接、较为常用、也较为迅速简便的一种融资方式，但一定要严格遵守金融监管机构的相关规定。

（4）融资租赁

融资租赁是一种创新的融资形式，也称金融租赁或资本性租赁，是以融通资金为目的的租赁。其一般操作程序是，由出租方融通资金，为承租方提供所需设备，具有融资和融物双重职能的租赁交易，它主要涉及出租方、承租方和供货方三方当事人，并由两个或两个以上的合同所构成。出租方订立租赁合同，将购买的设备租给承租方使用，在租赁期内，由承租方按合同规定分期向出租方支付租金。租赁期满承租方按合同规定选择留购、续租或退回出租方。承租人采用融资租赁方式，可以通过融物而达到融资的目的。对于缺乏资金的新创企业来说，融资租赁的好处显而易见，其中主要的是融资租赁灵活的付款安排，例如延期支付，递增或递减支付，使承租用户能够根据自己的资金安排来定制付款额；全部费用在租期内以租金方式逐期支付，减少一次性固定资产投资，大大简化了财务管理及支付手续，另外，承租方还可享受由租赁所带来的税务上的好处。

（5）风险投资

1999年以来，风险投资在国内得到了很大的发展，国内几乎每一个成功的互联网企业的背后，都可以看见风险投资的身影。对于创业者来说，尤其是对于高科技领域的创业者，寻求风险投资的帮助，是一个值得认真考虑的途径。风险投资中的天使投资，更是专门为那些具有专有技术或独特概念而缺少自有资金的创业者所准备。天使投资者更多由私人来充当，投资数额相对较少，对被投资企业审查不太严格，手续更加简便、快捷，更重要的是它一般投向那些创业初期的企业或仅仅停留在创业者头脑里的构思。

3. 政府政策扶持

创业者还要善于利用政府扶持政策，从政府方面获得融资支持，如专门针对下岗失业人员的再就业小额担保贷款、专门针对科技型企业的科技型中小企业技术创新基金、专门为中小企业“走出去”准备的中小企业国际市场开拓资金等，还有众多的地方性优惠政策。巧妙地利用这些政策和政府扶持，可以达到事半功倍的效果。

2015年国务院发布《关于进一步做好新形势下就业创业工作的意见》。有创业要求、具备一定创业条件但缺乏创业资金的就业重点群体和困难人员，贷款最高额度由针对不同群体的5万元、8万元、10万元不等统一调整为10万元。对个人发放的创业担保贷款，在贷款基础利率基础上上浮3个百分点以内的，由财政给予贴息。

再就业小额担保贷款：根据中发〔2002〕12号文件精神，为帮助下岗失业人员自谋职业、自主创业和组织起来就业，对于诚实守信、有劳动能力和就业愿望的下岗失业人员，针对他们在创业过程中缺乏启动资金和信用担保，难以获得银行贷款的实际困难，由政府设立再担保基金。通过再就业担保机构承诺担保，可向银行申请专项再就业小额贷款，该政策从2003年年初起陆续在全国推行。其适用对象：①国有企业下岗职工；②国有企业失业职工；③国有企业关闭破产需安置的人员；④享受最低生活保障并失业1年以上的城镇其他失业人员；贷款额度一般在2万元左右（有关再就业小额担保贷款更详细介绍，请参见《科学投资》2004年第1期文章《创业扶持贷款帮你创业》）。

科技型中小企业技术创新基金：经国务院批准设立，用于支持科技型中小企业技术创新的政府专项基金。通过拨款资助、贷款贴息和资本金投入等方式，扶持和引导科技型中小企业的技术创新活动。根据中小企业和项目的不同特点，创新基金支持的方式主要有：①贷款贴息：对已具有一定水平、规模和效益的创新项目，原则上采取贴息方式支持其使用银行贷款，以扩大生产规模。一般按贷款额年利息的50%～100%给予补贴，贴息总额一般不超过100万元，个别重大项目可不超过200万元。②无偿资助：主要用于中小企业技术创新中产品的研究、开发及中试阶段的必要补助、科研人员携带科技成果创办企业进行成果转化的补助，资助额一般不超过100万元。③资本金投入：对少数起点高，具有较广创新内涵，较高创新水平并有后续创新潜力，预计投产后有较大市场，有望形成新兴产业的项目，可采取成本投入方式（有关科技型中小企业技术创新基金更详细介绍，请参见《科学投资》2003年第5期文章《创新基金，创业企业“奖学金”》）。

中小企业国际市场开拓资金：由中央财政和地方财政共同安排的专门用于支持中

小企业开拓国际市场的专项资金。2000 年 10 月，财政部与外经贸部为鼓励中小企业参与国际市场竞争，提高中小企业参与国际市场竞争的能力，联合制定了《中小企业国际市场开拓资金管理（试行）办法》，明确规定了“中小企业国际市场开拓资金”的性质、使用方向、方式及资金管理等基本原则。2001 年 6 月，两部委又根据此办法的原则，联合制定了《中小企业国际市场开拓资金管理办法实施细则（暂行）》，对这项资金的具体使用条件、申报及审批程序、资金支持内容和比例等具体工作程序作出了明确规定。2001 年，“中小企业国际市场开拓资金”的年度安排规模是 4.5 亿元人民币，2002 年度已增加到 6 亿元。3 年中，这项中央财政用于支持中小企业开拓国际市场各项活动的政府性基金，已经资助了全国近万家中小企业到国外参展或拓展国际市场（有关中小企业国际市场开拓资金更详细介绍，请参见《科学投资》2003 年第 11 期文章《中小企业如何吃免费“皇粮”》）。

地方性优惠政策：如杭州市创办高科技企业孵化基地时，就规定对通过资格审查进驻基地的企业将提供免 3 年租费的办公场所，并给予一定的创业扶持资金。近年杭州市又提出建设“天堂硅谷”，把发展高科技作为重点工程来抓，与之相配套的措施是杭州市及各区县（市）均建立了“孵化基地”，为有发展前途的高科技人才提供免费的创业园地，并拨出数目相当可观的扶持资金。在全国各地许多地方都有类似的创业优惠和鼓励政策，如上海的张江高科技园区、北京的中关村高科技园区等等，创业者要学会充分利用相关政策。

巧借外力筹措创业资金：上海浦东发展银行与联华便利合作，推出面向创业者的“投资 7 万元，做个小老板”的特许免担保贷款业务，由联华便利为创业者提供集体担保，浦发银行向通过资格审查的申请者提供 7 万元的创业贷款，建立联华便利加盟店，许多缺乏资金的创业者因此得以圆创业梦。像联华便利一样，现在很多公司为迅速扩大市场份额，常会采取连锁加盟或结盟代理等方式，推出一系列优惠待遇给加盟者或代理商，如免收加盟费、赠送设备、在一段时间内免费赠送原材料，对代理商先货后款、延后结款赊购赊销等，虽然不是直接的资金扶持，但对缺乏资金的创业者来说，等于获得了一笔难得的资金。

对于创业者来说，善用自我积累，进行滚动发展也是一个不错的方式，虽然发展速度可能会相对慢一些，但是没有包袱，做事可以更加从容，保持一种良好心态。创业者还可以选择典当等方式筹措创业资金；通过参加各种创业比赛，媒体炒作，吸引投资方注意力，从而获得融资；通过第三方牵线搭桥获得项目融资或创业融资，如 2003 年，通过《科学投资》牵线搭桥获得项目融资的读者就有十几位。

创业融资的方法多种多样。创业者需要有灵活性，做任何事情都不能拘泥于一个定式。

知识扩展

融资技巧九种

总想创业但没资金怎么办？创业没有钱是一个大问题，尤其是刚毕业的大学生，看上一个好的项目却资金不够。无本创业是一件比较艰难的事，尤其是对于既没经验也没资金的大学生来说，创业就更难。但是，不用急，一切皆有可能，你可以尝试下面的几种方法：

技巧一

向亲友拆借：最为保守的融资途径。

融资成本：黄金万两容易得，人情一分债难还。

适合人群：有固定收入和定期存款，仅仅是一时资金周转困难的人士。

所谓“亲兄弟明算账”，此言一出可能伤亲人之间的和气。但如果您目前急需一笔钱用，您又不打算启动金融工具来帮助您，那么亲人之间互相拆借应该是不错的办法。

相比于金融工具而言，亲人之间借钱的手续要简单得多。如果是和父母借钱，您只需要告知他们资金的用途便可，至于何时归还，父母一般不会设定最后的还款日期；如果是和家族中其他亲友借款，您需要按照借款的一般程序，工整地写一张借条，同时签上借款人姓名和借款日期；如果是和朋友借钱，除了借条之外，您应当主动提出还本付息的承诺，按照很多人的借款经验，即便朋友根本没有向您提起利息的问题，还款时您也应该按照一定比例向对方支付利息，“好借好还，再借不难”。

专家点评：向家里人伸手借钱，您一定要分清借款和赠与之间的区别，亲是亲，钱是钱。

技巧二

消费贷款：利率合理。

融资成本：年利率不超过5%。

适合人群：高收入人群。

如果您家庭收入较高，便可以获得一笔利率较低，期限适中的消费贷款，下面以交通银行为例介绍。

您首先要持有交通银行的住房公积金联名卡，然后从单位开具收入证明（如果已婚，需要夫妻双方的收入证明）。然后便可以向交通银行申请消费贷款，贷款用途可以是所有的销售终端（POS）消费或者支持交通银行网上支付的消费，就像信用卡一样使用。所有消费会自动分成12期按月等额本息偿还，归还欠款后额度自动恢复，可以循环使用，非常方便。

消费贷款和信用卡消费在使用上几乎没有区别，不同的是，消费贷款没有消费积分，没有免息还款期，不能取现，但优点是利率很低，而且使用后才支付利息，不像其他贷款那样从申请下来就要付息，不管你是不是马上使用。

专家点评：据了解，消费贷款年利率不超过5%，属于极低利率的贷款方式，且无须任何质押，唯一的限制是要求收入较高者。

技巧三

典当融资：最快一小时挽救资金链。

融资成本：月利率2.5%~3%，第二个月起按天计算费用。

适合人群：拥有值钱物品且短时间内急等钱用的人士。

典当曾是旧社会没落家族的经济来源，现而今，它的大门向所有急等现金用的人士开放。大到房产汽车，小到相机、戒指，只要典当行里的明眼人认定您拿来的东西有价值，最快一个小时，您就能得到您急需的现金。对于您送来的抵押品，典当行会告诉您一个最后赎回的日期（一般是两到三个月），过了这个日子，东西就归典当行自行处理了。

从我们掌握的情况看，最近典当行不断接收到高级抵押物，仅以宝瑞通典当行此前发布的数据看，截至今年9月份，该典当行车辆典当上升了4个百分点，价值50万元以上的高档车辆的典当比2008年增长了25%，同时价值200万元以上的名车今年也出现了几十辆。不仅是车，还有人刚刚用一块名表做抵押，从宝瑞通拿到了28万元的当款。

也许正因为典当行来自民间，此前一向被看做是解决百姓温饱问题的场所，因此“时间快，手续少”是典当行的一大优势。从贷款利率水平看，算上管理费，典当行每个月的费率为2.5%~3%，且第二个月还能按天计算费率，利率水平也不算高。

专家点评：如果您是拿您最心爱的东西去典当，我们奉劝您早借早还。因为在很多时候，您心爱的东西被那些专门在典当行里买东西的人看到了，哪怕您仅仅晚一天还款，东西可能就不是您的了。

技巧四

银行无担保信用贷款：“无须担保”可能是幌子。

融资成本：年利率8%~9%，最高达到15%。

适合人群：收入较高的白领、有一技之长的技术性人士。

贷款买车、贷款旅游、贷款装修房子，在中资银行“惜贷”的背景下，个人信贷消费意愿依然非常强烈。为迎合这一需求，不少银行都忙着通过旗下产品抢占个人消费类无担保信贷市场。据我们了解，为了吸引客户（创业网：www.cyone.com.cn/），外资行主打快速放款牌。“最快一小时放贷”这句宣传语几乎被很多外资行使用过，而最多3~4个工作日放款的时限也吸引了很多客户的眼球。

但是，由于此类产品无须担保，因此产品利率水平较高。不少产品在销售时打出的宣传口号是年利率8%~9%，并且无论今后央行是否调息，客户在最后几个月或几年的还款利率都被锁定在这个区间内。加上银行每个月收取0.49%的管理费，实际还款利率高达12%，有的产品如果按照最长期限归还，实际还款利率接近50%。另外，如果您打算提前还款，您还将按银行要求缴纳一笔违约金，金额相当于您剩余本金的5%。

专家点评：据很多做过此类贷款的客户反馈，无担保信用贷款成本太高，本来是救急，结果一时的债务要用较多资金还清，有些得不偿失。

技巧五

消费金融公司：利率水平仅低于高利贷。

融资成本：不超过央行同期贷款利率的4倍左右。

适合人群：具有较高收入的人士。

据银监会人士介绍，设立消费金融公司的目的是为商业银行无法惠及的个人客户提供新的可供选择的金融服务，满足不同群体消费者不同层次的需求，其最主要的特点就是短期、小额、无担保、无抵押。主要范围包括消费者购买家用电器、房屋装修、个人及家庭旅游、婚庆、教育等方面。

有消息称，截至目前，在北京，仅北京银行一家向银监会申请设立消费金融公司。为防止消费者过度消费，《试点办法》规定，消费金融公司向个人发放消费贷款的余额不得超过借款人月收入的5倍。而对于此类贷款的利率，银监会表示，虽然是按借款人的风险等级定价，但最高不得超过央行同期贷款利率的4倍。

按照规定，贷款利率较央行基准利率上浮超过4倍即为高利贷，消费金融公司在此刚巧打了擦边球。但相比其他短期融资方式，4倍的利率在同等产品中已经属于非常高的利率水平。

专家点评：此类公司与银行发售的无担保贷款产品有些类似，但公司的市场普及率不高，可以关注，先别参与。

技巧六

信用卡透支：还款从容。

融资成本：年利率约19%。

适合人群：收入不稳定的人。

刷信用卡消费，然后每月还款不低于最低还款额，这种消费方式成本较高，但门槛却很低，曾见报道称有年轻人持信用卡消费无度，最终沦为卡奴。虽说花钱的时候潇洒，但还款的时候也要保持潇洒才行。

使用信用卡透支消费，有一个最基本的前提，那就是必须要按月归还最低还款额，如果实在没钱归还，即使是用信用卡取现，也要归还最低还款额。那么什么样的人适合使用信用卡透支呢？例如，一个自由职业者，一般每年能收入20万元，但这笔收入什么时候到却很难说，那么他可以使用信用卡支付日常消费，然后等到收入到达后一次性清偿，这样就能保障既不失去生活的品质，又能够不像亲戚朋友伸手，是一个不求人的方法。但是，信用卡透支消费需要确有收入来源的人使用，如果自身就是一介平民，还是压缩开支理性消费比较好。

专家点评：信用卡透支年利率约为19%，属于比较高的借款渠道，不适合长期借款，一般只用来应急。持卡人要注意，如没有归还最低还款额，将要支付滞纳金并有可能被记入黑名单。

技巧七

信用卡分期付款：经济实惠。

融资成本：年利率约为9%~15%。

适合人群：收入稳定的人。

收入不稳定的人适合用信用卡透支，但如果是收入稳定的工薪族，则适合使用信用卡分期付款，例如，同样是年收入20万元，如果你确定每个月都能收入1.8万元，那么您在消费10万元后，如果申请了12期的分期付款，然后用每月工资来归还欠款当月摊销额，成本比信用卡透支要低很多。

各个银行的信用卡分期手续费不尽相同，例如光大银行和华夏银行的分期手续费为0.5%，多数银行为0.6%，浦发银行为0.7%以上。故有意使用信用卡分期付款的人应重点关注各银行的具体条款选择银行信用卡。这里重点推荐光大银行信用卡的分期付款，特别划算。

使用信用卡分期付款，也有一个缺点，即一般每个月的摊销额都会计入最低还款额，如果您没有稳定的收入，建议不要使用分期付款，否则到最后您会发现您的还款压力特别大，而如果使用信用卡透支，则您每个月的最低还款额会逐月下降，相对来说还款压力小一些。

专家点评：用信用卡分期消费的年利率约为9%~15%，比信用卡透支略低，但是提前还款却很不划算。建议在大额消费时使用，小额消费不提倡使用分期付款。

技巧八

保单质押贷款：远水也能解近渴。

融资成本：银行同期消费信贷的基准利率。

适合人群：有良好投保习惯、且已经购买长期保险的人士。

所谓保单质押贷款，也就是保单所有者以保单作为质押物，按照保单现金价值的一定比例获得短期资金。我国的保单质押贷款主要有两种模式：一是投保人把保单直接抵押给保险公司，直接从保险公司取得贷款，如果借款人到期不能履行债务，当贷款本息达到退保金额时，保险公司终止其保险合同效力；另一种是投保人将保单抵押给银行，由银行支付贷款于借款人，当借款人不能到期履行债务时，银行可依据合同凭保单由保险公司偿还贷款本息。

从目前的情况看，可以用来贷款的是具有储蓄功能、投资分红型保险及年金保险等合同生效两年以上的人寿保险；医疗费用保险和意外伤害保险以及财产保险不能质押。一般情况下，投保人可以直接从保险公司获得质押贷款，如果投保人购买的是银行代理保险产品，也可以将保单直接质押给银行。保险公司的贷款期限一般为6个月，贷款金额不超过保单现金价值的70%，而利率通常为银行同期消费信贷的基准利率。

专家点评：临渊羡鱼，不如退而结网。不要等到缺钱用的时候才想起投保的单据可以做质押贷款，事实上，保险的真正用途绝不仅限于救急，那是一种生活态度。

技巧九

存单质押：超短期借款。

融资成本：年利率约为5%。

适合人群：存单即将到期或持有外币存单。

存单质押融资方式，属于低成本融资方式，但有一点比较受限制，即如果借款人本身有10万元存单，再去拿这个找银行借9万元，在很多情况下，还不如直接取出划算。

只有两种情况适合采用存单质押的方式融资，一是存单马上就要到期，如果提前支取，将会损失较多利息，如果使用存单质押方式，可以保全定期存款利率。一般来说，如果是1年期的定期存款，剩余时间超过2个月以上的，就不再适合使用存单质押，因为算上各种手续的繁杂，就不如直接取款了。

还有一种情况，就是持有外币存款。由于外币存款不能直接使用，又不想把外币换成人民币，那么使用外币的最佳途径就是存单质押。如果配合使用招商银行电子银行的贷款渠道，将会非常方便，想借就借，想还就还，利息支出也较低。

专家点评：一般情况下，存单质押年利率约为5.51%左右，成本相对较低，而且随着存单数量的增加，贷款上限也会不断增加，不受额度控制，推荐使用。

第二节　创业融资案例

一、创业企业融资发展阶段

创业企业一般具有两个共同的特征：一是不能在贷款市场和证券公开市场上筹集资金；二是发展具有阶段性。而在每一阶段，因企业规模、资金需求、投资风险等方面都有明显差别，因此需要不同的融资方式。

（一）种子期

企业状态：处于产品开发阶段，产生的是实验室成果、样品和专利，而不是产品。这一阶段的投资成功率最低（平均不到10%），但单项资金要求最少，成功后的获利最高。企业规模小，基本上没有管理队伍，企业生死依托掌握关键技术的少数管理人员和业务人员身上，而且他们同时还是经营管理者。

融资方式：创业者前期以个人积累以及亲朋好友资助资金为主，也可以从政府专项拨款、社会捐赠、创业投资风险基金获得。

（二）创建期

企业状态：企业已经有了一个处于初级阶段的产品，开始向市场供应新产品；而且拥有了一份很粗的经营计划，初步组建了经营管理团队，内部分工开始明确。有一定的经营收入，但基本未能实现盈利，开销也极低。技术风险与种子阶段相比，有较大幅度下降，但投资成功率依然较低（平均不到20%）。

融资方式：此阶段，仍以私人资金为主要融资方式，但规模小，运作较为灵活的风险投资机构开始投资企业。

（三）成长期

企业状态：成长期是企业技术发展和生产扩大阶段。技术风险大幅度下降，产品或服务进入开发阶段，并有数量有限的顾客试用，费用在增加，但仍没有销售收入。至该阶段末期，企业完成产品定型，着手实施其市场开拓计划。此阶段企业进行厂房建设、设备购置、营销推广，还要不断完善企业治理结构。

融资方式：此阶段资金需求量迅速增长，企业也具有一定资产，具备一定的融资能力。银行信贷、风险投资成为主要投入形式。

（四）扩张期

企业状态：企业的生产、销售、服务已具备成功的把握，企业可能希望组建自己的销售队伍，扩大生产线、增强其研究发展的后劲，进一步开拓市场，或拓展其生产能力或服务能力。此时成功率已接近70%。

融资方式：风险投资基金机构投资者、私募基金以及其他优先股投资者。

企业的生产、销售、服务已具备成功的把握，企业可能希望组建自己的销售队伍，扩大生产线、增强其研究发展的后劲，进一步开拓市场，拓展其生产能力或服务能力。

此时成功率已接近70%。

（五）获利期

企业状态：企业的销售收入高于支出，产生净收入，创业投资家开始考虑撤出。成功上市得到的资金一方面为企业发展增添了后劲，拓宽了运作的范围和规模；另一方面也为创业资本家的撤出创造了条件。

融资方式：发行股票上市，一方面为企业发展增添了后劲，拓宽了运作范围和规模；另一方面也为风险投资机构撤退创造条件。

二、创业企业融资案例

创业不等于融资，但没有融资万万不行。特别是对于众多的互联网金融企业来说，从天使轮到A轮再到B轮甚至最后的上市，都离不开资金的支持。对于互联网金融行业的创业者来说，如何让融资速度与企业的发展速度更好地匹配，如何针对企业不同的发展阶段匹配更适合的资本是需要考虑的。

众筹在国内还是初期阶段，各种众筹融资的案例很多，但成功运作的项目却是凤毛麟角。接下来分享国内众筹的五个经典案例：

案例一：美微创投——凭证式众筹

朱江决定创业，但是拿不到风投。2012年10月5日，淘宝出现了一家店铺，名为"美微会员卡在线直营店"。淘宝店店主是美微传媒的创始人朱江，原来在多家互联网公司担任高管。

消费者可通过在淘宝店拍下相应金额的会员卡，但这不是简单的会员卡，购买者除了能够享有"订阅电子杂志"的权益，还可以拥有美微传媒的原始股份100股。朱江2012年10月5日开始在淘宝店里上架公司股权，4天之后，网友凑了80万。

美微传媒的众募式试水在网络上引起了巨大的争议，很多人认为有非法集资嫌疑，果然还未等交易全部完成，美微的淘宝店铺就于2月5日被淘宝官方关闭，阿里对外宣称淘宝平台不准许公开募股。

而证监会也约谈了朱江，最后宣布该融资行为不合规，美微传媒不得不像所有购买凭证的投资者全额退款。按照证券法，向不特定对象发行证券，或者向特定对象发行证券累计超过200人的，都属于公开发行，都需要经过证券监管部门的核准才可以。

后来，美微传媒创始人朱江复述了这一情节，透露了比"叫停"两个字丰富得多的故事：

"我的微博上有许多粉丝一直在关注着这事，当我说拿不到投资，创业启动不了的时候，很多粉丝说，要不我们凑个钱给你吧，让你来做。我想，行啊，这也是个路子，我当时已经没有钱了。"

"这让我认识到社交媒体力量的可怕，之后我就开始真正地思考这件事情了：该怎么策划，把融资这件事情当做一个产品来做。"

于是，朱江在2013年2月开始在淘宝店上众筹。

"大概一周时间，我们吸引了1 000多个股东，其实真正的数字是3 000多位，之后我们退掉了 2 000 多个，一共是 3 000 多位投资者打来 387 万……目前公司一共有 1 194 个投资者。”

“钱拿到之后，在上海开了一个年度规划会。我的助手接到一个电话：你好，我是证监会的，我想找你们的朱江。”

“刚开始我很坦然，心想为什么证监会会出来管？去证监会的时候，一路上心情很轻松，但在证监会的门口，我突然心情沉重起来了，应该是门口的石狮子震慑住了我（门前俩石狮子的钱没白花），四个月时间里，我们和证监会一共开了九次会。”（显然延续到了媒体说的“叫停”之后）

“我的律师在北京很有名，通过代持协议达成了这么多投资人的方案。这样的协议没有样板，都是一行行给我打好的，律师告诉我，他做的这个代持协议，主要是针对工商、税务和公安做的，没想到是证监会来管我，这是最为开放的一个部门，我的运气很好。”

“第一次会议上我就诚恳地认错，反省自己法律意识淡薄，证监会的领导说我一点都不淡薄，整个法律文件写得相当专业，不是法律意识淡薄的人写的。接下来的八次会议讨论的事情，就是之前的那张代持协议是有效协议还是无效协议，证监会联合多家部门，给我们公司的账都翻了一遍。”

“证监会干的让我觉得最了不起的一件事情，是给 1 194 个投资人都打过电话。一半的投资人接到电话就直接挂了，都以为是骗子，在群里说，今天遇到骗子打电话来说是证监会，要来了解美微传媒，我告诉他们的确是证监会在调查。”

据朱江描述，证监会重点问了所有投资人两个问题：第一朱江有没有承诺你保本？第二，有没有承诺每年的固定收益率？

案例二：3W 咖啡——会籍式众筹

互联网分析师许单单这两年风光无限，从分析师转型成为知名创投平台 3W 咖啡的创始人。3W 咖啡采用的就是众筹模式，向社会公众进行资金募集，每个人 10 股，每股 6 000 元，相当于一个人 6 万元。那时正是玩微博最火热的时候，很快 3W 咖啡汇集了一大帮知名投资人、创业者、企业高级管理人员，其中包括沈南鹏、徐小平、曾李青等数百位知名人士，股东阵容堪称华丽，3W 咖啡引爆了中国众筹式创业咖啡在 2012 年的流行。

几乎每个城市都出现了众筹式的 3W 咖啡。3W 很快以创业咖啡为契机，将品牌衍生到了创业孵化器等领域。

3W 的游戏规则很简单，不是所有人都可以成为 3W 的股东，也就是说不是你有 6 万就可以参与投资的，股东必须符合一定的条件。3W 强调的是互联网创业和投资圈的顶级圈子。而没有人是会为了 6 万未来可以带来的分红来投资的，3W 给股东的价值回报更多地在于圈子和人脉价值。试想如果投资人在 3W 中找到了一个好项目，那么多少个 6 万就赚回来了。同样，创业者花 6 万就可以认识大批同样优秀的创业者和投资人，既有人脉价值，也有学习价值。很多顶级企业家和投资人的智慧不是区区 6 万可以买的。

其实会籍式众筹股权俱乐部在英国的 M1NT Club 也表现得淋漓精致。M1NT 在英国有很多明星股东会员，并且设立了诸多门槛，曾经拒绝过著名球星贝克汉姆，理由是当初贝克汉姆在皇马踢球，常驻西班牙，不常驻英国，因此不符合条件。后来 M1NT 在上海开办了俱乐部，也吸引了 500 个上海地区的富豪股东，主要以老外圈为主。

案例三：大家投自众筹——天使式众筹

2012 年 12 月 10 号，李群林把他的众筹网站大家投（最初叫“众帮天使网”）搬上了线。在这之后，直到今天 10 个月内，他做了 5 件“大事儿”——给“大家投”众筹了一笔天使投资，推出领头人+跟投人的机制，推出先成立有限合伙企业再入股项目公司的投资人持股制度，推出资金托管产品“投付宝”，“大家投”有了第一个自己之外的成功案例。

李群林之前是做技术和产品的，2012 年想创业，可钱不够，想找投资却不认识天使投资人。环顾一圈，中国创业这么热，像他这样没有渠道推广自己的想法，苦于找投资人的创业者比比皆是。同时，除了那些能几十万上百万投资的天使投资人之外，中国还有大把有点存款、闲钱的人。而且，目前中国的天使投资人还太少，远不能满足创业者的需求。李群林想到做一个众筹网站，把创业者的商业想法展示出来，把投资人汇聚起来，让他们更有效率地选择。

那时，中国最早的众筹网站点名时间已经推出 1 年多，最开始李群林也想上去碰碰运气，看看能不能先帮自己筹到项目资金。但他发现，点名时间采用的是预购的方式，就像当时的法律规定那样，众筹网站给支持者的回报不能涉及现金、股票等金融产品，也就是对支持者来说，参与众筹是一项购买行为。李群林觉得这对自己来说有些不实际，自己做互联网项目，推出的大多是虚拟产品和服务，而且鉴于中国互联网的免费特征，很难事先跟支持者约定回报的方式。不仅对自己不适用，李群林也觉得这种认购的方式吸引力有限。买东西的动力不足，仅为了帮别人实现理想就拿出钱财支持，这也不太适合国人的务实精神，至少难以扩散开来。李群林判断，把众筹作为一种购买行为会限制它的成长速度和规模，他觉得作为投资行为更符合大家参与众筹的需求。于是，他决定做一个股权融资模式的众筹网站。

第一个实验对象就是他自己的项目“大家投”。李群林把“大家投”的项目说明放在了网站上。那时，他的想法特别简单，创业者把自己的项目展示在网站上，设定目标金额和期限，投资人看了觉得不错就来沟通，然后投资成为项目股东，投的人多了逐渐把钱凑齐。众筹完成，平台收取服务费。

不久，有人给他建议，这么搞是不行的。投资需要专业能力，投资人需要带动，最好是设立领投人+跟投人的机制，可以通过专业的投资人，把更多没有专业能力但有资金和投资意愿的人拉动起来，这样才能汇聚更多的投资力量。同时，在投资过程中和投资后管理中，有一个总的执行人代表投资人进入项目公司董事会行使项目决策与监督权力。李群林采纳了这条建议，为“大家投”增加了这一条规则，投资人可以自行申请成为领投人，平台审核批准之后就可以获得这一资格。

“要想众筹得快，最好是创业者熟人+生人的结合”，聊起现在网站上还没筹资成功的项目，李群林反复强调这句话。众筹是个汇聚陌生人的平台，创业者最好能先发动自己的熟人支持自己，然后由这些熟人的行为带动平台上的陌生人。这是李群林的经验之谈，“大家投”到今年3月份共3个月时间成功筹得100万人民币，在项目团队只有自己一个人的情况下获得共计12个投资人的支持就是这样做到的。

大家投的12名投资人中，有投资经验的只有5个人。这有点像美国人所说的最早的种子资金应该来自于3F，Family（家庭），Friends（朋友）和Fool（傻瓜）。

在先被一些天使投资人拒绝之后，李群林把目光转向了微博与各类创投沙龙活动，在上面找认同他的人。最后，他找到深圳创新谷的合伙人余波，余波觉得大家投的股权融资众筹模式是当时能填补初创企业融资渠道空白、构筑微天使投资平台的业务模式，所以决定做一做这种金融创新背后的推手。于是，创新谷成为了“大家投”这个项目本身第一个投资者，也是唯一一个机构投资者。有了创新谷的信用背书，大家投又成功吸引了后面11个跟投人。这十二位投资人分别来自全国八个城市，六人参加了股东大会，5人远程办完了手续，这里面甚至有四个人在完全没有接触项目的情况下决定投资。

大家投网站的模式是：当创业项目在平台上发布项目后，吸引到足够数量的小额投资人（天使投资人），并凑满融资额度后，投资人就按照各自出资比例成立有限合伙企业（领投人任普通合伙人，跟投人任有限合伙人），再以该有限合伙企业法人身份入股被投项目公司，持有项目公司出让的股份。而融资成功后，作为中间平台的大家投则从中抽取2%的融资顾问费。

如同支付宝解决电子商务消费者和商家之间的信任问题，大家投将推出一个中间产品叫“投付宝”。简单而言，就是投资款托管，对项目感兴趣的投资人把投资款先打到由兴业银行托管的第三方账户，在公司正式注册验资的时候再拨款进公司。投付宝的好处是可以分批拨款，比如投资100万，先拨付25万，根据企业的产品或运营进度决定是否持续拨款。

对于创业者来讲，有了投资款托管后，投资人在认投项目时就需要将投资款转入托管账户，认投方可有效，这样就有效避免了以前投资人轻易反悔的情况，会大大提升创业者融资效率；由于投资人存放在托管账户中的资金是分批次转入被投企业的，这样就大大降低了投资人的投资风险，投资人参与投资的积极性会大幅度提高，这样也会大幅度提高创业者的融资效率。

社交媒体的出现，使得普通人的个人感召力可以通过社交媒体传递到除朋友外的陌生人，使得获得更多资源资金创立公司成为可能。

案例四：罗振宇用众筹模式改变了媒体形态

2013年最瞩目的自媒体事件也似乎在证明众筹模式在内容生产和社群运营方面的潜力：《罗辑思维》发布了两次“史上最无理”的付费会员制：普通会员，会费200元；铁杆会员，会费1 200元。买会员不保证任何权益，却筹集到了近千万会费。爱就供养不爱就观望，大家愿意众筹养活一个自己喜欢的自媒体节目。

而《罗辑思维》的选题，由专业的内容运营团队和热心“罗粉”共同确定，用的是“知识众筹”，主讲人罗振宇说过，自己读书再多积累毕竟有限，需要找来自不同领域的牛人一起玩。众筹参与者名曰“知识助理”，为《罗辑思维》每周五的视频节目策划选题，由老罗来白活。一个中国人民大学的叫李源的同学因为对历史研究极透，老罗在视频中多次提及，也小火了一把。要知道，目前《罗辑思维》微信粉丝150余万，每期视频点击量均过百万。

罗振宇以前是央视制片人，正是想摆脱传统媒体的层层审批和言论封闭而离开电视台，做起自己的自媒体，靠粉丝为他众筹来养活自己，并且过得非常不错。这是自媒体人给传统媒体人的一次警示。

案例五：乐童音乐众筹——专注于音乐项目发起和支持的众筹平台

据乐童音乐创始人马客介绍，近期完成了一个百万级的音乐硬件类产品众筹，成为众多成功融资的经典案例之一。马客表示，目前乐童音乐的主要支出是人力成本，所得融资会更多地去做产品，内容上也会有变化，多去拓展音乐衍生品、艺人演出方面，突破现有音乐产业模式，探讨更多新的可能。

马客认为，众筹模式已经改变了很多的行业和链条，这种方式很有价值，之前曾入驻众筹网开放平台，对乐童音乐在资源整合，以及产品曝光方面帮助不小。此次再次与网信金融旗下的原始会合作发起融资，他表示很受益，对股权众筹这种全新的融资方式抱有信心。

作为专注于做音乐的垂直类众筹网站，乐童音乐在音乐众筹，音乐周边的实物预售等方面已经取得了不小的成绩，在业内颇有名气。

当谈及乐童音乐能够成功融资的秘诀时，他认为，除了明确的商业目标和未来规划，对于一个初创企业来说，投资人很看重团队的执行力，因为这会直接影响到企业的运作。

据了解，除了乐童音乐，原始会还帮助过许多的企业成功融资。公开资料显示，截至目前，原始会的合作创业项目已有2 000多个，投资人（机构）超过1 000位，成功融资的项目已有8个，融资额已经超过1亿元。

原始会首席执行官陶烨表示，基于互联网的优势，众筹最终也会把传统线下融资改为线上融资。一方面，投资人可以在这个平台上找到海量的融资。另外一方面，投资变化也可以在我们这个平台上找到，不会有一对一线下的渠道可以找到。此外，在这个平台上，互联网投融资双方，可以在这种海量信息中快速配对，快速找到买家和卖家。乐童音乐之所以能够快速在原始会融资成功，主要在于其项目足够优秀。“互联网金融是新兴行业，股权众筹市场潜力非常大，把线下的传统投融资，逐渐转到线上投融资，它是一个变革性的东西，是一次革命。”

套用一句有点烂俗的话：理想很丰满，现实很骨感。不盈利并不代表能保证不亏损，不以营利为目的不代表亏钱了也无所谓。之所以不少众筹咖啡店在经营将近一年时传出面临倒闭的新闻，正是因为当初开店时众筹的原始资金只够第一年初始投资费用，即装修、家具、咖啡机等一次性硬件投入和第一年的租金。假如第一年咖啡店持续亏损，则意味着咖啡店只有两条出路：要不就是进行二次众筹，预先筹集到第二年的房租、原料、水电、员工等刚性成本，继续烧钱；要不就是关门歇业，一拍两散。

讨论：五个创业融资方案带给你怎样的思考？

第三节　创业融资实训

一、实训项目

创业初期自己的房产抵押贷款实例。

二、实训目的

通过实训，要求实训者掌握与无效抵押存在关联的买卖协议、按揭房屋抵押的处理、房地产抵押贷款合同的订立。

三、实训条件

多媒体教室。

四、实训步骤

第一步，完成角色扮演，请全班同学分为4~6个组，由四个组扮演抵押中介服务机构，两个组同学扮演银行（一个扮演地方性银行，一个扮演股份制大银行）；其他同学分别扮演不同行业进行抵押贷款，由自己团队选择行业。

第二步，不同团队根据自己扮演的角色通过网络了解自己的基本流程、各类合同格式。材料清单及书写格式文本。

第三步，进行合同订立的实务操作（按流程图进行）。

第四步，分组进行讨论，对自己进行问题交流。

第五步，各小组对自己的抵押合同文件进行交流讲评。扮演中介机构和银行角色小组进行点评。

五、实训报告

重庆的石先生需要贷款50万元，贷款期限一年，用于重庆市巴南区的自营旅馆扩建，证照齐全，已经营近20年。由于是家里的老房子，现在客源增大，需要扩建。预计建好后年收入将在30万~50万元。土地是自家的宅基地，现有20多间房，在巴南区中心位置。石先生在找到重庆兴隆投资向贷款顾问介绍了自己的情况，并带来了相关办理手续，请你为石先生做一份抵押贷款案例。

以团队为单位撰写实训报告。

思考与讨论

1. 什么是创业融资？融资有哪些渠道？
2. 直接融资与间接融资各有什么特点？
3. 创业企业发展的不同阶段应该采取什么样的融资策略？

4. 如何确定创业融资的需要量?

5. 如何选择创业资金来源?

6. 小企业或新企业如何获得贷款?这类企业贷款难的原因是什么?

7. 案例讨论:潇湘设计“融资就像第101次求婚”。

企业名称:潇湘设计工作室

创业人物:名牌大学毕业生李南

融资概况:在半年的融资历程中,见过几十个投资人,但最终未能达成融资协议。

事件回放:第一次谈判,李南就被投资人批驳得丧失信心,模式不创新,运作不稳定,计划不现实……投资人直接判了死刑,完全不容他再赘述发展目标。

以前,李南总爱说自己做项目不是纯粹为赚钱,而盈利是投资人最关心的问题,李南的回答彻底触动了投资人的底线,有了这样的失败经历后,他开始改变自己的说法,并把自己的宏伟蓝图描述得非常动人。但这种缺乏数据支撑的虚化说辞似乎也不受欢迎,尤其是面对有丰富经验的投资人。

经过一次次失败,李南更加清楚地认识了自己的价值和项目的瑕疵。他说:“融资,就像101次求婚一样,可能要身经百战、反复磨砺才能促成。”

李南的总结:一个好的项目必须确实能解决一个关键问题,而且这个关键问题能够迅速积累用户或者挣到钱;同时要让投资人相信自己能做好,并且比别人做得更好。至于壁垒、商业模式都是后话。

讨论:

(1) 李南融资失败的原因有哪些?

(2) 你会给李南什么建议,助他转败为胜?

(3) 你从案例中学到了什么?

第七章　虚拟仿真创设公司
——企业注册

小王创业已经是万事俱备，准备开业。导师告诉他：企业的成功就得依法经营，按章纳税。所以完成公司注册是一个企业得以生存和发展的重要条件，也是一个企业在履行社会责任的重要体现。工商注册是一个复杂而严谨的事情，图 7-1 体现了工商注册的基本流程。

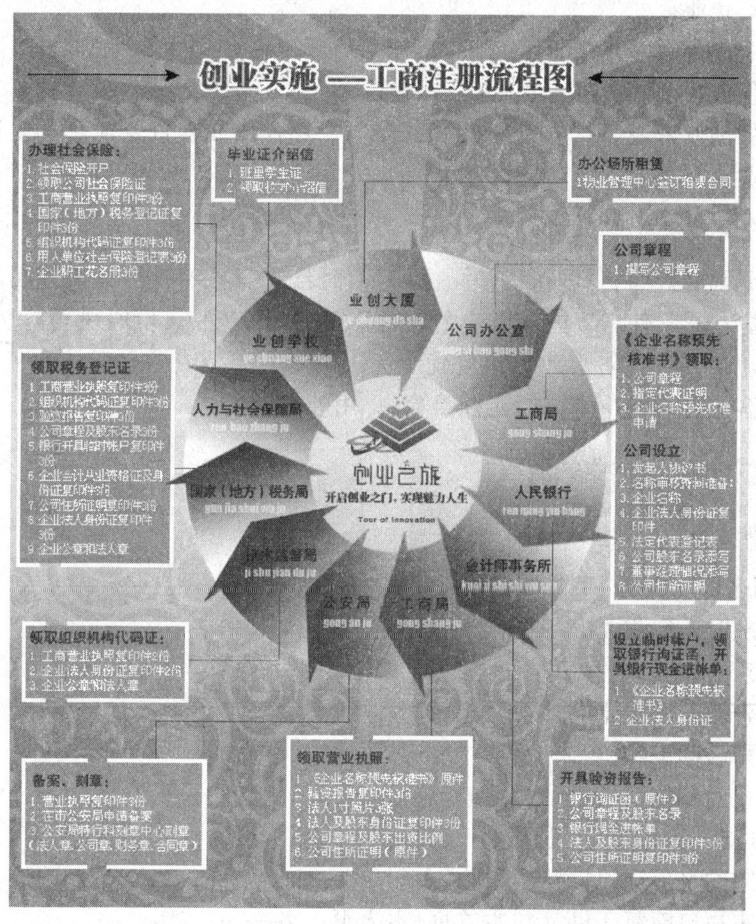

图 7-1

第一节　创业公司注册基础

一、创业公司选择类型

（一）创业的企业类型

企业合法经营必须向政府主管部门申办经营许可证，完成相应的登记。工商部门审批企业的营业执照，如果企业的经营范围或业务需要其他政府主管部门批准，经营的项目或业务还应该向政府其他主管部门申请办理。按照国家的法律和法规，从事企业有一些类型和组织形式。目前个人能够创业的形态有：

个体工商户；

个人独资企业；

合伙企业；

有限责任公司。

有条件的创业者还可以与境外投资者合办中外合作或合资企业。个人还可以选择股份合作企业。

（二）公司的命名

取名的原则：好叫、好听、好写、好记，而且要有独特性，让人过目不忘；要简洁，字数要少；尽量使名字能够反映企业的业务、核心产品、价值观、企业文化等。

取名常用的方法：创业者的姓名或谐音；直接用产品或核心产品命名；从宣传企业角度，让客户喜欢的角度，如“娃哈哈”；用外文译名。

二、了解申办一家小企业的流程

（一）设立新公司所需要的资料及流程

1. 公司名称查询

名称核准时，您需要准备：

全体股东（法人+合伙人）的身份证复印件各一份；

法人及合伙人出资比例（百分比）；

拟定公司名称 1~5 个；

拟定公司经营范围的主营项目。

2. 名称核准后，您需要提供

全体股东的身份证原件及复印件各一份；

全体股东户口簿复印件（户主首页+本人页）各一份；

法人照片 6 张、合伙人照片 6 张；

全体股东简历各一份。

3. 办证流程

如第 169 页图 7-1 所示。

4. 办理完毕的公司所包含的（行政部门签发）证件

营业执照正副本（含电子营业执照）；

验资报告、银行开户注销单；

组织机构代码证正副本；

IC 卡、发票购用印制簿；

公司章（公章、发票章、财务章、法人章）；

税务登记证正副本。

（二）进行工商登记

工商登记，即企业法人登记，指国家授权的登记主管机关（工商行政管理机关）依法对企业法人的筹建、开业、变更、分立、合并、中止进行登记注册，确认企业法人的资格和合法经营权，并对企业法人的生产经营活动进行监督管理等活动的总称。

工商登记分为设立登记、变更登记、注销登记。本章主要介绍开办公司前进行的开业登记。

申请企业法人登记应当具备以下条件：

有自己的名称、组织机构和章程；

有固定的经营场所和必要的设施；

符合国家规定并有与其生产经营和服务规模相适应的资金数额和从业人员；

能够独立承担民事责任；

符合国家法律、法规和政策规定的经营范围。

2. 一般程序和需要提交的文件

表 7-1

登记顺序	登记所填表格	户主提供资料
一、查名	1. 名称预先核准申请书 2. 委托书	1. 全体投资人身份证复印件 2. 投资人私章
二、工商登记	母体： 代理书 2 份 公司设立登记申请书 1 份 公司章程 1 份 股东履历表（合伙人）1 份 承诺书 1 份 股东会决议 1 份 注册资金到位证明（验资报告）	法定代表人材料： 户口簿复印件 1 份 身份证原件及复印件 1 份 一寸照片 6 张 合伙人材料： 户口簿复印件 1 份 身份证原件及复印件 1 份 一寸照片 6 张
	分支： 分公司名称预先核准申请书 分公司设立登记申请书 经营场所租房协议书（产权证） 任职书 分支场地验资承诺书	分支负责人： 身份证复印件 1 份 一寸照片 1 张 私章 场所材料： 租房协议书 1 份 产权证 1 份
各项说明	经营范围中如需前置审批的（如：卫生、治安、印刷、广告、环保、房产、科委、消防、烟酒、技监等），应先经有关部门审批后再进行工商注册登记	

（三）进行税务登记

1. 办理税务登记的对象

领取法人营业执照或者营业执照（以下统称营业执照），有缴纳增值税、消费税义务的国有企业、集体企业、私营企业、股份制企业、联营企业、外商投资企业、外国企业以及上述企业在外地设立的分支机构和从事生产、经营的场所；

领取营业执照，有缴纳增值税、消费税义务的个体工商户；

经有关机关批准从事生产、经营，有缴纳增值税、消费税义务的机关、团体、部队、学校以及其他事业单位；

从事生产经营，按照有关规定不需要领取营业执照，有缴纳增值税、消费税义务的纳税人；

实行承包、承租经营，有缴纳增值税、消费税义务的纳税人；

有缴纳由国家税务机关负责征收管理的企业所得税、外商投资企业和外国企业所得税义务的纳税人。

2. 开业登记流程

提供证件、资料—税务登记窗口—申报征收窗口缴纳工本费—税务登记窗口领取税务登记证

3. 需提供的证件、资料

个体税务登记需要提供的证件、资料：

“税务登记表”一式两份；

“税务人税种登记表”一式一份；

营业执照或其他核准执业证件及工商登记表或者其他核准执业登记表原件及复印件；

业主居民身份证、护照或者其他证明身份的合法证件原件及复印件；

业主一寸免冠照片 2 张；

住所、经营场所证明（产权证明或租赁合同）；

税务机关要求提供的其他证件、资料；

企业、企业分支机构税务登记需要提供的证件、资料；

“税务登记表”一式两份；

“税务人税种登记表”一式一份；

营业执照或其他核准执业证件及工商登记表或者其他核准执业登记表原件及复印件；

组织机构统一代码证书原件及复印件；

法定代表人和董事会成员名单；

法定代表人（负责人）或户主居民身份证、护照或者其他证明身份的合法证件原件及复印件；

有关合同、章程（分支机构须带总公司章程）、协议书；

住所、经营场所证明（包括产权证和租赁协议）；

银行账号证明；

总机构税务登记证副本（仅适用于分支机构税务登记）；

税务机关要求提供的其他证件、资料。

4. 注意事项

纳税人应自领取营业执照之日起30日内申请办理税务登记。

税务登记证的工本费为20元每套。

纳税人开户银行账户，申请减税、免税、退税，申请办理延期申报、延期缴纳税款，领购发票，申请开具外出经营活动税收管理证明，办理停业、歇业等有关税务事项时，必须持税务登记证件副本。

纳税人未按规定期限申报办理税务登记的，由税务机关责令限期改正，可以处2 000元以下的罚款；情节严重的，处2 000元以上10 000元以下的罚款。

纳税人不办理税务登记的，由税务机关责令限期改正；逾期不改正的，经税务机关提请，由工商行政管理机关吊销其营业执照。

纳税人未按规定使用税务登记证件，或者转借、涂改、损坏、买卖、伪造税务登记证件的，处2 000元以上10 000元以下的罚款；情节严重的，处10 000元以上50 000元以下的罚款。

第二节　仿真创业公司注册

一、本实训目的

虚拟仿真创业公司注册流程，从而了解公司注册流程图。

二、实训内容

学生根据教师介绍工商企业注册基本情况，通过仿真企业的场地租赁、资金验资、工商注册、雕刻公司各类印章、取得组织机构代码证书、税务证、劳动社会保障办理等事务，全面仿真创业公司注册全过程。

三、实训设备

本实训使用的设备：虚拟仿真软件创业之旅一套，局域网相连接的电脑、投影仪一部。

四、虚拟仿真创设公司基本步骤

以北京主要街景为模拟场景，主要采用FLASH动画方式、3D、交互第一人称真实地模拟展示公司工商注册流程，以直升机导航，鼠标划过以FLASH画轴方式展开提示。

领取毕业证和介绍信—名称审核—租赁场地—公司章程—银行注资—验资报告—

工商登记—申请刻章—质量监督—银行开户—税务登记—社会保险—颁发营业执照、税务登记证、组织机构代码证、社会保险登记证、银行开户许可证、公司印章—公司成立。

获取上述各种证件完整、逼真，整个模拟场景以直升机导航，并配有音乐，各个环节的办公设置与现实吻合。系统在创业实战环节中加入业创大学、天使风投公司、人才市场的环节。

创业全景（图 7-2）：

图 7-2

培训中心（图 7-3）：

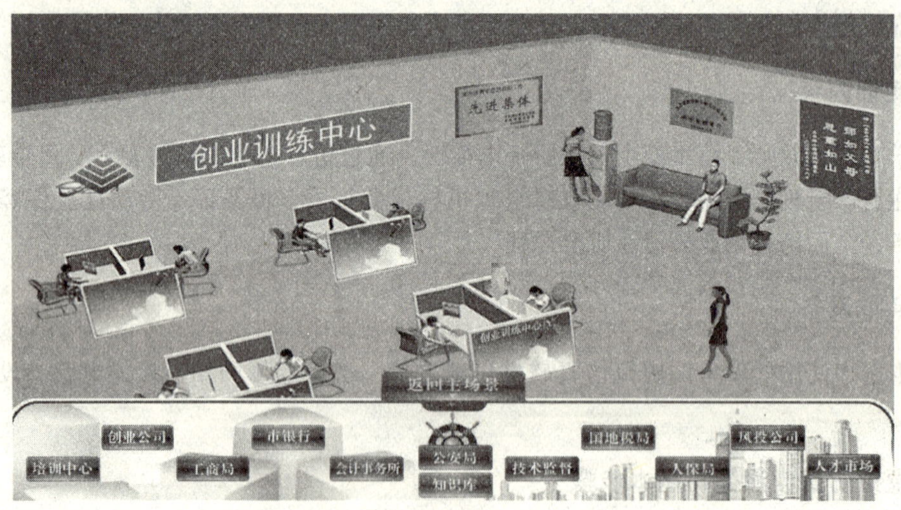

图 7-3

创业培训毕业证及介绍信（图 7-4）：

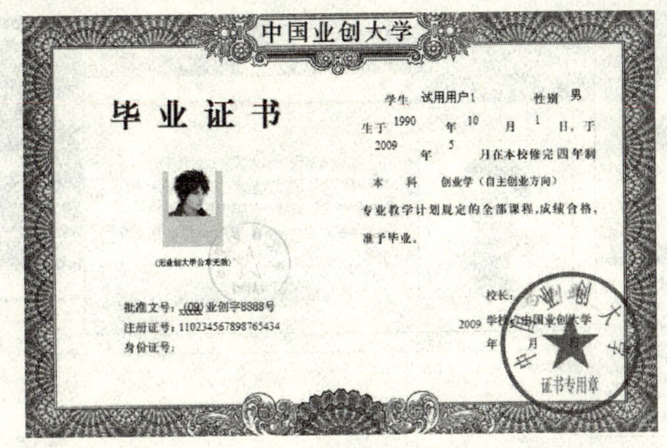

中国业创大学

毕业证书

学生 试用用户1 性别 男

生于 1990 年 10 月 1 日，于 2009 年 5 月在本校修完四年制本科 创业学（自主创业方向）专业教学计划规定的全部课程，成绩合格，准予毕业。

（无业创大学公章无效）

批准文号：(09) 业创字8888号
注册证号：110234567898765434
身份证号：

校长：
2009 学校：中国业创大学
年 月

证书专用章

介绍信

业创市工商行政管理工作中心：
兹介绍我校毕业生 演示学生1 到你处办理创业公司注册事宜，请予以接洽。
该同学（同志）已在我校顺利毕业。在校期间遵纪守法，无犯罪记录。
我单位对此事表示支持。
此致
敬礼

中国业创大学
2009年5月4日
（加盖公章）

图 7-4

物业大厦场景（图 7-5）：

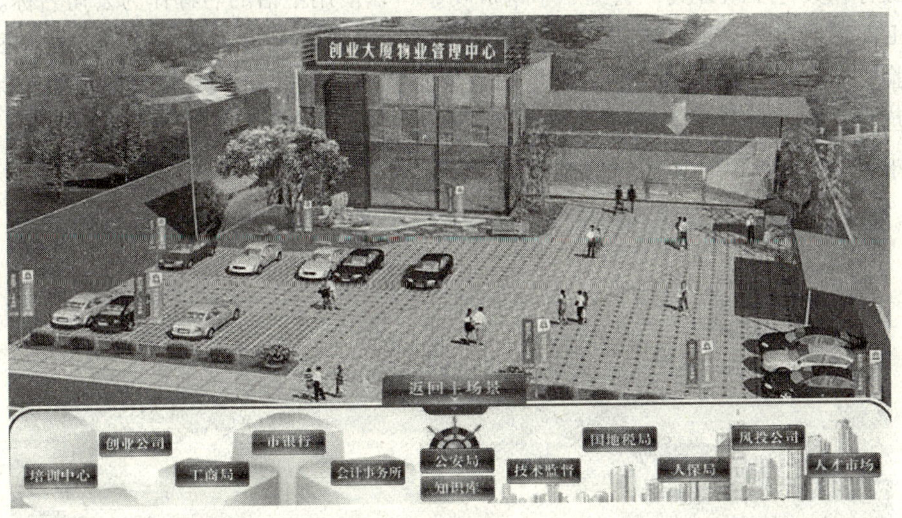

图 7-5

租赁办公场所（图7-6）：

图7-6

（一）公司名称登记

确定公司的名称，在主场景点击“工商行政管理局”入口，进入工商局内部。会看到办事窗口有三个，点击最左边的窗口。根据弹出窗口提示，选择“指定代表证明”，按要求填写相关信息，并签字。再选择第一个菜单“名称预先核准”，完成公司名称预先审核申请书的信息填写。全部填写完整后提交，如填写内容符合要求且公司名称没有和其他小组冲突，会提示申请成功，可以使用申请的名称作为公司名称。

工商注册包括：领取毕业证和介绍信—名称审核—租赁场地—公司章程—银行注资—验资报告—工商登记—申请刻章—质量监督—银行开户—税务登记—社会保险—颁发营业执照、税务登记证、组织机构代码证、社会保险登记证、银行开户许可证、公司印章—公司成立（图7-7）。

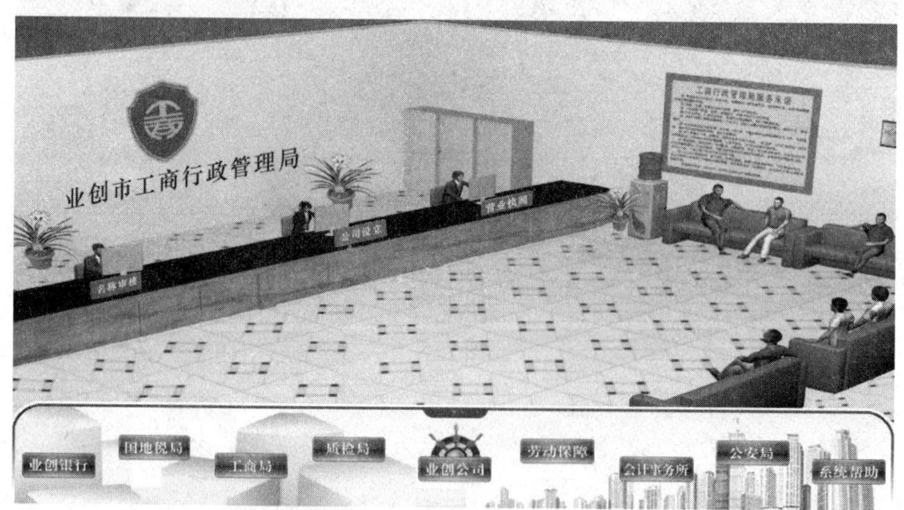

图7-7

（二）撰写公司章程

退出工商行政管理局回到主场景中，点击进入创业大厦；或直接在下面的导航仪表盘上点击“业创公司”，直接快速跳转到公司场景，如图 7-8 所示。点击“会议室”，点击菜单“公司章程”，完成公司章程的编写，并在最后签名确认。

（三）领取验资报告

点击“业创银行”窗口，在弹出的窗口中点击“股东资金存款”菜单，确认将股东资金存入银行（图 7-8）。

中国人民银行**进账单**（回　单）　1

年　月　日

出票人	全称	中国人民银行业创市支行	收款人	全称	业创业fefsf有限公司（筹）
	账号	0111060103465423132		账号	8808 4251 1102 1570 216
	开户银行	中国人民银行业创市支行		开户银行	中国人民银行业创市支行

金额	人民币（大写）	伍拾万元整	亿	千	百	十	万	千	百	十	元	角	分
						5	0	0	0	0	0	0	0

票据种类	现金	票据张数	1
票据号码	012453423156		

复核 李明　记帐 赵小丽

中国人民银行业创市支行 财务专用章

开户银行签章

此联是开户银行交给持票人的回单

中国人民银行业创市分行：

本公司（筹）聘请的 业创市会计师事务所 正在对本公司（筹）的注册资本实收（或注册资本、实收资本变更）情况进行审验。按照国家有关法规的规定和中国注册会计师审计准则的要求，应当询证本公司（筹）出方股东向贵行缴存的出资额。下列数据及事项出自本公司（筹）账簿记录，如与贵行记录相符，请在本函下端“数据及事项证明无误”处签章证明；如有不符，请在“列明不符事项”处列明不符事项。

回函地址：业创市业创路3号2楼

邮编：000200　电话：0012349　传真：0012359

截至 2009年5月6日止，本公司（筹）出资者（股东）缴入的出资额列示如下：

缴款人	缴入日期	银行账号	币种	金额	款项用途	备注
演示学生1	2009年5月6日	8808 6345 4801 6927 586	人民币	50万元	公司注册	临时账户入资
合计金额（大写）		伍拾万元整				

fefsf 公司（筹）

法定代表或委托代理人：（签名） 演示学生1

2009年5月6日

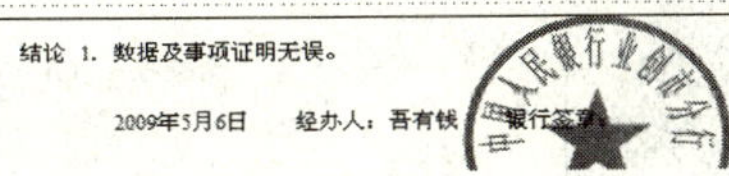

结论 1. 数据及事项证明无误。

2009年5月6日　经办人：吾有钱　银行签章

图 7-8

进入“会计师事务所”，点击前台位置，在弹出窗口中点击“出具验资报告”，完成公司注册资金的验资。

（四）公司设立登记

退出公司回到主场景，点击进入工商行政管理局；或直接在下面的导航仪表盘上点击“工商”，进入工商局内部。

点击“工商局”窗口，在弹出窗口中，依次点击“指定代表证明”“董事经理情况”“公司股东名录”“法定代表登记”“发起人确认书”，根据窗口提示信息完成相关内容填写，注意输入信息的正确性。全部完成后，最后点击“公司设立申请”，注意办理工商营业执照所需的各项材料是否都已准备好，如准备好会标志“√”。按要求填写完所有内容，点击最后的签字确认，点击“办理营业执照”菜单，领取已办好的企业法人营业执照（图7-9）。

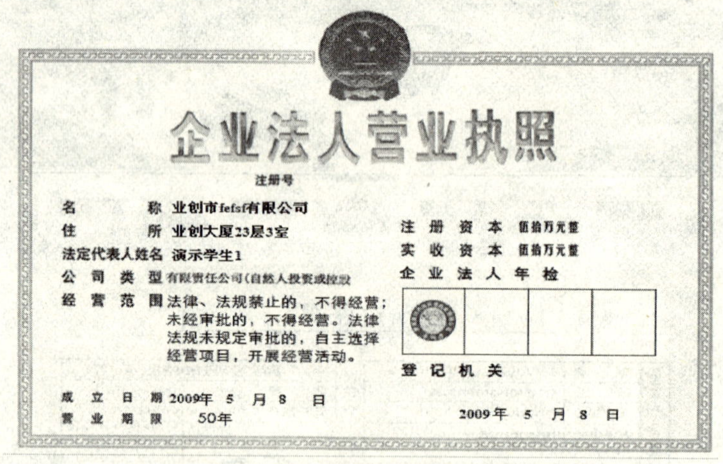

企业法人营业执照

注册号

名　　　称　业创市fefsf有限公司

住　　　所　业创大厦23层3室

法定代表人姓名　演示学生1

公　司　类　型　有限责任公司(自然人投资或控股

经　营　范　围　法律、法规禁止的，不得经营；未经审批的，不得经营。法律法规未规定审批的，自主选择经营项目，开展经营活动。

注　册　资　本　佰拾万元整

实　收　资　本　佰拾万元整

企业法人年检

登记机关

成　立　日　期　2009年　5　月　8　日

营　业　期　限　50年

2009年　5　月　8　日

图7-9

（五）刻制公司印章

进入“刻章店”，凭营业执照刻制公司章、财务章、法人章（图7-10）。

公章		业创市fefsf有限公司公章
财务专用章		业创市fefsf有限公司财务专用章
合同章		业创市fefsf有限公司合同章
法人章		演示学生1印

图7-10

（六）办理机构代码

进入“质检局”，办理公司组织机构代理证（图 7-11）。

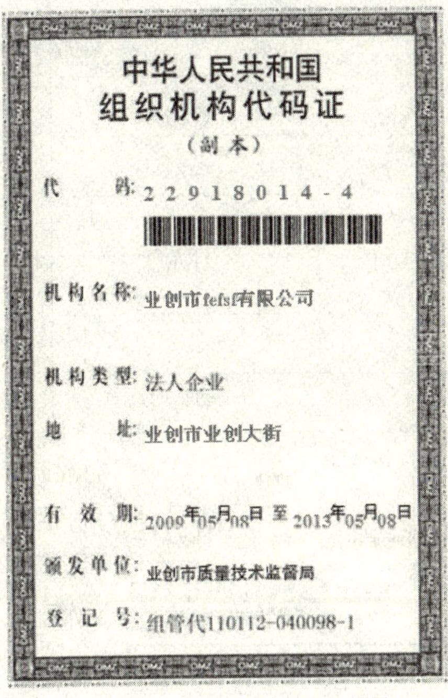

中华人民共和国
组织机构代码证
（副本）

代　　码：22918014-4

机构名称：业创市fefsf有限公司

机构类型：法人企业

地　　址：业创市业创大街

有 效 期：2009年05月08日至2013年05月08日

颁发单位：业创市质量技术监督局

登 记 号：组管代110112-040098-1

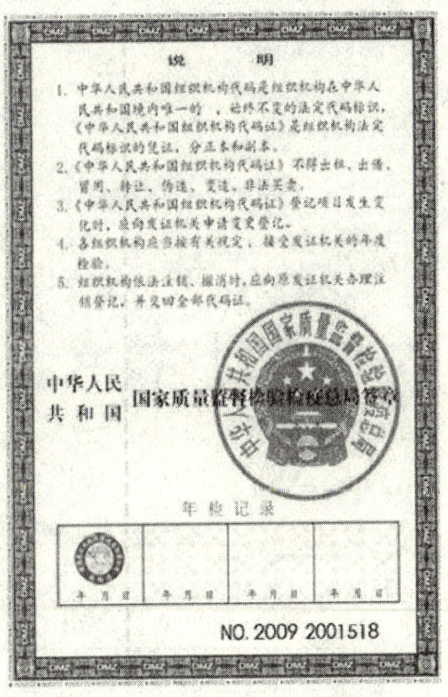

说　　明

1. 中华人民共和国组织机构代码是组织机构在中华人民共和国境内唯一的，始终不变的法定代码标识，《中华人民共和国组织机构代码证》是组织机构法定代码标识的凭证，分正本和副本。
2.《中华人民共和国组织机构代码证》不得出租、出借、冒用、转让、伪造、变造、非法买卖。
3.《中华人民共和国组织机构代码证》登记项目发生变化时，应向发证机关申请变更登记。
4. 各组织机构应当按有关规定，接受发证机关的年度检验。
5. 组织机构依法注销、撤消时，应向原发证机关办理注销登记，并交回全部代码证。

中华人民共和国　国家质量监督检验检疫总局签章

年检记录

年 月 日	年 月 日	年 月 日	年 月 日

NO. 2009 2001518

图 7-11

（七）办理税务登记

进入“国家税务局”，点击“国地税局”窗口，按要求填写相关信息，领取国税登记证（图 7-12）。

税务登记证

（副　本）计算机代码　15195058

税证字110111669140666号

纳税人名称：业创市fefzf有限公司

法定代表人（负责人）：试用用户1

地　　址：业创市业创大街

登记注册类型：私营有限责任公司

经营范围：法律、法规禁止的，不得经营；未经审批的，不得经营，法律法规未规定审批的，自主选择经营项目，开展经营活动。

批准设立机关：业创市工商行政管理局

扣缴义务：依法确定

发证税务机关

2009年05月0

国家税务总局监制

业创市国家税务局　业创市地方税务局

总机构情况（由分支机构填写）	
名　称	
纳税人识别号	
地　址	
经营范围	
分支机构设置（由总机构填写）	
名　称 地　址	
名　称 地　址	
名　称 地　址	
名　称 地　址	
名　称 地　址	

业创市商业企业专用发票
YE CHUANG COMMERCIAL CORPORATION INVOICE

本发票需在2009年12月31日之前开具

发票联
INVOICE

发票代码 Invoice Code 111000821111
发票号码 Invoice No. 10065204

客户名称 Payer：　　支票号 Check No.：

编号 Serial No.	商品名称 Merchandise's name	规格 Specification	单位 Unit	数量 Quantity	单价 Unit Price	金额 Amount 万	千	百	十	元	角	分
小写金额合计 Total Amount												
大写金额 Total Amount In Words	万　仟　佰　拾　元　角　分											

开票单位（盖章）Payee(Seal)　　开票人 Filler：　　年 Y　月 M　日 D

二、付款方 SECOND

京国税

中国人民银行业创市支行　财务专用章

图 7-12

进入“地方税务局”，点击“国地税局”窗口，按要求填写相关信息，领取地税登记证（图 7-13）。

验 资 报 告

fefsf有限公司（筹）

我们接受委托，审验了贵公司（筹）截至 2009年5月8日　止申请设立登记的注册资本实收情况。按照法律、法规以及协议、章程的要求出资，提供真实、合法、完整的验资资料，保护资产的安全、完整是全体股东及贵公司（筹）的责任。我们的责任是对贵公司（筹）注册资本的实收情况发表审验意见。我们的审验是依据《中国注册会计师审计准则1602号—验资》进行的。在审验过程中，我们结合贵公司（筹）的实际情况，实施了检查等必要的审验程序。

根据协议、章程的规定，贵公司（筹）申请登记的注册资本为人民币一百万元，由全部股东于 2009年5月8日　之前一次缴足。经我们审验，截至 2009年5月8日 止，贵公司（筹）已收到全体股东缴纳的注册资本（实收资本）合计人民币伍万元（大写）。

本验资报告供贵公司（筹）申请设立登记及据以向全体股东签发出资证实时使用，不应被视为是对贵公司（筹）验资报告日后资本保全、偿债能力和持续经营能力等的保证。因使用不当造成的后果，与执行本验资业务的注册会计师及本会计师事务所无关。

附件：1、注册资本实收情况明细表

业创市会计师事务所　　　　中国注册会计师：王熙凤

中国注册会计师：刘禹虎

中国业创市

2009年5月8日

图 7-13

（八）开设公司账户

点击“业创银行”窗口，在弹出的窗口中点击“开设银行账户”菜单，开设公司银行账户。

（九）办理社会保险

进入“人力资源和社会保障局”，点击“劳动保障”窗口，在弹出窗口中点击“社会保险登记”，完成“用人单位社会保险登记表”的填写。再点击“社会保险开户”，完成“企业社会保险开户”登记表的填写。至此，已完全完成公司工商税务登记所有的流程工作，公司正式成立，可以开张营业了。接下来将进入到创业企业运营管理阶段（图 7-14）。

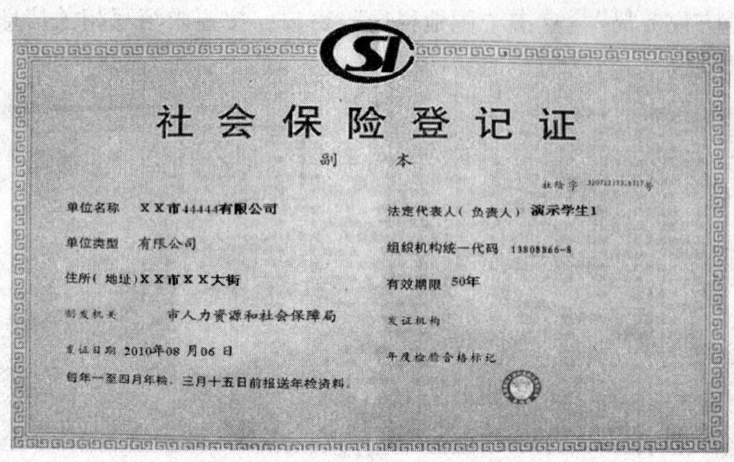
社会保险登记证
副　本

单位名称　X X市44444有限公司　　法定代表人（负责人）演示学生1

单位类型　有限公司　　组织机构统一代码　13808866-8

住所（地址）X X市X X大街　　有效期限　50年

制发机关　市人力资源和社会保障局　　发证机构

发证日期　2010年08月06日　　年度检验合格标记

每年一至四月年检，三月十五日前报送年检资料。

图 7-14

五、企业的特别许可

在我们国家对一些企业的经营项目是要一些特别申请才能开办的。为了方便，我们列举了一些常见的需要特别许可的项目：

（一）项目不需要特别资质

1. 经营销售类

针纺织品、百货、日用杂品、五金交电、化工产品、土特产品、民用、工艺美术品、家具、计算机及外围设备、金属材料、机械电器设备、木材和橡胶制品、建筑材料、装修材料、办公用品。

2. 技术开发类

技术开发、技术咨询、技术转让、技术培训、技术服务。

3. 咨询服务类

信息咨询、企业策划和管理咨询、装饰设计、劳务服务、彩色扩印，翻译、打字等。

（二）项目需要专项审批的有

在企业经营管理中，国家规定了在相应的主管部门审批的，如表 7-2 所示：

表 7-2

经营项目	审批机关
食品、餐饮（生产、经营）	卫生检疫部门、环保局
烟草制品（批发、零销）	烟草专卖局
建筑、装修	建设委员会
道路运输	交通运输局、交通指挥部门

表7-2(续)

经营项目	审批机关
搬家公司	公安局、交管局
医疗机构	卫生局
旅行社	旅游局
图书、报刊、音像（批发、零销）	新闻出版局、文化委员会
化肥、农药、农具、种子	农业局
印刷	新闻出版局、公安局
特种行业（旅馆、刻字、印章、物品寄存等）	公安局
婚介	民政局
幼儿园、学校	教育委员会
对外贸易	商务局（备案）
网吧	通信管理局、公安局
网站、网上论坛	通信管理局、新闻管理局
台球、电子游艺厅、棋牌室、歌厅、卡拉 OK 室	文化委员会、公安局
保险代理	保监会
基金代理	中国人民银行、银监会

需要向政府有关部门专项审批的业务范围广，随着政府机构的改革和发展，审批的机关也会发生一些变化，可以在申请办理相关手续时向工商行政管理机构查询和了解。

（三）前置审批和后置审批

政府主管部门在专项审批时，可以分为前置审批和后置审批。前置审批是指必须在申办工商营业执照前完成的审批手续，后置审批是可以在办理完工商营业执照后补办的审批。

前置审批项目的经营登记程序：

向政府主管部门申办特批的业务经营许可→申办和完成工商税务登记。

申请和完成工商税务的初次登记→向政府主管部门申办特批业务经营许可→向工商局申办经营增项。

后置审批项目的经营登记程序：

申办和完成工商税务登记→在规定的期限内，向政府主管部门申请特批业务经营许可→完成工商局备案登记。

六、其他登记事宜

成立新的企业需要在政府部门办理的其他登记手续：

统计登记：需要在领取营业执照后的30天内向当地统计局办理统计登记。

社会保险登记：向当地人事劳动保障局的社保中心办理。

如果是聘用会计公司为企业做税务登记和每月的报税工作，可以将统计登记和社保登记工作交由他们处理。

思考题：

请同学们思考以下行业申办的要求：

网吧、服装零售、图书、音像、软件、休闲娱乐场所、食品加工、养殖业、烟草零售、幼儿园、餐饮、连锁超市、美容美发店。

表7-3 经营许可登记要求

经营业务类别	可以申办类型	经营审批机构	业务、行业审批机构	前置和后置审批	税务登记要求	其他
网吧						
服装零售						
图书、音像、软件						
休闲娱乐						
食品加工						
养殖业						
烟草零售						
幼儿园						
餐饮业						
连锁超市						
美容美发店						

附录：重庆市微型企业创业扶持政策解读

一、微型企业的定义

微型企业是一种企业雇员人数少、产权和经营权高度集中、产品服务种类单一、经营规模微小的企业组织，具有创业成本低、就业弹性空间大、成果见效快等特点。我市扶持发展的微型企业主要是指雇工（含投资者）20人以下、创业者投资金额10万元及以下的企业。

二、微型企业创业扶持对象

微型企业创业扶持对象为国家政策聚集帮扶的“九类人群”，具体包括：

（一）大中专毕业生，指毕业未就业的全日制中专、高职、大专、本科、研究生等学历层次的毕业生，以及取得职业技能等级证书和职业教育毕业证书的职教生（含本市集体户口）。

（二）下岗失业人员，指持有“下岗证”或“职工失业证”的本市国有企业下岗失业人员、国有企业关闭破产需要安置的人员、城镇集体企业下岗失业人员三类人员；持有“城镇失业人员失业证”和“最低生活保障证明”的已享受城镇居民最低生活保障且失业的本市城镇其他登记失业人员。

（三）返乡农民工，指在国家规定的劳动年龄内，在户籍所在地之外从事务工经商1年以上，并持有相关外出务工经商证明的本市农村户籍人员。

（四）“农转非”人员，指因农村集体土地被政府依法征收（用）进行了城镇居民身份登记的本市居民。征地时已作就业安置、户籍关系已迁出本市的人员除外。

（五）三峡库区移民，指在本市行政区划内安置的长江三峡工程重庆库区水淹移民和占地移民。

（六）残疾人，指持有“中华人民共和国残疾人证”和“中华人民共和国残疾军人证”，并具备创业能力的本市居民。

（七）城乡退役士兵，指在本市行政区划内，所有城镇户籍和农村户籍的退役士官和义务兵。符合退役士兵安置条件，已安置工作的除外。

（八）文化创意人员，指从事文化艺术、动漫游戏、教育培训、咨询策划及产品、广告、时装设计等的本市居民。

（九）信息技术人员，指从事互联网服务、软件开发、信息技术服务外包服务的本市居民。

三、申请享受微型企业创业扶持需具备的条件

申请享受微型企业创业扶持政策的创业者应具备下列条件：

（一）具有本市户籍（含集体户口）；

（二）属于“九类人群”；

（三）具有创业能力；

（四）无在办企业；

（五）属于“九类人群”的申请人出资比例不低于全体投资人出资额的50%；

（六）其他应当具备的条件。

四、申请人需提交的材料

申请微型企业创业扶持的创业者，应当向居住地乡镇人民政府、街道办事处提交以下材料：

（一）微型企业创业申请书；

（二）身份证明；

（三）户口簿；

（四）居住证明；

（五）属于“九类人群”的证明材料；

（六）其他需要提交的材料。

居住地与身份证明或户口簿载明的住址一致的，申请人可不提交居住证明。

五、申请人是否必须进行创业培训

各区县（自治县）微企办收到工商所报送的申请审批资料后，应当对申请人组织开展微型企业创业培训，已经接受创业培训或具有相关创业知识的申请人可不参加。申请人有创业培训经历的，应在向工商行政管理机关提交申请书的同时，提交人力社保部门培训证书等相关证明材料。

六、创业培训的主要内容

微型企业创业培训是政府提供的免费培训。微型企业创业培训以提高申请人创业能力为目的，开展政策解读、项目选择、担保贷款、企业管理、市场营销、合同签订及风险的规避、员工聘用与社会保障、工商税务知识、创业实例分析、创业投资计划书制作及答辩等培训内容。培训结束后培训机构将出具结业鉴定意见。

七、创业审核的流程及时限

创业审核按照尽职审查和集中会审相结合的原则进行。申请人向拟创业所在区县（自治县）微企办提交创业投资计划书后，微企办审核人员应在3个工作日内完成初审，并将初审意见提交由工商、财政、税务、教育、人力社保、科技、金融、承贷银行、担保机构等部门和单位组成的审核小组集中会审。审核小组原则上10个工作日内会审1次，并审定财政资本金补助比例。

八、通过审核后，微型企业注册登记的流程

（一）申请人通过企业名称预先核准后，应在拟创业所在地的重庆农村商业银行、重庆银行、重庆三峡银行等银行中选择一家开户银行以预先核准的企业名称开设账户，并将投资资金存入该账户。

（二）申请人通过创业审核，且投资资金到位后，由区县（自治县）微企办向同级财政部门申请资本金补助。财政部门按照微企办审定的补助比例在5个工作日内将资本金补助资金转入申请人开设的账户。

（三）创业者投资资金和财政补助资金到位后，区县（自治县）微企办应当按照企业登记的相关规定，将相关资料转到企业注册登记办理机构，5个工作日内办完营业执照。

九、对微型企业有哪些扶持政策

（一）财政扶持政策。市级财政部门每年根据市微企办确定的各区县（自治县）微型企业发展计划，安排扶持微型企业发展资金预算，将补助资金切块下达给各区县（自治县）财政部门。区县（自治县）财政部门对市级财政资金、区县（自治县）配套资金实行集中管理、统筹安排，并向申请人拨付资本金补助资金，补助比例控制在注册资本金的50%以内。

（二）税收扶持政策。从微型企业成立次年起，财政部门按企业上年实际缴纳企业所得税、营业税、增值税地方留存部分计算税收优惠财政补贴，补贴总额以微型企业获得的资本金补助资金等额为限。微型企业凭纳税证明和营业执照，向当地财政部门申请享受税收扶持政策。

（三）融资担保扶持政策。微型企业可在开户银行申请微型企业创业扶持贷款，用于借款人生产经营所需的流动资金或固定资产购置，贷款额度不超过投资者投资金额的50%，贷款利率按照中国人民银行公布的同期贷款利率基准利率执行。微型企业创业扶持贷款期限为1~2年，并按有关规定享受财政贴息。微型企业申请创业扶持贷款，可由三峡担保公司或各区县（自治县）政府指定的当地专业担保公司提供担保。

（四）行政规费减免政策。微型企业办理证照、年检、年审等手续，三年内免收行政性收费。

十、违反本《管理办法》的有哪些惩处措施

有下列行为之一的，由区县（自治县）微企办责令改正；情节严重的，由区县（自治县）微企办撤销申请人扶持资格，并由相关部门依法追究责任：

（一）不按投资计划书使用资本金补助资金的；

（二）采用欺骗手段取得被扶持资格的；

（三）出租、出借被扶持资格的；

（四）虚假出资、虚报注册资本、抽逃注册资本的；

（五）其他违法违规行为。

工商、财政、税务、人力社保、金融等部门和单位在各自职责范围内依法对微型企业资金用途、开业状况、关闭注销、雇工情况等实行全过程监管，严厉查处套取、抽逃、转移资金和资产的行为。涉嫌犯罪的，移交司法机关依法追究刑事责任。

申请人恶意骗取、套取、挪用资本金补助资金等违法行为记入企业征信系统或个人征信系统。相关行政机关、金融机构依据不良信用记录，在银行信贷、行政许可、政策扶持等工作中依法对违法当事人采取禁止或限制措施。

十一、公众关注的热点问题解答

1. 从外地来重庆读书的大中专毕业生可不可以享受微型企业扶持政策?

答：从外地来重庆读书的大中专毕业生，只要其户口（包括集体户口）还在重庆，就可以申请享受微型企业创业扶持政策。从重庆到外地读书的大中专毕业生，只要户口迁回重庆，也可以申请享受微型企业创业扶持政策。

2. 创业者要经过哪些环节才能享受到扶持政策?

答：创业者要经过四个主要环节：一是创业申请环节。主要由乡镇或街道、工商所对申请者条件进行审查。二是创业培训环节。由培训机构对申请人进行创业知识的培训，提高创业者的创业能力。三是创业审核环节。由相关市级部门组成的审核小组对申请人的创业投资计划书进行集中会审。四是注册登记环节。申请人通过创业审核，且投资资金到位后，由微企办向财政部门申请资本金补助。资本金补助资金到位后，企业就可以完成注册登记，享受税收和融资担保等相关扶持政策。

3. 创业审核主要审查哪些内容?

答：创业审核主要审查以下内容：培训机构结业鉴定意见；拟创办企业及申请创业者自身基本情况；拟生产产品或提供服务情况；拟创办企业的人员及组织结构；市场预测、营销策略；拟生产产品或提供服务的生产管理计划；资本金补助资金使用计划等财务规划；注册登记应当提交的相关材料；创业投融资计划等相关内容。

4. 不具备抵押或担保条件的微型企业，可否申请享受微型企业贷款的扶持政策?

答：不具备抵押或担保条件的微型企业，可由三峡担保公司为微型企业贷款提供担保。各区县（自治县）政府指定当地专业担保公司为微型企业提供担保的，由三峡担保公司为其提供再担保。担保公司按现行担保贷款管理办法的最低标准且不高于担保额的2%收取担保费。

5. 已有的微型企业能不能享受扶持政策?

答：微型企业创业扶持政策主要是鼓励创业，因此，已有的微型企业不能享受相关扶持政策，而且新创业的申请人也只能享受一次微型企业扶持政策。

十二、相关政策的查阅途径

可以登录“重庆红盾网”（http://jgs.cq.gov.cn）查询微型企业创业扶持相关政策。如有问题和疑问，可拨打当地工商部门公开咨询电话。

重庆市微型企业创业申请书

<table>
<tr><td>姓名</td><td></td><td>性别</td><td></td><td>学历</td><td colspan="2"></td></tr>
<tr><td>证件名称</td><td></td><td>证件号码</td><td colspan="4"></td></tr>
<tr><td>户口所在地</td><td colspan="3"></td><td>移动电话</td><td colspan="2"></td></tr>
<tr><td>现居住地</td><td colspan="3"></td><td>家庭电话</td><td colspan="2"></td></tr>
<tr><td>人员类别</td><td colspan="6">□大中专毕业生　□下岗失业人员　□返乡农民工　□“农转非”人员
□三峡库区移民　□残疾人　□城乡退役士兵　□文化创意人员
□信息技术人员</td></tr>
<tr><td>人员类别
证件名称</td><td colspan="2"></td><td>人员类别
证件号码</td><td colspan="3"></td></tr>
<tr><td>创业培训
经历</td><td colspan="6"></td></tr>
<tr><td>拟经营场所</td><td colspan="6"></td></tr>
<tr><td>拟创业项目</td><td colspan="6"></td></tr>
<tr><td>组织形式</td><td colspan="6">□有限责任公司　　□个人独资企业　　□合伙企业</td></tr>
<tr><td>企业投资
金额</td><td></td><td>申请人
出资金额</td><td></td><td>申请人
出资比例</td><td colspan="2"></td></tr>
<tr><td>其他投资人
姓名</td><td>证件名称</td><td colspan="2">证件号码</td><td>出资金额</td><td>出资
比例</td><td>是否属于
“九类人群”</td></tr>
<tr><td></td><td></td><td colspan="2"></td><td></td><td></td><td></td></tr>
<tr><td></td><td></td><td colspan="2"></td><td></td><td></td><td></td></tr>
<tr><td></td><td></td><td colspan="2"></td><td></td><td></td><td></td></tr>
<tr><td></td><td></td><td colspan="2"></td><td></td><td></td><td></td></tr>
<tr><td colspan="7">本人提交材料真实有效，谨此对真实性承担责。

申请人签字：
年　　月　　日</td></tr>
</table>

注：1. 申请书中“人员类别”只能选取1项。2. 如其他投资人中有属于“九类人群”的投资人，该投资人应提交属于“九类人群”的证明材料。3. 申请人有创业培训经历的，应在向工商行政管理机关提交申请书的同时，提交人力社保部门培训证书、经济管理类学历证书等相关证明材料。

表（续）

乡镇、街道 意见	负责人： 年　月　日
工商所 意见	负责人： 年　月　日
审核人员 初审意见	负责人： 年　月　日
审核小组 审核意见	负责人： 年　月　日

思考与讨论

1. 建新企业会涉及哪些法律法规？
2. 哪些行业涉及前置审批？些行业涉及后置审批？哪些行业不用审批？
3. 企业工商注册涉及哪些部门？
4. 简述工商注册的基本流程。
5. 撰写一份创业公司成立的章程。

第三篇
虚拟仿真创业企业经营管理篇

虚拟市场资源，仿真市场行为。让学生在实训中扮演企业运营的各种角色，配置虚拟的人、财、物资源，仿真经营场地设施、管理、服务等软硬件环境条件，学习按照市场运行的自身规律配置资源、发展经济、治理区域、管理运营、创业经营企业等全过程演练，以提升创业者领导力、分析力和决策力。

第八章　创业虚拟仿真企业经营管理竞技

小王满怀信心准备投入市场环境中进行创业实践，来向导师辞别。导师问小王：你的企业经营能力如何？决策是否科学？管理是否规范？能否编制财务报表？风险控制是否到位？小王无言以对。于是，导师带他到虚拟仿真市场竞技中，让他感受市场。

虚拟市场资源，仿真市场行为，按照国家经济政策和微观经济活动设置一系列虚拟市场的参数，让创业者在此环境中仿真博弈，了解市场需求、厂房的租赁与设备购买、原料采购与运输、产品研发与制造、人员招聘与管理、资金筹措、财务报表编制、经营风险控制等经营决策，从而让创业者在准备创业前有一个知识和能力的储备。

第一节　创业企业经营基础

企业一旦运转起来，你每天的工作就会非常繁重。在这一步里，你要了解一个优秀的业主怎样处理好日常的企业管理工作。然而，如何管好一个企业远比书上说的要复杂得多。一个好的业主每天都要学习新东西。

一、企业的日常活动

由于企业的类型不同，它们的日常业务活动也有差异。例如：零售商店的日常工作主要是销售、采购存货、记账和管好店员。服务行业的日常工作是招揽生意，完成服务任务。管理职工，使他们的工作保质保量，有成效。除此之外，你还要采购材料，控制成本和为新业务定价。

制造企业的日常业务要复杂得多，你要接订单，核实自己的生产能力，安排车间生产。这意味着你要购进原材料，调配好工厂的设备，监控工人的工作质量，控制成本，销售产品等。不论企业属于哪种类型，以下工作都必不可少。

（一）监督管理员工

记住：你的企业的成功是由所有员工的整体业绩带来的。如果员工的技能不足、积极性不高、配合不当，即便你有一个好的企业构思，最终也无法成功。所以要非常重视对员工的培训和激励。

第一，要建立团队意识，因为大多数员工喜欢大家配合工作。如果任务下达到团队，任务一旦完成，每个成员都会受到鼓舞。这种方法的主要好处在于，提高员工的工作积极性——他们能体会到集体的成绩里有他们各自的一份贡献。提高工作质量标准——团队成员共同配合解决质量问题。提高生产效率——集体工作比单干更能使员工各展其长。

第二，重视培训员工，这是企业成功的重要因素。虽然组织培训要花钱，但好处却很多；员工能学到新的、更有效的工作方法。员工能觉得你关心他们，满意他们的工作。

第三，重视员工的安全。如果员工离去了，你还得招聘和培训新人，所以要保护你的员工，防止他们发生工伤事故。作为企业主，你要对由于安全措施不够引起的伤残和疾病负责任。安全措施不只意味着避免工伤事故，还包括改善不良工作条件，例如降低噪声、提高照明度、消除有害液体和气体等。

国家规定了职业安全与卫生的最低要求，如果企业违规，不仅给别人带来伤残的痛苦，而且还要承担发放抚恤金的负担。所以，关心员工的安全，不仅有利于员工的积极性和健康，而且还会降低你的企业的费用。

（二）采购存货、原材料或服务

所有的企业都买进卖出。零售商从批发商处买来商品，然后卖给顾客。批发商从制造商处进货卖给零售商。制造商从不同渠道采购原材料制成产品卖给顾客。服务行业的经营者买来设备和材料，然后出售他们的服务。慎重地采购原材料和选择服务可以降低成本并提高利润。

（三）生产管理

生产监控是制造行业和服务行业的一项日常工作，通常要做以下决策：生产什么？何处生产？何时生产？如何生产？生产数量？生产质量？

这些工作的目的就是合理组织你的企业，为顾客提供保质保量的产品。

（四）为顾客服务

促销是使那些现有的和潜在的顾客了解你的产品。以下是常见的促销手段：

· 在报纸或杂志上做广告。

· 散发传单或小册子。

· 利用广播和电视做广告。

· 在橱窗和公共场所挂广告招牌。

记住：如果没有顾客，任何企业都无法生存下去。

（五）掌握和控制成本

作为企业主，你要彻底了解生产成本或进货成本，这有助于你制定价格，赚取利润，为此，把成本维持在最低限度对你来说是很关键的。

这方面的信息来自于你的财务会计系统。即使是最简单的财务记录，也会为你提供计算企业成本的依据。企业成本是企业资金支出的根源，因此，合理控制成本能提高企业的利润。

（六）制定价格

你要为你的产品或服务制定合适的价格，使你的产品或服务既能产生利润，又具有相当的竞争力。你要明白，只有销售收入大于产品或服务的成本，才会有利润。因此，制定价格之前，你必须先摸清成本，否则你无从知道企业是在盈利还是在亏本。

（七）业务记录

作为企业主，你必须知道企业经营的状况。如果经营遇到困难，通过分析你的业务记录可以发现问题所在。如果企业运转良好，你也能利用这些记录进一步了解企业的优势所在，使你的企业更有竞争力。做好业务记录能帮助企业主做出有力的经营决策。

搞好业务记录还有助于以下工作的开展：控制现金，控制赊账，随时了解你的负债情况，控制库存量，了解员工动态，掌握固定资产状况，了解企业的经营情况，上缴税款，制订计划。

大多数微小企业为节省开支而不请专职会计，所以，为了掌握现金流量而自己学习简单的记账办法。虽然不同企业的记账方式有所差别，但一般都包括以下内容：收入的资金，支出的资金，债权人，资产和库存，员工。

（八）组织办公室的工作

办公室是你的信息中心。因此，办公室组织和领导得好与坏对企业也会产生影响。你需要购买办公设备、办公文具，需要设立一个接待顾客和来访者的场所。

办公室是你的工作场所，你搞好管理所需的办公用品都要备齐。

创业计划培训为你开办企业奠定了坚实的基础，但要经营好一个企业，你还要不断提高自己的管理能力。经营企业的课题更复杂，要学的东西更多。要想成功，你必须不断学习，改善经营。随着你经营管理能力的提高，你的企业也就更具成功和盈利的希望。将你的创业构想结合创业计划培训知识形成创业计划书，能更详尽地展示出你的创业信息。

二、创业仿真经营决策

（一）虚拟仿真

虚拟仿真，虚拟仿真又称虚拟现实技术或模拟技术，就是用一个虚拟的系统模仿另一个真实系统的技术。由于计算机技术的发展，仿真技术逐步自成体系，成为继数学推理、科学实验之后人类认识自然界客观规律的第三类基本方法，而且正在发展成为人类认识、改造和创造客观世界的一项通用性、战略性技术。虚拟仿真（virtual reality）：仿真（simulation）技术，或称为模拟技术，就是用一个系统模仿另一个真实系统的技术。虚拟仿真实际上是一种可创建和体验虚拟世界（virtual world）的计算机系统。此种虚拟世界由计算机生成，可以是现实世界的再现，亦可以是构想中的世界，用户可借助视觉、听觉及触觉等多种传感通道与虚拟世界进行自然的交互。

（二）创业虚拟仿真经营决策

创业虚拟仿真经营决策是指在学校控制的状态下，按照人才培养规律与目标，对学生进行职业技术应用能力训练的教学过程。虚拟市场资源，仿真市场行为。让学生在实训中扮演企业运营的各种角色，配置虚拟的人、财、物资源，仿真经营场地设施、管理、服务等软硬件环境条件，学习按照市场运行的自身规律配置资源、发展经济、治理区域、管理运营、创业经营企业等全过程演练；以提升创业者领导力、分析力和决策力。实训的最终目的是全面提高学生的综合素质。经济管理创业实训教学，是学生经济管理方面专业能力、创新思维、综合技能等方面的综合能力与创业教育过程相结合，运用现代信息技术和实验手段，通过演示、模拟研究对象、仿真环境、综合相关知识、创意设计方案的单一或全部的过程；是将经济管理类专业知识在创业过程中的应用；是经济现象和社会表象的一种模拟或重现，通过这种重现认识和了解客观事物，从而发现问题。从感性知识逐步上升到理性知识，通过认识客体的自我理解和融合，形成具有自己的新的知识；反映在实训中就是创业业绩盈亏体现。

第二节　创业仿真企业经营决策竞技实训

一、实训目的和任务

通过团队分工，组建公司，公司命名，分配职责、市场分析，针对目标客户设计产品，制订战略，讨论并制订企业经营战略与经营目标，投资厂房与生产线，投资产品与市场开发，编制预算。透过各种经营数据理解创业机会与创业的复杂性，创业者、创业团队与创业投资者的能力与实力的有限性，以及了解到什么是主导创业失败的主要风险因素，进而培养学生经营管理和决策创新能力。

二、实训内容

1. 团队分工，组建公司，公司命名，分配职责、市场分析，分析市场研究报告、客户需求、目标市场，针对目标客户设计产品，制订战略，讨论并制订企业经营战略与经营目标，投资厂房与生产线，投资产品与市场开发，编制预算。培养学生的管理能力。

2. 制订营销策略，熟悉规则，测试市场，分析竞争对手经营策略，完成目标群体的产品设计，安排生产计划，生产产品，拓展营销网络，建设销售渠道，培养学生的经营能力。

3. 重新审视市场测试的营销，审阅针对各目标群体的产品市场，调整定价策略与广告宣传策略，掌握调整营销网络建设与市场开发，调整产品生产计划，本季度主要让学生学习如何避免资金链断裂、公司持有多少现金合适以及学习常用的绩效分析财务指标。

三、实训设备

仿真软件一套，局域网相连接的电脑，投影仪一部。

四、实训基本步骤

（一）虚拟仿真创业企业经营管理竞技规则

1. 企业基本情况

你们即将开始经营一家小型的创业公司。在这个市场环境中，你们将有 N 家企业在市场上展开激烈的竞争。每家企业在成立之初，都拥有一笔 60 万元的创业资金，用于展开各自的经营，创业团队成员分别担任这家企业的不同管理角色，包括总经理、财务总监、营销总监、生产总监等岗位，承担相关的管理工作，通过对市场环境与背景资料的分析讨论，完成企业运营过程中的各项决策，包括战略规划、品牌设计、新品研发、营销策略、市场开发、人员招聘、采购计划、生产规划、融资策略、成本控制、财务分析等。通过团队成员的努力，使公司实现既定的战略目标，并在所有公司中脱颖而出。

2. 虚拟仿真竞技规则

（1）基本数据（表 8-1）

表 8-1

项目	当前值	说明
公司初始现金	600 000.00 元	正式经营开始之前每家公司获得的注册资金（实收资本）
公司注册设立费用	3 000.00 元	公司设立开办过程中所发生的所有相关的费用。该笔费用在第一季度初自动扣除
办公室租金	10 000.00 元	公司租赁办公场地的费用，每季度初自动扣除当季的租金
所得税率	25.00%	企业经营当季如果有利润，按该税率在下季初缴纳所得税
营业税率	5.00%	根据企业营业外收入总额，按该税率缴纳营业税
增值税率	17.00%	按该税率计算企业在采购商品时所支付的增值税款，即进项税，以及企业销售商品所收取的增值税款，即销项税额
城建税率	7.00%	根据企业应缴纳的增值税、营业税，按该税率缴纳城市建设维护税
教育附加税率	3.00%	根据企业应缴纳的增值税、营业税，按该税率缴纳教育附加税
地方教育附加税率	2.00%	根据企业应缴纳的增值税、营业税，按该税率缴纳地方教育附加税
行政管理费	1 000.00 元/人	公司每季度运营的行政管理费用，按招聘的人员数目计算
小组人员工资	10 000.00 元/组	小组管理团队所有人员的季度工资，不分人数多少
养老保险比率	20.00%	根据工资总额按该比率缴纳养老保险费用

表8-1(续)

项目	当前值	说明
失业保险比率	2.00%	根据工资总额按该比率缴纳失业保险费用
工伤保险比率	0.50%	根据工资总额按该比率缴纳工伤保险费用
生育保险比率	0.60%	根据工资总额按该比率缴纳生育保险费用
医疗保险比率	11.50%	根据工资总额按该比率缴纳医疗保险费用
未签订劳动罚款	2 000.00 元/人	入职后没有给员工签订劳动合同的情况下按该金额缴纳罚款
普通借款利率	5.00%	正常向银行申请借款的利率
普通借款还款周期(季度)	3	普通借款还款周期
紧急借款利率	20.00%	公司资金链断裂时，系统会自动给公司申请紧急借款时的利率
紧急借款还款周期(季度)	3	紧急借款还款周期
同期最大借款授信额度	200 000.00 元	同一个周期内，普通借款允许的最大借款金额
一账期应收账款贴现率	3.00%	在一个季度内到期的应收账款贴现率
二账期应收账款贴现率	6.00%	在二个季度内到期的应收账款贴现率
三账期应收账款贴现率	8.00%	在三个季度内到期的应收账款贴现率
四账期应收账款贴现率	10.00%	在四个季度内到期的应收账款贴现率
公司产品上限	6 个	每个公司最多能设计研发的产品类别数量
厂房折旧率	2.00%	每季度按该折旧率对购买的厂房原值计提折旧
设备折旧率	5.00%	每季度按该折旧率对购买的设备原值计提折旧
未交付订单的罚金比率	30.00%	未按订单额及时交付的订单，按该比率对未交付的部分缴纳处罚金，订单违约金 =（该订单最高限价 × 未交付订单数量）× 该比例
产品设计费用	30 000.00 元	产品设计修改的费用
产品研发每期投入	20 000.00 元	产品研发每期投入的资金
广告累计影响时间	3 季度	投入广告后能够对订单分配进行影响的时间
紧急贷款扣分	5.00 分/次	出现紧急贷款时，综合分值扣除分数/次
每个产品改造加工费	2.00 元	订单交易时，原始订单报价产品与买方接受订单的产品之间功能差异的改造的加工费。单个产品改造费 = 买方产品比卖方产品少的原料配制无折扣价之和 + 差异数量 × 产品改造加工费

表8-1(续)

项目	当前值	说明
每期广告最低投入	1 000.00 元	每期广告最低投入，小于该数额将不允许投入
订单报价，最低价比例	60.00%	订单报价，最低价比例。最低价 = 上季度同一市场同一渠道同一消费群体所有报价产品平均数 × 该比例

（2）消费群体

①客户类型

每个公司在这个行业都将面对品质型客户、经济型客户、实惠型客户三类需求各异的消费群体。公司可以根据自己的实际情况来决定设计与生产针对哪类消费群体的产品。

表 8-2　　品质型客户

消费群体	品质型客户	
	预算价格	150.00 元/件
	关注重点	产品品牌 产品价格 产品口碑 产品销售 产品功能
	功能需求	他们喜欢商品具有高档的包装，时尚的外观，富有质感，做工细腻，他们要求产品具有舒适的手感，高贵美观的外观，同时要便于洗涤，他们追求高质量生活，希望自己所购买的商品选用的是天然材料。

表 8-3　　经济型客户

消费群体	经济型客户	
	预算价格	120.00 元/件
	关注重点	产品品牌 产品价格 产品口碑 产品销售 产品功能
	功能需求	这类用户追求经济、实用的外观包装，但又不希望毫无档次，但过于昂贵精美的外包装又容易让他们感觉太奢华。他们不喜欢过于低端的面料，愿意选用面料讲究的产品，并且还希望是便于洗涤的。他们对填充物的要求并不是想象的那么高，方便易洗即可。

表 8-4　　　　实惠型客户

消费群体	实惠型客户	
	预算价格	90.00 元/件
	关注重点	产品品牌 产品价格 产品口碑 产品功能 产品销售
	功能需求	他们精打细算，希望花最少的钱，买到自己心爱的商品。他们中意经济适用的面料，并不希望让物品看起来毫无档次，对产品的内部填充物并不讲究，追求实用大众原则。

②消费者评价产品的因素

不同消费群体对产品的关注与侧重点是有差异的。消费者主要从五个角度来挑选和评价产品，在五项因素中，占的比重越大，消费者对此项因素越关注，此项因素越贴近消费者，将对消费者是否购买产生越大的影响。五项因素综合来看越适合消费者需求的产品，将会越赢得消费者的青睐，购买的数量也会越多（表 8-5）。

表 8-5

关注因素	说明
产品价格	产品价格是指公司销售产品时所报价格，与竞争对手相比，价格越低越能获得消费者的认可
产品功能	产品功能主要指每个公司设计新产品时选定的功能配置表（BOM 表），与竞争对手相比，产品的功能越符合消费者的功能诉求就越能得到消费者的认可
产品品牌	产品品牌由公司市场部门在产品上所投入的累计宣传广告多少决定，与竞争对手相比，累计投入广告越多，产品品牌知名度就越高，越能获得消费者的认可
产品口碑	产品口碑是指该产品的历史销售情况，与竞争对手相比，产品累计销售的数量、产品订单交付完成率越高，消费者对产品的认可就越高
产品销售	产品销售是指公司当前销售产品所具备的总销售能力，与竞争对手相比，总销售能力越高，获得消费者的认可也越高

（3）产品研发

①品牌设计

不同消费群体具有不同的产品功能诉求，为了产品获得更多的青睐，每个公司需要根据这些功能诉求设计新产品。同时产品设计也将决定新产品的直接原料成本高低，另外也将决定新产品在具体研发过程中的研发难度。

构成玩具产品的物料组合清单（BOM）如表 8-6 所示。

表 8-6

产品类别	物料名称	物料数量
玩具	包装材料	1，必选
	面料	1，必选
	填充物	1，必选
	辅件	0 或 1 或 2，可选

对于已经开始研发或研发完成的产品，其设计是不可更改的，每完成一个新产品设计需立即支付 30 000.00 元设计费用，每个公司在经营期间最多可以累计设计 6 个产品。我们可以在公司的研发部完成新产品的设计。

②产品研发

对于完成设计的新产品，产品研发的职责主要是对其开展攻关、开发、测试等各项工作，每个完成设计的产品每期的研发费用是 20 000.00 元，不同的产品由于设计差异导致产品研发所需的时间周期并不相同，所以所需的总研发费用也将不同。我们可以在公司的研发部完成新产品的研发。

（4）生产制造

①厂房购置

不同类型厂房的参数（表 8-7）：

表 8-7

厂房类型	容纳生产线（条）	购买价（元/条）	租金（元/季）	季折旧率（%）
大型厂房	6	100 000	7 000	2
中型厂房	4	80 000	5 000	2
小型厂房	2	60 000	3 000	2

容纳生产线：每个厂房内最多可以放置的生产设备数量，设备不分类型。

购买价：厂房可以选择租用或购买，购买一个厂房时需要立即支付的现金。

租用价：对于租用的厂房，每季季末将自动支付相应的租金。

季折旧率：购买的厂房，每季度末按该折旧率计提折旧。

租用的厂房可以退租，退租前必须先将厂房内的所有设备卖掉，才能退租该厂房。退租当季度不再需要支付厂房租金。

购买的厂房可以出售，出售前必须先将厂房内的所有设备卖掉，才能出售该厂房。出售当季要计提厂房折旧，出售后立即按该厂房净值返回现金。

②设备购置

柔性线生产设备（表 8-8）：

表 8-8 单位：元

设备类型	柔性线	购买价格	120 000	设备产能	2000
		成品率	90%	混合投料	是
		安装周期	1	生产周期	0
		单件加工费	2	工人上限	4
		维护费用	3 000	升级费用	1 000
		升级周期	1	升级提升	1%
		搬迁周期	1	搬迁费用	3 000

自动线生产设备（表 8-9）：

表 8-9 单位：元

设备类型	自动线	购买价格	80 000	设备产能	1500
		成品率	80%	混合投料	否
		安装周期	1	生产周期	0
		单件加工费	3	工人上限	3
		维护费用	2 500	升级费用	1 000
		升级周期	1	升级提升	2%
		搬迁周期	0	搬迁费用	2 000

手工线生产设备（表 8-10）：

表 8-10 单位：元

设备类型	手工线	购买价格	40 000	设备产能	1 000
		成品率	70%	混合投料	否
		安装周期	0	生产周期	0
		单件加工费	4	工人上限	2
		维护费用	2 000	升级费用	1 000
		升级周期	1	升级提升	3%
		搬迁周期	0	搬迁费用	1 000

购买价格：生产设备只能购买，购买时需要立即支付的现金；生产设备可以出售，要出售的生产设备上没有在制品的情况下才允许出售，出售的生产设备将以设备净值在期末回收现金。

设备产能：生产设备在同一生产周期内最多能投入生产的产品数量。

成品率：产品在生产过程中可能会产生一些报废的次品，实际生产的成品由成品率来决定，报废的次品的原料成本将会分摊到成品上。

混合投料：生产设备在同一生产周期内是否允许同时生产多种产品。

安装周期：生产设备自购买当期开始到设备安装完成所需的时间。

生产周期：原料投入到生产设备上直到产品下线所需的生产时间。

单件加工费：加工每一件成品所需投入的辅料等加工费用。

工人上限：每条生产设备允许配置的最大工人数，设备产能、成品率、线上工人总生产能力三个因素决定了一条生产线的实际产能。

维护费用：每条生产设备每期所需花费的维护成本，该费用从设备买入的下一期开始在期末自动扣除。

升级费用：对生产线进行一次设备升级所需花费的费用，该费用在升级时即自动扣除，每条生产线在同一个升级周期内只允许进行一次升级。

升级周期：完成一次设备升级所需的时间周期。

升级提升：设备完成一次升级后，设备产能将在原有产能基础上提升的百分比。升级后设备产能=升级前设备产能×（1+升级提升率）。

搬迁周期：设备从一个厂房搬迁到另一个厂房所需花费的时间。

搬迁费用：设备从一个厂房搬迁到另一个厂房所需花费的费用，该费用在搬迁当时即自动扣除。

③工人招聘

生产工人的参数表（表8-11）：

表 8-11　　　　单位：元

工人类型	普通生产工人			
	生产能力	450	招聘费用	500
	季度工资	3 000	试用期	1
	培训费用	300	培训提升	3%
	辞退补偿	300		

公司可以在交易市场的人才市场内招聘到不同能力层次的生产工人。

生产能力：工人在一个生产周期内所具有的最大生产能力。

招聘费用：招聘一个工人所需花费的招聘费用，该笔费用在招聘时即自动扣除。

季度工资：支付给工人的工资，每期期末自动支付。

试用期：招聘后试用的时间，人力资源部需在试用期内与工人签订合同，否则试用期满后工人将自动离职。

培训费用：每次培训一个工人所需花费的费用，每个工人每个经营周期最多只能做一次培训。工人培训由生产制造部提出，递交到人力资源部后实施，培训费用在实施时支付。

培训提升：工人完成一次培训后，生产能力将在原有能力的基础上提升的百分比。培训后生产能力=培训前生产能力×(1+培训提升)

辞退补偿：试用期内辞退工人无需支付辞退补偿金，试用期满并正式签订合同后需支付辞退补偿金，一般在每期期末实际辞退工人时实时支付。

④原料采购

在本市场环境中，消费者需要购买的玩具产品主要由三大类原材料构成，每个大类原料又包括三个小类原料，共九种原料。下表列出了各类原料的主要参数情况（表8-12）。

表 8-12

原料大类	包装材料				原料名称	玻璃包装		
到货周期	0				到货周期	0		
原料特性	简单，实用，容易起皱，易破损							
价格走势（元）	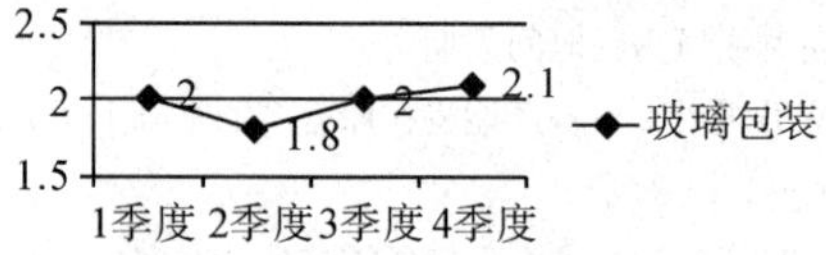 2.5 2 1.5；1季度 2 2季度 1.8 3季度 2 4季度 2.1；玻璃包装							
价格折扣	采购量（件）	0～200	折扣	0%	采购量（件）	0～200	折扣	0%
	采购量（件）	201～500	折扣	5%	采购量（件）	501～1 000	折扣	10%
	采购量（件）	1 001～1 500	折扣	15%	采购量（件）	1 501～2 000	折扣	20%
	采购量（件）	2 001 以上	折扣	25%				

原料大类	包装材料				原料名称	纸质包装		
到货周期	0				到货周期	1		
原料特性	经济，美观，略显档次							
价格走势（元）	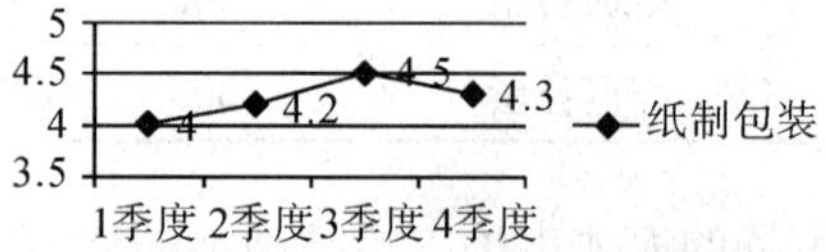 5 4.5 4 3.5；1季度 4 2季度 4.2 3季度 4.5 4季度 4.3；纸制包装							
价格折扣	采购量（件）	0～200	折扣	0%	采购量（件）	0～200	折扣	0%
	采购量（件）	201～500	折扣	5%	采购量（件）	501～1 000	折扣	10%
	采购量（件）	1 001～1 500	折扣	15%	采购量（件）	1 501～2 000	折扣	20%
	采购量（件）	2 001 以上	折扣	25%				

原料大类	包装材料				原料名称	金属包装		
到货周期	1				到货周期	1		
原料特性	高档，时尚，富有质感，做工细腻							
价格走势（元）	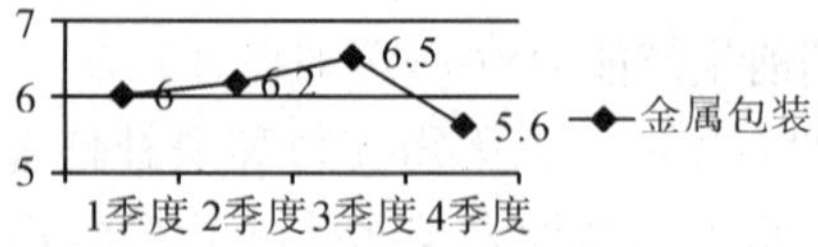 7 6 5；1季度 6 2季度 6.2 3季度 6.5 4季度 5.6；金属包装							
价格折扣	采购量（件）	0～200	折扣	0%	采购量（件）	0～200	折扣	0%
	采购量（件）	201～500	折扣	5%	采购量（件）	501～1 000	折扣	10%
	采购量（件）	1 001～1 500	折扣	15%	采购量（件）	1 501～2 000	折扣	20%
	采购量（件）	2 001 以上	折扣	25%				

表8-12(续)

原料大类	面料				原料名称	短平绒		
到货周期	0				到货周期	1		
原料特性	手感柔软且弹性好、光泽柔和，表面不易起皱，保暖性好							
价格走势（元）	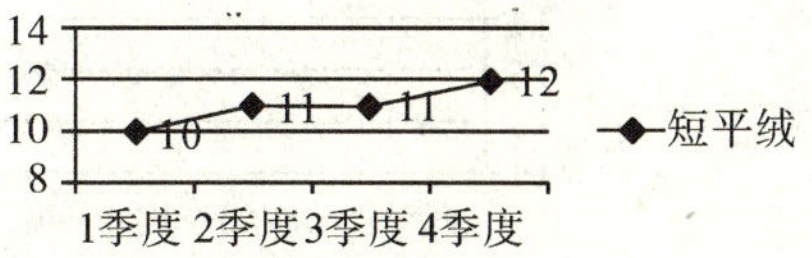 14 12 10 8；10 11 11 12；1季度 2季度 3季度 4季度；短平绒							
价格折扣	采购量(件)	0~200	折扣	0%	采购量(件)	0~200	折扣	0%
	采购量(件)	201~500	折扣	5%	采购量(件)	501~1 000	折扣	10%
	采购量(件)	1 001~1 500	折扣	15%	采购量(件)	1 501~2 000	折扣	20%
	采购量(件)	2 001 以上	折扣	25%				

原料大类	面料				原料名称	松针绒		
到货周期	0				到货周期	0		
原料特性	经济适用，高雅富贵，立体感强							
价格走势（元）	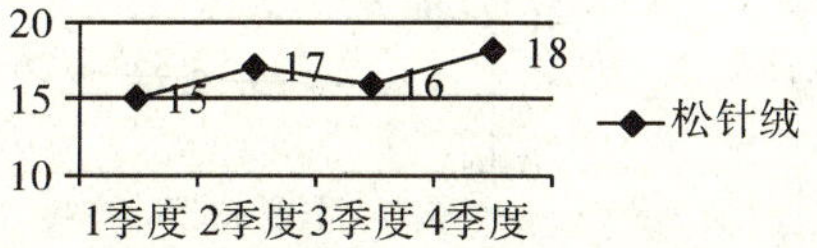 20 15 10；15 17 16 18；1季度 2季度 3季度 4季度；松针绒							
价格折扣	采购量(件)	0~200	折扣	0%	采购量(件)	0~200	折扣	0%
	采购量(件)	201~500	折扣	5%	采购量(件)	501~1 000	折扣	10%
	采购量(件)	1 001~1 500	折扣	15%	采购量(件)	1 501~2 000	折扣	20%
	采购量(件)	2 001 以上	折扣	25%				

原料大类	面料				原料名称	玫瑰绒		
到货周期	0				到货周期	1		
原料特性	手感舒适、美观高贵、便于洗涤，还具有很好的保暖性							
价格走势（元）	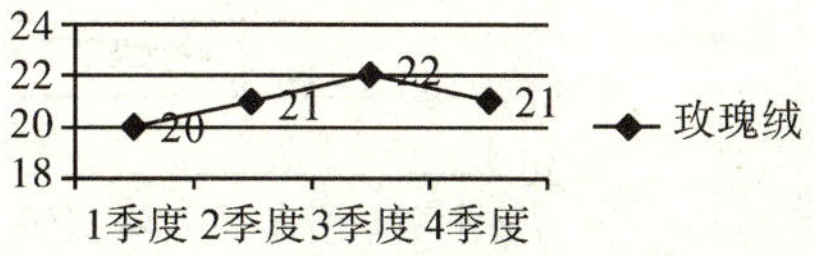 24 22 20 18；20 21 22 21；1季度 2季度 3季度 4季度；玫瑰绒							
价格折扣	采购量(件)	0~200	折扣	0%	采购量(件)	0~200	折扣	0%
	采购量(件)	201~500	折扣	5%	采购量(件)	501~1 000	折扣	10%
	采购量(件)	1 001~1 500	折扣	15%	采购量(件)	1 501~2 000	折扣	20%
	采购量(件)	2 001 以上	折扣	25%				

表8-12(续)

原料大类	填充物				原料名称	PP 棉			
到货周期	0				到货周期	0			
原料特性	人造材料，使用最广泛，经济实用								
价格走势（元）	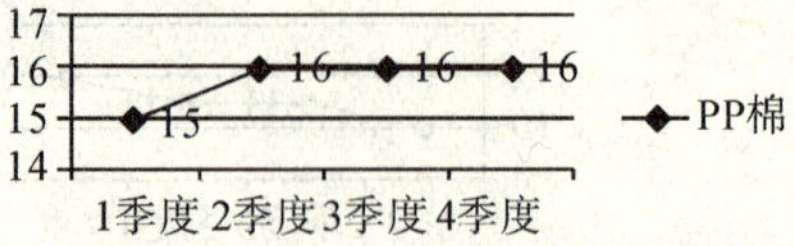 17 16 15 14；15 16 16 16；1季度 2季度 3季度 4季度；PP棉								
价格折扣	采购量(件)	0~200	折扣	0%	采购量(件)	0~200	折扣	0%	
	采购量(件)	201~500	折扣	5%	采购量(件)	501~1 000	折扣	10%	
	采购量(件)	1 001~1 500	折扣	15%	采购量(件)	1 501~2 000	折扣	20%	
	采购量(件)	2 001 以上	折扣	25%					

原料大类	填充物				原料名称	珍珠棉			
到货周期	0				到货周期	1			
原料特性	相比 PP 棉更有弹性、柔软性和均匀性，并且方便洗涤								
价格走势（元）	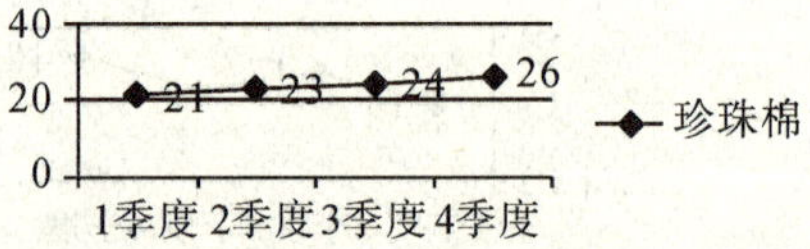 40 20 0；21 23 24 26；1季度 2季度 3季度 4季度；珍珠棉								
价格折扣	采购量(件)	0~200	折扣	0%	采购量(件)	0~200	折扣	0%	
	采购量(件)	201~500	折扣	5%	采购量(件)	501~1 000	折扣	10%	
	采购量(件)	1 001~1 500	折扣	15%	采购量(件)	1 501~2 000	折扣	20%	
	采购量(件)	2 001 以上	折扣	25%					

原料大类	填充物				原料名称	棉花			
到货周期	1				到货周期	1			
原料特性	纯天然材质，柔软富有弹性，均匀性，无静电，但不可水洗								
价格走势（元）	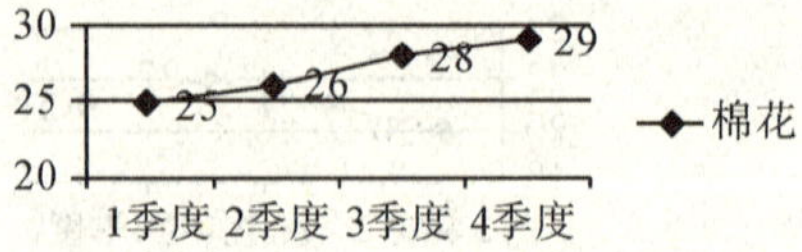 30 25 20；25 26 28 29；1季度 2季度 3季度 4季度；棉花								
价格折扣	采购量(件)	0~200	折扣	0%	采购量(件)	0~200	折扣	0%	
	采购量(件)	201~500	折扣	5%	采购量(件)	501~1 000	折扣	10%	
	采购量(件)	1 001~1 500	折扣	15%	采购量(件)	1 501~2 000	折扣	20%	
	采购量(件)	2 001 以上	折扣	25%					

表8-12(续)

原料大类	辅件				原料名称	发声装置		
到货周期	1				到货周期	1		
原料特性	附加功能，使玩具可以模拟真人发声							
价格走势（元）	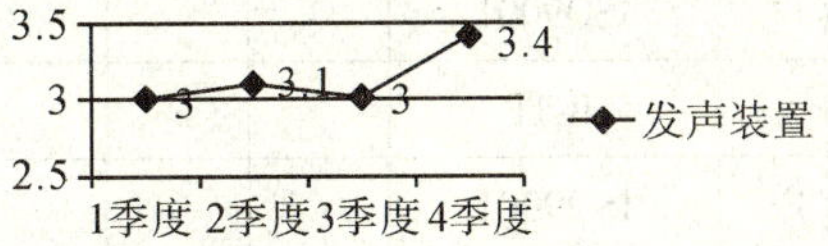 3.5 3 2.5 1季度 2季度 3季度 4季度 3 3.1 3 3.4 发声装置							
价格折扣	采购量(件)	0~200	折扣	0%	采购量(件)	0~200	折扣	0%
	采购量(件)	201~500	折扣	5%	采购量(件)	501~1 000	折扣	10%
	采购量(件)	1 001~1 500	折扣	15%	采购量(件)	1 501~2 000	折扣	20%
	采购量(件)	2 001 以上	折扣	25%				

原料大类	辅件				原料名称	发光装置		
到货周期	1				到货周期	1		
原料特性	附加功能，可使玩具具有闪光功能							
价格走势（元）	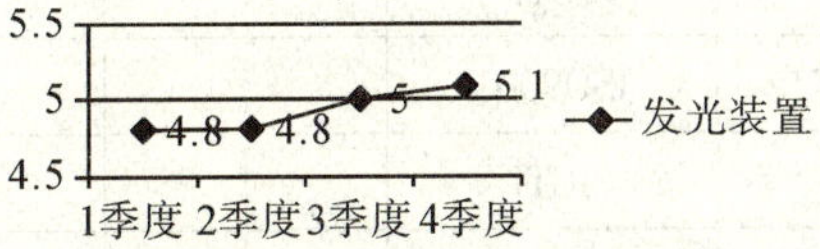 5.5 5 4.5 1季度 2季度 3季度 4季度 4.8 4.8 5 5.1 发光装置							
价格折扣	采购量(件)	0~200	折扣	0%	采购量(件)	0~200	折扣	0%
	采购量(件)	201~500	折扣	5%	采购量(件)	501~1 000	折扣	10%
	采购量(件)	1 001~1 500	折扣	15%	采购量(件)	1 501~2 000	折扣	20%
	采购量(件)	2 001 以上	折扣	25%				

⑤资质认证

随着市场竞争日趋激烈，消费者对各类产品也提出了更高的要求。在未来的某个时间，将会对所有参与该市场竞争的公司提出认证要求，公司必须通过相应的资质认证后才允许进入该市场销售产品。如果市场要求公司通过某项认证而公司还未获取该认证，则将不能在该市场销售产品（表 8-13）。

表 8-13

	认证名称	ISO9001		认证名称	ICTI 认证
	认证周期	2 个季度		认证周期	3 个季度
	每期费用	30 000 元		每期费用	30 000 元
	认证费用	60 000 元		总费用	90 000 元

在不同的市场下有不同的订单对资质认证要求各不相同，以下是各市场对资质认证要求的详细情况（表 8-14）。

表 8-14

市场	渠道	群体	认证类别	1 季	2 季	3 季	4 季	5 季	6 季
北京	零售	品质型客户	ISO9001				✓	✓	✓
			ICTI						
		经济型客户	ISO9001					✓	✓
			ICTI						
		实惠型客户	ISO9001						✓
			ICTI						
上海	零售	品质型客户	ISO9001				✓	✓	✓
			ICTI						
		经济型客户	ISO9001					✓	✓
			ICTI						
		实惠型客户	ISO9001						✓
			ICTI						
广州	零售	品质型客户	ISO9001				✓	✓	✓
			ICTI						
		经济型客户	ISO9001					✓	✓
			ICTI						
		实惠型客户	ISO9001						✓
			ICTI						

（5）市场营销

整个市场环境中包括五个市场：北京、上海、广州、武汉、成都。各个公司可以选择进入任何市场开展销售工作。

①渠道开发

整个市场根据地区划分为多个市场区域，每个市场区域下有一个或多个销售渠道可供每个公司开拓，开发销售渠道除了需要花费一定的开发周期外，每期还需要一笔开发费用。每个公司可以通过不同的市场区域下已经开发完成的销售渠道，把各自的产品销售到消费者手中（表 8-15）。

表 8-15

	所属市场	北京
	渠道名称	零售渠道
	开发周期（季）	0
	每期费用（元）	20 000
	开发总费用（元）	0
	所属市场	上海
	渠道名称	零售渠道
	开发周期（季）	1
	每期费用（元）	20 000
	开发总费用（元）	20 000
	所属市场	广州
	渠道名称	零售渠道
	开发周期（季）	2
	每期费用（元）	20 000
	开发总费用（元）	40 000
	所属市场	武汉
	渠道名称	零售渠道
	开发周期（季）	2
	每期费用（元）	20 000
	开发总费用（元）	40 000
	所属市场	成都
	渠道名称	零售渠道
	开发周期（季）	3
	每期费用（元）	20 000
	开发总费用（元）	60 000

②品牌推广

品牌推广主要指广告宣传，每个产品每期均可以投入一笔广告宣传费用，某一期投入的广告对未来若干季度是有累积效应的，投入当季效应最大，随着时间推移，距离目前季度越久，效应逐渐降低。

③销售人员

要在各个市场上开展产品销售工作，公司需要先从人才市场招聘销售人员，并安排到各个市场上，由销售人员来完成产品的销售。销售人员的主要参数如下（表 8-16）。

表 8-16　　单位：元

销售人员	普通销售人员	
	销售能力	500
	招聘费用	500.00
	季度工资	3 600.00
	试用期	1
	培训费用	500.00
	培训提升	5.00%
	辞退补偿	300.00

销售能力：销售人员在一个经营周期内所具有的最大销售能力。

招聘费用：招聘一个销售人员所需花费的招聘费用，该笔费用在招聘时即自动扣除。

季度工资：支付给销售人员的工资，每期期末自动支付。

试用期：招聘后试用的时间，人力资源部在员工上岗后应及时与销售人员签订合同。

培训费用：每次培训一个销售人员所需花费的费用，每个销售人员每个经营周期最多只能做一次培训。销售人员培训由销售部提出，递交到人力资源部后实施，培训费用在实施时支付。

培训提升：销售人员完成一次培训后，销售能力将在原有能力的基础上提升的百分比。培训后销售能力＝培训前销售能力×(1+培训提升)。

辞退补偿：试用期内辞退销售人员无需支付辞退补偿金，试用期满并正式签订合同后需支付辞退补偿金，一般在每期期末实际辞退销售人员时实时支付。

④产品报价

每个经营周期，对于已经完成开发的渠道，将有若干来自不同消费群体的市场订单以供每个公司进行报价。每个市场订单均包含以下要素：资质要求、购买量、回款周期、最高承受价，各公司可以以不超出最高承受价的价格参与相应市场的竞争，并确定最多希望获得的订单数量。

当订单无法按量满额交付时，需支付订单违约金，订单违约金 ＝（该订单最高限价 × 未交付订单数量）× 订单违约金比例（30.00%）。

需求预测：不同市场区域下的不同销售渠道消费群体的市场需求量详见系统中的资料。

（6）评分方法

综合表现分数计算法则：

综合表现＝盈利表现+财务表现+市场表现+投资表现+成长表现

基准分数为 100.00 分，各项权重分别为：

盈利表现权重 30.00 分；

财务表现权重 30.00 分；

市场表现权重 20.00 分；

投资表现权重 10.00 分；

成长表现权重 10.00 分。

盈利表现＝ 所有者权益 / 所有企业平均所有者权益 × 盈利表现权重

·盈利表现最低为0.00，最高为60.00

财务表现=（本企业平均财务综合评价／所有企业平均财务综合评价的平均数）×财务表现权重

·财务表现最低为0.00，最高为60.00

市场表现=（本企业累计已交付的订货量／所有企业平均累计交付的订货量）×市场表现权重

·市场表现最低为0.00，最高为40.00

投资表现=（本企业未来投资／所有企业平均未来投资）×投资表现权重

未来投资=累计产品研发投入+累计认证投入+累计市场开发投入+∑（每个厂房和设备的原值/相应的购买季度数）

·投资表现最低为0.00，最高为20.00

成长表现=（本企业累计销售收入／所有企业平均累计销售收入）×成长表现权重

·成长表现最低为0.00，最高为20.00。

（二）虚拟仿真创业企业竞技操作系统

创业虚拟仿真竞技以创业之星为平台，多个创业者在同一市场环境下经营一家小型的制造业公司。

1. 平台的运行

《创业之星》整个系统平台包括了服务器端、教师端、学生端三部分。

（1）运行《创业之星》服务器

要运行《创业之星》系统，首先需要启动安装《创业之星》系统所在的服务器电脑，运行SQL Server数据库，再运行服务器上的《创业之星》数据处理中心程序，启动服务。

（2）启动《创业之星》教师端

运行《创业之星》教师端程序，出现以下界面（图8-1）：

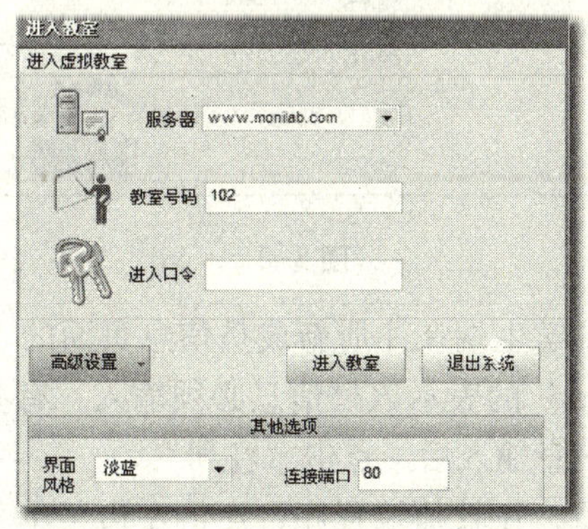

图8-1

①点击“进入教室”，如果服务器连接正确，会出现该教室的班级列表。第一次使用时，还没有建立任何上课的班级，班级列表是空的。可以选择“新建班级”菜单，

创建一个新的班级，再选择该班级进入。

②建立的班级名会出现在班级列表中，在班级列表中选择该班级，点击“登录班级”。

③进入教室后，显示教师端程序进入后的主界面。教师端程序主界面分为三大部分：左边为参数配置等所有操作菜单，右上为操作显示内容的主窗口，右下为参加训练的小组情况及基本信息列表。

（3）启动《创业之星》学生端

①运行《创业之星》学生端程序，出现以下界面（图 8-2）：

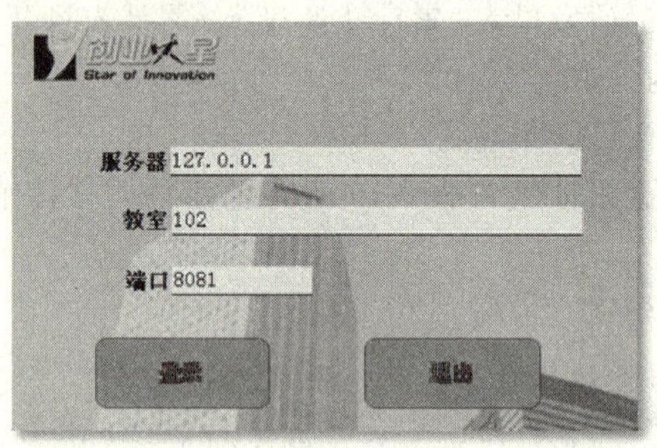

图 8-2

②如正常连接，将会出现学生登录窗口。在第一次使用时，没有任何学生可以登录，需要学生提交申请，教师审核通过后才可以使用该学生名字登录。

③点击“注册新用户”，在出现的注册页面输入登录的学生信息。学生要完成注册，教师还需要先设定参加训练的小组数。在教师端程序主界面，点击左边菜单“系统参数设置—学员分组管理”，按提示创建小组序号和小组名称。创建成功后会在中间列表中显示已创建的小组序号及名称（图 8-3）。

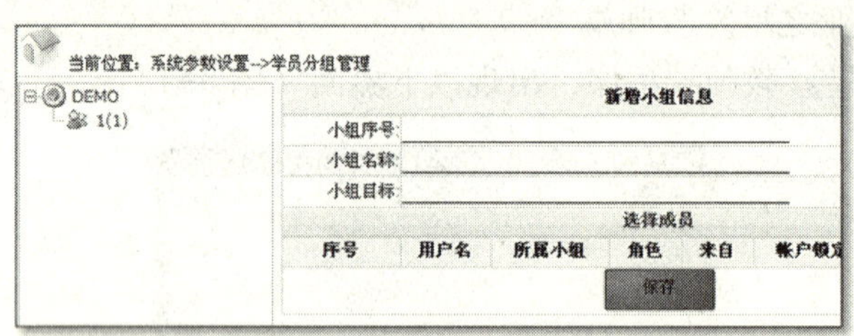

图 8-3

④教师合建了小组后，学生端在注册新成员信息页面的“小组”栏，选择要加入的小组。其他所有标志“＊”的表示该栏信息必须输入，有些信息是后面工商登记注册需要用到的。完成全部信息输入后，点击“注册”。

⑤学生提交注册申请后，在教师端程序，点击左边菜单“系统参数设置—学员分组管理”，右边会显示出新申请的学生姓名。点击该名字右边的“账户锁定”一栏的加锁标志，标志变为“”，则表示已同意该学生注册（图 8-4）。

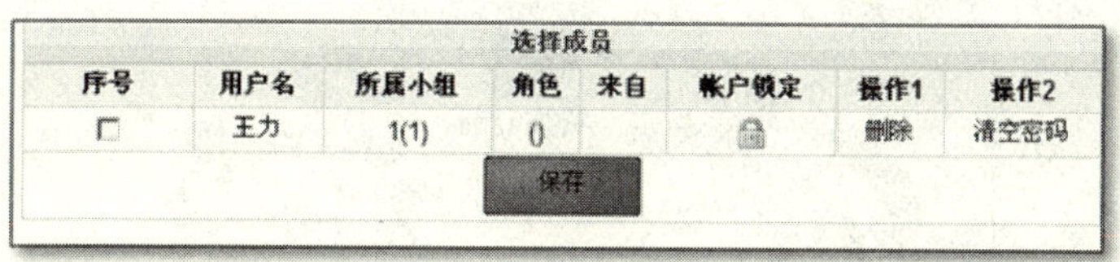

选择成员

序号	用户名	所属小组	角色	来自	帐户锁定	操作1	操作2
□	王力	1(1)	()			删除	清空密码

保存

图 8-4

⑥再到学生端，按“F5”键刷新屏幕，或重新启动程序，会看到申请已获教师批准。选择刚申请注册的学生名字，点击“登录”，即可进入学生端程序的主场景；最后，发布任务（进入下一周期经营）选择“任务进度控制”（图 8-5）。

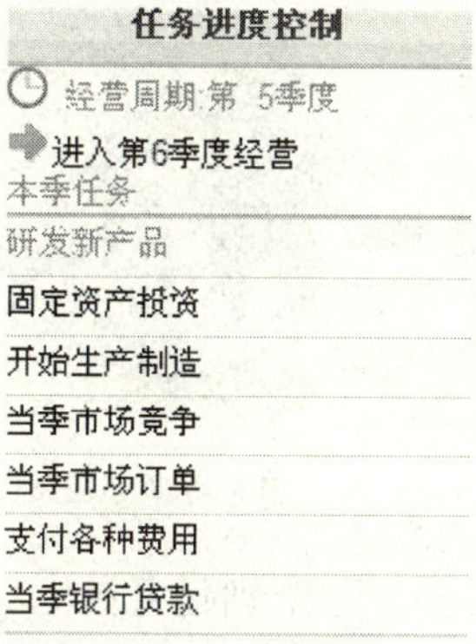

任务进度控制

经营周期:第 5季度

进入第6季度经营

本季任务

研发新产品

固定资产投资

开始生产制造

当季市场竞争

当季市场订单

支付各种费用

当季银行贷款

图 8-5

（三）创业虚拟仿真企业运营决策

系列的准备终于都完成了，王小平、程铭和杨欢欢的公司也正式成立了。接下来就要面对最具挑战性的经营管理环节。我们知道，在运营管理中，要进行企业战略管理、产品研发、市场营销管理、生产制造管理、人力资源管理、财务管理工作，并根据企业发展经历的初创、成长、成熟、衰退等生命周期，作出各种经营决策，确保企业生产经营正常运转，使企业获得更多的利润。

1. 创业虚拟仿真企业运营管理流程（图 8-6、图 8-7）

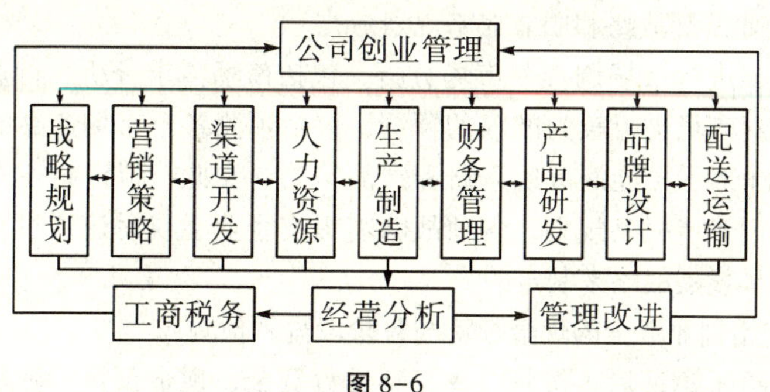

图 8-6

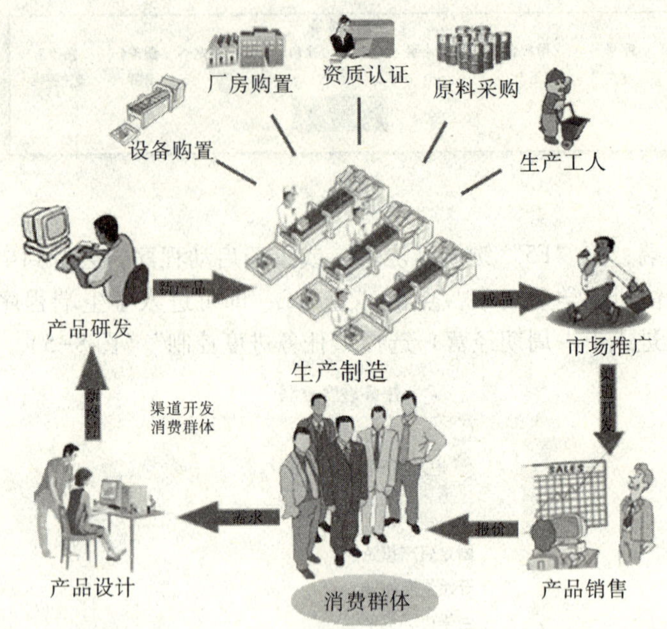

图 8-7

每一季度需要完成的决策任务，除个别任务外，大部分决策不分先后次序，可由每位成员根据公司战略规划和生产经营情况制定相关决策。

在每一季度时间截止前，小组成员可以反复对决策的内容进行调整修改。一旦教师端控制结束该季度运营，则不能再修改已完成的所有决策。

在企业运营管理实训中具体的实训内容包括企业战略管理、产品研发管理、市场营销管理、生产制造管理、人力资源管理、财务管理等。对每项实训内容，各团队都要根据企业发展战略、经营目标和市场需求、竞争对手情况以及企业实际经营情况作出决策。

2. 企业战略管理决策任务

企业要评估企业资源与外部环境，制定企业的中长期发展战略。

（1）拟定企业发展战略和职能战略规划

企业首先应当进行市场调查和市场分析，包括市场需求分析、行业分析、市场竞争形势分析等，对市场进行较为准确的预测，包括预测各个市场产品的需求情况和价格水平，预测竞争对手可能的市场策略和产品策略。在此，拟定企业发展战略，各部门经理撰写本部门发展战略规划，各项战略需提交企业会议讨论通过。各职能战略规划是围绕落实总体发展战略来制定的。

（2）制定初始创业资金的现金预算与各阶段盈利预测

对本项目进行了论证后，按月、季、年进行资金、现金预算，做好各阶段的盈利预测，为科学决策打下良好的基础。

（3）确定企业发展战略和各阶段盈利目标

讨论通过各项企业发展战略规划，讨论通过初始创业资金现金预算与各阶段盈利目标。

企业会议由各企业总经理组织召开。会议主要内容包括：讨论通过企业总体发展战略；讨论通过各职能战略，包括各研发部、市场部、销售部、制造部、财务部、人力资源部提出的产品研发规划、市场开发规划、销售规划、生产规划、财务规划、人力资源战略规划。

管理团队针对各项战略规划进行讨论，在充分考虑各方面因素和权衡利弊后，修改完善企业总体发展战略和各职能战略规划。

制定企业发展的战略至关重要，通过制定企业发展战略，决定企业的总体运营与经营目标，使各部门经理对各项经营决策达成共识，可以让管理团队成员做到经营过程中胸有成竹，知道自己什么时候应该做什么，为什么要做，有效预防经营过程中决策的随意性和盲目性，减少错误决策与经营失误。同时，可以使企业的各项经营活动有条不紊地进行，增强团队的合作精神，提高团队的战斗力、向心力和工作纯净。

3. 研发部决策任务

（1）研发部负责研发的运营管理工作

创业企业要想赢得市场、掌握竞争的主动权，在市场竞争中生存并获得创业的成功，就必须做好产品研发工作，要坚持不懈地进行产品创新，向市场提供设计新颖、技术先进、功能多样、适销对路、质优价廉的新产品，以增强企业的市场竞争能力。研发部要在市场需求调查和分析的基础上，根据公司的总体战略规划，制定出产品研发规划，包括产品的种类、数量、产品的原料构成等，还应与营销部密切配合，共同做好产品研发工作。

研发部在进行产品研发规划时，要作出以下决策：一是选择什么样的产品研发策略。不同阶段市场对产品的需求不同，企业的资金、人员等资源有限，且不同产品的成本不同、研发时间也不同，企业可以选择研发一种产品，也可以选择研发多种产品。企业要以市场需求为导向，结合企业资源情况及竞争对手的情况，找准产品开发目标，把握产品开发时机。二是如何安排产品研发时间。企业确定研发产品的品种后，需要制定产品研发时间安排。不同的产品可以同时研发，也可以分步研发，企业可以根据市场需求、资金、人员、竞争对手等情况综合考虑。

（2）研发部每季度需要完成的决策

①产品设计决策

进入公司场景，点击“研发部”，在弹出窗口中选择“决策内容——产品设计”后，弹出“产品设计”窗口，见下图，在这里，完成公司需要设计的产品及每一种产品的原料构成工作。在产品设计时，会提示组成产品的原材料成本以及设计需要的周期时间（图 8-8）。

图 8-8

②产品研发决策

不同的产品，研发时间不同。一般而言，原材料组成种类越多，设计的复杂性越高，所要花费的研发时间会越多。进入公司场景，点击“研发部”，在弹出窗口中选择“决策内容——产品研发”后，弹出“产品研发”窗口，在这里，完成公司相关产品的研发工作（图 8-9）。

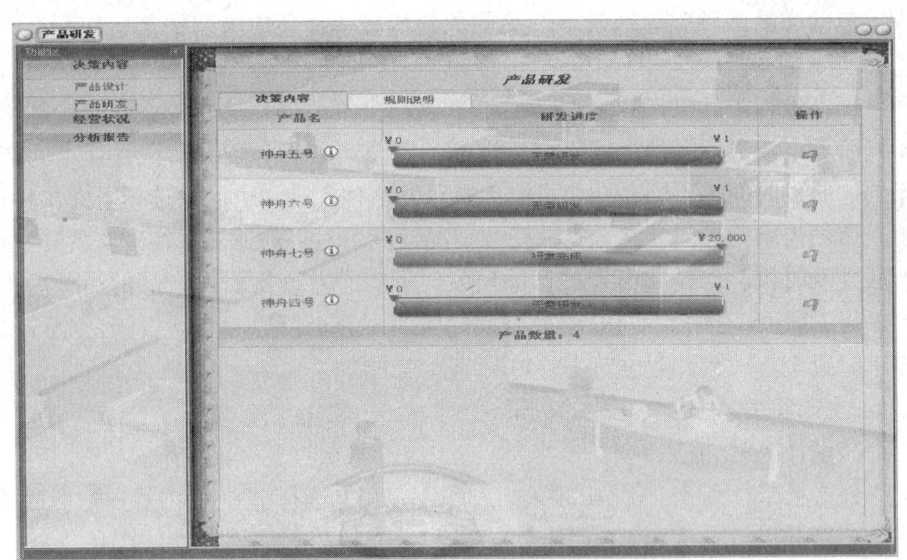

图 8-9

③新产品设计

进入公司场景，点击“研发部”，在弹出窗口中选择“决策内容—产品设计”，完成公司需要设计的品牌数量、品牌名称及每一个产品品牌的原料构成。

在窗口右边，决策内容标签是产品设计的主界面，显示构成产品的所有可用原料类型及组合；规则说明标签则显示有关设计产品的相关操作说明（图 8-10）。

图 8-10

“新产品名称”栏：输入新设计的产品名称。

“目标消费群体”栏：市场上共有三类消费群体（根据系统初始化设定），选择确定该品牌产品所面对的消费群体，即计划针对哪一类用户进行销售。

“BOM 配置表”栏：选择构成该产品的原料组合，组合不同，该产品的生产成本也不相同，对消费者的影响也不同。

选择好原料组合后，在后面会动态显示构成该产品的所有原料的成本价以及完成该产品所需要花的研发时间，确定选择好后点击“保存”。

在窗口的下方会显示出已经完成设计的产品品牌，右边有一个“ⓘ”标志。将鼠标移到这个位置，会实时显示出该产品的原料构成等信息。同时，如果产品还没有投入研发，可以随时撤销刚设计的品牌，点击“撤销”可撤销该产品品牌。

④新产品研发

进入公司场景，点击“研发部”，在弹出窗口中选择“决策内容—产品研发”，完成公司相关产品的研发投入工作，全部完成了产品的研发后，才允许正式生产制造该产品（图 8-11）。

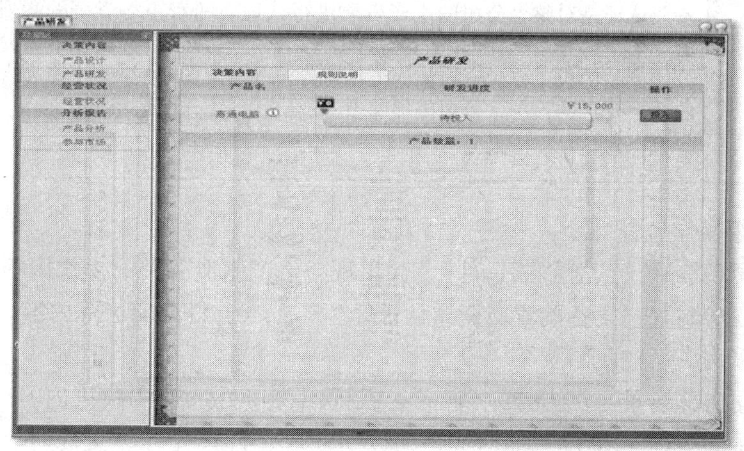

图 8-11

根据产品原料的组合情况，不同设计的产品的研发周期也不相同。一般而言，原材料组成种类越多，设计的复杂性越高，所要花费的研发时间及费用会越多。

点击“投入”即可投入本季度的产品研发经费，点击“撤销”可撤销本季度的投入。

4. 制造部决策任务

(1) 制造部经理（CPO）负责制造部运营管理工作

制造部要根据公司的总体发展战略规划，科学地制定和执行生产计划、物料采购计划和生产作业计划，合理地组织公司产品生产，综合平衡生产能力，有效利用企业的制造资源，不断降低人力、物力、财力消耗，降低生产成本，缩短生产周期，确保生产系统的高效运作，全面完成产品品种、质量、成本、产量、环保、安全等各项要求，保证及时为营销部正常供货，为消费者提供满意服务。

(2) 制造部每季度需要完成的决策任务

制造部决策任务表（表 8-17）：

表 8-17

决策任务	任务说明
厂房购置	根据产能规模购置厂房，厂房可购买，也可租用，应根据公司规划及资金状况决策
设备购置	为了生产产品，需要购置生产设备。设备只能购置，不可租用。不同类型的设备其产能、价格等参数均不相同，需要根据公司的生产计划、产品种类、产能和资金状况来确定生产设备的组合
生产计划	公司的生产计划对企业的生产任务作出统筹安排，是公司在计划期内完成生产目标的管理依据，也是公司编制其他计划的重要依据。它规定了公司在计划期内生产的品种、质量、成本、数量和进度等指标，对生产设备进行了安排，确保生产设备利用率达到最大化。制造部要根据生产计划安排，确保落实所有产品的生产，按时按量交货，否则，公司将承受订单违约的惩罚
原料采购	根据公司研发好的所有产品，核算出所需要的各类原材料的数量，并根据原料的到货周期及销售计划，合理制定物料采购计划，保障生产计划的正常执行
资质认证	资质认证是对整个公司的生产资质进行认证。随着市场竞争的激烈与管理体系的成熟，部分市场在未来的某一时刻要求公司必须有资质证书才允许进入市场开展产品销售工作。资质认证工作需要投入一定的时间及费用。如果要进入有资质认证要求的市场，公司应提前做好资质认证工作，取得资质证书
生产工人	对生产工人进行管理

(3) 决策操作流程

进入公司场景后，点击“制造部”，会出现与生产制造有关的操作内容，主要包括原料采购、厂房购置、设备购置、资质认证、生产工人、订单交付等内容。

①原料采购决策

进入公司内部场景，点击“制造部”，在弹出窗口处选择“决策内容—原料采购”后，弹出“原料采购”窗口，根据产品的原料构成、订单任务、交货期等信息，完成所有生产产品的原料采购。

在采购产品原料时，要注意的是，这里所有的单价都是指不含税的价格，实际支付的金额是最右边的价税合计金额。此外，不同原料的订货周期是不同的。要根据公司整个生产计划的安排提前做好所有原料的采购计划（图 8-12）。

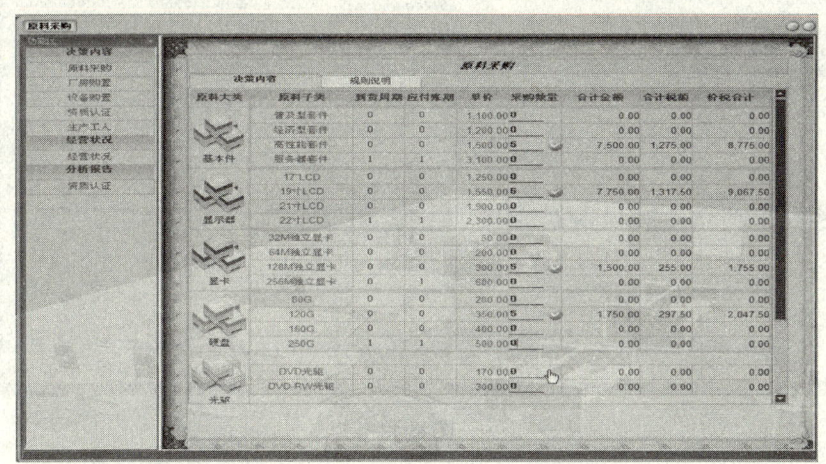

图 8-12

②厂房购置决策

进入公司内部场景，点击“制造部”，在弹出窗口选择“决策内容—厂房购置”后，弹出“厂房购置”窗口，见下图，在这里，要根据公司生产规模的需要以及现金状况，通过购买或租用的方式获取相应的厂房（图 8-13）。

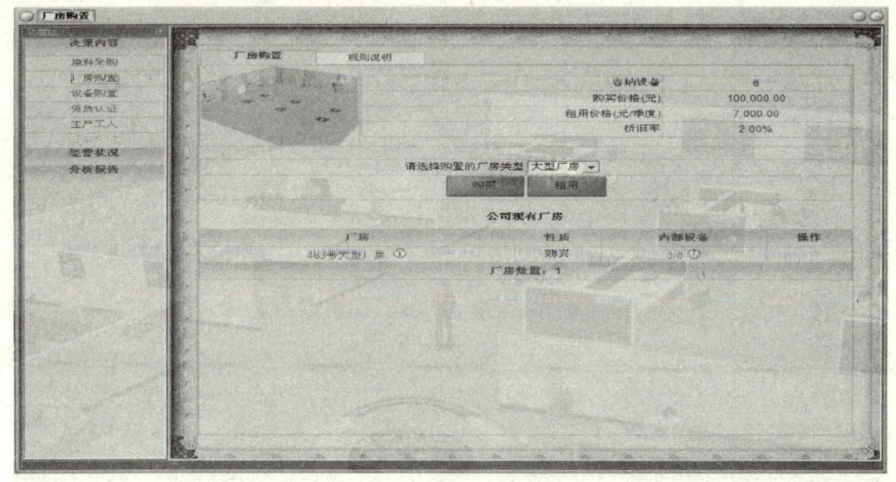

图 8-13

③设备购置决策

进入公司内部场景，点击“制造部”，在弹出窗口选择“决策内容—设备购置”后，弹出“设备购置”窗口，见下图，在这里，进行生产设备的购置工作。生产设备只能购买不能租用。不同类型的生产设备其相关参数有较大差异。如何选择适合的设备组合来满足公司当期或未来生产制造的需要，是生产部门的一项重要任务

（图 8-14）。

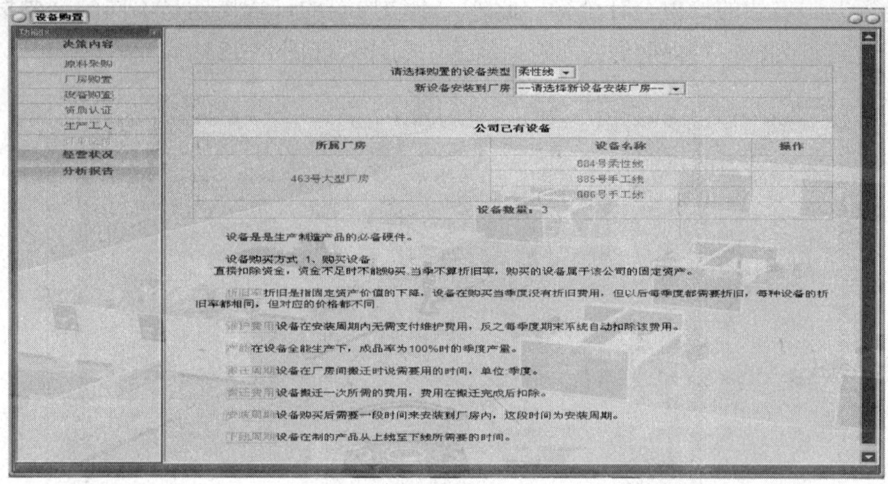

图 8-14

④资质认证决策

进入公司内部场景，点击“制造部”，在弹出窗口选择“决策内容—资质认证”后，弹出“资质认证”窗口。如图 8-15 所示，进行资质认证工作。

公司应根据各类认证的投入时间周期提前做好认证资质工作，以确保市场开始要求认证资格时公司已经拿到相关认证的资质证书。要核算取得资质证书所需投入的费用。

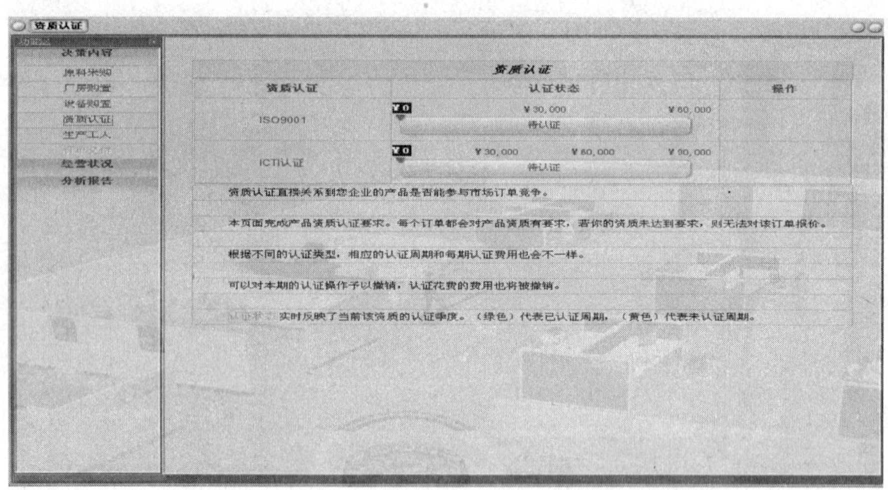

图 8-15

⑤生产工人决策

进入公司内部场景，点击“制造部”，在弹出窗口选择“决策内容—生产工人”后，弹出“生产工人”窗口。对制造部现有的所有生产工人进行管理，对不需要的人员可以点击“辞退申请”，并递交给人力资源部，由人力资源部安排解除劳动合同，从下一季开始正式离职（图 8-16）。

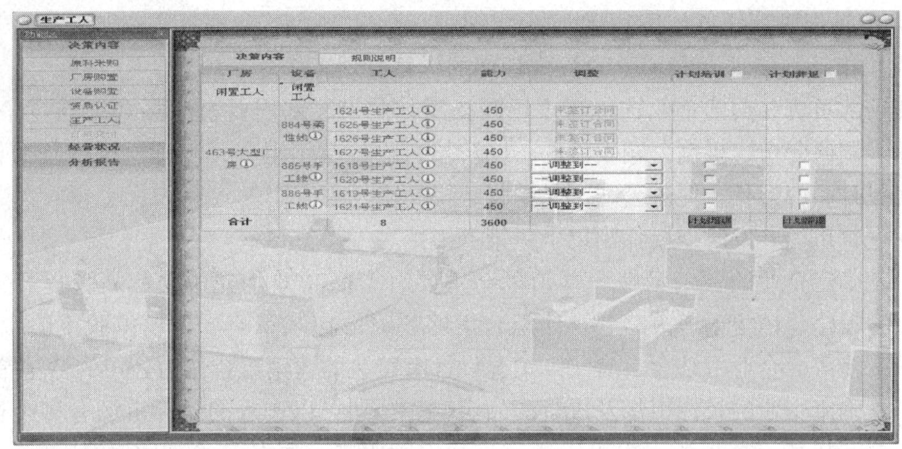

图 8-16

⑥生产计划决策

进入公司内部场景，点击“生产车间”，在弹出窗口中可以看到所有的厂房情况及生产设备情况。如果要对某一条生产线进行计划编排，则点击这个生产线所在的厂房后面的“进入”标志，进入该厂房，见图 8-17。

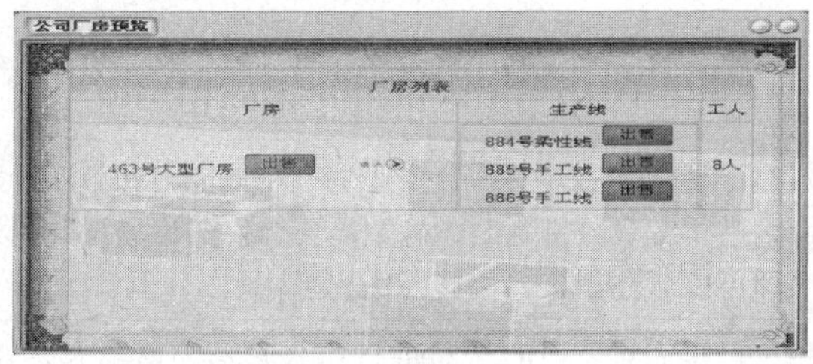

图 8-17

进入厂房后，可以看到厂房内的所有生产设备及设备上的工人数量。

要对某一条生产线进行操作，则点击响应的生产线，在弹出窗口中完成对该生产设备的生产计划编排，也可以在这里对该生产设备进行升级、搬迁等操作，见图 8-18。

图 8-18

5. 市场部决策任务

（1）市场部经理（CMO）负责市场部的运营管理工作

市场部负责公司的企业宣传与市场开拓工作。市场部需要对市场环境与竞争形势进行深入调研分析，根据公司发展的不同阶段，设计营销组合，制订与执行营销计划，更好地提升品牌形象，促进公司产品销售，提高市场占有率。

在进行市场开发时，要作出以下决策：

一是确定企业的营销策略。营销策略主要有产品功效优先策略、品牌提升策略、价格适中策略、销售渠道策略、媒体组合策略、终端包装策略、现场体验策略以及动态营销策略等。企业可结合自身实际情况设计有特色的营销组合作为公司的营销策略。

二是确定企业的目标市场及进行产品定位。公司可以进入的目标市场有多个选择，可以主攻开拓某一个市场，也可以所有市场全面开花。虽然各个市场均有销售机会，但公司要选择哪些市场开展营销推广，还需要结合企业产品的市场分析和市场开发所需时间、费用、人员进行综合分析判断，确定公司需要进入的目标市场，然后在目标市场确定公司产品的独特定位。对市场开发完毕，就可以派驻销售人员在这些区域进行产品销售工作。公司不同发展阶段市场开发策略不同。

（2）市场部每季度需要完成的决策任务（表8-18）

表8-18

决策任务	任务说明
市场开发	企业目标市场确定后，要结合企业生产制造能力和市场开发所需时间、费用、人员等因素进行综合分析判断，确定需要开发的市场，并投入费用开发，市场开发成功后即可以派驻销售人员展开销售工作
广告宣传	要利用一定媒体对公司的产品进行广告宣传，增加客户对公司产品的了解和信任，充分开发市场，扩大长篇销售量和提升销售收入，同时，提升公司与品牌的知名度

（3）市场部决策流程

①市场开发决策

进入公司内部场景，点击“市场部”，在弹出窗口选择“决策内容—市场开发”后，弹出“市场开发”窗口，在这里，选择需要开发的市场投入市场开发费用。有的市场需要多个开发周期才能完成，开发费用必须分期分批投入（图8-19）。

②广告宣传决策

进入公司内部场景，点击“市场部”，在弹出窗口选择“决策内容—广告宣传”后，弹出“广告宣传”窗口，见下图，在这里，确定当季度公司计划投入的广告费用（图8-20）。

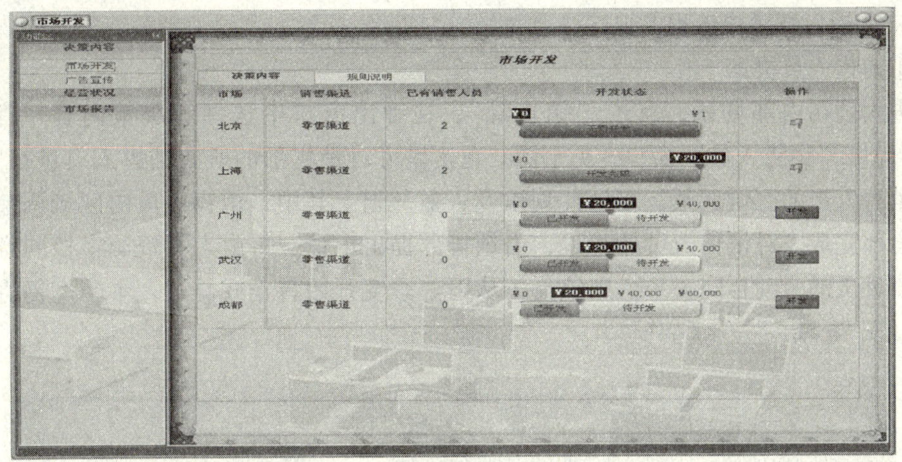

图 8-19

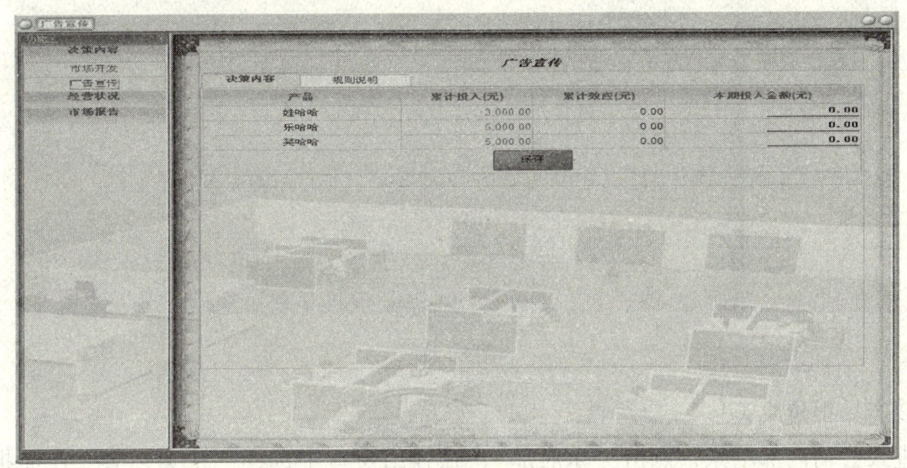

图 8-20

6. 销售部门决策任务

（1）销售部经理（CSO）负责销售部的运营管理工作

销售部负责将公司生产的产品销售给消费者，完成销售业绩，回笼资金。销售计划是否完成或超额完成，将直接影响公司的运营成果。

（2）销售部每季度需要完成的决策

销售部决策任务（表 8-19）：

表 8-19

决策任务	任务说明
销售人员	销售部负责对销售人员、培训计划等工作进行统筹安排，并可以对不需要的销售人员进行辞退。人力资源部负责销售人员的招聘工作和解除辞退人员的劳动关系
产品报价	公司在完成相关市场调研开发以及资质，获得进入该市场的资格，并已经派驻了销售人员在当地开展销售工作之后，公司就可以参与该区域的产品销售订单报价。为了控制订单问题，还可以设定针对某一品牌产品在某一市场上的最多获取订单量，以确保生产将会得到保障

（3）销售部操作流程

①销售人员决策

进入公司内部场景，点击“销售部”，在弹出窗口中选择“决策内容—销售人员”，弹出“销售人员”窗口，见下图。在这里可对销售部的所有销售人员进行安排，包括销售人员的区域调整、培训计划以及人员辞退。其中，销售人员的区域调整直接由销售部完成。对销售人员的辞退，由销售部提出申请，再由人力资源审核同意后解除与该员工的劳动合同关系，则该员工从下一季度开始将正式辞退，本季度仍将继续工作（图 8-21）。

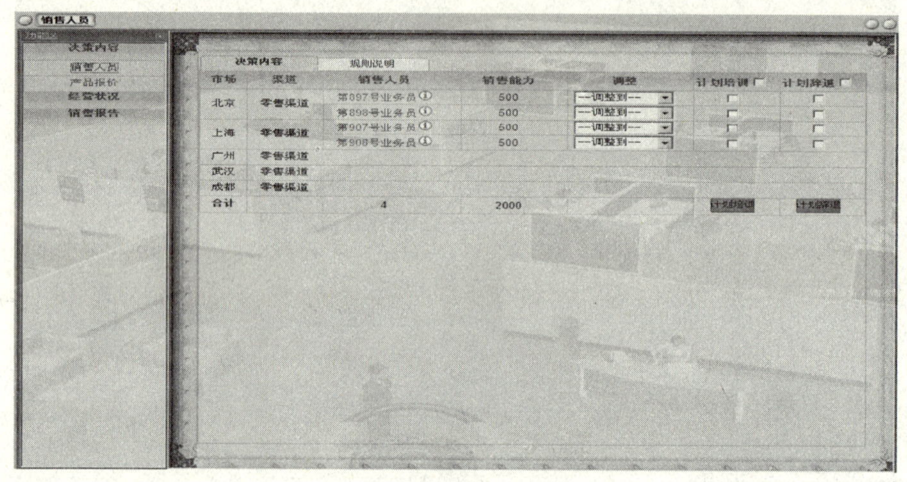

市场	渠道	销售人员	销售能力	调整	计划培训	计划辞退
北京	零售渠道	第897号业务员	500	--调整到--		
		第898号业务员	500	--调整到--		
上海	零售渠道	第907号业务员	500	--调整到--		
		第908号业务员	500	--调整到--		
广州	零售渠道					
武汉	零售渠道					
成都	零售渠道					
合计		4	2000		计划培训	计划辞退

图 8-21

②产品报价决策

进入公司内部场景，点击“乐府部”，在弹出窗口中选择“决策内容—产品报价”后，弹出“产品报价”窗口，见图 8-22。在这里，填写各产品的市场报价以及订货数量。

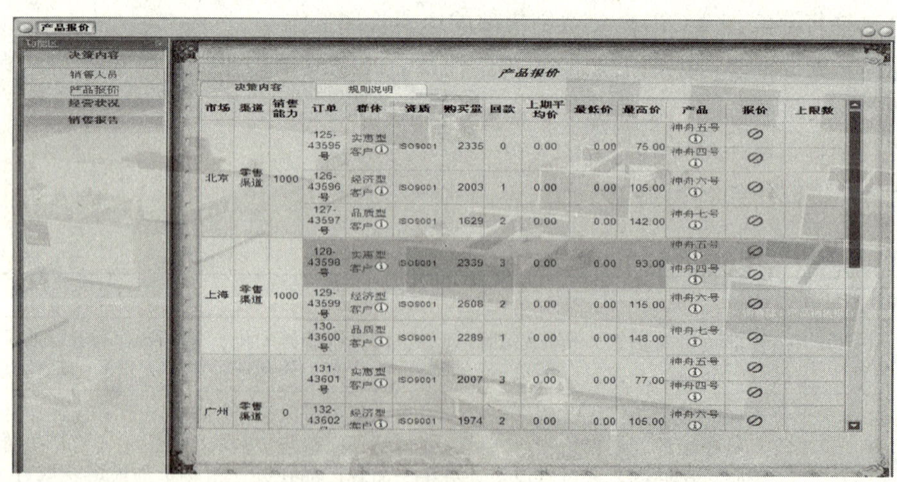

市场	渠道	销售能力	订单	群体	资质	购买量	回款	上期平均价	最低价	最高价	产品	报价	上限数
北京	零售渠道	1000	125-43595号	实惠型客户	ISO9001	2335	0	0.00	0.00	75.00	神舟五号		
											神舟四号		
			126-43596号	经济型客户	ISO9001	2003	1	0.00	0.00	105.00	神舟六号		
			127-43597号	品质型客户	ISO9001	1629	2	0.00	0.00	142.00	神舟七号		
上海	零售渠道	1000	128-43598号	实惠型客户	ISO9001	2339	3	0.00	0.00	93.00	神舟五号		
											神舟四号		
			129-43599号	经济型客户	ISO9001	2608	2	0.00	0.00	115.00	神舟六号		
			130-43600号	品质型客户	ISO9001	2289	1	0.00	0.00	148.00	神舟七号		
广州	零售渠道	0	131-43601号	实惠型客户	ISO9001	2007	3	0.00	0.00	77.00	神舟五号		
											神舟四号		
			132-43602	经济型客户	ISO9001	1974	2	0.00	0.00	105.00	神舟六号		

图 8-22

7. 人力资源部决策任务

(1) 人力资源部经理（CHO）负责人力资源部运营管理工作

在“创业之星”模拟系统中，人力资源部的工作是根据生产部和销售部的工作规划及用人要求，及时完成人力资源的招聘及培训工作，与所有员工签订劳动合同，为员工购买养老保险，对不适用的员工解除劳动合同。

(2) 人力资源部每季度需要完成的决策任务

人力资源部决策任务（表 8-20）：

表 8-20

人员招聘	在虚拟公司中，销售部需要招聘人员从事销售工作，生产部需要招聘人员从事生产产品的工作。人力资源部根据销售部和生产部的工作规划及用人要求，及时完成人力资源的招聘及培训工作
签订合同	所有招聘进来的人员，包括管理人员、销售人员、生产工人，均需要签订劳动合同，并为员工办理各类保险。对于没有签订合同、办理保险的员工，将会受到相关处罚
解除合同	公司因生产经营的调整需要解聘人员，先由相关部门提出解聘申请，再由人力资源部审核同意并向有关人员发出解聘通知，解除劳动合同。解聘的人员从下一季度开始将从岗位离职

(3) 人力资源部决策流程

①人员招聘决策

人力资源部从人才市场招聘需要的销售人员、生产工人和管理人员。比如，招聘销售人员，先进入主场景，点击“交易市场”，进入后，点击“人才市场—招聘销售人员”后，弹出“招聘销售人员”窗口，见图 8-23，在这里完成销售人员的招聘决策。

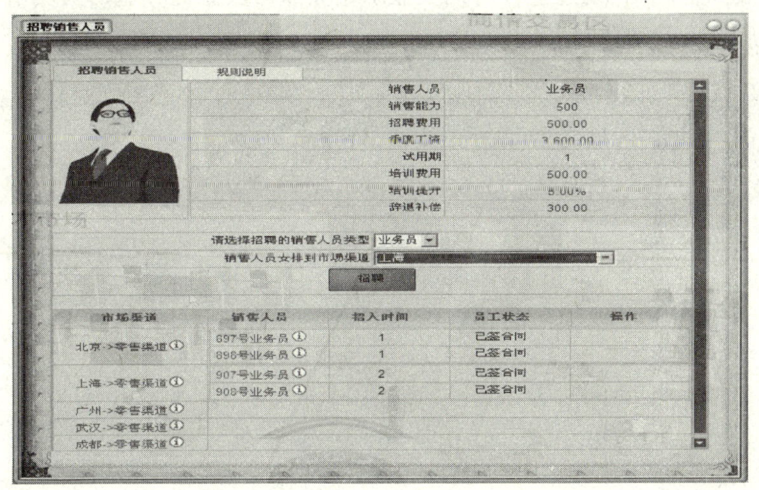

图 8-23

②签订合同

公司所有招聘的人员都要签订劳动合同，办理养老保险。

需要签订劳动合同时，先进入公司内部场景，点击“人力资源部”，在弹出窗口中选择“决策内容—签订合同”后，弹出“签订合同”窗口，见图 8-24，在这里，公司管理层人员和招聘的人员签订劳动合同。

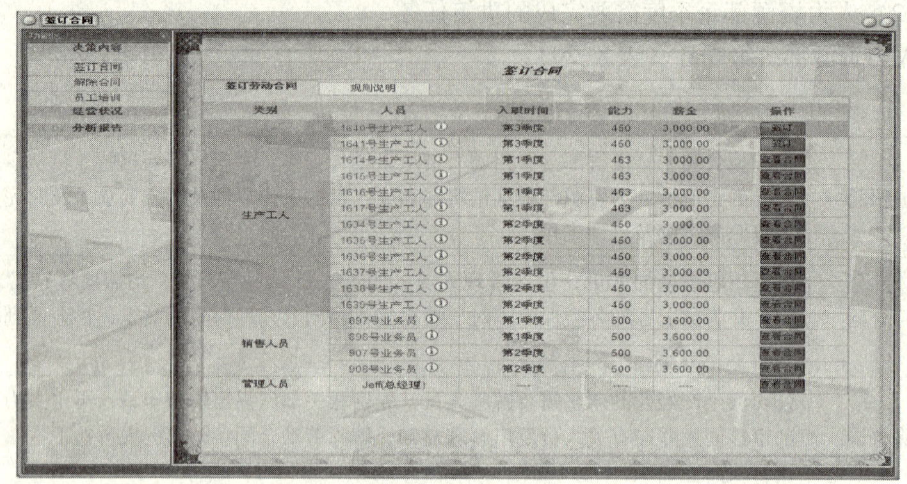

图 8-24

③解除合同

如果需要对不适用的员工解除劳动合同，先由相关部门提供解聘申请，再在人力资源部完成劳动合同解聘事项。

进入公司内部，点击“人力资源部”，在弹出窗口中选择“决策内容—解除合同”后，弹出“解除合同”，在这里，可列表显示相关部门已提交辞退的人员清单，经人力资源部确认后解除劳动合同（图 8-25）。

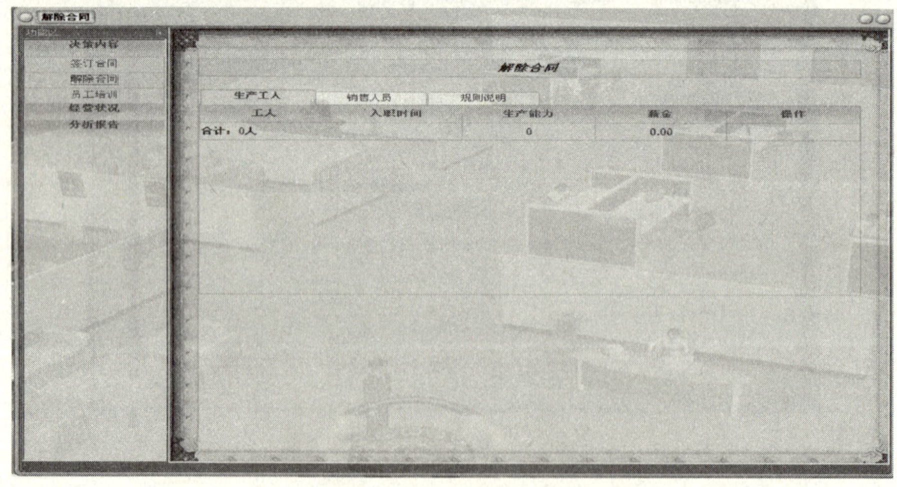

图 8-25

8. 财务部决策任务

（1）财务部经理（CFO）负责财务部的运营管理工作

模拟系统中，企业在经营过程中的有关工作，如产品研发、市场开发、广告宣传、人员招聘等都离不开资金支持，如果资金少，虚拟企业生产经营工作会受到很大影响。因此，在虚拟企业追求利润时，应当充分考虑到企业的现金少，谨防一味扩张冒进导致企业现金链断裂。财务部门要充分做好资金的动作管理，既要最大限度地提高资金使用效率，达到资产保值增值的目的，同时，还要考虑到资金使用不当给企业带来的风险。模拟系统中，财务部主要有以下任务：资金筹措。在模拟系统中，每家虚拟企业成立后，系统会提供30万元创业资金，如需要更多的资金，企业可以通过银行贷款或者账款贴现来筹集资金。如果运营中出现资金链断裂，为了使企业能继续运营下去，系统还会自动为企业提供紧急贷款，利率要比银行贷款利率高出数倍，同时，最终生产经营成绩也将要扣分。

财务指标是生产经营最直接的反映。财务部在做好企业每一阶段的财务报表的基础上，还要进一步对财务报表进行分析，分析企业的盈利能力、劳动能力，对企业进行综合分析评价，以全面分析企业生产经营得失，发现企业经营管理中存在的问题，并在后续生产经营中加以改进与完善。

（2）财务部经理决策流程

财务部要与各部门保持密切的联系与沟通，在公司总体发展战略规划的指引下，作出各项决策，合理进行资金安排，完成公司生产经营目标。

银行贷款。进入主场景，点击“业创银行”，进入银行后，点击“信贷业务”窗口，弹出“申请贷款”窗口，见图8-26，在这里，完成贷款任务。

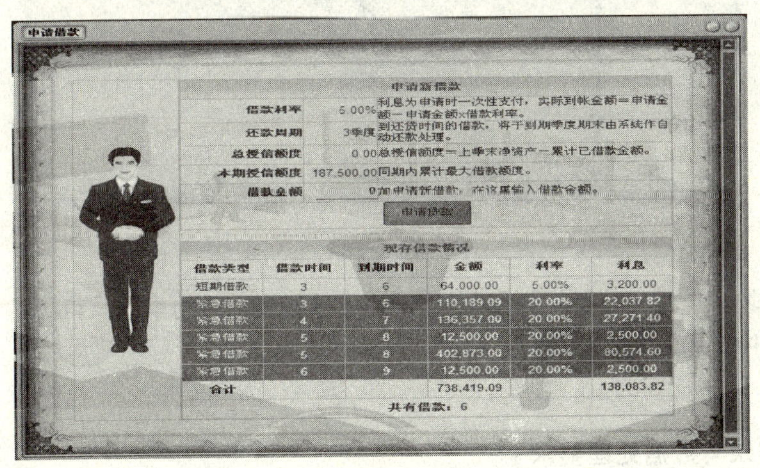

图 8-26

9. 管理分析

（1）查看经营状况

在公司场景中点击“研发部”，在弹出窗口中选择“经营状况”，可以查看到公司已设计的所有产品的配置情况，以及该产品的研发进度情况（图8-27）。

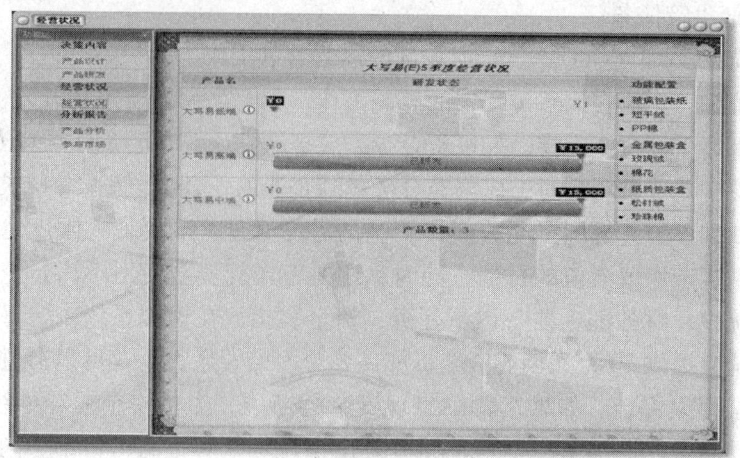

图 8-27

（2）查看分析报告

产品分析：选择“分析报告—产品分析”，在上面的产品品牌类别选择需要对比查看的产品，下面会将选中的产品品牌对比列出各产品的原料构成情况（图 8-28）。

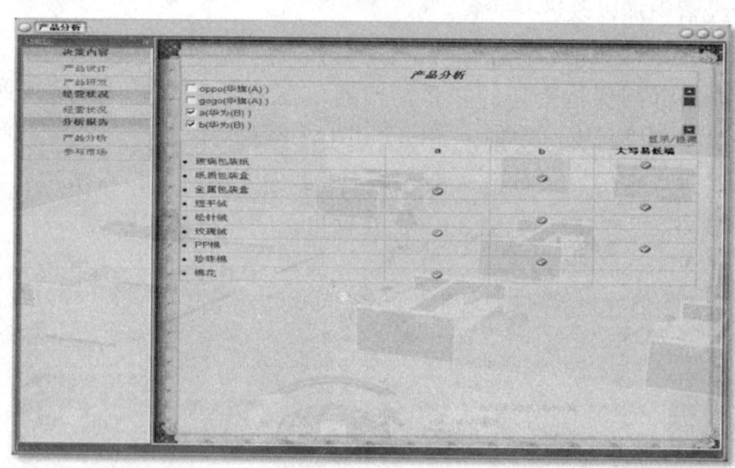

图 8-28

参与市场：选择“分析报告—参与市场”，选择要查看的季度及市场，可以查看到该季度在选中市场上所有公司销售的产品品牌。

五、实训记录与数据处理要求

1. 熟悉创业虚拟仿真经营管理竞技规则；
2. 对创业虚拟仿真经营管理竞技数据进行分析。

表 8-21

<table>
<tr><td colspan="6">≪创业虚拟仿真经营管理竞技≫实训</td></tr>
<tr><td>实验项目名称</td><td></td><td>实验时间</td><td></td><td>实验地点</td><td></td></tr>
<tr><td>实验类型</td><td></td><td>实验设备</td><td></td><td></td><td></td></tr>
<tr><td>实验要求</td><td colspan="5">1
2</td></tr>
<tr><td>实验步骤</td><td colspan="3">实验内容</td><td colspan="2">完成情况</td></tr>
<tr><td>1
2
3</td><td colspan="3"></td><td colspan="2"></td></tr>
<tr><td>数据处理情况</td><td colspan="5"></td></tr>
</table>

六、实验中的注意事项

1. 熟悉创业虚拟仿真经营管理竞技规则；
2. 对规则中数据认真仔细分析研究；
3. 注意到竞技比赛的软件使用流程。

思考与讨论

1. 公司日常经营管理工作有哪些内容？
2. 根据创业公司经营管理竞技，撰写一份公司战略报告。
3. 创业企业经营管理中各类角色的职责分工是什么？
4. 虚拟仿真企业经营的决策流程是什么？

第九章　创业仿真企业经营管理分析

小王的团队经过虚拟仿真竞技，每一轮都是残酷而激烈，有成功也有失利。导师：你们感受了的企业经营基本流程，如何分析自己的决策是否科学，管理是否规范？财务报表能否编制？风险控制是否到位？

第一节　创业企业的经营管理

一、企业经营管理

企业管理（business management）是对企业的生产经营活动进行组织、计划、指挥、监督和调节等一系列职能的总称。管理一词还有许多定义，这些定义都是从不同的角度提出来的，也仅仅反映了管理性质的某个侧面。为了对管理进行比较广泛的研究，而不局限于某个侧面，我们采用下面的定义：管理是通过计划、组织、控制、激励和领导等环节来协调人力、物力和财力资源，以期更好地达成组织目标的过程。企业管理要点：需建立企业管理的整体系统体系。

第一层含义说明了管理采用的措施是计划、组织、控制、激励和领导这五项基本活动。这五项活动又被称之为管理的五大基本职能。

所谓职能是指人、事物或机构应有的作用。每个管理者工作时都是在执行这些职能的一个或几个。

1. 计划职能

计划职能包括对将来趋势的预测，根据预测的结果建立目标，然后要制订各种方案、政策以及达到目标的具体步骤，以保证组织目标的实现。国民经济五年计划、企业的长期发展计划，以及各种作业计划都是计划的典型例子。

2. 组织职能

组织职能一方面是指为了实施计划而建立起来的一种结构，该种结构在很大程度上决定着计划能否得以实现；另一方面是指为了实现计划目标进行的组织过程。比如，要根据某些原则进行分工与协作，要有适当的授权，要建立良好的沟通渠道等。组织对完成计划任务具有保证作用。

3. 控制职能

控制职能是与计划职能紧密相关的，它包括制定各种控制标准；检查工作是否按计划进行，是否符合既定的标准；若工作发生偏差要及时发出信号，然后分析偏差产生的原因，纠正偏差或制定新的计划，以确保实现组织目标。用发射的导弹飞行过程来解释控制职能是一个比较好的例子。导弹在瞄准飞机发射之后，由于飞机在不断运动，导弹的飞行方向与这个目标将出现偏差，这时导弹中的制导系统就会根据飞机尾部喷气口所发出的热源来调整导弹的飞行方向，直到击中目标。

4. 激励职能和领导职能主要涉及的是组织活动中人的问题

要研究人的需要、动机和行为；要对人进行指导、训练和激励，以调动他们的工作积极性；要解决下级之间的各种矛盾；要保证各单位、各部门之间信息渠道畅通无阻等。

二、创业仿真企业经营管理竞技分析步骤

表 9-1

实训序号	实训项目名称	实训类型（验证、设计、综合）	实训分析目的与要求
实训一	第一季度 战略规划阶段	综合	目的：团队分工，组建公司，公司命名，分配职责、市场分析，分析市场研究报告、分析客户需求、分析目标市场，针对目标客户设计产品，战略制订，讨论并制订企业经营战略与经营目标、投资厂房与生产线，投资产品与市场开发，编制预算 要求：学习现金预算管理的基本方法，本季度训练内容主要帮助学生理解运营规则、学习掌握运营数据的查询方法、认识不同战略对经营决策的影响、透过数据的变化帮助学生认识三张财务报表
实训二	第二季度 市场测试阶段	综合	目的：制订营销策略，熟悉规则，测试市场，分析竞争对手经营策略，完成目标群体的产品设计，安排生产计划，生产产品，拓展营销网络，建设销售渠道 要求：制订产品售价，广告宣传计划，争取市场订单，分析研究报告，本季度训练内容主要帮助学生学习如何展开SWOT分析、制订产品战略并设计产品组合、进行细分市场定位及战略选择以及保障经营决策的有效性
实训三	第三季度 财务管理阶段	综合	目的：重新审视市场测试的营销，审阅针对各目标群体的产品市场，调整定价策略与广告宣传策略 要求：掌握调整营销网络建设与市场开发，调整产品生产计划，本季度主要让学生学习如何避免资金链断裂、公司持有多少现金合适以及学习常用的绩效分析财务指标
实训四	第四季度 生产管理阶段	综合	目的：研究分析企业运营财务报告，分析如何更好地满足客户需求，扩大产品线，丰富产品结构，完成产品设计、市场认证、市场开发，筹措资金，保持公司稳定的现金流量 要求：掌握本季度主要学习产品生命周期管理、产品投资回报分析、采购、生产、存货管理以及销售与生产的协作

表9-1(续)

实训序号	实训项目名称	实训类型(验证、设计、综合)	实训分析目的与要求
实训五	第五季度 绩效分析阶段	综合	目的：分析各细分市场竞争形势，调整目标市场，加大市场投入力度，完善产品线，加大渠道扩张，扩展产能，提升盈利能力 要求：本季度主要锻炼学生通过查看所经营季度的经营绩效，找出公司存在的关键问题，通过分析各细分市场竞争形势，调整目标市场，加大市场投入力度，完善产品线，加大渠道扩张、扩展产能，提升盈利能力
实训六	第六季度 风险管理阶段	综合	目的：检验公司营销战略的执行情况，强化团队沟通合作与执行力，战略优化与调整，风险防范与控制，通过以上季度的运营可以让学生深刻体会到什么是创业风险、怎么防范创业风险？ 要求：透过各种经营数据理解创业机会与创业的复杂性，创业者、创业团队与创业投资者的能力与实力的有限性，以及了解到什么是主导创业失败的主要风险因素
实训七	第七季度 团队合作阶段	综合	目的：团队分工与合作，团队沟通和冲突管理，怎样建设高效团队，如何提高领导力与执行力，本季度主要强调团队的形成、建设和企业领导人之间的协调性，成功的创业团队运作所具备的主要特征 要求：培养团队成员的共同价值观念，结合前期各公司表现，分析各公司的改进策略与方法
实训八	第八季度 管理改进阶段	综合	目的：透过各项指标与竞争对手的差距，分析企业内部管理中存在的问题，并不断完善改进；透过市场表现分析竞争对手的策略，努力提升市场占有率，优化各项财务指标，提升企业盈利能力，优化生产结构，控制库存，有效控制经营成本。本季度主要进行全部经营总结，分析优劣得失，总结模拟创业的得失成败，思考在模拟创业过程中，从战略、营销、生产、财务、研发、沟通等方面分析，我们哪些做得不好？哪里做得比较出色 要求：掌握竞争对手做得好的地方有哪些？结合创业计划书核对实际完成的情况，导致预测差异的主要原因有哪些

第二节　创业虚拟仿真企业经营管理竞技分析

一、实训目的与任务

通过分析市场研究报告、分析客户需求、分析目标市场，针对目标客户设计产品，制订战略，讨论并制订企业经营战略与经营目标、投资厂房与生产线，投资产品与市场开发，编制预算。分析经营数据，理解创业机会与创业的复杂性，培养学生经管管理和创造能力。

二、实训内容

（1）透过各项指标与竞争对手的差距，分析企业内部管理中存在的问题，并不断完善改进；透过市场表现分析竞争对手的策略，努力提升市场占有率，优化各项财务指标，提升企业盈利能力，优化生产结构，控制库存，有效控制经营成本。

（2）分析各细分市场竞争形势，调整目标市场，加大市场投入力度，完善产品线，加大渠道扩张，扩展产能，提升盈利能力。

（3）掌握本季度主要锻炼学生通过查看所经营季度的经营绩效，找出公司存在的关键问题，通过分析各细分市场的竞争形势，调整目标市场，加大市场投入力度，完善产品线，加大渠道扩张、扩展产能，提升盈利能力。

（4）检验公司营销战略的执行情况，强化团队沟通合作与执行力，战略优化与调整，风险防范与控制，通过以上季度的运营可以让学生深刻体会到什么是创业风险、怎么防范创业风险？

（5）透过各种经营数据理解创业机会与创业的复杂性，创业者、创业团队与创业投资者的能力与实力的有限性，以及了解到什么是主导创业失败的主要风险因素。

（6）分析优劣得失，总结模拟创业的得失成败，思考在模拟创业过程中，从战略、营销、生产、财务、研发、沟通等方面分析，我们哪些做得不好？哪里做得比较出色？

三、实训设备

电脑 50 台，创业之星软件连接互联网。

四、实训步骤

（一）研发部门数据查询分析

1. 查看经营状况

在公司场景中点击“研发部”，在弹出窗口中选择“经营状况”，可以查看到公司已设计的所有产品的配置情况，以及该产品的研发进度情况（图 9-1）。

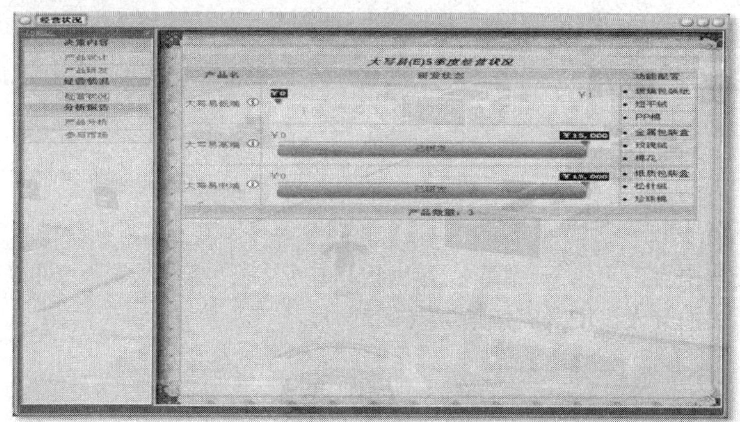

图 9-1

2. 查看分析报告

产品分析：选择“分析报告—产品分析”，在上面的产品品牌类别选择需要对比查看的产品，选中的产品品牌对比列出各产品的原料构成情况（图 9-2）。

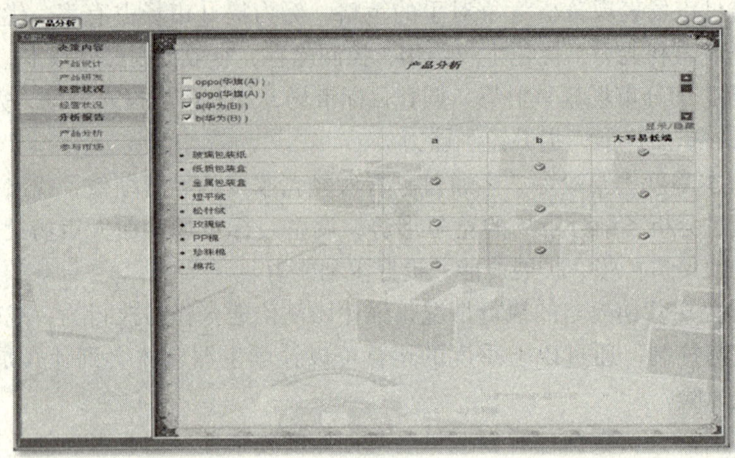

图 9-2

参与市场：选择“分析报告—参与市场”，选择要查看的季度及市场，可以查看到该季度在选中市场上所有公司销售的产品品牌（图 9-3）。

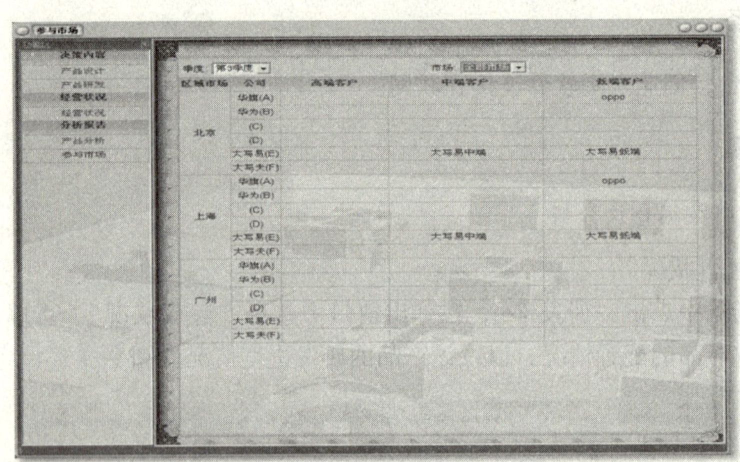

图 9-3

（二）市场部门数据查询分析

1. 查看经营状况

在公司场景中点击“市场部”，在弹出窗口中选择“经营状况”，可以查看到公司在各个区域市场的开发进度及完成情况（图 9-4）。

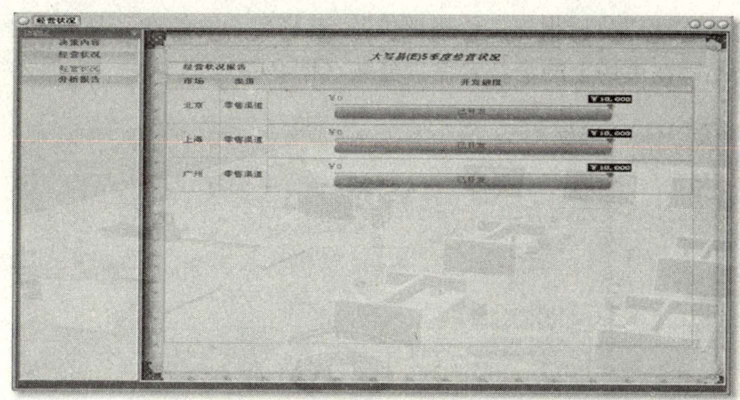

图 9-4

2. 查看分析报告

产品评价：选择“分析报告—产品评价”，选择要查看的季度、市场、渠道、消费群体，可以查看到各区域市场、各消费群体对公司产品的评价分数（图 9-5）。

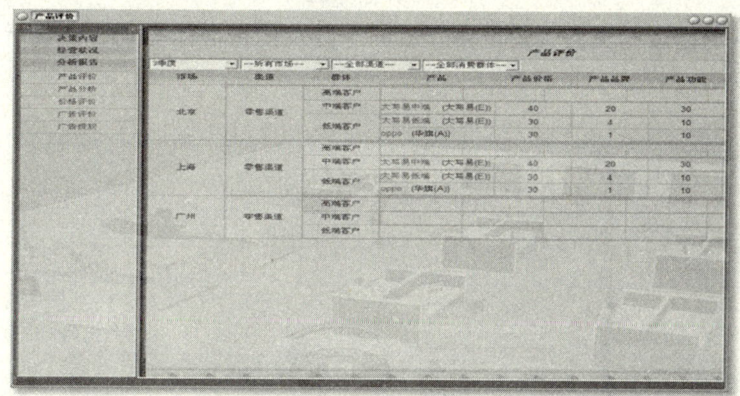

图 9-5

产品分析：选择“分析报告—产品分析”，选择要查看的产品品牌，可以查看到不同产品品牌的原料构成对比资料（图 9-6）。

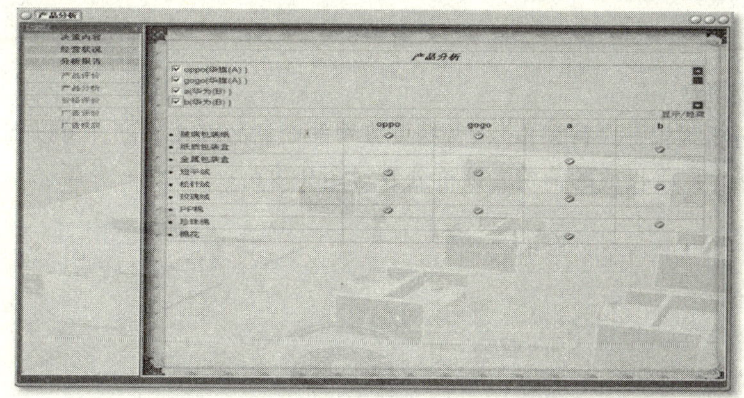

图 9-6

价格评价：选择“分析报告—价格评价”，选择要查看的产品品牌及季度，可以查看到不同产品品牌在市场上的消费者评价分数（图 9-7）。

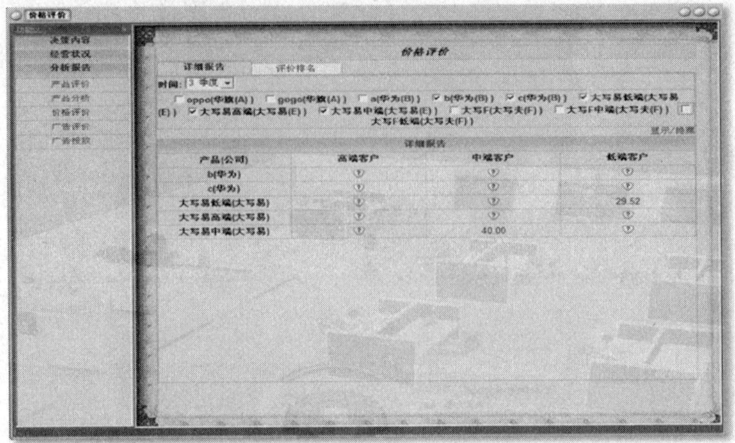

图 9-7

选择“评价排名”页面，设定要查看的季度及消费群体类别，查看所有品牌的分数排名（图 9-8）。

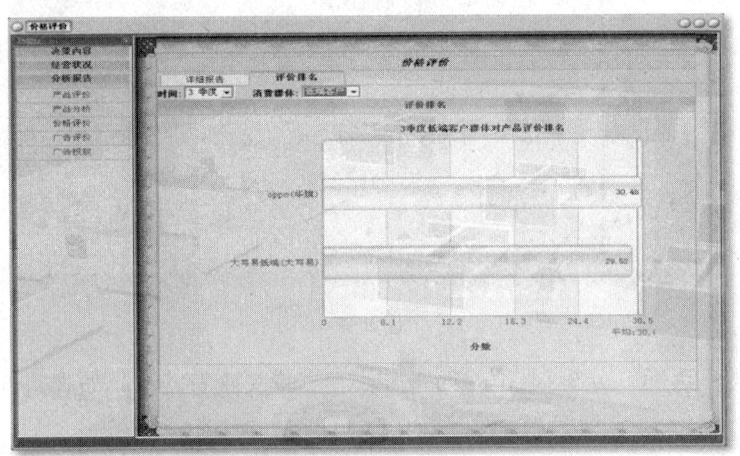

图 9-8

3. 广告评价

选择“分析报告—广告评价”，选择要查看的产品品牌及季度，可以查看到不同产品品牌在市场上广告投放的消费者评价分数（图 9-9）。

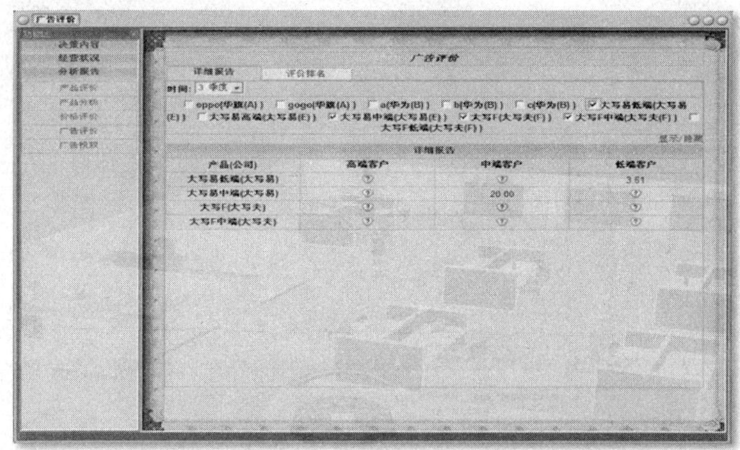

图 9-9

4. 广告投放

选择“分析报告—广告投放”，选择要查看的产品品牌，可以查看到消费者对不同产品品牌在市场上投放广告的评价分数（图 9-10）。

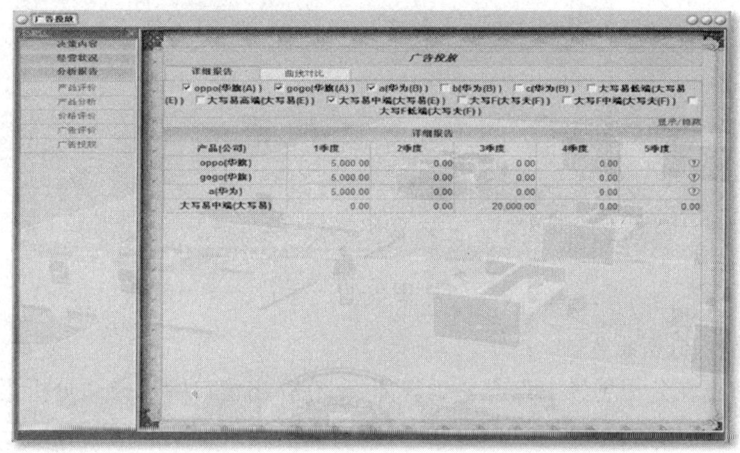

图 9-10

（三）销售部门数据查询分析

1. 查看经营状况

销售状况：在公司场景中点击“销售部”，在弹出窗口中选择“经营状况—销售状况”，并选择要查看的季度数，可以查看到公司各产品在市场上的销售情况（图 9-11）。

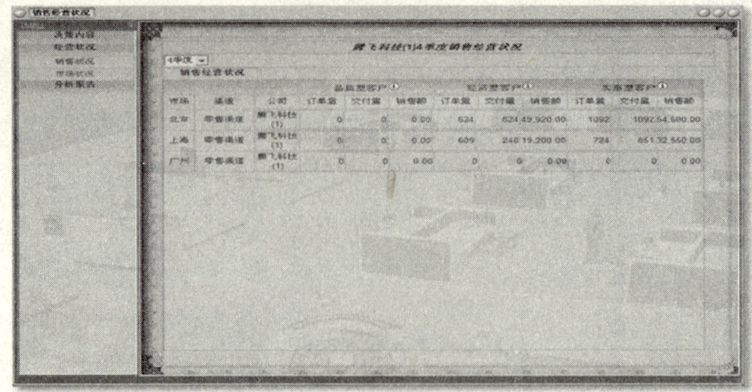

腾飞科技(1)4季度销售经营状况

销售经营状况

市场	渠道	公司	品质型客户			经济型客户			实惠型客户		
			订单量	交付量	销售额	订单量	交付量	销售额	订单量	交付量	销售额
北京	零售渠道	腾飞科技(1)	0	0	0.00	624	624	49,920.00	1092	1092	54,600.00
上海	零售渠道	腾飞科技(1)	0	0	0.00	609	240	19,200.00	724	651	32,550.00
广州	零售渠道	腾飞科技(1)	0	0	0.00	0	0	0.00	0	0	0.00

图 9-11

市场状况：在公司场景中点击“销售部”，在弹出窗口中选择“经营状况—市场状况”，可以查看到公司在各个市场上的销售能力分布情况（图 9-12）。

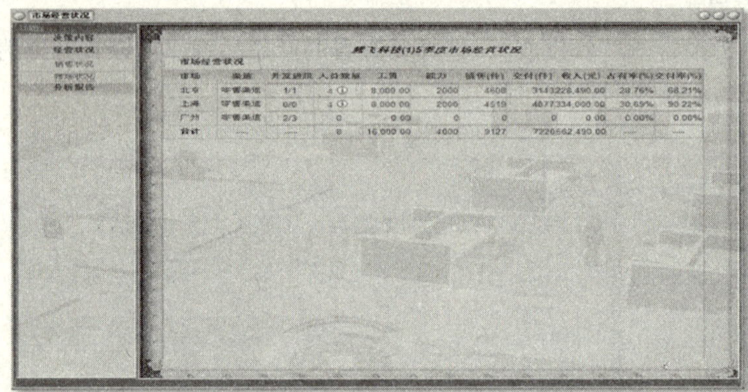

腾飞科技(1)5季度市场经营状况

市场经营状况

市场	渠道	开发进度	人员数量	工资	能力	销售(件)	交付(件)	收入(元)	占有率(%)	交付率(%)
北京	零售渠道	1/1	4	8,000.00	2000	4608	3143	228,490.00	28.76%	68.21%
上海	零售渠道	0/0	4	8,000.00	2000	4519	4077	334,000.00	30.69%	90.22%
广州	零售渠道	2/3	0	0.00	0	0	0	0.00	0.00%	0.00%
合计	—	—	8	16,000.00	4000	9127	7220	562,490.00	—	—

图 9-12

2. 查看销售分析报告

市场分布：在公司场景中点击“销售部”，在弹出窗口中选择“分析报告—市场分布”，选择要查看的经营期间，可以查看到公司在指定季度期间内的各细分市场的占有率情况（图 9-13）。

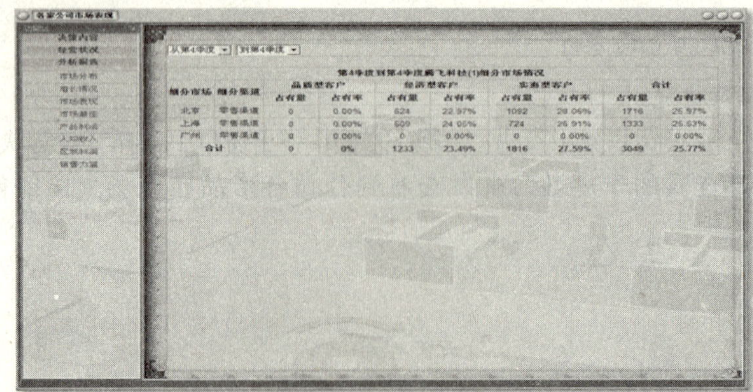

第4季度到第4季度腾飞科技(1)细分市场情况

细分市场	细分渠道	品质型客户		经济型客户		实惠型客户		合计	
		占有量	占有率	占有量	占有率	占有量	占有率	占有量	占有率
北京	零售渠道	0	0.00%	624	22.97%	1092	28.06%	1716	25.97%
上海	零售渠道	0	0.00%	609	24.05%	724	26.91%	1333	25.53%
广州	零售渠道	0	0.00%	0	0.00%	0	0.00%	0	0.00%
合计		0	0%	1233	23.49%	1816	27.59%	3049	25.77%

图 9-13

增长情况：在公司场景中点击“销售部”，在弹出窗口中选择“分析报告—增长情况”，选择要查看的经营期间，可以查看到公司在指定季度期间内的各细分市场的占有率情况（图 9-14）。

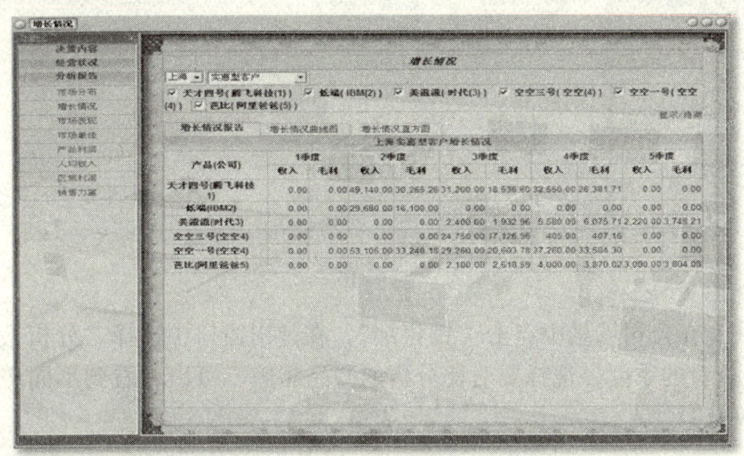

图 9-14

市场表现：在公司场景中点击“销售部”，在弹出窗口中选择“分析报告—市场表现”，选择要查看的经营期间、市场区域、销售渠道、消费者类别等，可以查看到公司各产品在相关市场的占有率情况（图 9-15）。

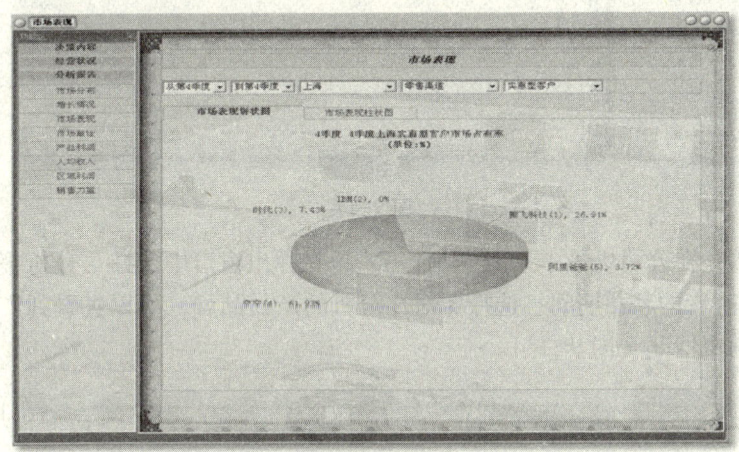

图 9-15

市场最佳：在公司场景中点击“销售部”，在弹出窗口中选择“分析报告—市场最佳”，选择要查看的经营期间，可以查看到在指定季度期间内的各细分市场表现最好的公司情况（图 9-16）。

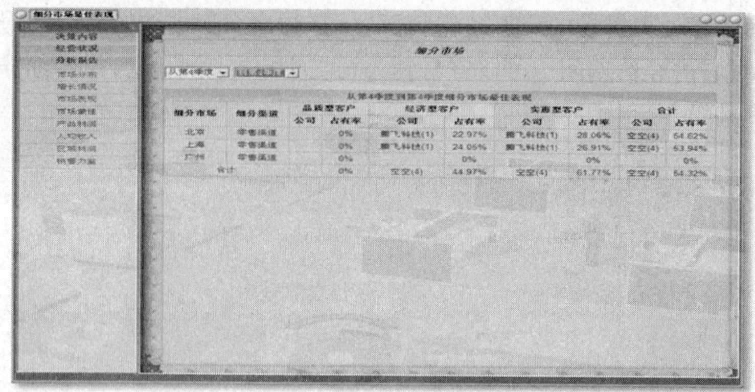

从第4季度到第4季度细分市场最佳表现									
细分市场	细分渠道	品质型客户		经济型客户		实惠型客户		合计	
		公司	占有率	公司	占有率	公司	占有率	公司	占有率
北京	零售渠道		0%	鹏飞科技(1)	22.97%	鹏飞科技(1)	28.06%	空空(4)	54.62%
上海	零售渠道		0%	鹏飞科技(1)	24.05%	鹏飞科技(1)	26.91%	空空(4)	63.94%
广州	零售渠道		0%		0%		0%		0%
合计			0%	空空(4)	44.97%	空空(4)	61.77%	空空(4)	54.32%

图 9-16

产品利润：在公司场景中点击“销售部”，在弹出窗口中选择“分析报告—产品利润”，选择要查看的季度，选择要对比分析的产品品牌，可以查看到不同产品的盈利能力对比（图 9-17）。

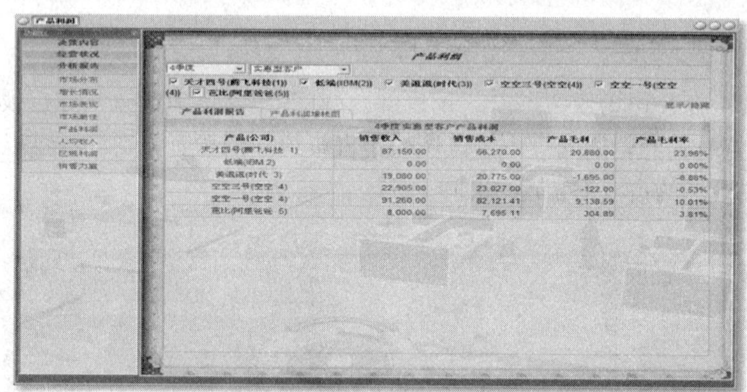

4季度实惠型客户产品利润				
产品(公司)	销售收入	销售成本	产品毛利	产品毛利率
天才四号(鹏飞科技 1)	87,150.00	66,270.00	20,880.00	23.96%
蚂蚁(IBM 2)	0.00	0.00	0.00	0.00%
美温温(时代 3)	19,080.00	20,775.00	-1,695.00	-8.88%
空空三号(空空 4)	22,905.00	23,027.00	-122.00	-0.53%
空空一号(空空 4)	91,260.00	82,121.41	9,138.59	10.01%
芭比(阿里爸爸 5)	8,000.00	7,695.11	304.89	3.81%

图 9-17

人均收入：在公司场景中点击“销售部”，在弹出窗口中选择“分析报告—人均收入”，选择要查看的经营期间，选择要对比分析的产品品牌，可以查看到产品在不同市场上的人均销售情况（图 9-18）。

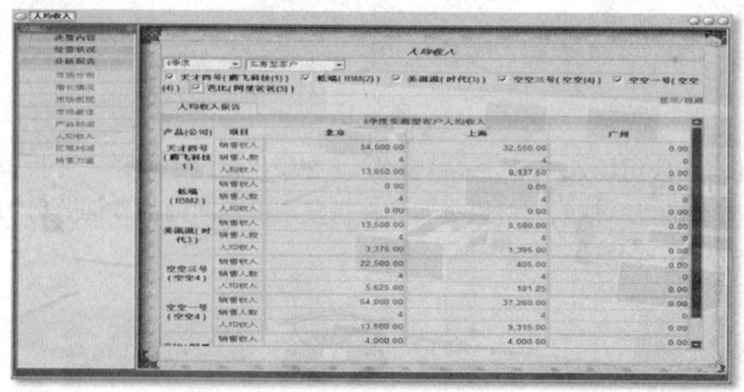

4季度实惠型客户人均收入				
产品(公司)	项目	北京	上海	广州
天才四号(鹏飞科技1)	销售收入	54,600.00	32,550.00	0.00
	销售人数	4	4	0
	人均收入	13,650.00	8,137.50	0.00
蚂蚁(IBM2)	销售收入	0.00	0.00	0.00
	销售人数	4	4	0
	人均收入	0.00	0.00	0.00
美温温(时代3)	销售收入	13,500.00	5,580.00	0.00
	销售人数	4	4	0
	人均收入	3,375.00	1,395.00	0.00
空空三号(空空4)	销售收入	22,500.00	405.00	0.00
	销售人数	4	4	0
	人均收入	5,625.00	101.25	0.00
空空一号(空空4)	销售收入	54,000.00	37,260.00	0.00
	销售人数	4	4	0
	人均收入	13,500.00	9,315.00	0.00
[illegible]	销售收入	4,000.00	4,000.00	0.00

图 9-18

区域利润：在公司场景中点击“销售部”，在弹出窗口中选择“分析报告—区域利润”，选择要查看的季度和产品品牌，可以查看到产品在不同区域市场上的盈利能力。二个子页面选择分别以表格和图形方式显示具体的表现（图 9-19）。

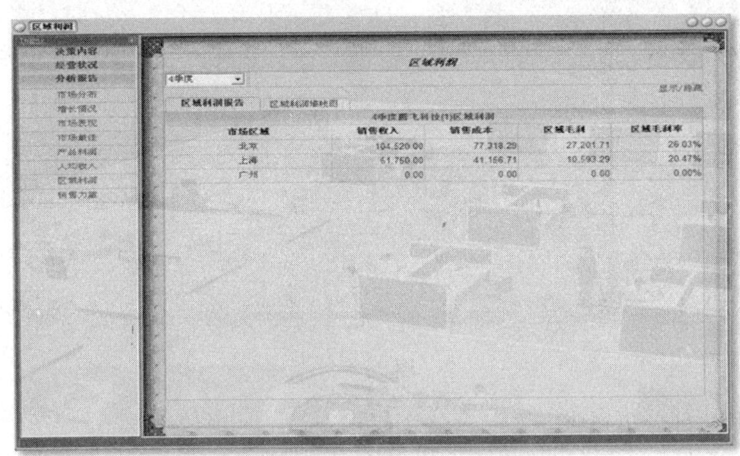

图 9-19

销售力量：在公司场景中点击“销售部”，在弹出窗口中选择“分析报告—销售力量”，选择要查看的季度，可以查看到所有区域市场上销售人员的配置情况及销售能力的分布情况（图 9-20）。

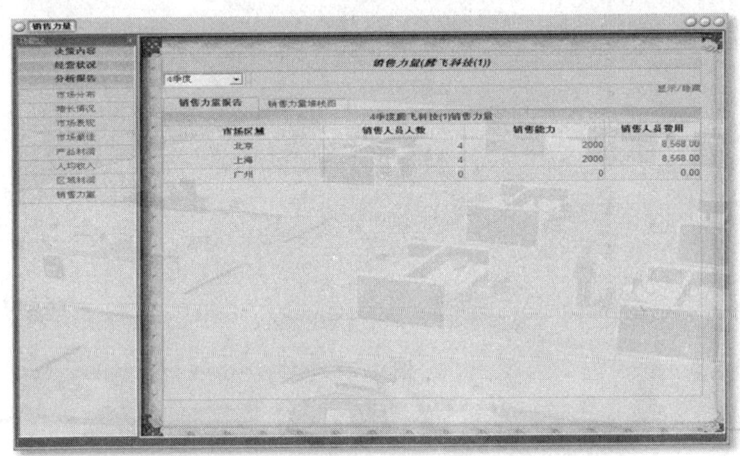

图 9-20

（四）制造部门数据查询分析

1. 查看经营状况

在公司场景中点击“制造部”，在弹出窗口中选择“经营状况”，可以查看到公司生产制造部门的厂房、设备、工人等分布信息（图 9-21）。

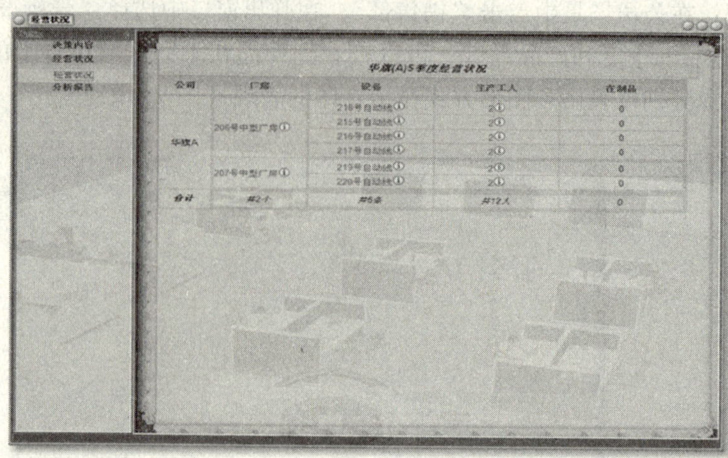

图 9-21

2. 查看制造部分析报告

在公司场景中点击“制造部”，在弹出窗口中选择“分析报告—资质认证”，可以查看到公司在各项认证方面的投入及完成情况（图 9-22）。

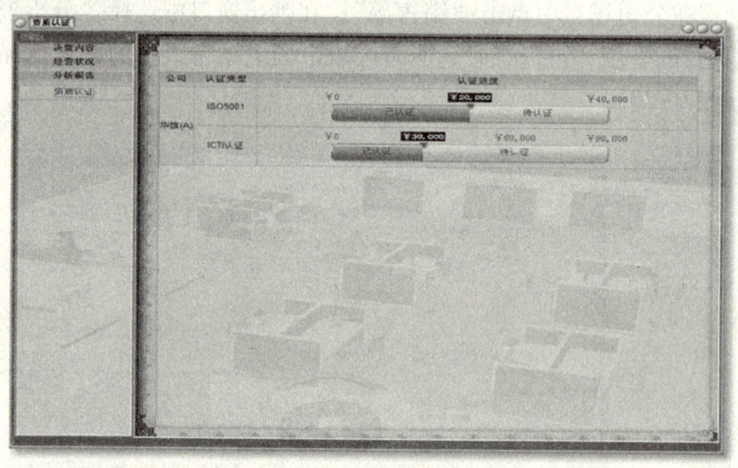

图 9-22

（五）人力资源部门数据查询分析

1. 查看经营状况

在公司场景中点击“人力资源部”，在弹出窗口中选择“经营状况”，可以查看到人力资源部门的相关信息（图 9-23）。

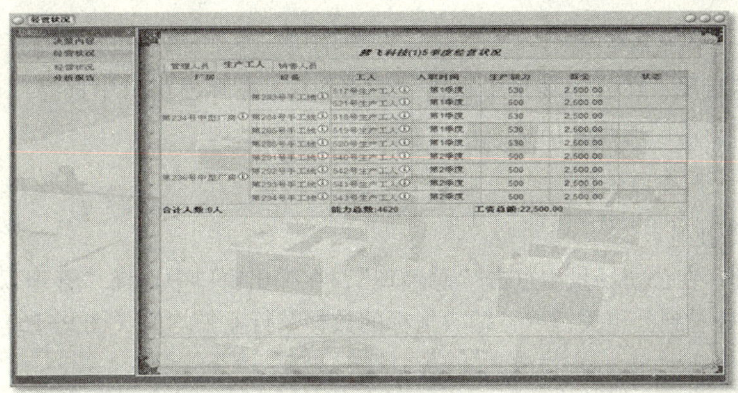

图 9-23

2. 查看分析报告

人员分析：在公司场景中点击“人力资源部”，在弹出窗口中选择“分析报告—人员分析”，可以查看到人力资源部所有人员的分布情况（图 9-24）。

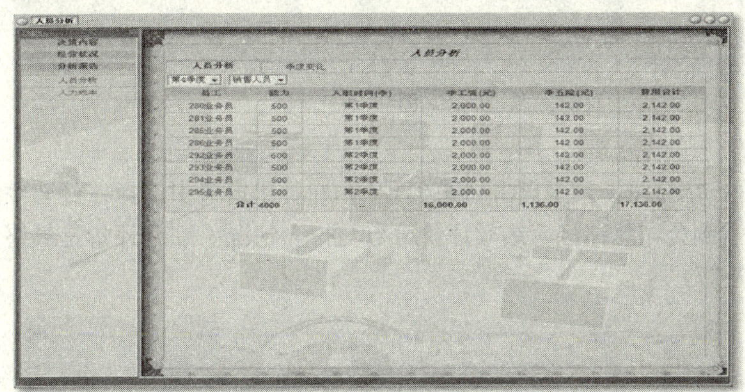

图 9-24

人力成本：在公司场景中点击“人力资源部”，在弹出窗口中选择“分析报告—人力成本”，查看到人力资源部所有人员的人力成本支出分布情况（图 9-25）。

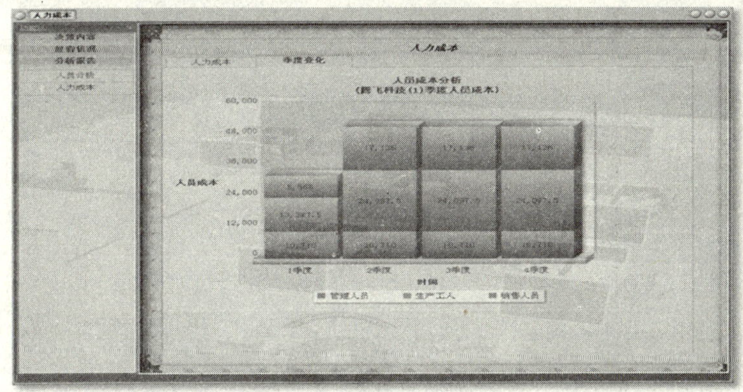

图 9-25

(六) 财务部门数据查询分析

查看经营状况：在公司场景中点击“财务部”，在弹出窗口中选择“经营状况”，可以查看到财务部门的相关信息。

(七) 总经理数据查询分析

1. 管理驾驶舱

财务管理：在公司场景中点击“总经理”，在弹出窗口中选择“管理驾驶舱—财务管理”，可以查看到公司关键财务绩效指标的数据及行业平均值（图 9-26）。

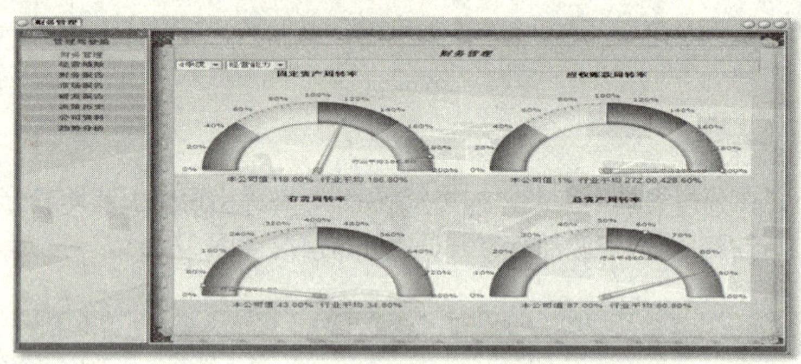

图 9-26

2. 查看经营绩效

综合评价：在公司场景中点击“总经理”，在弹出窗口中选择“经营绩效—综合评价”，可以查看到公司总体经营绩效评价分数与排名情况。综合评价是最终各公司的排名分数（图 9-27）。

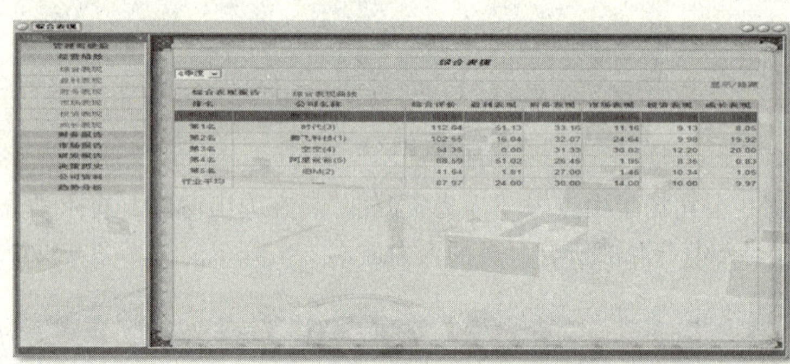

综合表现

排名	公司名称	综合评价	盈利表现	财务表现	市场表现	投资表现	成长表现
第1名	时代(3)	112.64	61.13	33.16	11.16	9.13	8.05
第2名	腾飞科技(1)	102.65	16.04	32.07	24.64	9.98	19.92
第3名	[illegible](4)	94.35	0.00	31.33	30.82	12.20	20.00
第4名	[illegible](5)	88.69	61.02	26.45	1.95	8.36	0.83
第5名	IBM(2)	41.64	1.81	27.00	1.46	10.34	1.05
行业平均	—	87.97	24.00	30.00	14.00	10.00	9.97

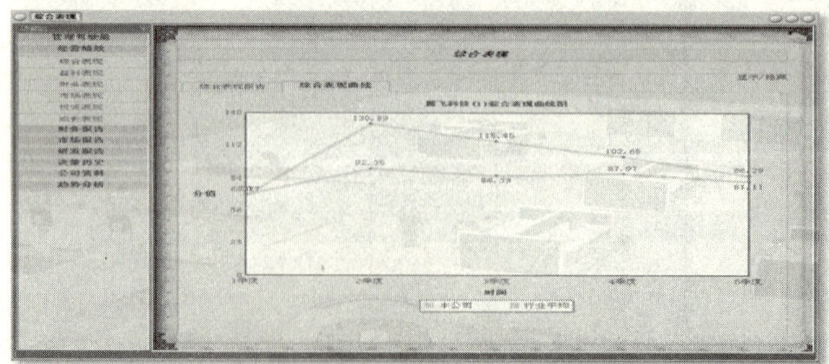

图 9-27

盈利表现：在公司场景中点击“总经理”，在弹出窗口中选择“经营绩效—盈利表现”，可以查看综合评价分数其中的盈利表现分数情况（图 9-28）。

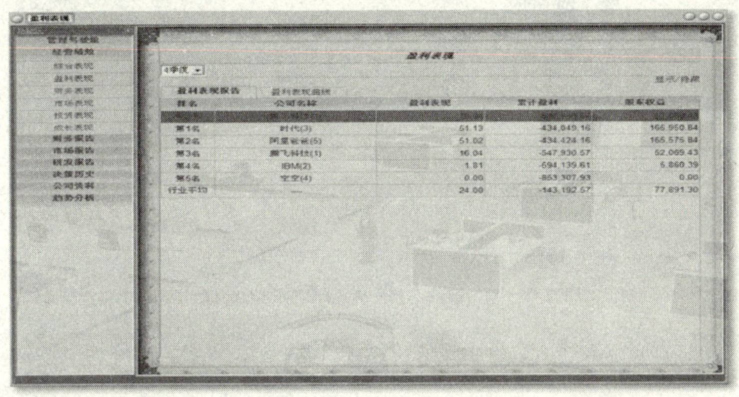

排名	公司名称	盈利表现	累计盈利	股东权益
第1名	时代(3)	51.13	-434,049.16	166,950.84
第2名	阿里爸爸(5)	51.02	-434,424.16	166,575.84
第3名	腾飞科技(1)	16.04	-547,930.57	52,069.43
第4名	IBM(2)	1.81	-694,139.61	5,860.39
第5名	空空(4)	0.00	-853,307.93	0.00
行业平均	—	24.00	-143,192.57	77,891.30

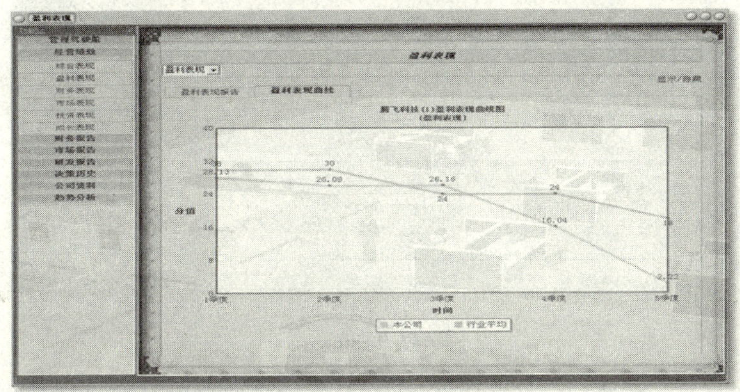

图 9-28

财务表现：在公司场景中点击“总经理”，在弹出窗口中选择“经营绩效—财务管理”，可以查看综合评价分数其中的财务表现分数情况（图 9-29）。

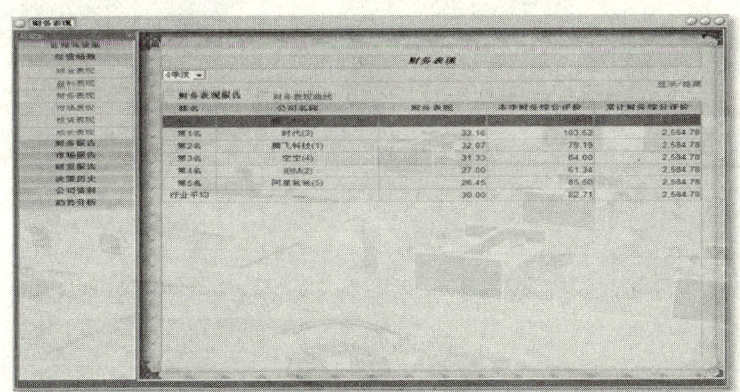

排名	公司名称	财务表现	本季财务综合评价	累计财务综合评价
第1名	时代(3)	33.16	103.53	2,584.78
第2名	腾飞科技(1)	32.07	79.19	2,584.78
第3名	空空(4)	31.33	84.00	2,584.78
第4名	IBM(2)	27.00	61.34	2,584.78
第5名	阿里爸爸(5)	26.45	85.60	2,584.78
行业平均	—	30.00	82.71	2,584.78

图 9-29

市场表现：在公司场景中点击“总经理”，在弹出窗口中选择“经营绩效—市场管理”，可以查看综合评价分数其中的市场表现分数情况（图 9-30）。

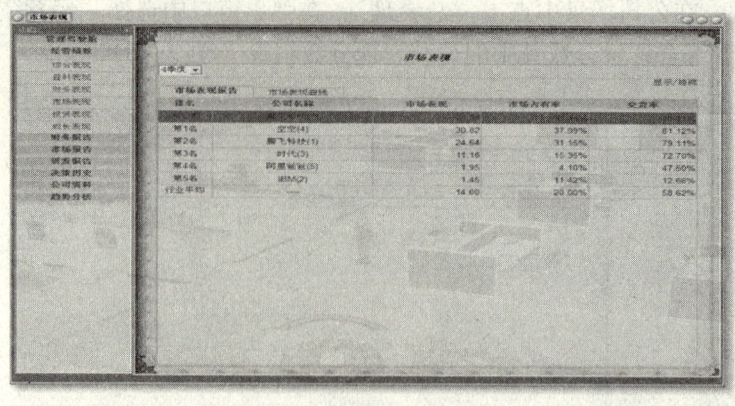

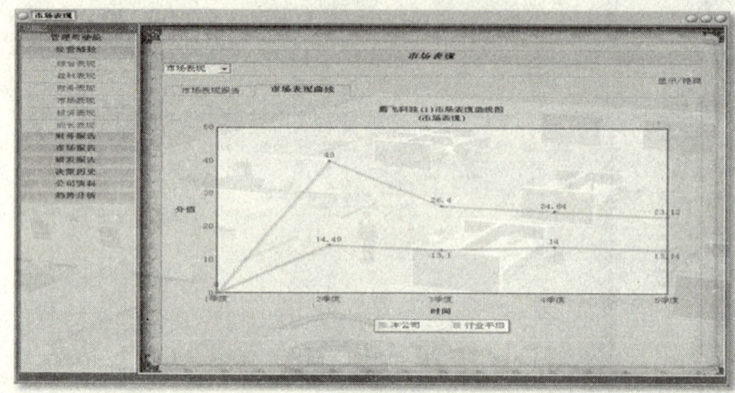

图 9-30

投资表现：在公司场景中点击“总经理”，在弹出窗口中选择“经营绩效—投资管理”，可以查看综合评价分数其中的投资表现分数情况（图 9-31）。

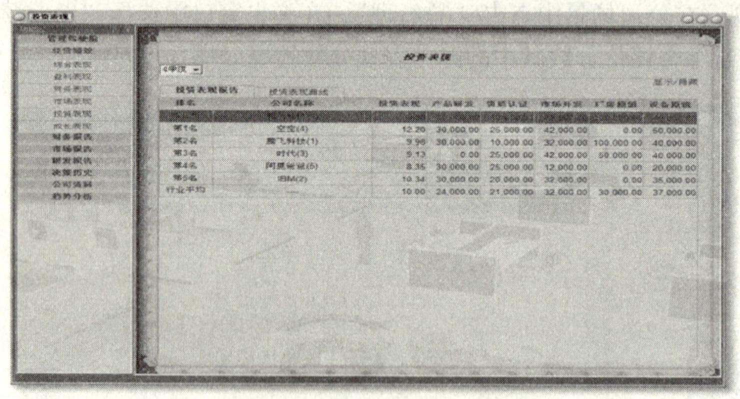

图 9-31

成长表现：在公司场景中点击“总经理”，在弹出窗口中选择“经营绩效—成长管理”，可以查看综合评价分数其中的成长表现分数情况（图 9-32）。

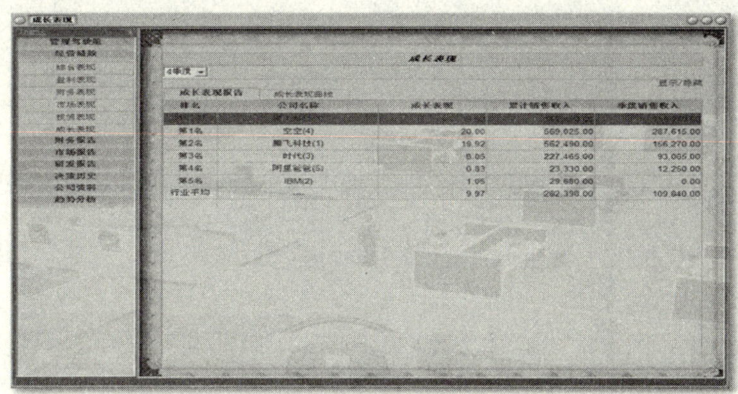

成长表现

排名	公司名称	成长表现	累计销售收入	季度销售收入
第1名	空空(4)	20.00	569,025.00	287,615.00
第2名	腾飞科技(1)	19.92	562,490.00	156,270.00
第3名	时代(3)	8.05	227,465.00	93,065.00
第4名	[illegible](5)	0.83	23,330.00	12,250.00
第5名	IBM(2)	1.05	29,680.00	0.00
行业平均	—	9.97	282,398.00	109,840.00

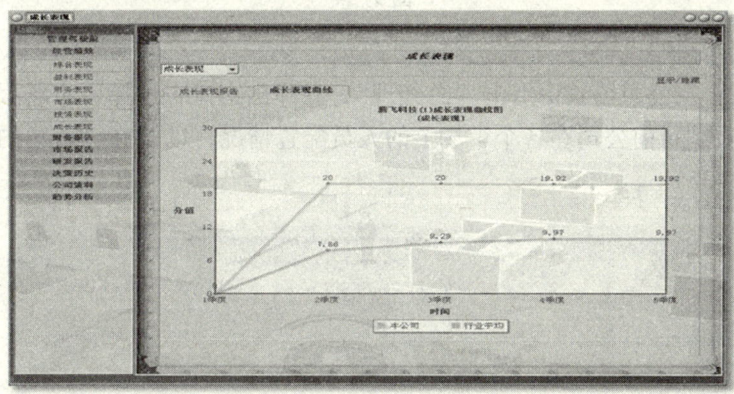

图 9-32

3. 查看财务报告

财务报表：在公司场景中点击“总经理”，在弹出窗口中选择“财务报告—财务报表”，可以查看任一季度的三张财务报表（图 9-33）。

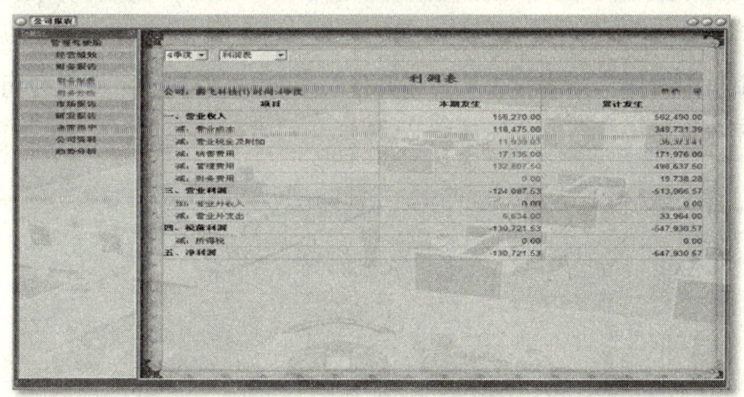

利润表

项目	本期发生	累计发生
一、营业收入	156,270.00	562,490.00
减：营业成本	118,475.00	349,731.39
减：营业税金及附加	[illegible]	[illegible]
减：销售费用	17,136.00	171,976.00
减：管理费用	132,807.50	498,637.50
减：财务费用	0.00	19,738.28
三、营业利润	-124,087.53	-613,966.57
加：营业外收入	0.00	0.00
减：营业外支出	6,634.00	33,964.00
四、税前利润	-130,721.53	-647,930.57
减：所得税	0.00	0.00
五、净利润	-130,721.53	-647,930.67

图 9-33

财务分析：在公司场景中点击“总经理”，在弹出窗口中选择“财务报告—财务分析”，可以查看到任一季度的财务分析指标数值，以及综合财务评价分数（图 9-34）。

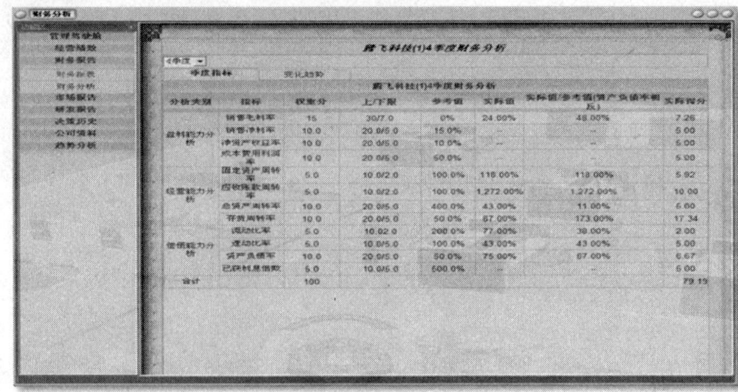

图 9-34

4. 查看市场报告

市场开发：在公司场景中点击“总经理”，在弹出窗口中选择“市场报告—市场开发”，可以查看到目前公司在各个市场上的人员配置情况，以及在该市场的收入与占有率状况（图 9-35）。

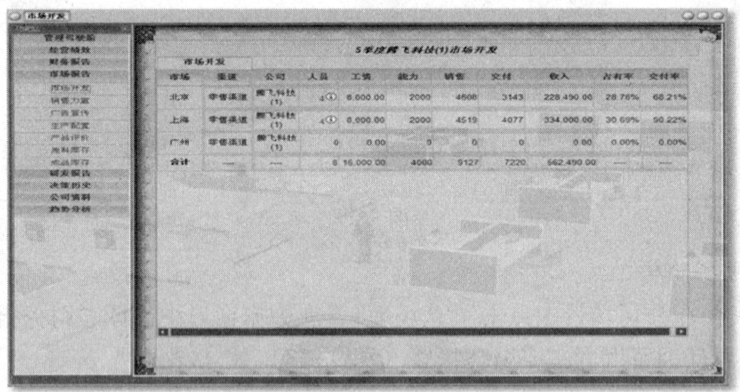

图 9-35

在弹出窗口中选择“市场报告—市场开发”，可以查看到任一季度公司在各个市场上的销售人员数量与销售能力情况（图 9-36）。

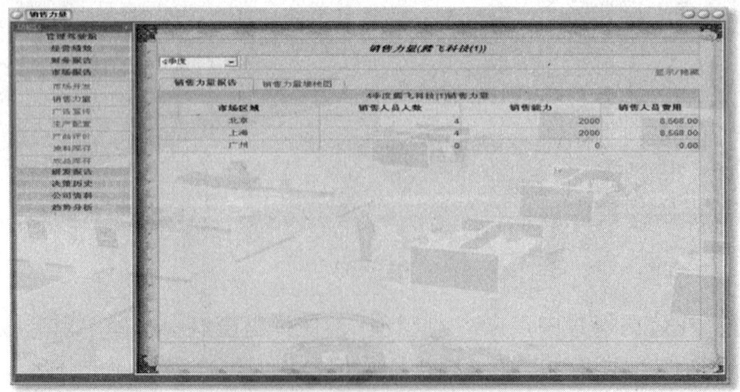

图 9-36

广告宣传：在公司场景中点击“总经理”，在弹出窗口中选择“市场报告—广告宣传”，可以查看到任一季度公司针对每一品牌产品所投放的广告宣传情况（图 9-37）。

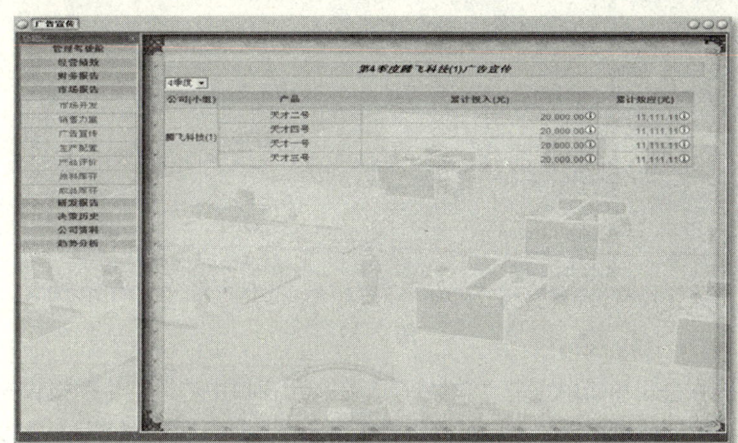

图 9-37

5. 查看生产报告

生产配置：在公司场景中点击“总经理”，在弹出窗口中选择“生产报告—生产配置”，可以查看到当前公司所拥有的厂房与设备情况（图 9-38）。

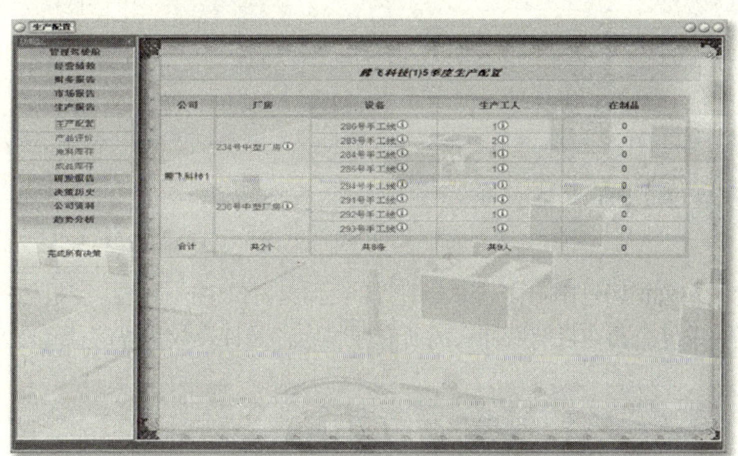

图 9-38

产品评价：在公司场景中点击“总经理”，在弹出窗口中选择“生产报告—产品评价”，可以查看到任一季度公司在各个市场上的销售人员数量与销售能力情况（图 9-39）。

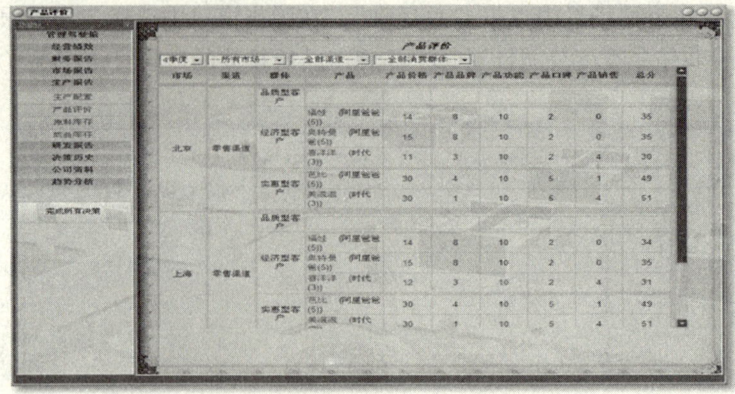

图 9-39

原料库存：在公司场景中点击“总经理”，在弹出窗口中选择“生产报告—原料库存”，可以查看到任一季度公司在目前所拥有的所有原料库存品种及数量等信息（图 9-40）。

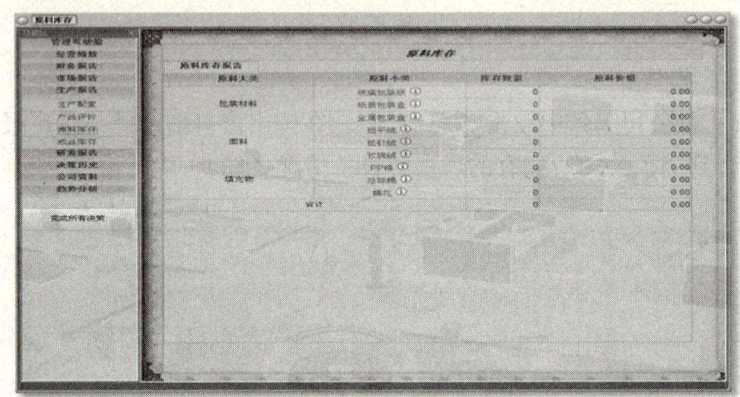

图 9-40

成品库存：在公司场景中点击“总经理”，在弹出窗口中选择“生产报告—成品库存”，可以查看到任一季度公司在目前所拥有的所有原料库存品种及数量等信息（图 9-41）。

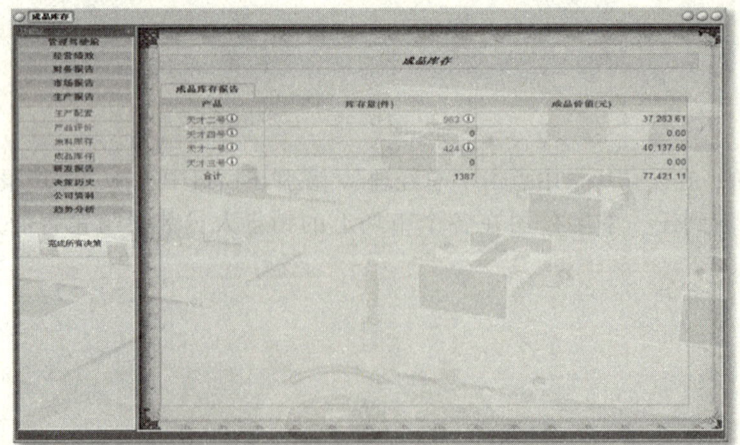

图 9-41

6. 查看研发报告

产品研发：在公司场景中点击“总经理”，在弹出窗口中选择“研发报告—产品研发”，可以查看到公司目前所设计开发的所有产品品牌的配置情况及研发状态(图9-42)。

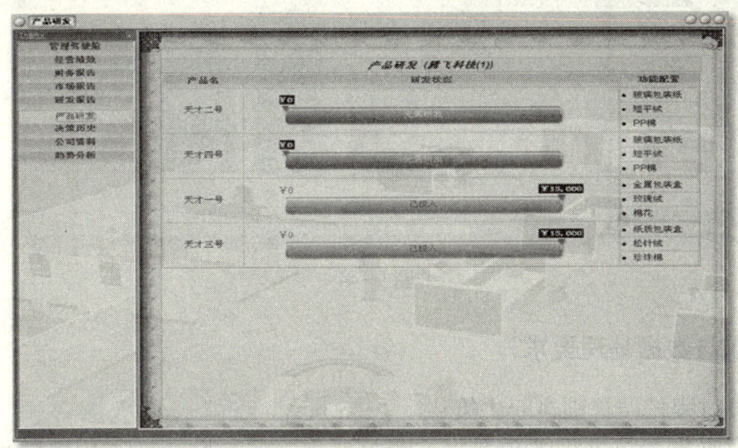

图9-42

7. 查看决策历史

在弹出窗口中选择“决策历史—历史决策”，可以查看到公司在各个季度所做的所有决策任务汇总及详细的数据变化情况（图9-43）。

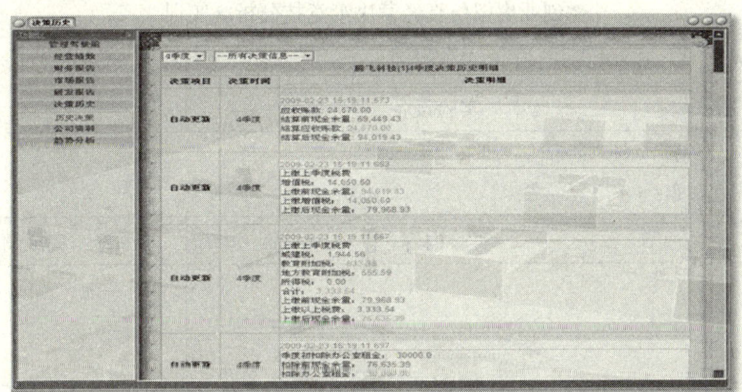

图9-43

8. 查看公司资料

在弹出窗口中选择“公司资料”，可以查看到公司在工商注册阶段所完成的所有流程工作以及相关证件和报告。此部分内容已在前面创业准备环节进行了介绍，详细操作请参阅前面的创业准备部分的相关内容。

9. 查看趋势分析

在公司场景中点击“总经理”，在弹出窗口中选择“趋势分析”，可以查看到公司各项经营指标在各个季度的发展趋势情况（图9-44）。

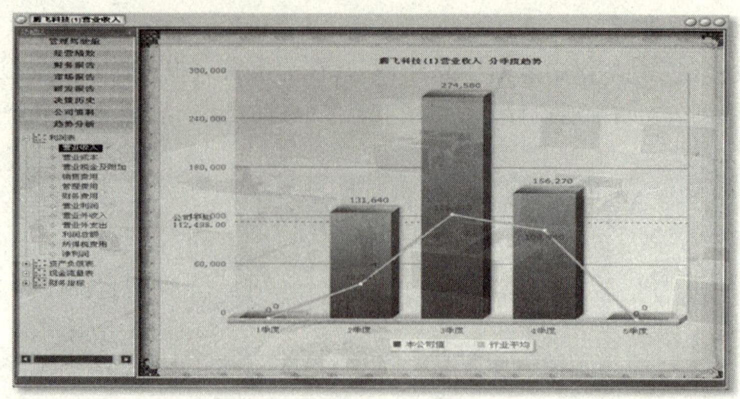

图 9-44

五、实训记录与数据处理要求

（1）竞技过程按照规则进行决策；

（2）注意收集竞技过程各项数据：产品研发、原料购买、工厂房的租赁与购买、设备的租赁或购买、人员招聘、广告投入、市场开拓、生产产品数量与质量、报价、产品交付；

（3）注意各项指标分析与研究，为后面的决策作好准备。

表 9-2

≪创业虚拟仿真经营决策竞技分析≫实训					
实验项目名称		实验时间		实验地点	
实验类型		实验设备			
实验要求	1 2				
实验步骤	实验内容			完成情况	
1 2 3					
数据处理情况					

六、实训中注意事项

注意收集竞技过程各项数据：产品研发、原料购买、工厂房的租赁与购买、设备的租赁或购买、人员招聘、广告投入、市场开拓、生产产品数量与质量、报价、产品交付。

思考与讨论

讨论分析创业企业经营管理竞技中得失，分析自己每个阶段中的收获，并写成一份完整的分析报告。

第四篇　创业实战篇

创业者在创业前或创业活动中要不断培养和提升创业能力，尤其是创业实践能力。创业实践能力是影响创业活动效率、促使创业实践活动顺利进行的主要因素，是具有较强综合性和创造性的心理机能，是知识、经验、技能经过类比、概括而形成的并在创业中表现出来的复杂而协调的行为活动。创业实战是有效提升创业者这方面能力的载体。

第十章　创业实战

小王创业虚拟仿真过程完成实训，准备进行创业实战。导师告诉他们可以以互联网为基础进行创业，并以创业实战的收获参加全国性创业大赛来获得更多的创业资源，以推动创业公司发展。

第一节　互联网及其发展

一、互联网

（一）互联网

互联网（internet），又称网际网路，或音译因特网、英特网，是网络与网络之间串连成的庞大网络。这些网络以一组通用的协议相连，形成逻辑上的单一巨大国际网络。这种将计算机网络互相连接在一起的方法可称作“网络互联”，在此基础上发展出覆盖全世界的全球性互联网络，称互联网，即是互相连接在一起的网络结构。互联网始建于1969年的美国，又称因特网，是美军在ARPA（阿帕网，美国国防部研究计划署）制定的协定下，首先用于军事电脑连接，后将美国西南部的加利福尼亚大学洛杉矶分校、斯坦福大学研究学院、加利福尼亚大学和犹他州大学的四台主要的计算机连接起来。

（二）互联网影响

1. 社会影响

互联网互通是全球性的。这就意味着这个网络不管是谁发明了它，是属于全人类的。互联网的结构是按照“包交换”的方式连接的分布式网络。因此，在技术的层面上，互联网绝对不存在中央控制的问题。也就是说，不可能存在某一个国家或者某一个利益集团通过某种技术手段来控制互联网的问题；反过来，也无法把互联网封闭在一个国家之内——除非他建立的不是互联网。

2. 经济影响

今后5年，20国集团（G20）中的发达国家互联网年增长8%，对20国集团GDP贡献率将达5.3%，发展中国家增长率高达18%，2010—2016年20国集团的互联网经济将近翻番，增加3200万个就业机会。

3. 网络即传媒

正如我们前面看到的那样，互联网的出现固然是人类通信技术的一次革命，然而，如果仅仅从技术的角度来理解互联网的意义显然远远不够。互联网的发展早已超越了当初阿帕网的军事和技术目的，几乎从一开始就是为人类的交流服务的。

4. 网页出版物

如果理解了“网络就是传媒”，就很容易理解作为互联网的功能之一的环球网的网页实质上就是出版物，它具有印刷出版物所应具有的几乎所有功能。当把信息提供到环球网上的时候，也就被认为是出版在环球网上了。在环球网上出版只需要“出版者”有一台电脑和互联网相连并且运行环球网的服务器软件。就像印刷出版物一样，环球网是一个通用的传媒。然而，与印刷出版物相比较，网页具有印刷出版物所不具有的许多特点。网页的成本非常低。网页的另一个优点是读者面广。由于网页使用的是超文本文件格式，可以通过链接的方式指向互联网上所有与该网页相关的内容。不管是进行理论研究，还是读新闻，都可以很方便地找到相关的资料。并且，这些材料好像不是别人写好了强加于你，而是由你“参与”其中，自己“找”出来的。

5. 语言影响

互联网的出现对传统语言产生重大影响，从而出现了网络语言。这种语言是伴随着网络的发展而新兴的一种有别于传统平面媒介的语言形式。它以简洁生动的形式，一诞生就得到了广大网友的偏爱，发展神速。

6. 消极影响

互联网的消极影响有虚假信息、网络欺诈、病毒与恶意软件、色情与暴力、网瘾、数据丢失、网络爆红、阴谋论、过于公开、过于商业化、黑客攻击。

二、互联网未来发展的前景和趋势

互联网可以大规模收集、存储人类的行为信息，这在一定程度上有点像人的大脑。当互联网越来越像人的大脑的时候，互联网就会越来越聪明，可以用逻辑思维的方式帮助用户解决问题，这或许是互联网未来发展的前景和趋势。

（一）互联网的用户数量将进一步增加

目前全球互联网用户总量已经达到17亿左右，相比之下，全球的总人口数则为70亿。据国家科学基金会（National Science Foundation）预测2020年前全球互联网用户将增加到50亿。这样，互联网规模的进一步扩大便将成为人们构建下一代互联网架构的主要考量因素之一。

（二）互联网在全球的分布状况将日趋分散

在接下来的10年里，互联网发展最快的地区将会是发展中国家。据互联网世界（Internet World）的统计数据：目前互联网普及率最低的是非洲地区，仅6.8%；其次是亚洲（19.4%）和中东地区（28.3%）；相比之下，北美地区的普及率则达到了74.2%。这表明未来互联网将在地球上的更多地区发展壮大，而且所支持的语种也将更为丰富。

（三）电子计算机将不再是互联网的中心设备

未来的互联网将摆脱目前以电脑为中心的形象，越来越多的城市基础设施等设备将被连接到互联网上。据美国中央情报局（CIA）公布的2009年版世界统计年鉴显示（CIA World Factbook 2009），目前连接在互联网上的计算机主机大概有5.75亿台。但据国家科学基金会预计，未来会有数十亿个安装在楼宇建筑，桥梁等设施内部的传感器将会被连接到互联网上，人们将使用这些传感器来监控电力运行和安保状况等。到2020年以前，预计被连接到互联网上的这些传感器的数量将远远超过用户的数量

（四）互联网的数据传输量将增加到艾字节（exabyte），乃至皆字节（zettabyte）级别

由于高清视频/图片的日益流行，互联网上传输的数据量最近几年出现了飞速增长。据思科公司估计，在2012年以前，全球互联网的流量将增加到每月10亿GB，比目前的流量增加一倍有余，而且不少在线视频网站的流行程度还会进一步增加。为此，研究人员已经开始考虑将互联网应用转为以多媒体内容传输为中心，而不再仅仅是一个简单的数据传输网络。

（五）互联网将最终走向无线化

目前移动宽带网的用户已经呈现出爆发式增长的迹象，按Informa预计，到2014年，全球无线宽带网的用户数量将提升到25亿人左右。

（六）互联网将出现更多基于云技术的服务项目

互联网专家们均认为未来的计算服务将更多地通过云计算的形式提供。据最近国际电信趋势（Telecom Trends International）的研究报告表明，2015年前云计算服务带来的营收将达到455亿美元。

（七）互联网将更为节能环保

目前的互联网技术在能量消耗方面并不理想，未来的互联网技术必须在能效性方面有所突破。据专家预计，随着能源价格的攀升，互联网的能效性和环保性将进一步增加，以减少成本支出。

（八）互联网的网络管理将更加自动化

除了安全方面的漏洞之外，目前的互联网技术最大的不足便是缺乏一套内建的网络管理技术，比如自诊断协议，自动重启系统技术，更精细的网络数据采集，网络事件跟踪技术等。

三、1994—2014年互联网三次改变中国社会

1994年4月20日，是中国互联网的历史性开端。本书学习并整理了方兴东、潘可武等的宏文《中国互联网20年：三次浪潮和三大创新》，加以浓缩。

（一）第一次浪潮：1994—2001年：互联网1.0

商业创新：创业浪潮，热潮，低潮（互联网冬天）。

1994年4月20号是中国互联网的诞生之日，随后，由清华大学等高校、科研计算机网等多条互联网接入，国家邮电部正式向社会开放互联网接入业务，互联网服务供应商（ISP）如瀛海威等开始出现，互联网创业浪潮渐起。

中国互联网第一次热潮，由新浪、搜狐、网易三大门户的创建开始发端。那时候，诞生了“中国概念股”的称呼，因为到2000年，中国网民才突破1 000万大关。这一轮浪潮完全是由美国互联网热潮带动起来的。

2000年的以科技股为代表的纳斯达克股市的崩盘和“网络泡沫”的破灭，让全球互联网产业都进入“严冬”，“多米诺骨牌”效应带动信息技术（IT）产业整体下滑，市场一片低迷。

（二）第二次浪潮：2001—2008年：互联网2.0

商业创新：中国特色开始逐渐呈现。

互联网第二次浪潮下，中国互联网形成了SP①、网络游戏和网络广告三大很扎实的盈利模式，每一项都达到数十亿的年收入规模。

2002年开始，由中国移动策动的短信SP业务带动中国互联网复苏。

阿里巴巴直接推动了中国第三次更大的互联网热潮，电子商务成为重中之重。2007年11月6日，阿里巴巴在香港上市，首日股价收盘逼近40港元，市场价值超越250亿美元，一举超越了中国互联网原本遥遥领先腾讯和百度两大公司，更将价值只有20多亿美元的老牌三大门户拉开一个数量级，中国互联网全新格局初步奠定。阿里巴巴与腾讯、百度构成第一阵营，三家百亿美元级的互联网公司优势明显；50亿美元左右的分众和巨人，以及20亿~30亿美元的携程、新浪、网易、盛大等6强构成了中国互联网的第二阵营，也是在各自领域领先的互联网列强；而搜狐、九城、完美、金山等十多家互联网公司构成了第三梯队，也都各有特点。这个格局与3~5年前三大门户独领风骚，已经大不一样。在SP、游戏、聊天、Q币等娱乐化浪潮之后，电子商务的崛起拓展了中国互联网的深度和厚度。

阿里巴巴上市将中国的竞争正式推向了世界级的高度。此前，腾讯和百度在上市2~3年之后都先后跨越了百亿美元大关。而阿里巴巴这次亮相完全是世界级的当量，当下全球互联网四强的市场价值分别为谷歌（2000亿美元）、易趣（500亿美元）、雅虎（400亿美元）和亚马逊（250亿美元），阿里巴巴的250亿美元仅仅是商对商（B2B）部分，还不包括支付宝和人们更看好的淘宝。所以，阿里巴巴上市是中国首次诞生世界级的互联网巨头（阿里巴巴昂首挺进世界前五强互联网巨头），重新定义了中国互联网的高度。在此时，世界级当量的互联网公司，更让人对中国互联网的未来充满更大的期望。

这个提前到来的世界级水平堪称忧喜参半，喜就不用说，忧的是中国互联网公司虽然价值一时很高，但是事实上还缺乏全球性的竞争力，甚至在中国市场创新方面的核心竞争力，也是非常虚弱的，需要更扎实的商业模式，更具有中国特色的创新力。

（三）第三次浪潮：2009—2014年：互联网3.0

商业创新：即时网络时代，微博和微信，世界级，自己特性。

---

① SP指移动互联网服务内容应用服务的直接提供者，负责根据用户的要求开发和提供适合手机用户使用的服务。

2009年开始，Web2.0的概念逐渐淡出视野，社会性网络服务（SNS）网站逐渐兴起，微博、微信类服务崛起，将中国互联网带入即时传播时代。中国的互联网发展开始呈现自己的特性，并在网民数量、宽带网民数、CN注册域名、个人电脑等多个指标超越美国成为世界之最，腾讯、阿里巴巴等巨头公司的市值也跻身世界前列。

互联网发展经历了将近半个世纪，正在发生最大的力量转移：2008年3月中国网民数量和宽带网民数同时超过美国；2011年第二季度中国个人电脑（PC）销量首次超过美国；2011年第三季度中国智能手机销量首次超过美国。中文网民规模继续领跑全球。

进入2013年8月份，中国互联网新版图的格局初露峥嵘。360市值突破百亿美元大关，小米新一轮融资也探到百亿美元大关。在易信的激励下，网易也开始回归百亿美元高度。三个公司接踵抵达百亿美元高度，使得中国互联网全新的第二梯队阵容一下子丰满起来。2014年，百度市值超越600亿美元，360、网易、京东、小米等百亿美元级别稳稳占据全球互联网第二阵营的份额。

2014年，我国在网民规模与互联网企业竞争能力的上升力量是建设网络强国最重要的驱动力。以互联网金融为代表的互联网新商业模式发展与创新已经超越美国。2014年开年，余额宝取缔大论战，打车软件与微信红包引爆的腾讯和阿里的移动支付大战，将中国互联网金融的发展推向新的高潮。

（四）2014—2024年，中美力量转移，展望网络强国

2014年是中国互联网20年，美国互联网45年。20岁和45岁，是中国互联网与美国互联网非常形象的两个年龄对比。20岁将面对冉冉上升的下一个十年，45岁将面对成熟停滞的下一个十年。

下一个十年对于中国发展至关重要，互联网也是如此。根据发展的经验和规律，未来十年新增的下一个30亿网民，这些主要来自中国、印度等广大发展中国家的网民，他们将重新改变互联网，重新定义商业模式和市场格局。

下一个十年，正是中国企业全球崛起的最佳窗口期，中国互联网力量的全球崛起不再是梦想。只要战略得当，中国十年之内完成从网络大国到网络强国的目标是完全可以实现的。即将开启的全球下一个30亿网民浪潮中，这些未来的新网民，80%以上来自发达国家之外的发展中国家，由于他们的文化教育水平、经济水平、消费习惯和文化多元性，更接近于中国而不是美国，在这场新的博弈和竞争中，优势的天秤已经开始向中国的企业倾斜。美国企业将在这个新战场中逐渐边缘化，竞争力也将相对下降。

下一个十年中，中国经济总量毫无疑问将超越美国，军事也将跻身强国行业。文化和政治力量很大程度上将借助中国互联网的力量在全球崛起。所以，驾驭好互联网的趋势，把握好这个十年的大好机遇，中华民族复兴之梦是可以期望的。互联网将成为中国崛起的催化剂、加速器和驱动力，网络强国的战略及时性和重要性显而易见。

下一个十年，互联网将是中国软实力全球崛起的主战场。面对机遇，中国互联网也将面临新的挑战，一个来自于内部，即互联网如何顺利融入整个社会，成为中国未

来发展的全新基础设施；一个来自于外部，即中国互联网如何走出去，影响国际，在全球范围建立竞争力和话语权。

在这过程当中，互联网产业将继续通过技术创新的形式，重新分配社会资源，包括注意力、财富、权力、话语权、影响力等。互联网创业，将继续推动社会完成大规模的、深刻的新陈代谢，激发国家新的活力和动力，并重新调整和修改社会发展的游戏规则。

四、大学生移动互联网创业案例

（一）微信创业

如果说微信“朋友圈”是“摆地摊”，那么微信服务号做生意更像是“进商场”。“微信服务我来做！送餐、送水果、送零食，跑腿就为你满意……”大学城里一股“微信营销”风蔚然兴起。大学生们申请微信公共号经营“微店”，通过微信提供服务和买卖。“只要你拥有一部智能手机，想吃什么，发几句留言，马上就能送到你面前。”

案例 10-1

广州大学城第一家微信水果商城“果姑娘”开始运行。中山大学软件学院毕业生吴承峻和一个老乡“合伙”开始了水果电商创业。“果姑娘”不仅送果上门，还负责水果的挑选和“售后”“发现有坏果可换可退”。短短两周试运营时间，就卖出 2 000 斤水果。如今用户已接近两千人，日流水也达到 700 多元。随着用户数量的增长，团队开始招聘兼职学生送果。据吴承峻介绍，他们还计划在其他高校设置代理点，将该微信水果商城推向整个大学城。

类似的学生电商在其他高校也相继涌现，陕西理工学院数学与计算机科学学院的 5 位大三学生便创办了微信购物公众平台——陕理工一号店，该“微店”只针对校园用户，主营水果和零食，接单之后送货上门。组织者周浩说，“当收到同学下单信息后，工作就开始了，称重、打小票、送货上门等一系列活儿，谁有空谁就来做。学校的老师也下单买我们的水果。”此外，他们还利用微信购物公众平台帮同学免费发布二手交易信息，提供免费的数码产品维修等。

从小打小闹到成立公司

福建农林大学的林烨用微信卖水果近一年，特色是水果拼盘，最高纪录月收入超 3 万元。前期创业时，进货、销售、送货全都一人包办，“独来独往”太累，租店成本又太高，林烨决定将他的“创业基地”放在微信上。如今有 5 个小伙伴加入到了他的水果微营销中，生意好时，一天就能收入 1 000 多元。“希望把利用新媒体建成的网络商店做成一个品牌。”林烨说。

同样做水果配送的姜军是重庆邮电大学研二学生。姜军和他的合伙人王健乐创办了品牌“菜小二”。“配送暂定为水果，做好了再拓展至生鲜。”他们组建团队，找来一批技术达人，做网站、APP、微信平台的技术研发、运作，在校外租了一个 80 多平方米的套间作为创业基地。姜军说，第一笔创业资金来自于两人的积蓄和奖学金。创业的资金不多，卖水果所挣的也不多。

业余时间，“菜小二”的技术团队会承接一些项目，所获得的资金用来推动创业运转，现在已经盈利。“我们即将推出APP，顾客可以在线选购并搭配水果，我们根据要求配送。”

案例10-2

扫一扫微信二维码，便可享受周边商店酒店的大幅折扣，还可送货上门。这半年来，一个名为“吃喝茶山刘”的微信公众账号在武汉大学生中风靡起来。

灵感来自女朋友抱怨没人送饭

该团队负责人、中南财经政法大学大四的邓超说，项目团队主创人员15人，来自不同专业。最初萌生念头是2014年10月，主创成员都顺利拿到名企OFFER后空余时间比较多，就想着利用最后的大学时光做一次创业实践。做什么呢？几个人想起2013年找工作时，都有被女友抱怨无人送饭的经历。为安抚女友并免除当“外卖小哥”的痛苦，几个主创人便开始研发外卖系统并跟商家合作。

上线4个月超万人使用

邓超介绍，“吃喝茶山刘”2014年11月中旬正式上线，上线3天就有6 000多名用户使用，目前已有1.5万余用户关注。业务范围主要是折扣和外卖两个方面，已与周边的100多家饭店商铺达成了优惠协议。

创业初期，邓超和几名主创为了让更多商铺进驻“吃喝茶山刘”，曾在3天内跑遍了学校周边几百家商铺，最终有近百家商铺与他们达成合作协议。

一个泰国零食公司在中国一直找不到合适的经销商来开展在华业务，很偶然得知了“吃喝茶山刘”，便立即与邓超等人联系并达成协议，5分钟内就卖出了上百包零食。最近“女生节”，团队打出了“啤酒配炸鸡”的套餐服务，不到10分钟便销售一空。

为进一步开拓市场，“吃喝茶山刘”2014年年底便与中南民族大学的学生团队合作开展了项目，其他学校也在接洽中。

婉拒250万元收购请求

邓超告诉记者，前期他们先以免费拉入合作商家，并同时免费向学生开放为主。通过产品上线前和上线后的营销，让公众号先积累关注度，之后他们就可以根据粉丝数向想入驻的商家收取入驻费用，还可以通过向用户推送某个商家新上线活动等信息来收取广告费用……

目前，“吃喝茶山刘”每天营业额约4 000元，每月有约10万元收入，知名度越来越高。年初，一个风投公司对整个项目估价250万元，但团队考虑到项目的持续性，并想做成一个持久的学生创业项目，最后婉拒收购，只与对方达成了同意其投资近10万元的协议。

“不想卖，主要想锻炼自己，我们几个创始人签约的工作薪酬不低，不需要通过此平台赚钱。”邓超说，他们毕业后，微信运作团队将会交由后面的同学负责。

案例 10-3

APP 创业——超级课程表

“超级课程表”是一款由几个90后以课程表为基础而展开的校园社交软件，面向高校大学生。

其功能不仅能够查阅分享课程信息，除此之外，还有可以根据以往的每堂课任课老师的点名频率进行点名预测。课表交友新方式，可以向同班同学发送私信，帮助同学认识到同一节课任意课室范围内的同学，方便同学间即时、便捷地联系，扩展交际圈。

软件内的校内以及操场板块，可以让用户与同学校以及全国大学生一起聊天“灌水”。操场特色板块，各种类型的学生，一网打尽。还有限时夜聊、爆照打分、附近的同学等有趣的新玩法。更多实用功能尽在“超级课程表”。

创始人：余佳文。

创业经历：

2009年，余佳文进入广州大学华软软件学院开始了自己的大学生涯。

2011年，余佳文的大学生活在继续，一星期有30节课，基本记不住课程表，经常忘记在哪里上课。课堂上发现漂亮女生，也不敢主动要联系方式。这些日常小烦恼，给了余佳文创业灵感。他拉上几个朋友，组建了8个人的创业团队，成员都是清一色的大学生。

2011年下半年，余佳文开始研发软件“超级课程表”。而由于课程软件“超级课程表”设计粗糙、功能单一、“小家子气”，其开发团队在广州大学华软软件学院遭到冷嘲热讽。余佳文信心满满地推出超级课程表时，已不再被老师看好，老师觉得超级课程表没什么技术含量，只有小孩子才会玩。余佳文接受不了别人的贬低。

超级课程表的点子来源于包括余佳文在内的一群思维活跃的年轻人。“xtu one”是早期超级课程表的开发团队，而在超级课程表诞生之前，这个团队还开发出一款邮件客户端，“当时这个产品被学校的老师看好，不过在经营一段时间后，发现它并不能达到预期的效果，于是转卖。”

2012年，他成立了自己的公司——广州超级周末科技有限公司，同年8月，余佳文拿到了第一笔天使投资，同年10月将产品向全广州推广，2013年1月份又获得了第二笔天使投资，有传言称，360董事长周鸿祎是“超级课程表”的早期天使投资人。

拉投资

2013年5月，余佳文参加东南卫视创业真人秀节目《爱拼才会赢》，目标是融资300万美元，在录制现场调侃过主持人李咏，也被导师们称赞“聪明”，最后进入创业导师的团队。

2013年6月，《爱拼才会赢》突围赛五进一，经历过质疑杨宗福微博营销作弊、龚海燕慷慨让贤等波折后，余佳文成功入围，成为首位全国五强，与创业导师签署投资意向书。6月4日，余佳文透露，他们刚刚获得了由国内顶级领投的千万级币值A轮投资。此时，超级课程表已融合了国内近2 000所高校的课程信息，用户已经超过了200万。

2013 年 7 月，余佳文大学毕业。10 月份，他获得了千万元人民币级的 A 轮投资。同月，超级课程表上线了一个英语学习模块，由沪江英语、金山词霸等第三方机构提供内容。

截至 2014 年 11 月，余佳文团队已成功获得四轮融资，仅最新一轮融资便获得数千万美元的投资，而公司旗下名为超级课程表的校园应用已覆盖全国 3 000 所大学，拥有 1 000 多万注册用户，用户日均登录量 200 多万。

第二节 互联网开店实训

一、实训目的

符合社会经济发展的趋势，结合现代实训技术，满足学生创业实践的需要而设定虚拟仿真实战项目，培养创业者的实践综合能力。

二、实训内容

通过网上开店的准备实现创业的起步。①网上开店准备；②网上开店网络体验；③了解市场，网上开店货物组织；④商品出售的广告、营销和管理；⑤实际运作店铺。

三、实训设备

互联网连接，一人一台电脑。

四、实训基本步骤

（一）开店准备

资金准备：交易平台费用（增值服务费）、硬件设备的购置、周转资金、宽带费、自己各项生活费。

硬件准备：电脑、摄影器材、通讯设备、银行信用卡、包装材料与工具、设置工作环境、储物空间。

准备软件：图形处理软件、网页设计软件、防火墙、电子相册、即时通讯软件。申请购买 ALISOFT 网络版的软件。

注册认证：熟悉交易的各种支付手段：第三方支付、银行柜台划账、银行卡划账、邮局汇款、见面交易。

研究商品发表管理规则：认识信用评价机制，如信用评价、炒作信用度的判断（商品发布判断、交易行为判断、炒作信用度判断）。学习摄影基础知识；学习邮寄基本知识。开店流程图如图 10-1 所示。

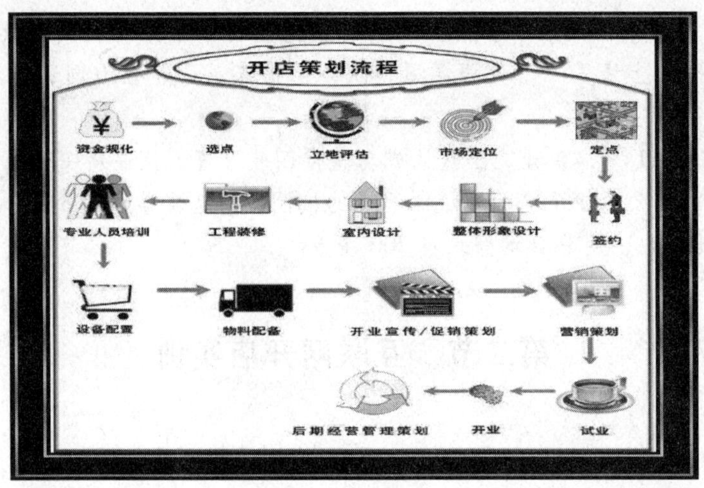

图 10-1

(二) 网上开店网络体验

购物体验：与卖家砍价、给卖家出难题、确认订购商品、接收商品给予评价。

观摩专业店铺：店铺风格、店标、店铺公告、商品类目、店铺介绍模式、个人空间、推荐商品特点、拍照页面风格、商品描述的特点、信用评价、背景画面和音乐。

防骗技术：骗术总汇（中奖信息、银行转账、游戏点卡、租赁店铺、订金陷阱、低价诱饵、装阔催货、锁住网银、同城退货、狼狈为奸、退货退款）。防骗训练：不要贪图小便宜、增长学识，摆脱愚昧；最忌财迷心窍；别听口头承诺。

(三) 淘宝开店实战

开网店步骤与流程图解。开网店步骤与流程是什么？淘宝开店教程教你如何开。谈到开网店，很多人都没有经验，也不知道如何去注册网店。开网店的详细步骤有哪些？下面给大家讲解一下。

1. 注册淘宝会员账号

(1) 首先，登录淘宝网。

(2) 在网页的左上角找到“免费注册”字样（图 10-2）。

图 10-2

（3）点击“免费注册”，在注册页面填写相关信息（图 10-3）。

图 10-3

（4）填写完毕之后点击“下一步”，出现图 10-4。

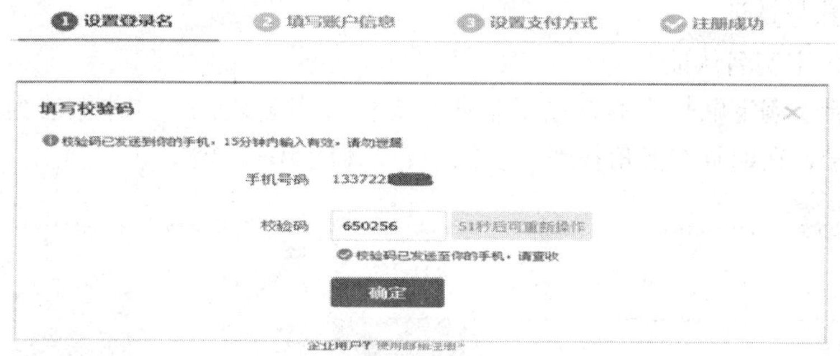

图 10-4

（5）填写你的手机收到的验证码，并点击确定，验证成功之后接着填写账号信息，如下截图（图 10-5）。

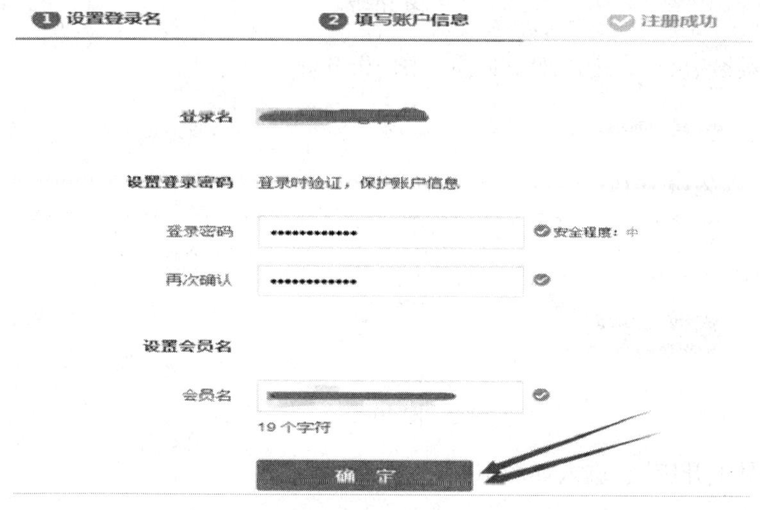

图 10-5

(6) 填写信息完成，点击确定，你的淘宝账号就注册成功了（图 10-6）。

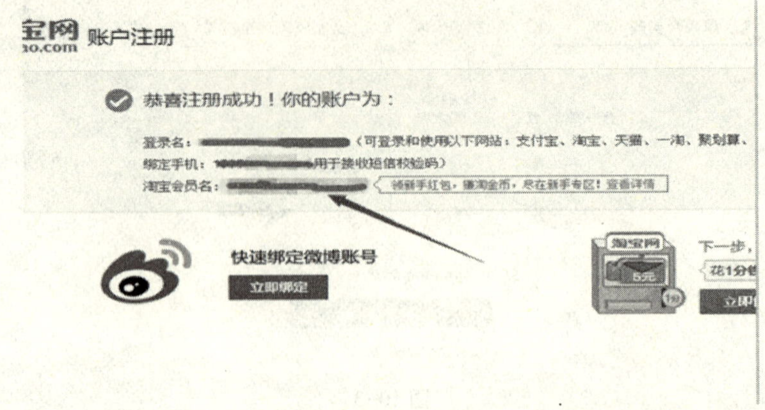

图 10-6

2. 淘宝账号认证

(1) 支付宝实名认证

成功注册了淘宝账号之后，接下来便是支付宝实名认证。具体做法为：打开淘宝网，登录账号，在网页右上角找到“卖家中心”（图 10-7 ）。

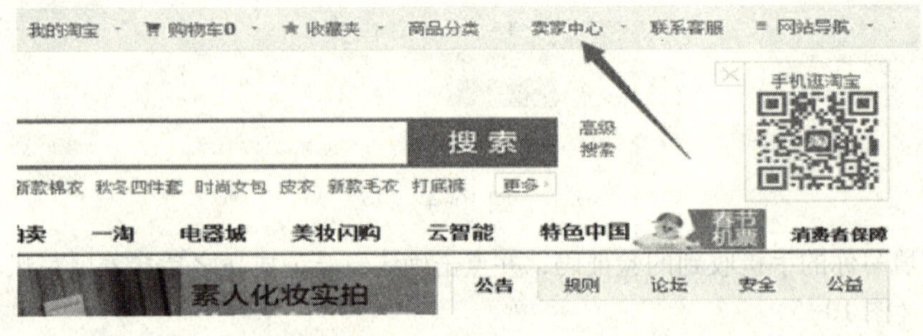

图 10-7

点击“卖家中心”，进入如下页面（图 10-8）：

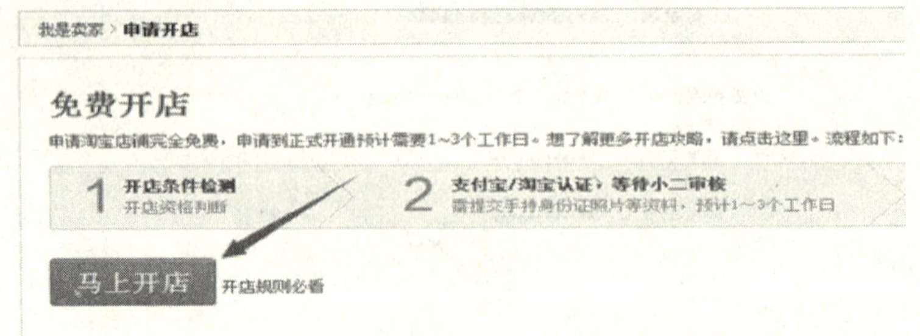

图 10-8

点击“马上开店”，进入如图 10-9 所示页面：

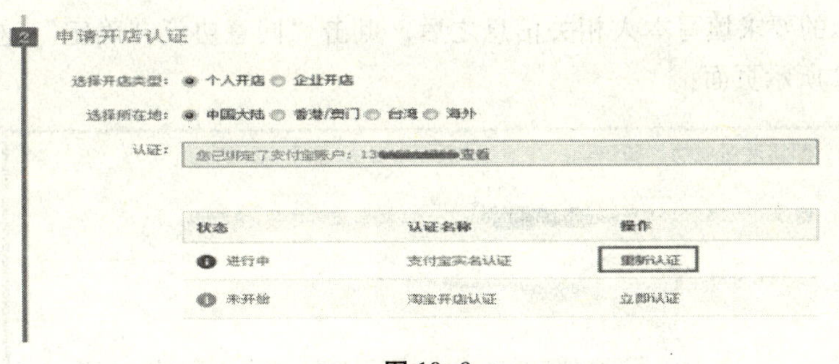

图 10-9

然后点击支付宝实名认证后面的“重新认证”进入如图 10-10 所示页面：

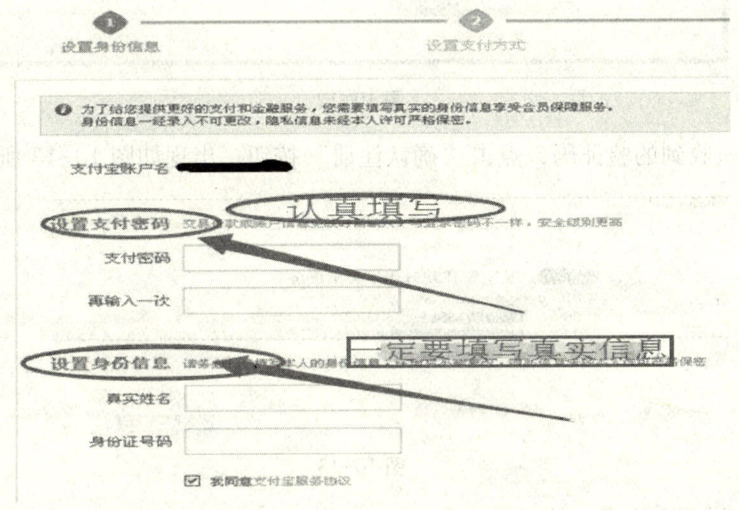

图 10-10

按照系统提示的要求填写完毕之后，点击“确定”按钮，可以看到一个界面，如图 10-11 所示：

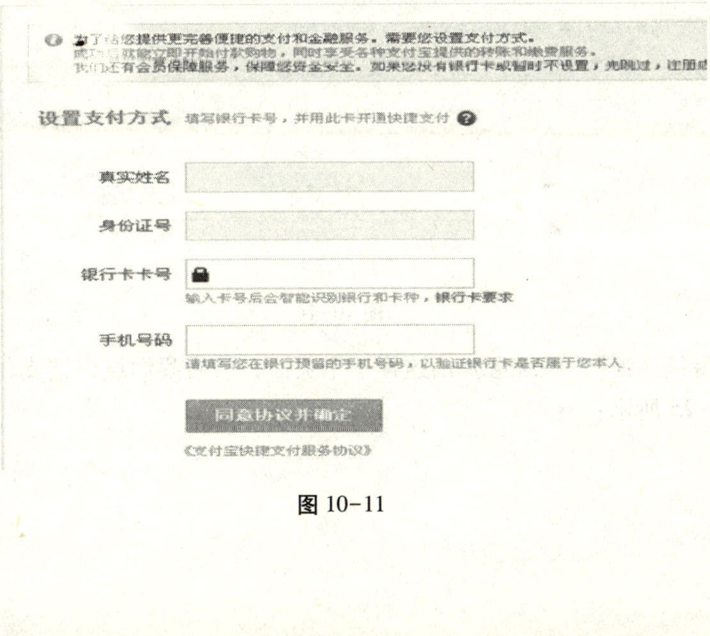

设置支付方式　填写银行卡号，并用此卡开通快捷支付

真实姓名

身份证号

银行卡卡号

输入卡号后会智能识别银行和卡种，银行卡要求

手机号码

请填写您在银行预留的手机号码，以验证银行卡是否属于您本人

同意协议并确定

《支付宝快捷支付服务协议》

图 10-11

根据提示的要求填写本人相关信息之后，点击“同意协议并确定”这个按钮，出现如图 10-12 所示页面：

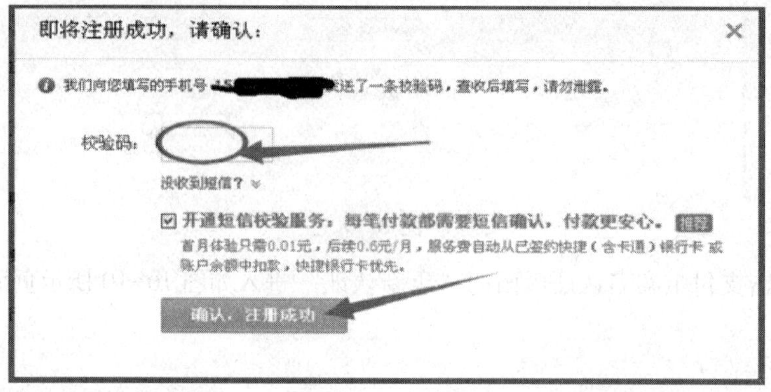

图 10-12

输入手机收到的验证码，点击“确认注册”按钮，出现如图 10-13 所示页面：

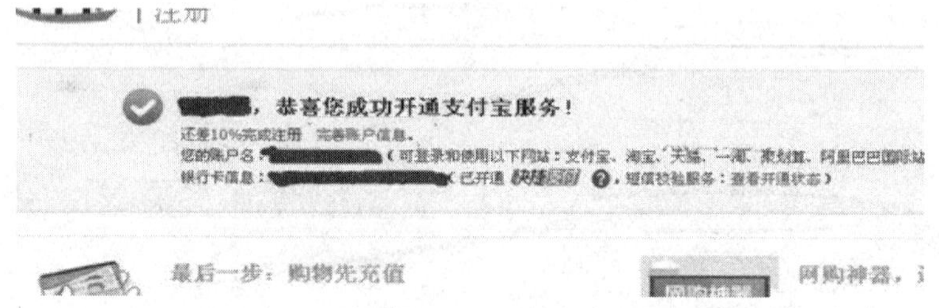

图 10-13

到这里我们再返回“卖家中心—马上开店—然后点击继续认证”，如图 10-14 所示：

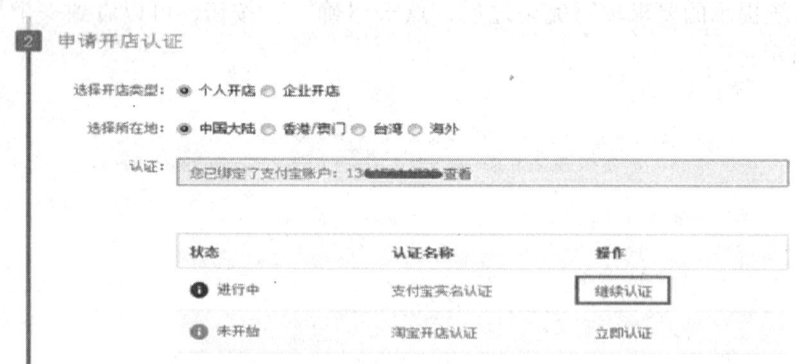

图 10-14

点击“继续认证”，系统会弹出这样一个页面，然后我们点申请支付宝个人实名认证，如图 10-15 所示：

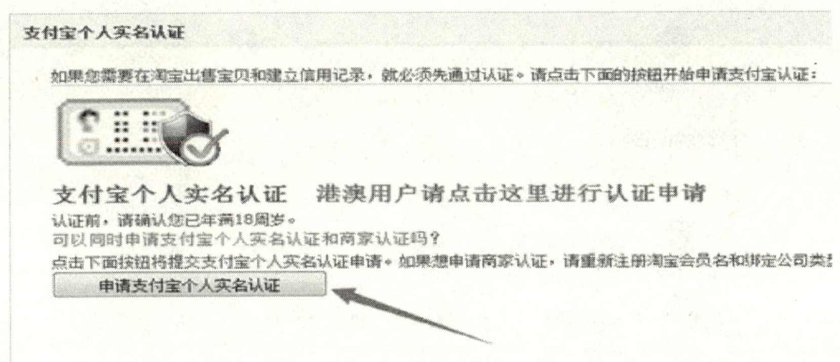

图 10-15

然后点立即认证，如图 10-16 所示：

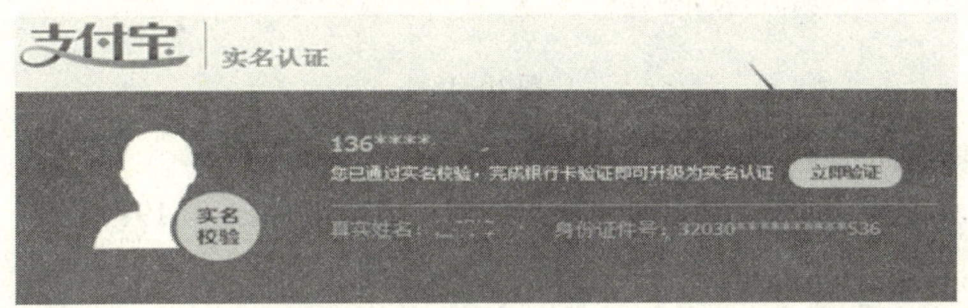

图 10-16

然后输入姓名和身份证号码，如图 10-17 所示：

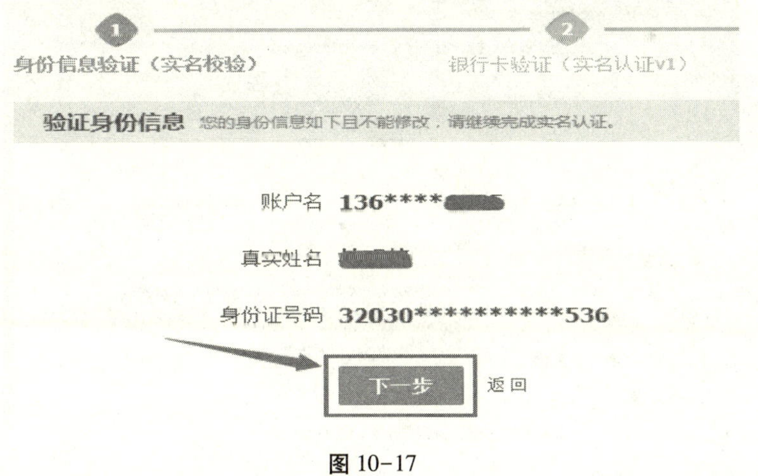

图 10-17

然后就会提示已通过实名认证（图 10-18）。

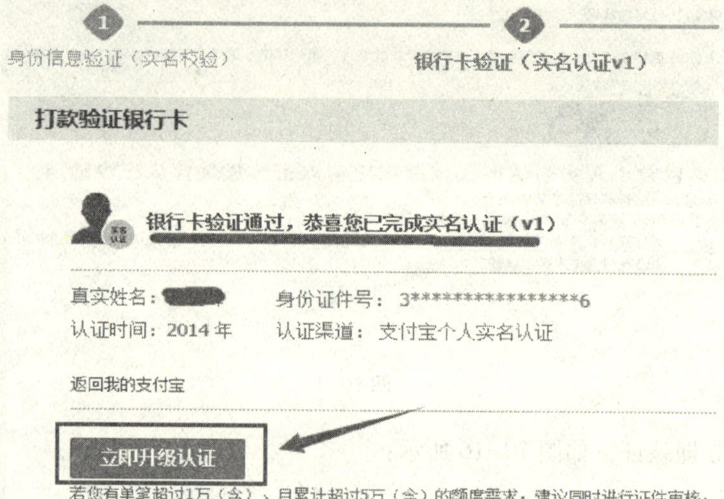

图 10-18

此时表明，你已经通过支付宝实名认证。

点击上面截图中的“立即升级认证”按钮，出现如下图 10-19：

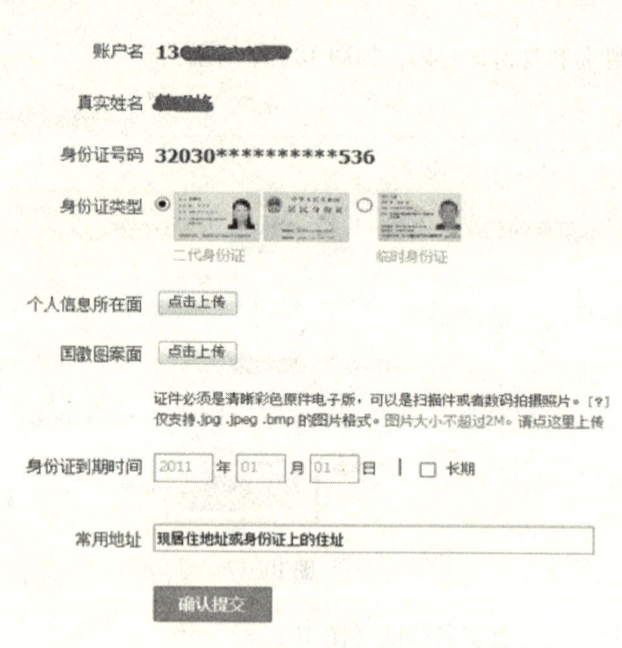

图 10-19

填写相关信息之后，出现如下界面（图 10-20）：

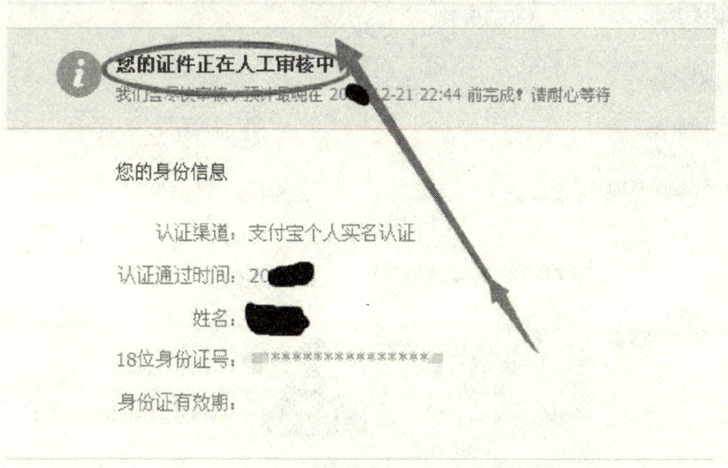

图 10-20

说明照片已经上传，在等待淘宝那边的审核。

现在打开淘宝网，在网页右上角找到“卖家中心—马上开店”进入以下界面如图 10-21 所示：

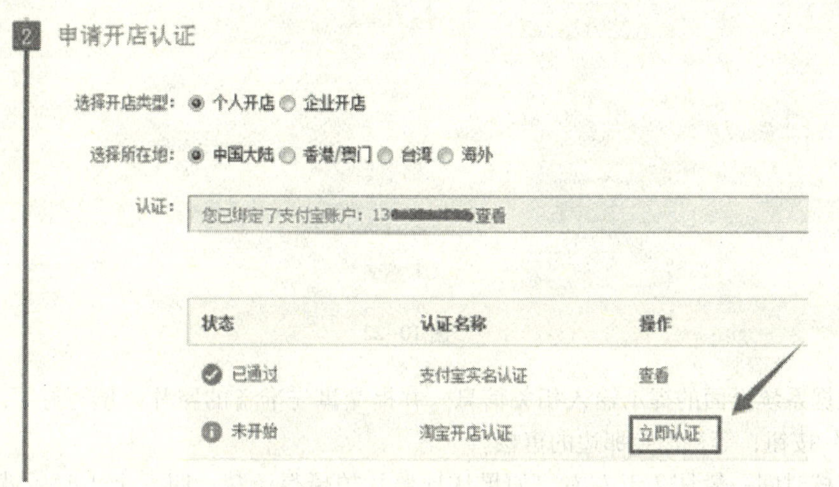

图 10-21

点击“立即认证按钮”，出现如下界面（图 10-22）：

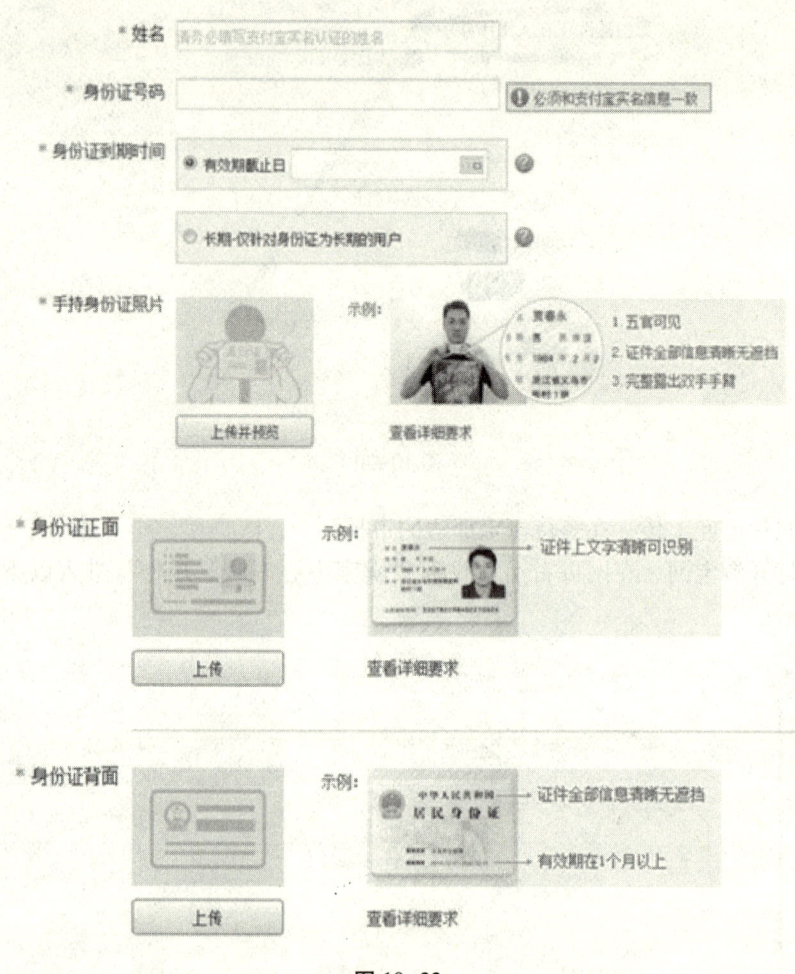

图 10-22

根据系统页面的提示输入相关信息，并提交事先准备的照片，填写好了之后点击“提交”按钮，等待淘宝那边的审核。

审核时间一般是 2 天左右，如果认证照片拍摄得清楚，四五个小时后就能通过，审核通过之后，点击“卖家中心”—“马上开店”—“创建店铺”，就可以开店啦！是不是挺简单的？店铺创建成功你就可以装修店铺，上架商品出售了。

3. 店铺创建

（1）淘宝账号和支付宝账号创建完成之后，我们进入淘宝网、个人中心，点击卖家中心，进入淘宝店铺后台来进行网店的创建（图 10-23）。

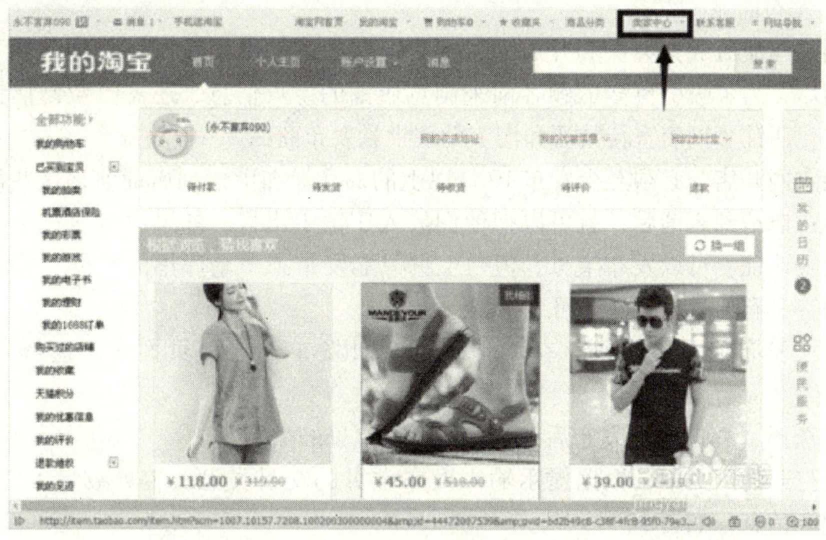

图 10-23

（2）进入卖家中心之后，在免费开店标题下面有流程进度条，分别是，开店条件检测，淘宝/支付宝认证审核，创建店铺成功，我们点击马上开店，在点击之前建议大家详细阅读开店规则（图 10-24）。

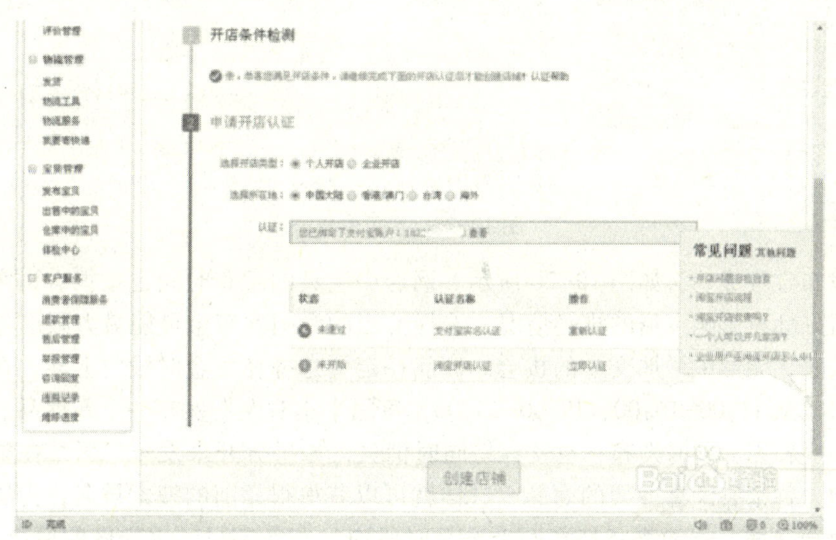

图 10-24

（3）点击马上开店后，首先会看到开店检测，会显示状态是成功或者不成功，下面的选项，可根据自己情况，选择个人开店，企业开店，选择个人所在地，也会提示目前你的淘宝账号和支付宝账号的认证状态，当以上所有信息状态为通过认证后，点击创建店铺，耐心等待审核期限，一般为 1~2 天时间，通过之后淘宝开店就成功了！

（4）发布商品

在淘宝网注册成为会员和开通支付宝后，接下来就可以发布商品到店铺了。在建立好店铺后，为了吸引更多的顾客前来浏览店铺的宝贝信息，还需要装修店铺，包括装修和美化店铺、网店宣传技巧和淘宝助理批量发布商品。

在淘宝网开店，必须至少发布 10 件以上的商品。在申请到店铺前，这些商品当作单品出售；申请到店铺后，就可以把他们放入店铺中出售。如果没有通过个人实名认证和支付宝认证，可以发布宝贝，但是宝贝只能发布到“仓库里的宝贝”中，买家是看不到的，只有通过认证，才可以上架销售。

①进入发布商品的页面，在“请选择宝贝发布方式”页面中，选择“一口价发布”。

②在选择“一口价”发布后，选择要发布宝贝的类目。

③在打开的网页中，根据提示输入发布宝贝的交易类型、宝贝数量、宝贝类型、宝贝标题等信息，如图 10-25 所示。

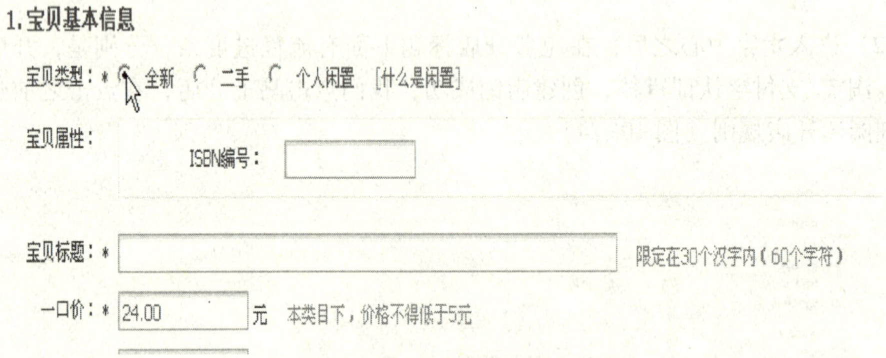

图 10-25 宝贝信息

④发布宝贝成功，如图 10-26 所示。网店中宝贝的发布时间也是很有讲究的。发布的时机好坏将影响宝贝的排名情况，选择恰当的时间发布宝贝能最大限度地让宝贝展示给买家，无形中增加交易的机会。商品一定要选择在黄金时段内上架，在具体操作中，可以从 11:00-16:00，19:00-23:00，每隔半小时左右发布一个新商品。为何不同时发布呢？因为同时发布，也就容易同时消失，如果分开来发布，那么在整个黄金时间段内，你都有即将下架的商品，这样就可以获得很靠前的搜索排名，为店铺带来的流量也会暴增。每天都坚持在两个黄金时段内发布新宝贝，这样做的原因很简单，每天都有新宝贝上架，那么一周之后，也就每天都有宝贝下架，周而复始。对于宝贝数量多的卖家，在其他时间段内，你都为宝贝获得了最佳的宣传位置。

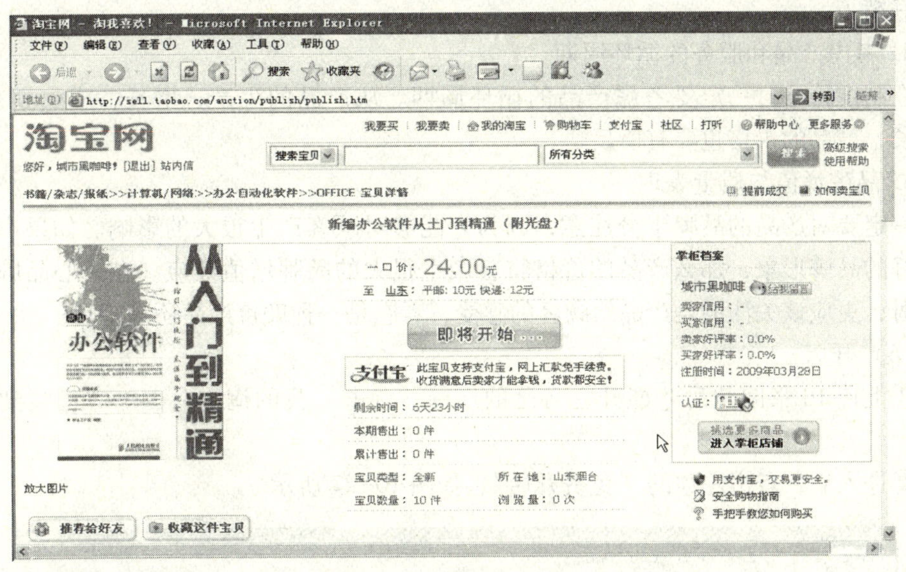

图 10-26 宝贝发布成功

（5）合理确定网上店铺商品的价格

确定商品的合理价格是非常重要的。如果商品价格过高可能导致商品无人问津，如果过低，买家还要跟你讨价还价，有可能到头来是微利，甚至会没有利润。

①网上开店产品的定价策略

a. 竞争策略

应该时刻注意潜在顾客的需求变化，可以通过顾客跟踪系统经常关注顾客的需求，保证网站向顾客需要的方向发展。在大多数的网上购物网站，经常会将网站的服务体系和价格等信息公开申明，这就为了解竞争对手的价格提供了方便。随时掌握竞争者的价格变动，调整自己的竞争策略，可以时刻保持产品的价格优势。

b. 捆绑销售的秘诀

其实捆绑销售这一概念在很早以前就已经出现，但是引起人们关注的原因是由于1980年美国快餐业的广泛应用。麦当劳通过这种销售形势促进了食品的购买量。这种策略已经被许多精明的企业所应用。我们往往只注意产品的最低价格限制，却经常忽略利用有效的手段，去减少顾客对价格的敏感程度。网上购物完全可以通过购物车或者其他形式巧妙运用捆绑手段，使顾客对所购买的产品价格感觉更满意。

c. 特有的产品和服务要有特殊价格

产品的价格需要根据产品的需求来确定。但某种产品有它很特殊的需求时，不用更多地考虑其他竞争者，只要去制定自己最满意的价格就可以。如果需要已经基本固定，就要有一个非常特殊、详细的报价，用价格优势来吸引顾客。很多企业在开始为自己的产品定价时，总是确定一个较高的价格，用来保护自己的产品，而同时又宁可在低于这个价格的情况下进行销售。其实这一现象完全是一个误区，因为当顾客的需求并不十分明确时，企业为了创造需求，使顾客来接受自己制定的价格，就必须去做大量的工作。然而实际上，如果制定了更能够让顾客接受的价格，这些产品可能已经非常好销了。

d. 考虑产品和服务的循环周期

在制定价格时一定要考虑产品的循环周期。从产品的生产、增长、成熟到衰落、再增长，产品的价格也要有所反映。

e. 品牌增值与质量表现

一定要对产品的品牌十分注意，因为它能够对顾客产生很大的影响。如果产品具有良好的品牌形象，那么产品的价格将会产生很大的品牌增值效应。在关心品牌增值的同时，更应该关注的是产品给顾客的感受，看它是一种廉价产品还是精品。

（6）开店

①上传 10 张图片后才能开立自己的店铺。点击“我的淘宝”——“已买到的宝贝”。

②进入后，点击左边的“免费开店”，如图 10-27 所示。

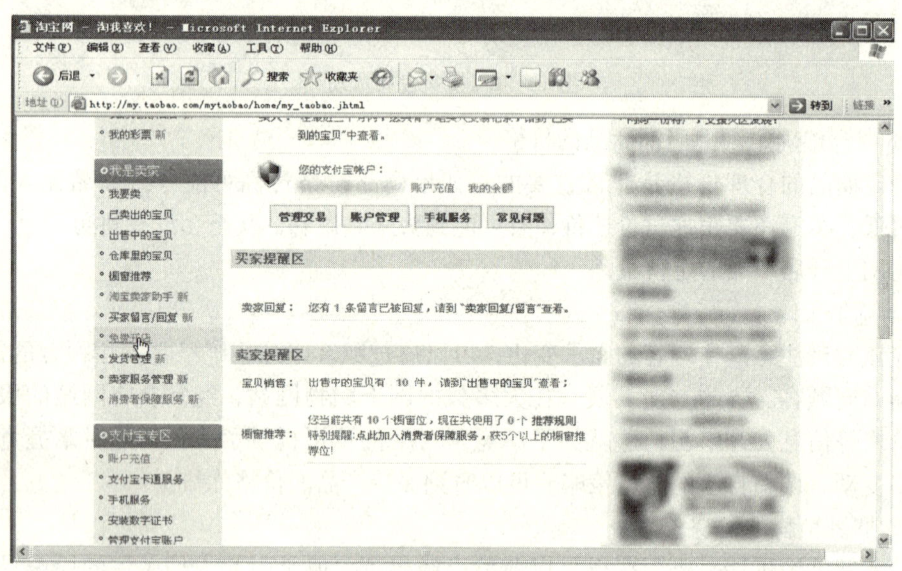

图 10-27 进入免费开店平台

③完成店铺信息填写后，店铺创建成功。

4. 网上开店销售选择

（1）哪些商品适合网上销售

在决定到底该卖什么时，除了要考虑自己的财力外，还要全面考察看看到底哪些产品适合在网上卖。从理论上讲，只要具有了商品的属性就可以在网络上销售，其实不然，在网上销售的产品具有如下几个特点的才适合在网上销售。

①新、奇、特

生活中不容易买到或者买不到的产品，像直接从国外带回来的产品、外贸订单等。

②体积小

便于邮寄，降低购买成本的物品。

③附加值较高

价值应该高于单件商品的运费，否则就不适合在网上销售。

④价格较合理

相比网下的价格便宜，以相同的价格在网下能买到的话，就不会有人在网上购买。

⑤具有独特性、时尚性

与众不同，紧跟时尚潮流，具有个性的商品很容易成为抢手货。

⑥网上可以自己谈妥的

不必亲眼见到实物，通过网上的了解就可以确定购买。

⑦用户范围相对宽泛

大多数人都会选择的产品。

⑧知识型产品

属于智力密集型的产品，像图书、电脑软件等。

⑨能被普遍接受的产品

产品具有较高的可靠性，其质量、性能易于鉴别，一旦发生质量纠纷容易解决。目前，网上交易量比较大的商品的主要是手机、服装、服饰、化妆品、家居饰品、珠宝饰品等。不过随着时间、环境、消费观念的变化，适合在网上销售的产品也会发生变化。其实，不管卖什么，网上网下都差不多，寻找有竞争力的产品是成功的关键。此外，提供良好的服务，保证物美价廉，并遵循交易规则，一定能赢得更多人的青睐。

（2）客户决定大热商品

什么商品最能热卖，答案很简单；客户喜欢的东西，才能成为最好卖的商品。所以在考虑卖什么的时候，要根据自己的兴趣和能力，切忌涉足不熟悉和自己不擅长的领域，同时还要考虑你所面临的客户的喜好。只有确定了目标顾客，了解了他们的爱好，才能从他们的需求出发选择商品，并结合时尚潮流来选择商品的种类。目前，我国的主流网民具有年轻化、时尚化这两个特征。所以选择商品的时候，一定要注意是否能够满足他们猎奇的心理。同时，也可以从网民的职业分析来入手，比如，对于广大的大学生网民，他们的思想开放，接触并接受新事物比较快，对于网上开店购物这种便捷的购物方式比较认同，所以在选择商品的时候就要考虑学生的需求，比如书籍、服装等，在商品风格上也要注意他们的审美。

另外，大部分网民都是白领或者准白领，根据这个基本特征，就可以确定自己应该如何经营，到底应该撒下大网、打主流，还是独辟蹊径。这些都需要根据实际情况来具体分析。可以肯定的是，特色店铺到哪里都是受欢迎的，如果能寻找到切合时尚又独特的商品，如自制饰品、玩具自己动手做（DIY）、服饰定做等商品或服务，将是网上店铺的最佳选择。

另外，商品自身的特点也对销售有制约作用。一般而言，商品的价值高，收入也高，但投入相对较大。对于既无销售经验，又缺乏原始资金的创业族来讲，确实是不小的负担。一旦销售不畅，商品就会积压，这对网店经营者的资金流会够成严重的威胁。网上交易地域范围广，有些体积较大、较重而又价格偏低的商品是不适合网上销售的，因为在邮寄时商品的物流费用太高，如果将这笔费用摊到买家头上，势必会降低卖家的购买欲。

在网上开店，除了可以卖物品外，还可以进行物品的代购服务，通过赚取手续费而经营。

5. 寻觅好货源的渠道

（1）依靠批发市场

普通批量批发市场的商品价格一般比较便宜，这也是经营者选择最多的货源地。从批发市场进货一般具有以下特点：

进货时间、数量自由度很大；

品种繁多、数量充足，便于卖家挑选；

价格低，有利于薄利多销。

新手卖家一定要多跑地区性的批发市场。在北京的网店经营者，可以多跑西直门，秀水街、红桥；在上海可以多跑跑襄阳路、城隍庙等。多与批发商交往，不但可以拿到很便宜的批发价格，还能熟悉行情。通过和一些批发商建立良好的供求关系，能够拿到第一手的流行货品，而且能够保证网上销售的低价位。这不仅有利于商品的销售，而且有利于卖家很快地积累信用。

（2）与实体店合作

网店的开办者一般都没有自己的实体店，这样很难与大的地区代理商打交道。但可以与实体店合作，利用他们的现有资源，从他们那里拿到比较实惠的价格。比如，网上一些化妆品买家与高档化妆品专柜的主管很熟悉，可以在新品上市前抢先拿到低至七折的商品，然后在网上按专柜九折的价格卖出。因为化妆品售价较高，利润也相应更加丰厚。与实体店合作主要有以下几个方面的好处：

质量高、档次高；

具有很强的竞争性；

利润高；

有利于利用网上无地域的差异提高价格；

不会积压货物，可以随时换货。

与普通批发市场相比，虽然这种和实体店合作的产品档次高、价格高，不利于积累信用，但这种商品的利润远比普通批发市场进的货要高得多。可以按照经常性的打折时段定期与打折商场或厂家进行联系，建立一种长期的合作关系，为店铺的经营寻找一个稳定的货源地。

（3）关注外贸产品

货源的寻找不仅局限于国内，还可以利用网络的无国界来销售国外品牌。国外的世界一线品牌在换季或者节日前夕，价格非常便宜，可直接和国外的厂家联系。如果卖家在国外有亲戚朋友，可请他们帮忙，拿到诱人的折扣价在网上销售。即使售价是传统商场的4~7折，也还有10%的利润，多的甚至高达40%的利润。目前，这种销售方式正被一些留学生所青睐。

外贸产品因其质量、款式、面料、价格等优势，一直是网上销售的热门品种。很多在国外售价上百美元的名牌商品，网上销售只有几百元人民币，两者的差别非常大，也正是这种价差为网店经营者的盈利奠定了基础，也使众多买家趋之若鹜。在网店经营中比较有名气的日本留学生“桃太郎”店铺，该店铺经营日本最新的化妆品和美容营养保健品，通过航空运输送到国内甚至世界其他国家。其化妆品新鲜时尚，而且比国内专柜上市更快、更便宜，因而收到追捧。此外，一些美国、欧洲的留学生也在网上出售“LV”“古奇（GUCCI）”等顶级品牌的服饰与箱包产品，其利润均在30%以上。现在已经有很多依靠外贸产品打出品牌和特色的网店。易趣网的“大风外贸”“51clothes外贸流行服饰”等信用度超过2 000点的大卖家都是以外贸服饰起家的。新的网上创业者如果有熟悉的外贸厂家，可以直接从工厂拿货。在外贸订单剩余产品中也有不少好东西，这些商品的款式常常是明年或现在最流行的，而价格只有商场的4~7折，市场潜力不可小觑。

（4）搜寻民族特色工艺品

民族工艺品价值很高，而且数量极其有限，有的甚至是国宝。虽然现已有不少人在网上卖民族特色工艺品，且民族艺术品存在地区性强、知名度低的缺点，但所具备的优点是其他产品无法取代的，这足以使它在琳琅满目的商品中鹤立鸡群。网络店主之所以愿意让这类产品来充实自己的店铺，不仅是因为他们稀有、能够吸引人的眼球，而且还具有以下其他产品无法取代的特点。

①具有很强的个性

在国内外，个性化早已成了现在的青少年争相追逐的潮流。他们大多标新立异、标榜个性，这使民族工艺品有着一个庞大的需求市场。

②富有丰富的文化底蕴

文化底蕴只能品味，是独一无二的，它是其他产品无法模仿、复制和取代的。

③富含淳朴气息

民族工艺品富含着淳朴的气息，他具有让人们远离大都市的纷扰、回归自然的少数民族独有的气息。

④奇特

不管是在网上还是网下，奇特产品永远不会过时。虽然民族工艺品已经成了一些店主选择的对象，但是它具备奇特的特点，依然能占有一定的市场份额。

⑤富有民族特色和地域特色

民族工艺品表现了民族的内涵，而且还有很强的地域性，因为每个民族都有自己特有的语言、风俗、服饰和文化习惯。

（5）二手闲置与跳蚤市场淘金

在自己的网店出售二手闲置物品是网商的起跑点之一。虽然二手物品具有不合时宜、无法保证品质、价格低廉、不可退换等缺点，但它还是具有许多适合在网上销售的优点。

①二手闲置物品不用担心压货

二手闲置物品本来就是买来之后放在那里没有用的东西，卖不掉也无所谓。若卖掉不仅可以腾空空间，而且还可以挣点小钱。

②有利于改掉浪费的习惯

一旦把二手闲置物品处理掉之后，很多人都能认识到自己冲动购物的不良习惯，所以以后购物的时候会再三考虑。

③物尽其用，为他人行方便

也许对你来说，有些二手闲置物品是没有用处，但是对需要的人来说却是无价之宝，也许正是他们寻觅了好久而不可得的东西。

④源弹性大、经营方向不是固定不变的

二手闲置物品很容易就可以得到，除了自己本身有的之外，还可以收集亲戚朋友的。而且这种货源根本不考虑固定的经营方向，因为收集到什么就卖什么，而且成本低。但是这类二手商品是无法退换的，不容易评估价值，质量也无法保证。

（6）寻找品牌积压库存

品牌商品在网上是备受关注的分类之一。很多买家都通过搜索的方式直接寻找自己心仪的品牌商品。由于销售战略和销售方法的限制，加上企业为了控制销售成本考虑，或者是由于其他一些原因，品牌厂家推出某新款后会产生一定的积压和库存。如果你能经常淘到积压的品牌服装、鞋等货物，拿到网上来卖一定会从中赚取不少利润。这主要是因为品牌积压库存有其自身的优势。

（1）质量好、市场竞争力强；

（2）需求量大、市场前景好；

（3）利用网络的地域性差异提高价格。

有些品牌商品的库存积压很多，一些商家干脆把库存全部卖给专职网络销售的卖家。不少品牌虽然在某一些地域属于积压品，但由于网络无界限的特性，完全可以使它在其他地域成为畅销品。如果你有足够的砍价本领，能以低廉的价格把他们手中的库存买下来，一定能获得丰厚的利润。

（7）深入换季、节后、拆迁与转让的清仓库

常逛街的朋友很容易就会发现，随处可见“拆迁、清仓赔本大甩卖”等标语。难道这些实体店的店家真的是在换季、节后、拆迁与转让的时候赔本清仓卖吗？其实不然，在很多情况下，都是商家搞的一种促销活动。然而，在实际生活中，确实存在商家因换季等原因而清仓的良机。因为这个时候他们回本了或者是赚够了，剩下的能卖多少就卖多少，根本无关紧要。在这种时候，对网店的店主来说确实蕴含着无限商机，尽管如此，但是在进货的时候也要小心谨慎，像以下几类产品最好不要大量进货：

①日用品

日用品随处可见，在超市也很容易购买到。若在网上购买算上邮寄费用后与在超市购买的成本差不多，买家肯定是不愿意购买的，他们更愿意在超市购买，因为觉得那样更有质量保障。此外，网上经营日用品的店铺随处可见，而且销售量都不是很大。所以遇到这类产品换季、节后、拆迁与转让清仓的时候，最好少进或不进，以免难以销售出去。

②高科技产品，像电脑、手机等

这类产品更新换代快，价格变化也快，所以最好还是小心为好，少进货。

③有效期短的商品要谨慎

这类产品保质期限短，若进多了还没有等到你卖完就过期了，肯定是不适合多进。像服装、装饰品等可以考虑在别人处理的时候多进些货。

虽然换季、节后、拆迁与转让清仓商品有诸多的缺点，但是只要小心谨慎，充分了解市场还是能赚到钱，并赢得信誉的。

6. 拍摄吸引眼球的商品图片

（1）网店需要的图片

一张好图胜千言，有经验的卖家都明白这个道理。很多店主都想有张清晰、漂亮的好图片来宣传自己的货品。网店不同于实体店，因为网店买家无法看到真实的实物，所以只有通过照片来看。为了提高浏览量、增加成交率，卖家就应该在图片上下一番苦功。在拍摄的时候，网店的图片无外乎有以下三个方面的要求：

①突出主题

这一点毋庸置疑，在拍摄的时候要尽量突出主题，背景则要简单，不要把所有的图片都填充到一张图片里，若确实需要可以把图片放在宝贝描述里面。看下图 10-28 的几个例子：

聚划算翡翠A货平安锁吊坠护身保平安送礼佳品保真玉佩送礼盒tg518
¥19.00 最近成交77笔　运费:10.0
琦琦百货行　黑龙江哈尔

R1果敢翡翠A货翡翠手镯A/缅甸翡翠A货手镯/翡翠玉镯子玉手镯
¥88.00 最近成交477笔　运费:0.0
果敢翡翠旗舰…　云南西双版

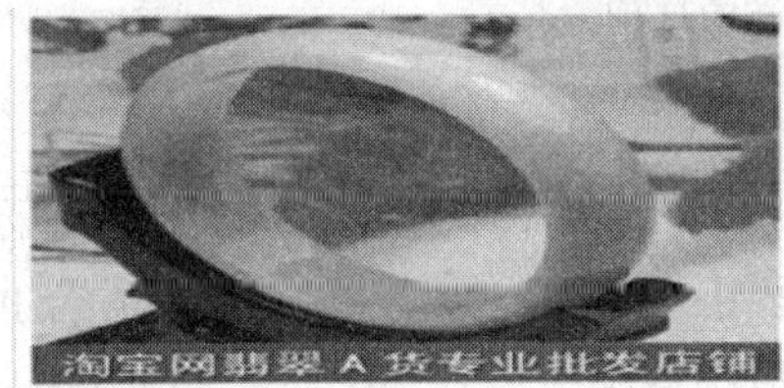

【保值翡翠★假一赔万】市价4980元完美满绿A货翡翠手镯玉镯子
¥498.00 最近成交99笔　运费:7.0
缅甸翡翠专售　广东深圳

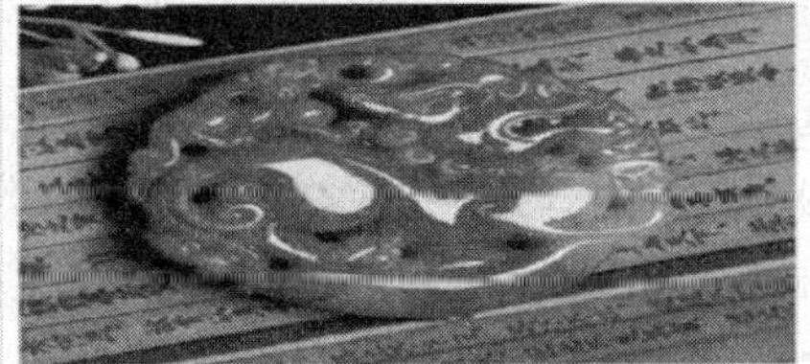

掌柜推荐 正规开光 翡翠A货貔貅玉吊坠 大气阳刚男性饰品
¥128.00 最近成交189　运费:10.0
cuiyao77　北京

图 10-28　网上店铺商铺图片

上图的 4 件物品相比较而言，“R1 果敢翡翠 A 货翡翠手镯 A/缅甸翡翠 A 货手镯/翡翠玉镯子玉手镯 ”的效果图比其他几个都要好一些，这与他突出主题，选择背景简单不无关系。

②汗意图片的放置、拍摄方式

拍摄的图片无外乎分两种：长方形和正方形。在这两种形状中，实物最好是居中间或者是放于黄金分割点上。如下图 10-29 所示：

图 10-29 网上店铺商品图片拍摄类型

③选择拍摄器材

拍摄器材的选择最主要就是选择好的数码相机。现在的数码产品不断推陈出新，面对着琳琅满目、品种繁多、样式新颖的数码相机产品，究竟哪一款更适合我们呢？很多人对此产生了疑问。下面大致说说数码相机的种类。

第一类：像素不高，价格从几十元钱到几百元不等的简易相机。

第二类：目前数码相机中的主流产品，价格在 1 000~5 000 元之间。它的主要使用对象是那些喜欢拍摄生活或者旅行照的普通摄影消费者。

第三类：价格在 5 000~10 000 元之间。这一类数码相机适合摄影爱好者进行摄影创作。

对于拍摄网络商品来说，使用目前主流的数码相机就足够了。另外，在购买的时候，也有一些需要注意的方面。比如，不少相机拍出来的相片都有偏色的弊端，原因是多方面的，其主要原因是许多朋友在选购数码相机时非常注重像素、镜头、光学变焦和价格等硬性指标，面对相机的成像质量却重视不够。不要以为数码相机的像素高就能拍摄出清晰的相片来，相片的清晰度包括对原色彩的还原度，优秀的数码相机能将图像的色彩非常真实地还原出来，而且有些数码相机的像素尽管很高，但拍摄出来的相片不是偏红就是偏绿、偏黄。

如何了解自己想购买的数码相机的拍摄效果呢？可以从以下几个方面入手，轻松地解决这几个问题。

④尽量购买专业厂商生产的数码相机

影响相机的成像效果除了像素、镜头等因素外，主要的因素还是厂商在成像质量方面的整体技术水平。目前，在相机整体成像技术做得比较专业的有佳能、富士、奥林巴斯、尼康、索尼等。所以如果想购买到成像效果好的数码相机，还是应该选购这些专业品牌。

⑤购买时要在电脑里观看

在选购数码相机时，相信许多朋友都会随便拍摄几张，在数码相机的液晶屏上看过后觉得效果可以就算了，其实这种方法是不正确的，因为数码相机的液晶屏很小，效果好坏并不能很清楚地看出。正确的方法是拍出来后在电脑屏幕上确认，并注意看相片有没有偏色，最好能手拿被拍摄的原物进行对照，这样才能看出真正的成效效果。因此，要尽量到配备了电脑的经销处购买。

（2）分类拍摄技巧与实例

网上的商品琳琅满目、种类繁多，下面主要介绍几种常见商品的拍摄技巧。

①箱包

箱包的拍摄最主要的就是在拍前将包包塞得鼓鼓的就可以了。在拍摄的时候，可以直接把包包放在桌上、椅子上，从不同的侧面展示其效果，也可以让模特背着直接看其效果图。

以上包包的图片都是从不同的侧面拍摄的，这样拍都是为了让买家通过不同的侧面来了解包包以便看清楚效果。

②首饰

首饰的品种、造型繁多，所以在拍摄的时候只要突出其精美、别致即可。例如，要拍出水晶的玲珑剔透，玉器则要拍出其反光面，等等。

③服饰

服饰的拍摄一般有穿拍、挂拍、平放三种形式。不管是何种方式拍摄，衣服一定要平整、整齐、干净。在拍摄服饰前，最好把各类衣服进行分类，然后把根据不同的类别一次性调整好相机即可。

④鞋子

鞋子最重要的就是把其美感恰如其分地表现出来，女鞋的跟也不例外。运动鞋拍的时候不要放得太正，当鞋子成 45 度角倾斜的时候是最美的。皮鞋的拍摄要成 45 度倾斜，并展现出鞋子的全貌。

7. 扩大店铺的知名度

要想让自己的网店脱颖而出，就要考虑如何打出自己的知名度。花钱做广告，效果确实立竿见影，但付出的资金也大。实际上，网络上有各种免费的宣传手段，利用论坛及网络通讯软件，如QQ、MSN、电子邮件等，只要手法适宜，完全可以让你的网店人气不衰。

(1) 搜索引擎、论坛（BBS）、博客推广

有些人在购物之前，会直接到大的搜索网站直接进行搜索，若你的店铺或者产品相关信息在搜索结果中出现的话，显然会增加店铺浏览量的。所以除了用论坛、电子邮件、各种聊天工具进行宣传外，搜索引擎、博客也是推广自己店铺的选择。

①搜索引擎

比较大的搜索引擎有百度、谷歌、雅虎、搜狐等。在每个搜索网站建立自己数据的方法都差不多，这里主要介绍在百度建立自己数据库的方法。直接打开百度 http://www.baidu.com 的网页，在网站登录这里输入自己的店铺，即店铺的网址，填写验证信息，并提交即可。同时也可以在谷歌、雅虎、搜狐等建立数据链接。遵循登录提示、登录规则就可在这些网站建立自己的数据信息。

②论坛（BBS）——搞宣传的好地方

BBS翻译成中文为“电子布告栏系统”或者“电子公告牌系统”。BBS是一种电子信息服务系统。它向用户提供了一块公共电子白板，每个用户都可以在上面发布信息或者提出看法。早期的BBS由教育机构或研究机构管理，现在多数网站上都建立了自己的BBS系统，供网民通过网络来结交更多的朋友，表达更多的想法。目前，国内的BBS已经十分普遍，可以说是不计其数。其中BBS大致分为5类。

a. 校园BBS

校园BBS自建立以来，发展势头很迅猛，目前，很多大学都有了BBS，几乎遍及全国上下。像清华大学、北京大学等都建立了自己的BBS系统，清华大学的水木清华深受学生和网民们的喜爱。大多数BBS是由各校的网络中心建立的，也是私人性质的BBS。

b. 商业BBS

这里主要进行有关商业的商业宣传、产品推荐等，目前，手机的商业网站、电脑的商业网站、房地产的商业网站比比皆是。

c. 专业BBS

这里所说的专业BBS是指部委和公司的BBS，它主要用于建立地域性的文件传输和信息发布。

d. 情感BBS

情感BBS主要用于交流感情，是许多娱乐网站的首选。

e. 个人BBS

有些个人主页的制作者在自己的个人主页上建立了BBS，用于接受别人的想法，也有利于与好友进行沟通。

可见BBS论坛不但地域特点明显，同时对网民的职业、爱好区分也十分清楚。这就形成了一个很好的投放广告的场所，你可以轻易地看出哪个论坛的人是你潜在的顾客。

③BBS论坛的宣传技巧

BBS论坛也有很多个，国内的比如几个大的门户网站的论坛，包括新浪论坛、网

易论坛，还有一些有名的社区的论坛，比如，西祠胡同、天涯论坛及著名高校的论坛。要想了解这些论坛的受众层次，不妨自己到这些论坛看看，这样才能做到有的放矢。利用论坛进行宣传，首先必须找到适合自己产品宣传的论坛。将商品的目标群体进行细分，然后根据细分商品去寻找合适的论坛进行宣传。一般来说，论坛宣传一是要选择有自己潜在客户存在的论坛；二是要选择人气旺的论坛，但是人气太旺也有弊病，因为帖子很快就被其他帖子淹没了；三是要选择有签名功能的论坛；四是要选择有链接功能的论坛；五是要选择有修改功能的论坛。

就目前而言，BBS论坛的商业气息并不浓郁。在论坛宣传，一定要有策略，给人以巨大的亲和力；如果商业性质太明显，或者宣传手法十分霸道，则会失去宣传效果。

（2）QQ、MSN、电子邮件、微信推广

① QQ

QQ是目前国内使用人数最多的即时聊天工具，随着腾讯自身的不断发展，各种服务和产品的不断推出，QQ正受越来越多人的喜爱，从小学生到大学生，到上班族中的青年人，甚至是中老年人。这构成了庞大的使用群体，如果能很好地利用这个载体进行宣传，效果将是不可估量的。

首先，打开QQ的个人设置，把自己的详细资料改一下，把自己的网站地址、宣传口号写上。在个人简介里，可以比较详细地介绍自己的网店。其次，在QQ群的设置中把自己的名字写得有点特色，能吸引人，把群的名片重新设置。宣传的时候，也可以利用QQ群发工具，将有用的信息或是共同感兴趣的信息通过群发工具发送，只要是诚心发送的信息最终会产生效果。

② MSN

MSN是网络销售不可忽视的一个工具，最大的好处是其客户群大多是公司白领，这些人恰好构成了电子商务的主流。MSN是微软的通讯软件，类似腾讯QQ。使用MSN可以通过文本、语音、移动电话甚至视频对话适时地同朋友、家人或同事联机聊天。可以通过传情动漫和动态显示图片表现自己，或即时地共享照片、文件、搜索更多内容。还可以通过移动设备与自己的联系人聊天，MSN可以通过微软hotmail的邮箱用户登录，无需申请独立的用户名。与国内用户最多的通讯软件QQ相比，MSN更实用，而QQ的娱乐功能要强一点。而且MSN升级的速度很快，全球的使用者数量早已跃居第一。对于想从事国际电子商务的网店开办者来说，是一个很有用的工具。

在打开MSN的工具菜单选项后会弹出一个对话框，在个人信息这一栏的“我的个人信息”里面输入网店的简称和名字、网店的地址；在“键入让联系人看到的信息”框里输入网店的最新广告信息，这样你与顾客们聊天的时候，顾客就可以看到，起到广告宣传的作用。

③电子邮件

在网络时代，每个人都拥有自己的电子邮件，利用电子邮件发送新闻、网页或者电子报，是最准确而迅速的广告宣传手段。在网店销售的开始及结束，向顾客发送邮件也是售后服务的手段之一。发送电子邮件，首先要准确地选择客户群，如果对方对你的商品不感兴趣，那么你辛苦制作的电子报就会被当作垃圾邮件。电子邮件标题要引起用户注意或突出主题，同时也要力求吸引力、简单明了、不要欺骗人。内容方面，最好采用 HTML 格式，排版一定要清晰，如果广告目的是促销或活动，那么标题最好带有“免费”“大奖”等字眼，虽然老套，但却有一定的成效。邮件群发的广告效果是非常有效的，而且成本不高，最适合个人及小店宣传使用。

④联合促销推广

联合促销是指两家或更多企业，相互借用资源进行联合促销。这种联合促销实际上是战略联盟的一种——战略营销联盟，是一种双赢的促销伙伴关系。联合促销其实是一种策略，体现在操作中就是一种方法，它更多地体现在组织形式上的创新。因此，如果策划得力，控制到位，联合促销可以从多方面起到良好的效果。

联合方式上，可以有以下几种方式，一是横向联合。它是同类网店根据需要，本着利益共享、风险共担的原则进行的合作。同类网店在市场争夺过程中，难免会有利益冲突，但精明的网店经营者仍可在竞争中找到合作的机会，通过相互借势，实现优势互补；二是纵向联合。纵向联合指网店与它的上游供货商和下游物流企业一道合作，联合促销；三是跨行业联合。这是不同的行业商品经营者进行的合作促销，这种促销活动可以增加不同行业人员购买自身商品的可能性，有利于扩大顾客群体。

（四）开微店的流程

微信已经成为人们日常生活中必不可少的一部分，可以查看朋友动态、获得资讯内容，微信的重要性不言而喻。机会在这里，那么怎么在微信开店卖东西呢？分享一下微信开微店的流程，希望能够帮到大家。

第一步，使用搜索引擎搜索微店，可以看到各式各类的微店后台，（我们以“微铺宝微店”为例），开通一个微信店铺，填入用户名和手机号，几秒就可以注册完成，如图 10-30 所示。

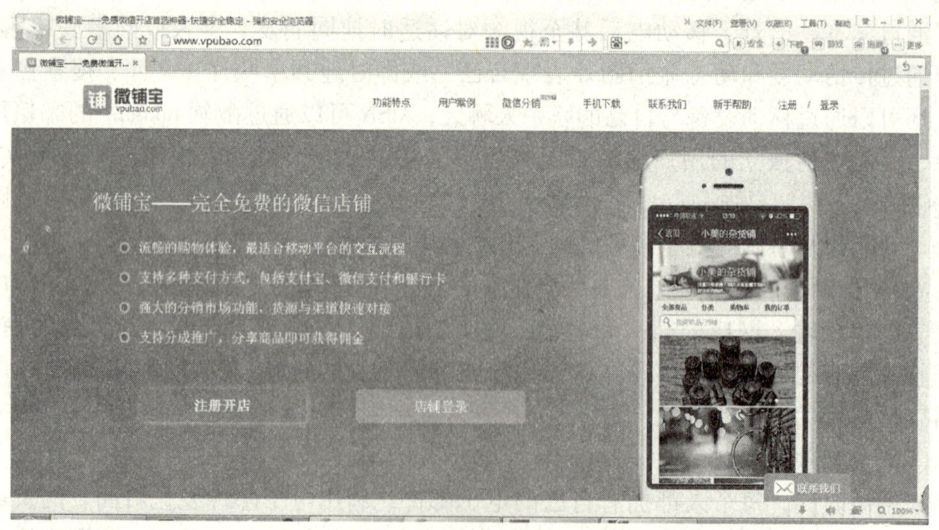

图 10-30

第二步，使用注册的账号登录店铺管理，设置店铺基本信息，比如店铺名称、客服微信等，还可以对店铺进行一个简短的介绍，如图 10-31 所示。

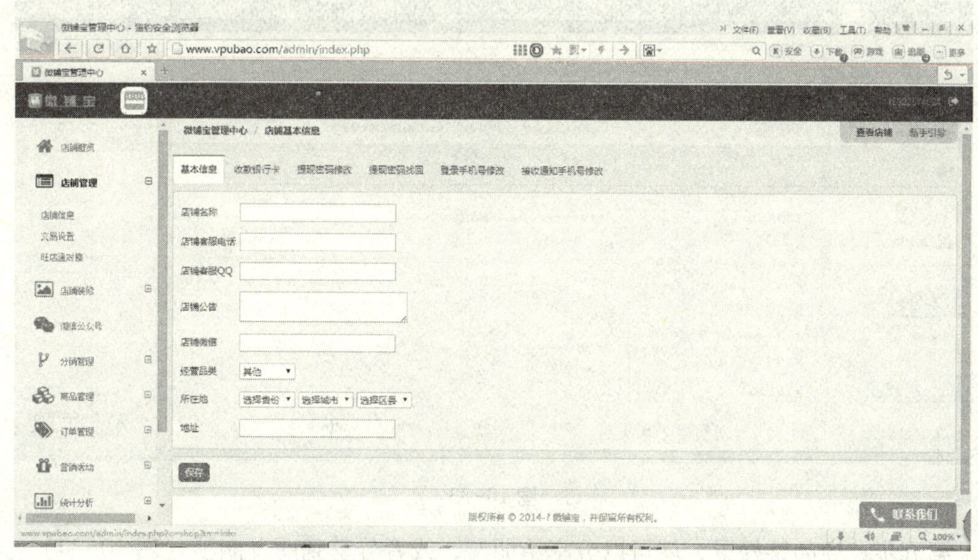

图 10-31

第三步，对店铺进行必要的装修，可以使用默认的店铺模板，如果有需求，也可以自己设计个性的店铺（图 10-32）。

图 10-32

第四步，上传商品，也可以从其他的店铺中导入，手机微信上可展现的商品有限，所以商品贵精不贵多，一般 8~10 个就足够（图 10-33）。

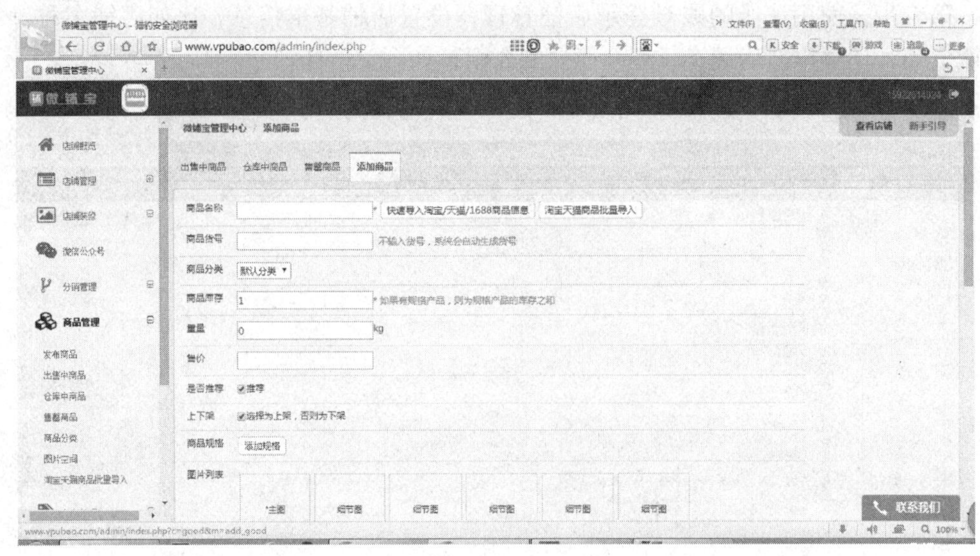

图 10-33

第五步，商品整好了，就可以分享给朋友，或者分享到朋友圈了（图 10-34）。

图 10-34

五、实训结果分析

1. 网店实战，是学生提升实践能力的手段，记录好每一个操作流程。
2. 每天做好总结，将产品进货与销售、市场管理、营销策略、市场广告投入、交易额、交易量、客户管理、客户提出问题、物流与问题，现金结算等内容作好详细记录。

3. 每天对问题进行总结分析，经验推广。

六、注意事项

1. 实践中注意自己项目的选择，选择有市场、有货源和自己比较熟悉的行业进行；
2. 资金一定要有一定准备，要充分考虑好每期的资金需要，作好资金安排。
3. 对自己选择的产品一定要了解，不要盲目追求时尚。
4. 对市场有一定了解，作好各方面的调研活动。
5. 客户管理一定要到位。
6. 物流各个环节要充分考虑，保证客户能及时收到产品。
7. 对广告投入要多调研，做到有的放矢才能做到事半功倍。
8. 对自己的现金流一定做好，记好自己经营的账目。

第三节 创业实践——创业大赛

为了推动创业实践活动，各级部门和行业协会举办了多种类型的创新创业大赛，给同学提供了多个平台。我们这里重点介绍有一定影响，学校认可的国家级比赛，便于同学们选择参加。

一、“创青春”（挑战杯）全国大学生创业大赛

全国性比赛，参加校内比赛的优胜者可以晋级省市级比赛，省市级优胜者可以晋级全国比赛。

1. 大赛背景

为贯彻落实习近平总书记系列重要讲话和党中央有关指示精神，适应大学生创业发展的形势需要，在原有“挑战杯”中国大学生创业计划竞赛的基础上，共青团中央、教育部、人力资源社会保障部、中国科协、全国学联决定，共同组织开展“创青春”全国大学生创业大赛，每两年举办一次。

2. 主办单位

主办单位是共青团中央、教育部、人力资源社会保障部、中国科协、全国学联。

3. 赛事安排（以2014年赛事为例）

2014年大赛下设3项主体和3个专项比赛：第九届“挑战杯”大学生创业计划竞赛、创业实践挑战赛、公益创业赛。

大学生创业计划竞赛：大学生创业计划竞赛面向高等学校在校学生，以商业计划书评审、现场答辩等作为参赛项目的主要评价内容。

创业实践挑战赛：创业实践挑战赛面向高等学校在校学生或毕业未满5年且已投入实际创业3个月以上的高校毕业生，以经营状况、发展前景等作为参赛项目的主要

评价内容。

公益创业赛：公益创业赛面向高等学校在校学生，以创办非营利性质社会组织的计划和实践等作为参赛项目的主要评价内容。

以上 3 项主体赛事需通过组织省级预赛或评审后进行选拔报送。

工商管理（MBA）专项赛：参赛对象为就读于工商管理专业的在校学生。

移动互联网创业专项赛：通过提交基于移动互联网领域的创业项目计划书（是否已投入创业不限，鼓励申报已创立小微企业、科技企业的项目，申报不区分具体组别）或 APP 应用程序等移动互联网作品说明书参赛。

全国大学生“网络虚拟运营”：该赛事使用“创业之星”虚拟创业平台“大学生创业专项赛”专版。全国预赛以学校为单位，通过赛事官方网站报名参加，每所学校最多报名 3 支团队（可由校内选拔赛产生）；参赛成员须始终保持一致，不允许中途更换；不接受个人或团队报名。

二、中国大学生服务外包创新创业大赛

1. 大赛背景

“中国大学生服务外包创新创业大赛”（以下简称服创大赛），是响应国家关于鼓励服务外包产业发展、加强服务外包人才培养的相关战略举措与号召举办的每年一届的全国性竞赛。大赛均由中华人民共和国教育部、中华人民共和国商务部和无锡市人民政府联合主办，由国家服务外包人力资源研究院、无锡市商务局、无锡市教育局、江南大学承办。

服创大赛的主题是：现代服务经济和“三创”，即创新、创业、创富，只要是与这些主题紧密相关的方案或任务，都可以作为服创大赛的赛题内容。

2. 主办单位

中华人民共和国教育部、商务部、无锡市人民政府联合主办，每年一届。

3. 比赛

企业命题组。参赛团队需选择企业命题组赛题池中的任一赛题参赛。本组竞赛重点考察参赛团队的专业技能及专业竞争力水平。

自由命题组。参赛团队自选项目参赛，但所选项目应当紧扣“信息技术”和“服务”的主题。服创大赛鼓励参赛项目面向社会公众福祉，着重于创意创新的设计表达和原型实现，突出创新精神与公益情怀，特别鼓励具有社会服务、公益环保等具有公益性的项目。

创业实践组。参赛团队自选创业项目参赛，但所选项目应当紧扣“创业”“信息技术”和“服务”的主题。参赛团队除要求具备创业意愿和创业规划外，还要求进行了一定程度的创业实践。本组竞赛重点考察团队的整体创业能力，鼓励涌现青年创业家。

全国高等学校（仅限本科类院校，不含高职高专院校）具有正式学籍的全日制在校学生的报名方式：（含应届毕业生）允许组队参加本届服创大赛 A 组比赛。本届大赛分为 A、B、C 三组（A 组：企业命题组；B 组：自由命题组；C 组：创业实践组）展开竞赛。除 A 组企业命题组不接受高职高专院校报名外，其他两组没有相应限制。A

组每校仅限一支参赛队报名。参赛队员以学校为单位，统一通过学校领队老师集中报名。每队队员限5人（其中研究生不超过2人），每队可增报指导老师（指导老师工作限于赛题与方案指导，不允许直接参与方案内容撰写或负责某部分内容）1名。

各参赛团队可通过多种方式参赛：A组在组委会公布的赛题池中选择赛题参赛；B组和C组上报符合大赛主题的自选题目参赛。

具体内容请参见大赛官方网站（http://www.fwwb.org.cn）通知。

报名参赛阶段。参与A组竞赛的参赛团队报名确认并完成选题环节后即具参赛资格。

素质测评。完成素质测评环节的参赛团队才有资格参与后续竞赛环节。素质测评是基于现代服务业的要求对参赛者职业发展的潜在能力进行考察和评估，主要考察参赛者的能力和职业素养。参赛选手须在指定时间，登录大赛官网，通过“素质测评通道”进行远程测评。测评试题以单项选择题为主，测评时间约为90分钟。

预赛阶段。

各参赛团队自行分散完成预赛内容，组委会不提供软硬件环境支持。

各参赛团队可于指定时间通过两种方式提交预赛材料。大赛组委会将组织评委对参赛团队提交材料进行评审后，公布入围决赛的团队。

决赛阶段。

所有入围决赛的团队将于9月下旬参加在江苏无锡举办的决赛阶段竞赛。决赛期间参赛团队须自备电脑及其他项目所需工具，具体情况详见大赛官网9月发布的决赛通知。

三、中国“互联网+”大学生创新创业大赛

中国“互联网+”大学生创新创业大赛，以“‘互联网+’成就梦想，创新创业开辟未来”为主题，由教育部与有关部委和吉林省人民政府共同主办。大赛旨在深化高等教育综合改革，激发大学生的创造力，培养造就“大众创业、万众创新”的生力军；推动赛事成果转化，促进“互联网+”新业态形成，服务经济提质增效升级；以创新引领创业、创业带动就业，推动高校毕业生更高质量地创业就业。

参赛项目要能够将移动互联网、云计算、大数据、物联网等新一代信息技术与行业产业紧密结合，培育产生基于互联网的新产品、新服务、新业态、新模式，以及推动互联网与教育、医疗、社区等深度融合的公共服务创新。主要包括以下类型：

1. 参赛要求

(1)“互联网+”传统产业：新一代信息技术在传统产业（含一二三产业）领域应用的创新创业项目。

(2)“互联网+”新业态：基于互联网的新产品、新模式、新业态创新创业项目，优先鼓励人工智能产业、智能汽车、智能家居、可穿戴设备、互联网金融、线上线下互动的新兴消费、大规模个性定制等融合型新产品、新模式。

(3)“互联网+”公共服务：互联网与教育、医疗、社区等结合的创新创业项目。

(4)“互联网+”技术支撑平台：互联网、云计算、大数据、物联网等新一代信息

技术创新创业项目。

2. 参赛对象

(1) 参赛对象须以创新创业团队为单位报名参赛，允许跨校组建团队，每个参赛团队不少于 3 人。

(2) 大赛分为创意组和实践组。

3. 赛事安排

大赛采用校级初赛、省级复赛、全国总决赛三级赛制。在校级初赛、省级复赛的基础上，按照组委会配额择优遴选项目进入全国决赛。全国共产生 300 个团队入围全国总决赛，其中创意组 100 个团队，实践组 200 个团队。

比赛内容：

(1) 项目计划书评审

创意组根据团队创意设计撰写项目计划书，实践组根据公司实际经营情况撰写创业项目计划书。内容主要包括产品/服务介绍、市场分析及定位、商业模式、营销策略、财务分析、风险控制、团队介绍及其他说明。

(2) 项目展示及答辩

参赛团队进行创新创业项目展示并回答评委提问。项目展示内容主要包括产品/服务介绍、市场分析及定位、商业模式、营销策略、财务分析、风险控制、团队介绍等，可进行产品实物展示。展示及答辩过程中，语言表达要简明扼要，条理清晰。

(3) 投资人面谈

参赛团队与数位风险投资人进行逐一面谈，并结合自身创业项目制定合理可行的风险投资方案，在规定时间内与投资人商议，确定投资意向。评委会通过各参赛团队风险投资方案展示、答辩表现、获得投资意向数量等几个要素进行评分。

(4) 项目互换互评

参赛团队提前进行抽签，两两分组，预先拿到对方项目计划书进行准备。比赛现场各团队对对方团队创业项目进行评析，客观评估对方项目优劣势并提出改进建议。每队 20 分钟，共计 40 分钟。评析过程中可向对方提问，对方一次性作答时间不得超过 3 分钟。如未提问，对方不可主动发言。

奖项设置：

金奖 30 个、银奖 70 个、铜奖 200 个。

集体奖：按照高校获奖情况奖励前 20 名。

优秀组织奖：按照省级竞赛组织和获奖情况奖励 8 名

四、“学创杯”全国大学生创新创业综合模拟大赛

1. 大赛目的

在创业竞赛中引入创业模拟实战环境，通过赛前的学习训练以及比赛交流，可以有效促进高校大学生创业意识的培养和创业能力的提升，交流院校创业教育课程与创业实验实践的经验，使创业教育真正落地。

2. 主办单位

教育部国家级实验教学示范中心联席会经管学科组。

3. 赛事

初赛：由各学校组织校内选拔赛，每个学校选拔不超过五支队伍参加全国区域赛。

全国区域赛：全国区域赛采用软件模拟竞赛形式，以软件模拟成绩作为晋级条件。以省或直辖市为单位，部分区域视报名情况组成大区，晋级名额由报名情况和总决赛规模确定。入围区域赛的团队需提交创业计划书至组委会。

全国总决赛：全国总决赛参赛规模为60~80支。

总决赛分为三个阶段：

第一，创业计划书评审阶段：入围总决赛的团队需提交创业计划书，满分50分。

第二，软件模拟阶段：入围总决赛团队参与创业之星软件模拟，满分50分。

第三，现场评审阶段：计划书部分排名前12名的团队进入现场评审阶段，满分100分。现场评审包括团队及项目展示、现场答辩等环节，产生若干单项奖。

创业计划书排名前10名进入“学创之星”评选，评选出5名命名“中国大学生学创之星”给予一定奖金和资金支持。

五、目前团中央、教育部、科协认可的全国主要大学生科技竞赛

1. “挑战杯”全国大学生课外学术科技作品竞赛
2. “挑战杯”全国大学生创业计划竞赛
3. 全国周培源大学生力学竞赛；全国大学生数学建模竞赛
4. 全国大学生电子设计竞赛；全国大学生机械创新设计大赛
5. 全国大学生智能汽车设计大赛；全国大学生结构设计竞赛
6. 全国大学生节能减排社会实践与科技竞赛

思考与讨论

1. 互联网是什么？
2. 网上开店流程是什么？你如果开店应该开什么样的店？预测一下经营状况。
3. 讨论：大学生怎样利用互联网创业？利弊是什么？
4. 讨论：大学生参加创业竞赛活动与创业之间关系是什么？

参考文献

1. 张永智，罗勇. 创业综合模拟实训教程 [M]. 成都：西南财经大学出版社，2012.

2. 毕崇毅. 商业模式新生代（个人篇）[M]. 北京：机械工业出版社，2012.

3. 孙德林，黄林，黄小萍. 创业基础教程 [M]. 北京：高等教育出版社，2012.

4. 杨锡怀，王江. 企业战略管理——理论与案例 [M]. 北京：高等教育出版社，2014.

5. 李家华，郑旭红，张志宏. 创业有道——大学生创业指导 [M]. 北京：高等教育出版社，2011.

6. 徐向艺. 创业管理 [M]. 北京：化学工业出版社，2011.

7. 陈丰. 创业培训核心教程 [M]. 北京：中国劳动社会保障出版社，2006.

8. 凡禹. 创业前三年——创业期盈利模式设计与管理细节大全 [M]. 北京：企业管理出版社，2007.

9. 桑郁. 5万元创业实战手册 [M]. 北京：新华出版社，2010.

10. 姜彦福，张帏. 创业管理学 [M]. 北京：清华大学，2010.

11. 魏玉彪. 零资本创业 [M]. 重庆：重庆出版社，2010.

12. 电脑报. 小老板开店创业必读 [M]. 重庆：电脑报电子音像出版社，2010.

13. 曹胜利. 大学生创业：高校素质拓展教程 [M]. 北京：北方联合出版股份公司万卷出版公司，2009.

14. 傅晓霞. 创业案例精编 [M]. 上海：上海财经大学出版社，2008.

15. 林光，等. 创业学 [M]. 北京：清华大学出版社，2008.

16. 桂曙光. 创业之初你不可不知的融资知识：寻找风险投资全揭秘 [M]. 北京：机械工业出版社，2010.

17. 唐华山. 为什么做豆腐生意总赚钱 [M]. 北京：人民邮电出版社，2010.

18. 国际劳工组织北京局. 创办你的企业（SYB）[M]. 北京：中国劳动社会保障出版社，2003.

19. 熊飞. 创办一个企业 [M]. 北京：机械工业出版社，2005.

20. 丁栋虹. 创业管理 [M]. 北京：清华大学出版社，2006.

21. 辛保平. 步步为赢 [M]. 北京：清华大学出版社，2006.

23. 欧晓峣，蒋璟萍. 大学生创业教育讲座 [M]. 北京：知识出版社，2002.

24. 林文伟. 大学创业教育价值研究 [D]. 上海：华东师范大学，2011.